tradução
**Belinda Mandelbaum**
**Maria Elena Salles de Brito**
**Octávio de Barros Salles**
**Maria Tereza Godoy**
**Claudia Starzynski Lima**
**Wellington Marcos de Melo Dantas**

coordenação editorial
**Elias M. da Rocha Barros**

coordenação da tradução
**Liana Pinto Chaves**

comissão editorial brasileira
**Elias M. da Rocha Barros**
**Elizabeth L. da Rocha Barros**
**Liana Pinto Chaves**
**Maria Elena Salles de Brito**

IMAGO   ubu

# KLEIN

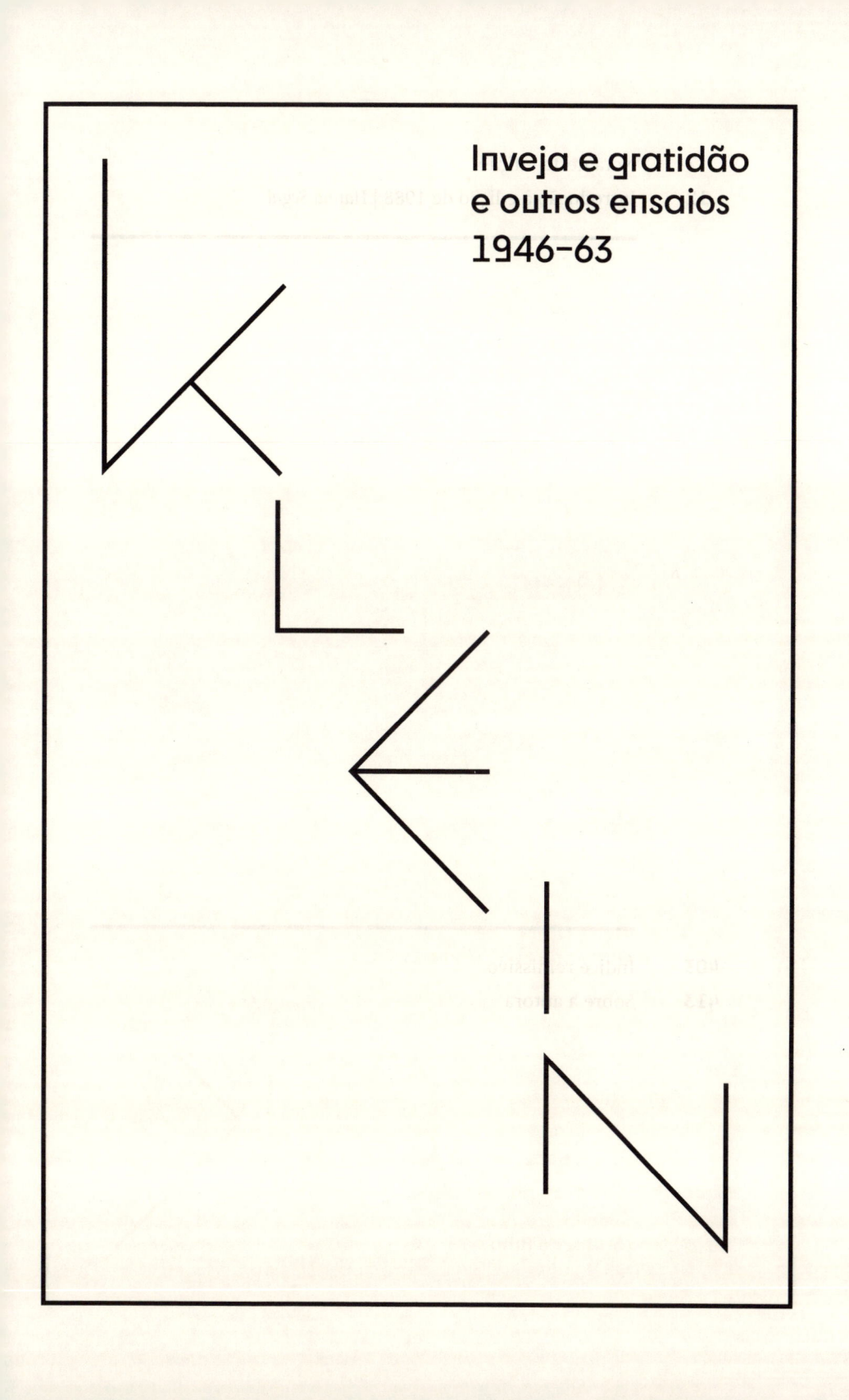

Inveja e gratidão
e outros ensaios
1946-63

**7** Nota desta edição
**12** Introdução à edição de 1988 | *Hanna Segal*

**403** Índice remissivo
**413** Sobre a autora

| | | |
|---|---|---|
| 19  | 1946 | Notas sobre alguns mecanismos esquizoides |
| 50  | 1948 | Sobre a teoria da ansiedade e da culpa |
| 72  | 1950 | Sobre os critérios para o término de uma análise |
| 78  | 1952 | As origens da transferência |
| 90  | 1952 | As influências mútuas no desenvolvimento do ego e do id |
| 94  | 1952 | Algumas conclusões teóricas relativas à vida emocional do bebê |
| 133 | 1952 | Sobre a observação do comportamento de bebês |
| 167 | 1955 | A técnica psicanalítica do brincar: sua história e significado |
| 189 | 1955 | Sobre a identificação |
| 229 | 1957 | Inveja e gratidão |
| 299 | 1958 | Sobre o desenvolvimento do funcionamento mental |
| 313 | 1959 | Nosso mundo adulto e suas raízes na infância inicial |
| 332 | 1960 | Uma nota sobre a depressão no esquizofrênico |
| 339 | 1960 | Sobre a saúde mental |
| 347 | 1963 | Algumas reflexões sobre a *Oresteia* |
| 376 | 1963 | Sobre o sentimento de solidão |
| 392 |      | Breves contribuições |

# Nota desta edição

O presente volume, publicado ao lado de *Amor, culpa e reparação e outros ensaios (1921–45)*, é fruto de uma coedição da Ubu com a Imago e reúne os principais artigos de Melanie Klein. Esses dois tomos, junto com *A psicanálise de crianças* (1932) e *Narrativa da análise de uma criança* (1961), perfazem as Obras completas de Melanie Klein, publicadas pela primeira vez no Brasil na década de 1990 pela Imago.

A tradução original dos dois volumes passou por revisão e cotejo terminológico, conforme os padrões estabelecidos pela comissão editorial da Ubu em diálogo com Elias Mallet da Rocha Barros, representante do Melanie Klein Trust no Brasil e coordenador da edição brasileira da década de 1990. Também foi incluída neste volume a introdução de Hanna Segal à edição inglesa de 1988, publicada pela Hogarth e inédita em português.

Seguem alguns apontamentos da comissão responsável pela primeira edição brasileira das Obras completas de Melanie Klein.

———

Observa-se um ressurgimento do interesse pelo pensamento de Melanie Klein em todo o mundo e vários estudos têm sido dedicados a seu sistema conceitual. Acreditamos que muitas das resistências às ideias de Melanie Klein provêm de uma leitura marcada por um viés a-histórico que produz a impressão de se estar diante de um sistema contraditório e fechado. Nessas circunstâncias, torna-se difícil para quem estuda o texto kleiniano dar-se conta da existência de um pensamento em constante evolução, o qual resulta em práticas clínicas que também sofreram e sofrem grandes transformações no decorrer do tempo.

Melanie Klein tinha consciência da dificuldade de leitura suscitada por seus textos. Com frequência, pedia a amigos que revisassem seus trabalhos, embora fosse sempre muito cuidadosa em manter sua marca pessoal em seus escritos. James Gamil conta que certa vez, na década de 1930, Ernest Jones ofereceu-se para reescrever um dos ensaios de Klein, com o objetivo de torná-lo mais claro. Mesmo sabendo que Jones era um grande escritor, Klein agradeceu-lhe e respondeu com bom humor: "Dr. Jones, certamente meu trabalho ganharia em clareza, mas seria menos eu".

Diante da pouca clareza que apresenta o texto kleiniano, o que deve fazer a tradução? "Melhorar" o texto? Optar por uma versão em português que, embora não seja totalmente fiel a seu estilo, torne-se mais clara em língua portuguesa?

A comissão editorial da tradução brasileira das obras de Melanie Klein optou por uma tradução mais literal, consciente de opiniões divergentes. É nossa convicção que o uso que ela faz da linguagem como uma ferramenta, apenas instrumental para transmitir uma ideia sem adornos, deve ser preservado. Dentre muitas peculiaridades de seu estilo, talvez a mais ilustrativa seja seu emprego abundante da voz passiva, que é algo que traz diretamente do alemão: *"feelings are felt"* (sentimentos são sentidos), *"the ego is felt to be in pieces"* (o ego é sentido como estando em pedaços) etc. Isso causa um efeito de estranhamento e é muito próprio de Melanie Klein. Outra peculiaridade é o emprego de um estilo repetitivo, reiterativo; ela faz uma afirmação e a retoma para acrescentar mais um dado. Se essa aspereza não for aplainada, a leitura atenta terá a possibilidade de seguir mais de perto a formulação de ideias de grande alcance teórico e clínico e seus pontos de inflexão.

Consideramos, portanto, que aperfeiçoar o texto em português poderia tornar a leitura mais amena, mas, ao fazê-lo, estaríamos traindo a própria Melanie Klein, que desejava, ainda que isto implicasse numa perda de clareza, ser mais ela mesma! Estaríamos, ainda, impedindo o contato com seu jeito tão característico de pensar.

Uma dificuldade que os tradutores encontraram referiu-se a quando padronizar determinados termos. Em Melanie Klein a descrição de vivências emocionais ocupa grande espaço. Termos utilizados nessas descrições ao longo de sua obra deixam de ser apenas descritivos e assumem o caráter de conceitos técnicos, muitas vezes centrais em sua obra. Nesses casos, optamos pela uniformidade de tradução dos conceitos teóricos e técnicos, por mais que isso pese no estilo.

Com respeito à terminologia a ser adotada na presente edição, consultamos as notas de tradução dos trabalhos de Melanie Klein publicados em francês, espanhol e italiano. Com base numa reflexão sobre as escolhas e sugestões de outros tradutores, fizemos uma série de opções. Naturalmente essas são questões controversas, abertas a críticas. Dentre esses termos, gostaríamos de mencionar:

## 1. *Death instinct, life instinct*

Seguimos a orientação geral das retraduções de Freud e optamos por *pulsão* de morte e *pulsão* de vida.

O termo "instinto" está eivado de uma conotação biológica que privilegia a imutabilidade dos mecanismos ditos instintivos. Freud dispunha da palavra "*Instinkt*" em alemão e preferiu "*Trieb*".

Ao adotarmos "pulsão" estamos seguindo a tradução de Jean Laplanche ("*pulsion*") e José L. Etchverry ("*pulsion*"). Ao fazê-lo estávamos cientes da nota publicada por Victor Smirnoff, na tradução francesa de *Inveja e gratidão*, que sugeria que "pulsão" ("*pulsion*", em francês) fosse adotada para todas as referências feitas por Melanie Klein em inglês à palavra "*instinct*", com exceção de "*death instinct*" e "*life instinct*", por considerar que não se deveria prejulgar Melanie Klein e sua concepção de "*death and life instincts*", dando ao termo uma conotação puramente psicológica. Não acreditamos, contudo, que estejamos prejulgando Melanie Klein ao adotar a palavra "pulsão" como tradução de "*instinct*" em geral. Acreditamos que o que mais deve ser evitado na tradução de "*instinct*" não é seu caráter biológico *per se*, mas o que esse poderia ter de imutável. Certamente não era essa característica que Melanie Klein desejava enfatizar. O próprio Victor Smirnoff afirma que tomou essa decisão de traduzir "*death instinct and life instinct*" por "instinto de morte e de vida" com grande contrariedade, indicando que tal opção pode mais uma vez introduzir uma confusão lexicográfica geradora de certa incoerência conceitual. Ao não seguirmos a sugestão de Smirnoff acreditamos estar evitando essa incoerência que ele considera deletéria.

## 2. *Split, splitting, splitting off*

O termo por nós adotado para "*split*" foi "cisão". "*Splitting*" refere-se à operação de divisão do self ou do objeto e "*splitting off*" refere-se à cisão imediatamente seguida da projeção do aspecto cindido. Adotamos para essa modalidade mais específica de cisão o termo "excisão". Fala-se, por exemplo, de um aspecto excindido do self.

### 3. Cathexis

"*Cathexis*" é a tradução proposta por James Strachey depois de longas reflexões para a palavra alemã "*Besetzung*", empregada por Freud. Essa tradução tem sido objeto de muita contestação, por ser vista como parte de uma tentativa programada de cientifizar a obra de Freud por meio do emprego sistemático de radicais greco-latinos. "*Besetzen*" é um verbo de difícil tradução, segundo os germanistas, por ser um verbo muito comum e de sentido amplo, que adquire seu significado no contexto em que é empregado. Poderíamos sucintamente dizer que significa ocupar um espaço e dominá-lo, no sentido militar. Como oposto a "*cathexis*", Melanie Klein usa consistentemente o verbo inglês "*to withdraw*", que significa "retirar-se".

Laplanche, tanto em seu *Vocabulário da psicanálise* como ao traduzir Freud, utiliza-se do termo "*investissement*". Etcheverry, em sua respeitada tradução de Freud, que nem por isto deixou de gerar polêmicas, publicada pela Editora Amorrortu, utiliza-se do termo "*investidura*". Marilene Carone, em suas reflexões sobre uma nova tradução de Freud para o português, favorecia o termo "investimento". Optamos por "investimento" porque parece ser a tradução mais fiel do termo alemão e dessa forma também seguimos a tendência geral das traduções mais recentes de Freud, que restabelecem o sentido original do termo "*Bezetzung*". A palavra "investimento" também dá conta do sentido que os kleinianos imprimem à palavra "*cathexis*" quando a empregam como tradução do termo alemão, seguindo a proposta de Strachey. Isso nos é confirmado pelo emprego sistemático do verbo inglês "*to withdraw*" (retirar) e dos adjetivos correlatos, como o antônimo de "*cathexis*".

### 4. Early

Pode-se dizer que "*early*" é a marca distintiva da obra de Melanie Klein e se constituiu para nós no ponto central e na questão mais complexa desta proposta de tradução. Melanie Klein emprega consistentemente o termo "*early*" para qualificar os vários fenômenos psíquicos por ela observados – ansiedades, mecanismos de defesa, fantasias e relações de objeto – que constituem, a seu ver, os alicerces da estrutura psíquica.

Para o tradutor, esse termo abre uma ampla gama de acepções possíveis: "primeiro", "inicial", "primitivo", "arcaico", "primário", "antigo", "precoce", "prematuro", "o que está no começo", "o que vem antes". Cada uma tem sua parcela de significado, iluminando um aspecto da qualidade de "*early*". (Para uma discussão crítica desses termos remetemos ao artigo de Jean-Michel Petot, "L'Archaïque et le Profond dans la Pensée de Melanie Klein".[1])

Como já foi dito anteriormente, foi nossa intenção desde o início fazer uma tradução que respeitasse e transmitisse as peculiaridades da escrita de Melanie Klein. Ao empregar um único termo (*"early"*), ela deixou intacta sua virtualidade.

Ao longo de nosso trabalho de tradução, inclinamo-nos ora por um termo, ora por outro, segundo a acepção que nos parecia mais apropriada em cada circunstância. O perigo passou a ser, então, diversificá-lo e, com tantas especificações, paradoxalmente, esvaziá-lo enquanto termo com estatuto verdadeiramente técnico, segundo o exame crítico de Petot.

À medida que um texto se seguia a outro foi-se-nos impondo a noção de que o *"early"* não era apenas uma qualificação, e sim um campo que se configurava. Era necessário eleger um termo que formulasse essa noção quase substantiva de origem e fundamentos e que se constituísse não só como um termo técnico, mas também expressivo daquilo que é, ao mesmo tempo, primórdio e permanência. Acabamos por endossar, por experiência própria, a tese de Petot de que a tradução de *"early"* como "arcaico" (*arché*: começo absoluto), por criticável que seja, seria a menos ruim de todas, apesar de também ter na linguagem corrente o registro de desuso e obsoleto.

Fundamentalmente, fizemos nossa opção em favor de "arcaico" quando queríamos nos referir à *natureza,* à qualidade intrínseca do processo ou fenômeno ou instância ("ansiedade arcaica", "fantasias arcaicas", "mecanismos de defesa arcaicos", "fobias arcaicas" etc.) e "inicial" quando a dimensão era mais claramente temporal ("estágios iniciais", "fase inicial").

Exceção a esse critério foi feita em relação ao conceito de superego, para o qual empregamos o termo "primitivo" em sua versão sádica e destrutiva.

No caso de *"early ego"*, alguns autores pós-kleinianos têm empregado o adjetivo "rudimentar". Mas, por este ter sido um desenvolvimento posterior a Melanie Klein, essa solução não foi por nós adotada.

---

1   Jean-Michel Petot, "L'Archaïque et le Profond dans la Pensée de Melanie Klein". *Nouvelle Revue de Psychanalyse*, n. 26, 1982.

## Introdução à edição de 1988
Hanna Segal

Os artigos deste volume abarcam o trabalho realizado por Melanie Klein desde 1946 até sua morte em 1960. Ele inclui trabalhos não concluídos, publicados postumamente em 1963. Os artigos finais de *Amor, culpa e reparação*, "Uma contribuição à psicogênese dos estados maníaco-depressivos" (1935), "O luto e suas relações com os estados maníaco-depressivos" (1940) e "O complexo de Édipo à luz das ansiedades arcaicas (1945), introduzem o conceito da posição depressiva e marcam um novo desenvolvimento no pensamento de Melanie Klein.

O primeiro artigo deste volume, "Notas sobre alguns mecanismos esquizoides" (1946), introduz mais uma inovação: a posição esquizoparanoide. Em seu trabalho inicial com crianças, Melanie Klein descreveu as relações que a criança estabelece com objetos parciais – principalmente o seio e o pênis. Ela observou e analisou os sentimentos persecutórios e a cisão operada entre objetos altamente idealizados e persecutórios. Também percebeu uma interação constante entre projeção e introjeção. Mas não via esses aspectos como fenômenos combinados; em "Notas sobre alguns mecanismos esquizoides", ela descreve esses vários aspectos como partes inter-relacionadas de uma constelação recorrente. Em 1936, quando já havia caracterizado a posição depressiva, constatou a natureza paranoide das ansiedades predominantes no período anterior ao estabelecimento de tal posição. Vez por outra referiu-se a uma posição paranoide. Na verdade, usava o termo "posição" com bastante liberdade; por exemplo, citava uma posição maníaca ao falar das defesas maníacas e chegou até a se referir a uma posição obsessiva relacionada às defesas obsessivas. O artigo de 1946 estabelece de maneira firme a ideia de que há duas posições, dois modos básicos de organização psíquica. Nele, ela investiga em pormenor as ansiedades e defesas atuantes na infância mais tenra – a posição esquizoparanoide. Chamou-a de esquizoparanoide porque a ansiedade prevalente é de natureza persecutória e o mecanismo mental predominante é a cisão. Ela afirma que as ansiedades e os mecanismos mentais persecutórios – conhecidos por Freud, mas observados por ela – entram em operação na mais remota infância e descreve-os como um sistema de ansiedades e defesas correlatas. Também é introduzido aqui um novo mecanismo de defesa: a identificação projetiva. Na perspectiva de Klein – exposta de forma mais explícita por Susan Isaacs em "A natureza e a função da fantasia" (1943) –, o termo "mecanismo" é uma descrição mais abstrata e generalizada de uma fantasia inconsciente. A fantasia é o conteúdo mental do mecanismo.

Já havia prenúncios da fantasia ou mecanismo da identificação projetiva no trabalho anterior de Klein. Em seu artigo "A importância da formação de símbolos no desenvolvimento do ego" (1930), ela descreve como o garotinho psicótico excinde, em fantasia, sua própria parte má, a qual é identificada com a urina, as fezes e até o pênis do garoto e em seguida é projetada dentro do corpo da mãe, de modo que o corpo dela passa a ser percebido pelo filho como estando cheio de objetos maus. Nesse artigo, ela descreve esse como um dos mecanismos e fantasias mais arcaicos e mais fundamentais. O bebê excinde e projeta na mãe as partes intoleráveis de si mesmo. Na fantasia dele, essas partes tomaram posse do corpo da mãe e, assim, tornaram-se identificadas com ela. Em algumas situações, partes boas do self podem ser projetadas de maneira semelhante, acarretando um empobrecimento egoico característico da personalidade esquizoide. Esse artigo é surpreendentemente curto, considerando sua importância. Embora a descrição da identificação projetiva ocupe pouco mais de dois parágrafos, trata-se de um dos artigos mais relevantes que a autora já escreveu; um artigo que abriu o caminho para a compreensão da esquizofrenia e dos pacientes esquizoides que até então eram vistos como estando fora do alcance da análise. Esse artigo impulsionou o trabalho pioneiro que estava sendo feito na psicanálise de psicóticos e sua publicação foi logo seguida por artigos importantes de pessoas que usaram esses novos insights em seu trabalho clínico com pacientes psicóticos.

Esse artigo sobre os mecanismos esquizoides completa uma nova teoria metapsicológica. Klein postula que, desde o começo, o bebê tem um ego capaz de experimentar ansiedade, formar relações e utilizar mecanismos de defesa. Não só esse ego está muito pouco integrado como ele também está passível de ser cindido por poderosos mecanismos de cisão, que podem até chegar a fragmentá-lo, estimulados pela ansiedade. O bebê se relaciona com objetos parciais. Por causa das cisões e projeções, esses objetos tornam-se altamente idealizados ou muito persecutórios. Sentimentos de perseguição, mecanismos de cisão, identificação projetiva e, em momentos de ansiedade intensa, fragmentação caracterizam a posição esquizoparanoide que é um ponto de fixação do conjunto de doenças esquizofrênicas. A persistência de alguns desses elementos em crianças que alcançaram e elaboraram a posição depressiva apenas de maneira parcial é o pano de fundo para personalidades paranoides, narcisistas e esquizoides, mesmo que não sejam abertamente psicóticas.

À medida que o bebê começa a integrar a imagem de si como seu próprio objeto enquanto pessoa total, ocorre uma mudança fundamental na integração do ego, na natureza das relações de objeto e na natureza da ansiedade. O bebê e a criança passam a ser capazes de sentir culpa e consideração pelo objeto. Klein descreveu isso pela primeira vez em dois artigos decisivos sobre a posição depressiva (os textos de 1935 e 1940). Em dois artigos que se seguiram ao de 1946, "Sobre a teoria da ansiedade e da culpa" (1948) e "Algumas conclusões teóricas relativas à vida emocional do bebê" (1952), ela explora em detalhe as implicações das mudanças que ocorrem na passagem da posição esquizoparanoide para a depressiva, bem como as flutuações a que esse processo está sujeito, uma vez que a dor depressiva conduz a repetidas regressões a defesas paranoides e esquizoides. Um dos contemporâneos da sra. Klein relata que, questionada sobre qual de suas descobertas seria a mais importante, ela respondeu: a das defesas paranoides contra a culpa.

Todos os outros artigos neste volume estão organizados conforme o modelo da nova concepção de Klein acerca das posições e penso que eles mostram como essa concepção ampliou e aprofundou sua visão. Alguns são artigos técnicos. Outros, como "As origens da transferência" (1952), abordam temas psicanalíticos mais gerais; outros, ainda, inserem-se no campo da psicanálise aplicada. Os dois artigos não finalizados em que a autora estava trabalhando logo antes de morrer, "Algumas reflexões sobre a *Oresteia*" (1963) e "Sobre o sentimento de solidão" (1963), têm um tom reflexivo e tratam de assuntos mais gerais.

A formulação do conceito das posições esquizoparanoide e depressiva é, de certa forma, uma culminação do trabalho de Klein e completam sua obra, fornecendo-lhe um modelo teórico abrangente. Esse modelo é uma ideia nova e original, uma contribuição teórica que exerceu influência profunda sobre o pensamento psicanalítico.

Entretanto, estava por vir mais uma descoberta fundamental: a inveja arcaica. Em 1957, após um artigo mais curto para um congresso que versava sobre o mesmo tema, ela publicou uma monografia, "Inveja e gratidão". Klein sempre esteve atenta à inveja e referiu-se a ela com frequência em seus primeiros trabalhos, mas em "Inveja e gratidão" ela introduz a nova ideia de que a inveja está em funcionamento desde o início da vida e é a manifestação mais antiga da pulsão de morte. A inveja está em conflito com o amor e a gratidão. O funcionamento da inveja na posição esquizoparanoide é um fator potente na patologia. Por exemplo, ao atacar a bondade, a inveja interfere com os processos normais de cisão e, assim, impede a formação de uma boa relação de objeto. Por sua vez, isso leva a estados confusionais baseados na inabilidade de diferenciar entre objetos bons e objetos maus. A importância da inveja sempre foi reconhecida na literatura psicanalítica, por exemplo, na descoberta de Freud sobre a inveja do pênis. Mas a ideia de que a inveja atua sobre as relações arcaicas com objetos parciais, e de que ela se dirige ao seio nutriz, foi totalmente revolucionária.

As descobertas psicanalíticas vêm sempre cercadas de controvérsia. Foi esse o caso com o trabalho de Freud, e, de fato, o último conceito decisivo dele, o das pulsões de vida e de morte, nunca foi plenamente aceito pela vasta maioria dos analistas.

Desde o início, o trabalho de Klein esteve sujeito a controvérsias calorosas. Sua técnica de análise de crianças, sua ênfase sobre a importância dos estágios pré-genitais e sua insistência na agressividade deram origem às primeiras controvérsias com a Escola Vienense, beneficiária do trabalho de Anna Freud. Quando Klein se mudou para a Inglaterra em 1926, descobriu que a Sociedade Britânica de Psicanálise estava muito mais aberta a suas ideias. Entretanto, sua formulação da posição depressiva foi motivo de novas controvérsias e alguns daqueles que haviam abraçado com entusiasmo seu trabalho inicial, como Edward Glover, julgaram que ela fora longe demais ao atribuir complexidade psíquica ao bebê. As diferenças crescentes deram origem a uma série de Discussões Controversas na Sociedade Britânica e seus dois artigos (de 1948 e 1952) são versões revisadas de algumas de suas contribuições a essas discussões. Seu trabalho sobre a inveja deu origem a uma nova tormenta.

O valor de novas ideias pode ser apreendido pela maneira como elas sobrevivem à comoção que causam. Muitas das controvérsias iniciais em torno do trabalho de Klein foram quase esquecidas: as relações de objeto arcaicas descritas por Klein são hoje ponto pacífico para a maioria dos analistas e muitos fazem uso de suas descobertas e seus conceitos iniciais sem nem conhecer sua origem. Muito do pensamento de Klein foi assimilado pela tendência dominante na psicanálise. Aqueles conhecidos como kleinianos, que usam seus conceitos e sua técnica de forma explícita, desenvolveram e continuam a desenvolver a obra de Klein, e há um interesse mundial crescente pelas ideias dela. A vitalidade e importância do trabalho de Klein são inquestionáveis.

## 1946
**Notas sobre alguns mecanismos esquizoides**

Este é um dos trabalhos mais importantes de Melanie Klein. Apresenta pela primeira vez um relato detalhado dos processos psíquicos que ocorrem nos primeiros três meses de vida. Este primeiro período, anteriormente chamado de posição paranoide e aqui redenominado posição esquizoparanoide (ver sua nota à p. 24), havia sido esboçado apenas em linhas gerais em "Uma contribuição à psicogênese dos estados maníaco-depressivos" (1935), fazendo contraste com a posição depressiva. Melanie Klein define agora as características do ego arcaico, a forma de suas relações de objeto e de suas ansiedades e, com isso, ilumina – para citar o que é mais importante – a natureza dos estados esquizoides, da idealização, da desintegração do ego e dos processos projetivos ligados à cisão, para o que introduz o termo "identificação projetiva", um conceito discutido adiante. Além disso, uma nova era se abre na compreensão da esquizofrenia. O artigo fornece o primeiro relato detalhado dos processos mentais, particularmente dos mecanismos esquizoides, que resultam em estados de dissociação esquizofrênica e de despersonalização. Inclui também considerações valiosas sobre a técnica de analisar estados esquizoides, assunto a que a autora retorna em um trabalho posterior, "Inveja e gratidão" (1957).

Neste relato da posição esquizoparanoide, a cisão é um conceito-chave. Pode ser de interesse traçar o desenvolvimento das ideias de Melanie Klein sobre a cisão ao longo dos anos. A cisão ocorre sob várias formas. Em seu primeiro artigo publicado, "O desenvolvimento de uma criança" (1921), ela fez uma observação sobre o fenômeno de excindir um aspecto mau de um objeto a fim de preservá-lo como um objeto bom; observou num menino pequeno que a figura de bruxa para ele é criada "a partir de uma divisão da imago da mãe", a qual ele "excindiu da mãe amada a fim de mantê-la inalterada".[1] Em *A psicanálise de crianças* (1932) esse tipo de cisão é visto como um processo relativamente maduro que ocorre quando o sadismo começa a declinar. Ele possibilita à criança restaurar seu objeto bom e afastar-se de objetos maus e assustadores. Em 1935, Melanie Klein colocou esse tipo de cisão, que ocorre em planos cada vez mais realistas, entre os processos que pertencem à elaboração normal da posição depressiva.[2]

Há um segundo curso principal de ideias que deriva de seus escritos iniciais. Em "Estágios iniciais do conflito edipiano" (1928), ela chamou a atenção para a existência de fantasias arcaicas de intrusão no corpo materno. Descreveu também, em "A personificação no brincar das crianças" (1929), como a ansiedade pode levar a uma cisão do superego em suas figuras componentes seguida pela projeção de figuras particulares, a fim de diminuir a ansiedade. No ano seguinte, em "A importância da formação de símbolos no desenvolvimento do ego" (1930), levou essa ideia mais adiante e, sem usar as palavras "cisão" ou "projeção", descreveu a expulsão de partes do self. Sugeriu que a primeira defesa do ego contra a ansiedade não é a repressão, que vem mais tarde, e sim a expulsão – uma expulsão violenta do sadismo tanto para aliviar o ego como para atacar os objetos persecutórios. Todas essas ideias mais antigas fazem parte do conceito mais amplo de *identificação projetiva* que Melanie Klein introduz no presente artigo. *Identificação projetiva* é um nome genérico para um número de processos distintos e ainda assim relacionados, ligados à cisão e à projeção. Melanie Klein mostra que a principal defesa contra a ansiedade na posição esquizoparanoide é a identificação projetiva e, além disso, que a identificação projetiva constrói as relações de objeto narcísicas características desse período, no qual objetos são equacionados com partes excindidas e projetadas do self. Descreve também as ansiedades que acompanham as fantasias de penetrar à força no objeto e de controlá-lo, bem como o efeito de empobrecimento do ego pelo uso excessivo da identificação projetiva. Em "Sobre a

---

1 Melanie Klein, "O desenvolvimento de uma criança" [1921], in *Amor, culpa e reparação e outros ensaios (1921–45)*, trad. André Cardoso. São Paulo: Ubu Editora/Imago, 2023, pp. 71–72.
2 Cf. id., "Uma contribuição à psicogênese dos estados maníaco-depressivos" [1935], in *Amor, culpa e reparação*, op. cit., p. 362.

identificação" (1955), ela estuda extensamente outra forma de identificação projetiva, pela qual é alcançada uma pseudoidentidade.

Continuando a revisão do conceito de cisão, Melanie Klein descreveu pela primeira vez a cisão primária tanto das emoções como das primeiras relações de objeto, o que constitui a base da posição esquizoparanoide, em 1935, em "Uma contribuição à psicogênese dos estados maníaco-depressivos". O amor e o ódio são cindidos e, correspondentemente, as relações de objeto são cindidas em boas e más. No presente artigo, são elaborados os pormenores dessa cisão primária. Melanie Klein chama também a atenção pela primeira vez para duas outras formas de cisão que afetam o estado do ego. Sob o medo da aniquilação, o ego cinde-se em partes minúsculas, um mecanismo que ela acredita subjazer a estados de desintegração na esquizofrenia. Sugere também que, quando o objeto é incorporado sadicamente, esse se cindirá em pedaços e isso resultará num ego cindido; de fato, realmente, nesse artigo ela sublinha o fato de que o ego não pode cindir o objeto sem que ele próprio se cinda, novamente um fato significativo para a esquizofrenia.

Em sua obra subsequente, ela fez um ou dois acréscimos a esses achados básicos sobre a cisão. Em "Algumas conclusões teóricas relativas à vida emocional do bebê" (1952), descreve a cisão que é característica da posição depressiva. O ego faz uma cisão entre um objeto vivo intato e um objeto ferido, moribundo ou morto, como uma defesa contra a ansiedade depressiva. Ela discute no mesmo artigo os efeitos gerais da cisão sobre os processos de integração. Em "Sobre o desenvolvimento do funcionamento mental" (1958), ocorre uma mudança súbita no pensamento de Melanie Klein: além da cisão entre ego e superego, ela postula uma outra cisão estrutural na mente, uma área excindida e mantida no inconsciente profundo com as figuras mais arcaicas e aterrorizantes.

O presente artigo é como o primeiro mapa de uma região até então conhecida apenas em seu esboço geral, e muito resta para ser preenchido. Acima de tudo, a patologia da posição esquizoparanoide não está delineada. Embora Melanie Klein descreva os efeitos nocivos da cisão excessiva e de estados persistentes de retraimento no início da infância, é apenas mais tarde, em "Inveja e gratidão" (1957), a partir do estudo dos efeitos da inveja acentuada sobre o desenvolvimento, que ela pode começar definitivamente a diferenciar a forma normal da anormal da posição esquizoparanoide. Ela fez duas modificações posteriores ao seu relato presente: em "Sobre a teoria da ansiedade e da culpa" (1948) e "Uma nota sobre a depressão no esquizofrênico" (1960), descreveu formas muito arcaicas de culpa e depressão que são anteriores à posição depressiva e pertencem à posição esquizoparanoide.

Tomado juntamente a "Uma contribuição à psicogênese dos estados maníaco-depressivos" (1935) e "O luto e suas relações com os estados maníaco-depressivos" (1940), que contêm o relato da posição depressiva infantil, este artigo completa a introdução na psicanálise de uma nova teoria do desenvolvimento. É uma teoria em que a noção nodal é o desenvolvimento como uma tarefa para um ego ativo em relação a um objeto por meio de duas posições principais, teoria que traz para a psicanálise novos conceitos e hipóteses, em termos dos quais Melanie Klein formulou e explicou uma ampla gama de fenômenos psicológicos.

## Introdução

O presente artigo trata da importância dos mecanismos e ansiedades[3] arcaicos de natureza paranoide e esquizoide.[4] Há muitos anos, e mesmo antes de desenvolver com clareza minhas ideias sobre os processos depressivos no início da infância, venho refletindo bastante sobre essa questão. Foi, contudo, no curso da elaboração do meu conceito de posição depressiva infantil que se impuseram repetidamente à minha atenção os problemas da fase precedente. Desejo agora formular algumas hipóteses a que cheguei com respeito às ansiedades e mecanismos mais arcaicos.[5]

As hipóteses que apresentarei e que se referem a estágios muito iniciais do desenvolvimento são extraídas por inferência de material obtido em análises de adultos e crianças, e algumas dessas hipóteses parecem estar de acordo com observações familiares ao trabalho psiquiátrico.

---

3  No original, "*anxieties*". Em inglês, o termo "*anguish*" não é utilizado pela autora devido a sua conotação biologizante. Apesar de a palavra "angústia" em português não ter essa conotação, optamos por manter a proximidade com o original, considerando o fato de que "ansiedade" engloba todos os sentidos do termo "angústia". [N. E. de Elias M. da Rocha Barros]

4  Este artigo foi apresentado à Sociedade Britânica de Psicanálise em 4 de dezembro de 1946 e foi mantido inalterado, à parte algumas pequenas alterações (em particular o acréscimo de um parágrafo e algumas notas de rodapé), e então foi publicado. [N. A., 1952]

5  Antes de terminar este artigo, discuti seus aspectos principais com Paula Heimann e sou-lhe muito grata pelas estimulantes sugestões para a elaboração e a formulação de vários dos conceitos aqui apresentados.

Substanciar os pontos por mim sustentados exigiria um acúmulo de material clínico pormenorizado, para o qual não há espaço nos limites deste artigo. Espero preencher tal lacuna em futuras contribuições.

Seria útil, para começar, resumir brevemente as conclusões referentes às fases mais arcaicas do desenvolvimento, por mim já apresentadas anteriormente.[6]

Surgem na mais tenra infância ansiedades características das psicoses que forçam o ego a desenvolver mecanismos de defesa específicos. É nesse período que se encontram os pontos de fixação de todos os distúrbios psicóticos. Essa hipótese levou algumas pessoas a acreditar que eu considerava todos os bebês como psicóticos; mas já tratei suficientemente desse mal-entendido em outras ocasiões. As ansiedades, os mecanismos e as defesas do ego de tipo psicótico do início da infância têm uma influência profunda sobre todos os aspectos de desenvolvimento, inclusive sobre o desenvolvimento do ego, do superego e das relações de objeto.

Expressei muitas vezes minha concepção de que as relações de objeto existem desde o início da vida, sendo o primeiro objeto o seio da mãe, o qual, para a criança, fica cindido em um seio bom (gratificante) e um seio mau (frustrante); essa cisão resulta numa separação entre o amor e o ódio. Sugeri ainda que a relação com o primeiro objeto implica sua introjeção e projeção e, por isso, desde o início as relações de objeto são moldadas por uma interação entre introjeção e projeção e entre objetos e situações internas e externas. Esses processos participam da construção do ego e do superego e preparam o terreno para o aparecimento do complexo de Édipo na segunda metade do primeiro ano.

Desde o início, o impulso destrutivo volta-se contra o objeto e expressa-se primeiramente em fantasias[7] de ataques sádico-orais ao seio materno, os quais logo evoluem para violentos ataques contra o corpo materno com todos os meios sádicos. Os medos persecutórios decorrentes dos impulsos sádico-orais do bebê de assaltar o corpo

---

6   Cf. meu livro *A psicanálise de crianças* [1932], trad. Liana Pinto Chaves. Rio de Janeiro: Imago, 1997; e "Uma contribuição à psicogênese dos estados maníaco-depressivos", op. cit.

7   Melanie Klein usa "*phantasy*" para marcar uma diferença gramatical e autoral em relação aos outros analistas, que usavam "*fantasy*" tanto no sentido consciente e corriqueiro como inconsciente. Em português o termo com "*ph*" perderia o caráter histórico presente no inglês e seria menos compatível com nossa língua, de forma que escolhemos traduzir o termo como "fantasia", sem a diferenciação original. [N. E. de Elias M. da Rocha Barros]

materno e retirar os conteúdos bons, bem como dos impulsos sádico-
-anais de pôr dentro da mãe os próprios excrementos (inclusive o desejo
de introduzir-se em seu corpo, para de dentro controlá-la), são de grande
importância para o desenvolvimento da paranoia e da esquizofrenia.

Enumerei várias defesas típicas do ego arcaico, tais como mecanismos de cisão de objetos e de impulsos, idealização, recusa da realidade interna e externa e abafamento das emoções. Mencionei também vários conteúdos de ansiedade, incluindo o medo de ser envenenado e devorado. A maioria desses fenômenos – prevalentes nos primeiros meses de vida – é encontrada posteriormente no quadro sintomático da esquizofrenia.

Esse período inicial (descrito inicialmente como a "fase persecutória") foi posteriormente denominado por mim "posição paranoide"[8] e afirmei que ele precede a posição depressiva. Se os medos persecutórios forem muito intensos, e por essa razão (entre outras) o bebê não puder elaborar a posição esquizoparanoide, a elaboração da posição depressiva ficará, por sua vez, impedida. Tal fracasso pode levar a um reforço regressivo dos medos persecutórios e fortalecer os pontos de fixação para as psicoses graves (isto é, o grupo das esquizofrenias). No futuro, poderão ser os distúrbios maníaco-depressivos outra consequência de dificuldades sérias que surjam durante o período da posição depressiva. Concluí também que em perturbações menos graves do desenvolvimento os mesmos fatores influenciam grandemente a escolha da neurose.

Embora tenha suposto que o resultado da posição depressiva depende da elaboração da fase precedente, atribuí, não obstante, à posição depressiva um papel central no desenvolvimento inicial da criança. Isso porque com a introjeção do objeto como um todo as relações de objeto do bebê se alteram fundamentalmente. A síntese entre os aspectos odiados e amados do objeto completo dá origem a sentimentos de luto e culpa que implicam progressos vitais na vida emocional e intelectual do bebê. Esse é também um ponto crucial para a escolha da neurose ou psicose. Mantenho ainda todas essas conclusões.

---

8  Quando este artigo foi publicado pela primeira vez, em 1946, eu estava usando meu termo "posição paranoide" como sinônimo da "posição esquizoide" de Ronald Fairbairn. Após mais reflexão, decidi combinar o termo de Fairbairn com o meu, e ao longo deste livro [Paula Heimann, Susan Isaacs, Melanie Klein e Joan Riviere (orgs.), *Os progressos da psicanálise* [1952], trad. Álvaro Cabral. Rio de Janeiro: Guanabara Koogan, 1982; onde o presente artigo foi publicado pela primeira vez] estou empregando a expressão "posição esquizoparanoide".

## Algumas observações sobre artigos recentes de Fairbairn

Numa série de artigos recentes, Ronald Fairbairn examinou atentamente o tema de que agora me ocupo.[9] Acho, portanto, útil esclarecer alguns pontos essenciais de concordância e discordância entre nós. Veremos que algumas conclusões por mim apresentadas neste artigo alinham-se com as de Fairbairn, enquanto outras diferem fundamentalmente. A abordagem de Fairbairn foi principalmente a partir do ângulo do desenvolvimento do ego em relação aos objetos, ao passo que a minha foi predominantemente a partir do ângulo das ansiedades e suas vicissitudes. Ele denominou a fase mais antiga "posição esquizoide"; afirmou que ela faz parte do desenvolvimento normal e constitui a base da doença esquizoide e esquizofrênica no adulto. Concordo com essa asserção e considero sua descrição dos fenômenos esquizoides do desenvolvimento significativa e reveladora, e de grande valor para nossa compreensão do comportamento esquizoide e da esquizofrenia. Penso também ser correta e importante a ideia de Fairbairn de que o grupo dos distúrbios esquizoides ou esquizofrênicos é muito mais amplo do que tem sido reconhecido; e a ênfase particular por ele dada à relação inerente entre a histeria e a esquizofrenia merece toda a nossa atenção. Seu termo "posição esquizoide" seria apropriado se fosse compreendido como abrangência tanto do medo persecutório quanto dos mecanismos esquizoides.

Discordo, para mencionar em primeiro lugar as questões mais básicas, de sua revisão da teoria da estrutura mental e da teoria das pulsões. Discordo também de seu ponto de vista de que no início apenas o objeto mau é internalizado, ponto de vista que, a meu ver, contribui para diferenças importantes entre nós no que diz respeito ao desenvolvimento das relações de objeto, bem como ao desenvolvimento do ego. Isso porque considero que o seio bom introjetado constitui uma parte vital do ego e exerce desde o início uma influência fundamental no processo de desenvolvimento do ego, afetando tanto a estrutura do ego como as relações de objeto. Divirjo também da concepção de Fairbairn de que "o grande problema do esquizoide é como amar

---

9 Cf. Ronald Fairbarn, "A Revised Psychopathology of the Psychoses and Neuroses". *The International Journal of Psychoanalysis*, v. 22, 1941, pp. 250-70; id., "Endopsychic Structure Considered in Terms of Object-Relationships". *The International Journal of Psychoanalysis*, v. 25, 1944, pp. 70-93; e id., "Object-Relationships and Dynamic Structure". *The International Journal of Psychoanalysis*, v. 27, 1946, pp. 30-37.

sem destruir pelo amor, enquanto o grande problema do depressivo é como amar sem destruir pelo ódio".[10] Essa conclusão é consoante não apenas com sua rejeição do conceito de pulsões primárias de Freud, mas também com sua subestimação do papel que a agressividade e o ódio desempenham desde o início da vida. Como resultado dessa abordagem, ele não dá peso suficiente à importância das ansiedades e conflitos arcaicos e seus efeitos dinâmicos sobre o desenvolvimento.

### Alguns problemas do ego arcaico

Nas considerações que se seguem, destacarei um aspecto do desenvolvimento do ego e deliberadamente não tentarei relacioná-lo aos problemas do desenvolvimento do ego como um todo. Não posso tampouco abordar aqui a relação do ego com o id e o superego.

Até o presente, pouco sabemos sobre a estrutura do ego arcaico. Algumas das sugestões recentes sobre esse ponto não me convenceram: penso particularmente no conceito de Edward Glover de núcleos do ego e na teoria de Fairbairn de um ego central e dois egos subsidiários. A meu ver, é mais útil a ênfase dada por Donald Winnicott à não integração do ego arcaico.[11] Eu diria também que falta, em grande medida, coesão ao ego arcaico, e que uma tendência à integração se alterna com uma tendência à desintegração, a um despedaçamento.[12] Acredito que essas flutuações são características dos primeiros meses de vida.

Temos razões, creio eu, para supor que algumas funções que encontramos no ego mais tardio lá estão desde o início. Proeminente entre elas é a de lidar com a ansiedade. Considero que a ansiedade surge da operação da pulsão de morte dentro do organismo, é sentida como medo de aniquilamento (morte) e toma a forma de medo de perseguição. O medo do impulso destrutivo parece ligar-se

---

10 Id., "A Revised Psychopathology of the Psychoses and Neuroses", op. cit.
11 Cf. Donald W. Winnicott, "Desenvolvimento emocional primitivo" [1945], in *Da pediatria à psicanálise*, trad. Davy Bogomoletz. São Paulo: Ubu Editora/WMF Editora, 2022. Nesse artigo, Winnicott descreveu também o resultado patológico de estados de não integração; por exemplo, o caso de uma paciente que não podia distinguir entre sua irmã gêmea e ela mesma.
12 A maior ou menor coesão do ego no início da vida pós-natal deveria ser considerada em conexão com a maior ou menor capacidade do ego de tolerar a ansiedade, o que, como eu anteriormente sustentei (*The Psycho-Analysis of Children*. London: Hogarth Press, 1932 [ed. bras.: A psicanálise de crianças, op. cit.], em particular à p. 49), é um fator constitucional.

imediatamente a um objeto, ou melhor: é vivenciado como medo de um incontrolável objeto dominador. Outras fontes importantes da ansiedade primária são o trauma do nascimento (ansiedade de separação) e a frustração de necessidades corporais; e essas experiências são sentidas desde o início como causadas por objetos. Mesmo se esses objetos são sentidos como externos, por meio de introjeção eles tornam-se perseguidores internos e assim reforçam o medo do impulso destrutivo interno.

A necessidade vital de lidar com a ansiedade força o ego arcaico a desenvolver mecanismos e defesas fundamentais. O impulso destrutivo é parcialmente projetado para fora (deflexão da pulsão de morte) e, acredito, prende-se ao primeiro objeto externo, o seio da mãe. Como Freud assinalou, a porção restante do impulso destrutivo é em alguma medida ligada pela libido no interior do organismo. No entanto, nenhum desses processos cumpre inteiramente seu propósito e, assim, a ansiedade de ser destruído a partir de dentro permanece ativa. Parece-me conforme à falta de coesão que, sob a pressão dessa ameaça, o ego tenda a despedaçar-se.[13] Esse despedaçamento parece subjazer aos estados de desintegração nos esquizofrênicos.

A questão que se coloca é se alguns processos ativos de cisão dentro do ego podem ocorrer mesmo num estágio tão inicial. Como supomos, o ego arcaico cinde ativamente o objeto e a relação com esse, e isso pode implicar certa cisão ativa do próprio ego. De qualquer modo, o resultado da cisão é uma dispersão do impulso destrutivo, sentido como fonte de perigo. Sugiro que a ansiedade primária de ser aniquilado por uma força destrutiva interna, com a resposta específica do ego de despedaçar-se ou cindir-se, pode ser extremamente importante em todos os processos esquizofrênicos.

### Processos de cisão em relação ao objeto

O impulso destrutivo projetado para fora é inicialmente vivenciado como agressividade oral. Acredito que os impulsos sádico-orais diri-

---

[13] Sándor Ferenczi, em "Notes and Fragments" (*The International Journal of Psychoanalysis*, v. 30, 1930–32, pp. 231–42), sugere que muito provavelmente todo organismo vivo reage a estímulos desagradáveis com fragmentação, o que poderia ser uma expressão da pulsão de morte. Possivelmente, mecanismos complexos (organismos vivos) só são mantidos como uma entidade pelo impacto das condições externas. Quando essas condições se tornam desfavoráveis, o organismo desintegra-se.

gidos ao seio da mãe sejam ativos desde o início da vida, embora os impulsos canibalescos se intensifiquem com o início da dentição, um fator acentuado por Karl Abraham.

Em estados de frustração e ansiedade, os desejos sádico-orais e canibalescos são reforçados, e então o bebê sente ter tomado para dentro de si o mamilo e o seio *em pedaços*. Portanto, além da separação entre um seio bom e um seio mau na fantasia do bebê, o seio frustrante – atacado em fantasias sádico-orais – é sentido como fragmentado; e o seio gratificante, tomado para dentro sob a prevalência da libido de sucção, é sentido como inteiro. Esse primeiro objeto bom interno atua como um ponto focal no ego. Ele contrabalança os processos de cisão e dispersão, é responsável pela coesão e integração e é instrumental na construção do ego.[14] O sentimento do bebê de ter dentro de si um seio bom e inteiro pode, não obstante, ser abalado pela frustração e pela ansiedade. Como consequência, pode tornar-se difícil manter a separação entre o seio bom e o mau, e o bebê pode sentir que também o seio bom está despedaçado.

Acredito que o ego é incapaz de cindir o objeto – interno e externo – sem que ocorra uma cisão correspondente dentro dele. Desse modo, as fantasias e sentimentos sobre o estado do objeto interno influenciam vitalmente a estrutura do ego. Quanto mais o sadismo prevalece no processo de incorporação do objeto e quanto mais o objeto é sentido em pedaços, mais o ego corre perigo de cindir-se em correspondência aos fragmentos do objeto internalizado.

Os processos que descrevi estão, evidentemente, ligados à vida de fantasia do bebê, e as ansiedades que estimulam o mecanismo de cisão são também de natureza fantasiosa. É em fantasia que o bebê cinde o objeto e o self; porém, o efeito dessa fantasia é bastante real, porque leva sentimentos e relações (e, mais tarde, processos de pensamento) a ficarem, de fato, isolados uns dos outros.[15]

---

14 D. W. Winnicott, em "Desenvolvimento emocional primitivo", op. cit., referiu-se ao mesmo processo a partir de outro ângulo: descreveu como a integração e a adaptação à realidade dependem essencialmente da experiência que o bebê tem do amor e do carinho da mãe.

15 Na discussão que se seguiu à apresentação deste artigo, o dr. Clifford Scott mencionou um outro aspecto da cisão. Enfatizou a importância das quebras na continuidade das experiências, o que implica mais uma cisão no tempo do que no espaço. Mencionou como exemplo a alternância entre estados de sono e estados de vigília. Concordo plenamente com seu ponto de vista.

## A cisão em conexão com a projeção e a introjeção

Até aqui ocupei-me particularmente do mecanismo de cisão como um dos mais antigos mecanismos e defesas do ego contra a ansiedade. A introjeção e a projeção também são usadas desde o início da vida a serviço desse objetivo primário do ego. A projeção, tal como Freud descreveu, origina-se da deflexão da pulsão de morte para fora e, a meu ver, ajuda o ego a superar a ansiedade livrando-o de perigo e de coisas más. A introjeção do objeto bom é também usada pelo ego como uma defesa contra a ansiedade.

Alguns outros mecanismos estão estreitamente ligados à projeção e à introjeção. Estou aqui particularmente interessada na conexão entre cisão, idealização e recusa. No que diz respeito à cisão do objeto, devemos lembrar que, nos estados de gratificação, os sentimentos amorosos voltam-se para o seio gratificante, ao passo que nos estados de frustração o ódio e a ansiedade persecutória ligam-se ao seio frustrante.

A idealização está ligada à cisão do objeto, pois os aspectos bons do seio são exagerados como uma salvaguarda contra o medo do seio persecutório. Embora a idealização seja, assim, o corolário do medo persecutório, ela origina-se também do poder dos desejos pulsionais que aspiram a uma gratificação ilimitada e criam então a imagem de um seio inexaurível e sempre generoso – um seio ideal.

Encontramos na gratificação alucinatória infantil um exemplo de tal clivagem. Os principais processos que entram em jogo na idealização são também operantes na gratificação alucinatória, a saber, cisão do objeto e recusa tanto da frustração como da perseguição. O objeto frustrante e perseguidor é mantido completamente separado do objeto idealizado. No entanto, o objeto mau não é apenas mantido separado do bom; sua própria existência é recusada, assim como são recusados toda a situação de frustração e os maus sentimentos (dor) a que a frustração dá origem. Isso se relaciona com a recusa da realidade psíquica. A recusa da realidade psíquica só se torna possível por meio de fortes sentimentos de onipotência, uma característica essencial da mentalidade arcaica. A recusa onipotente da existência do objeto mau e da situação de dor é, para o inconsciente, igual à aniquilação pelo impulso destrutivo. Entretanto, não são apenas uma situação e um objeto que são recusados e aniquilados – *é uma relação de objeto* que sofre esse destino e, portanto uma parte do ego, da qual emanam os sentimentos pelo objeto, é recusada e aniquilada também.

Portanto, na gratificação alucinatória ocorrem dois processos inter--relacionados: a invocação onipotente do objeto e da situação ideais e a igualmente onipotente aniquilação do objeto mau persecutório e da situação de dor. Esses processos baseiam-se na cisão tanto do objeto como do ego.

Eu mencionaria de passagem que nessa fase inicial a cisão, a recusa e a onipotência desempenham um papel semelhante ao que desempenha a repressão num estágio posterior do desenvolvimento do ego. Ao considerar a importância dos processos de recusa e onipotência num estágio caracterizado por medo persecutório e mecanismos esquizoides, podemos lembrar os delírios de grandeza e de perseguição na esquizofrenia.

Ao tratar do medo persecutório, salientei por enquanto o elemento oral. Contudo, ainda sob o predomínio da libido oral, impulsos e fantasias libidinais e agressivas provenientes de outras fontes passam para o primeiro plano, levando a uma confluência de desejos orais, uretrais e anais, tanto libidinais como agressivos. Também os ataques ao seio da mãe evoluem para ataques de natureza semelhante ao corpo materno, que passa a ser sentido como uma extensão do seio, antes mesmo que a mãe seja concebida como uma pessoa completa. Os ataques à mãe, em fantasia, seguem duas linhas principais: uma é a do impulso predominantemente oral de sugar até exaurir, morder, cavoucar e assaltar o corpo da mãe, despojando-o de seus conteúdos bons. (Examinarei a influência desses impulsos no desenvolvimento das relações de objeto em conexão com a introjeção.) A outra linha de ataque deriva dos impulsos anais e uretrais e implica a expulsão de substâncias perigosas (excrementos) do self para dentro da mãe. Junto aos excrementos nocivos, expelidos com ódio, partes excindidas do ego são também projetadas na mãe ou, como prefiro dizer, *para dentro* da mãe.[16] Esses excrementos e essas partes más do self servem não apenas para danificar, mas também para controlar e tomar posse do objeto. Na medida em que a mãe passa a conter as partes más do self, ela não é sentida como um indivíduo separado, e sim como o self mau.

Muito do ódio contra partes do self é agora dirigido contra a mãe. Isso leva a uma forma particular de identificação que estabelece o protótipo de uma relação de objeto agressiva. Sugiro o termo "iden-

---

16 A descrição de tais processos primitivos sofre uma grande desvantagem, pois essas fantasias surgem numa época em que o bebê ainda não começou a pensar com palavras. Nesse contexto, por exemplo, estou usando a expressão "projetar *para dentro* de outra pessoa" porque este me parece ser o único modo de transmitir o processo inconsciente que estou tentando descrever.

tificação projetiva" para esses processos. Quando a projeção é derivada principalmente do impulso do bebê de danificar ou controlar a mãe,[17] ele a sente como um perseguidor. Nos distúrbios psicóticos, essa identificação de um objeto com as partes odiadas do self contribui para a intensidade do ódio dirigido contra outras pessoas. No que diz respeito ao ego, a excessiva excisão e a excessiva expulsão de partes suas para o mundo externo debilitam-no consideravelmente. Isso porque o componente agressivo dos sentimentos e da personalidade está intimamente ligado na mente com poder, potência, força, conhecimento e muitas outras qualidades desejadas.

Contudo, não são apenas as partes más do self que são expelidas e projetadas, mas também partes boas do self. Os excrementos têm, assim, o significado de presentes, e as partes do ego que, junto aos excrementos, são expelidas e projetadas para dentro da outra pessoa representam as partes boas, isto é, as partes amorosas do self. A identificação baseada nesse tipo de projeção uma vez mais influencia de forma vital as relações de objeto. A projeção de sentimentos bons e de partes boas do self para dentro da mãe é essencial para habilitar o bebê a desenvolver boas relações de objeto e para integrar seu ego. Contudo, se esse processo projetivo é empregado de modo excessivo, partes boas da personalidade são sentidas como perdidas, e dessa maneira a mãe se torna o ideal de ego e o processo resulta também em enfraquecimento e empobrecimento do ego. Esses processos são em seguida estendidos a outras pessoas[18] e o resultado pode ser uma dependência exagerada desses representantes externos das partes boas de si próprio. Outra consequência é o medo de que a capacidade de amar tenha sido perdida, pois o

---

17 M. G. Evans, numa breve comunicação não publicada (apresentada à Sociedade Britânica de Psicanálise em janeiro de 1946), deu alguns exemplos de pacientes nos quais os seguintes fenômenos eram acentuados: falta de sentido de realidade, um sentimento de estar dividido e de que partes da personalidade haviam entrado no corpo da mãe para roubá-la e controlá-la; como consequência, a mãe e outras pessoas atacadas do mesmo modo passavam a representar o paciente. Evans relacionou tais processos a um estágio muito primitivo do desenvolvimento.

18 Scott, num artigo não publicado, apresentado à Sociedade Britânica de Psicanálise alguns anos atrás, descreveu três aspectos inter-relacionados com que se defrontou numa paciente esquizofrênica: uma forte perturbação de seu sentido de realidade, o sentimento de que o mundo ao seu redor era um cemitério e o mecanismo de colocar todas as partes boas de si mesma dentro de outra pessoa – Greta Garbo –, que veio a representar a paciente.

objeto amado é sentido como predominantemente amado por ser um representante do self.

Os processos de excisão de partes do self e sua projeção para dentro dos objetos são, assim, de importância vital para o desenvolvimento normal, bem como para as relações de objeto anormais.

O efeito da introjeção sobre as relações de objeto é igualmente importante. A introjeção do objeto bom, em primeiro lugar o seio da mãe, é uma precondição para o desenvolvimento normal. Já descrevi que ele forma um ponto focal no ego e contribui para a coesão do ego. Um traço característico da relação mais arcaica com o objeto bom – interno e externo – é a tendência a idealizá-lo. Em estados de frustração ou de maior ansiedade, o bebê é levado a refugiar-se em seu objeto interno idealizado como um meio de escapar de perseguidores. Várias perturbações sérias podem resultar desse mecanismo: quando o medo persecutório é muito intenso, a fuga para o objeto idealizado torna-se excessiva, o que prejudica gravemente o desenvolvimento do ego e perturba as relações de objeto. Como resultado, o ego pode ser sentido como inteiramente servil e dependente do objeto interno – uma mera casca para ele. Com um objeto idealizado não assimilado, vem o sentimento de que o ego não tem vida nem valor próprios.[19] Eu diria que o fugir para o objeto idealizado não assimilado requer ainda mais processos de cisão dentro do ego, isso porque partes do ego procuram unir-se ao objeto ideal, enquanto outras partes esforçam-se para lidar com os perseguidores internos.

As várias formas de cisão do ego e dos objetos internos têm por resultado o sentimento de que o ego está despedaçado. Esse sentimento corresponde a um estado de desintegração. No desenvolvimento normal, os estados de desintegração vividos pelo bebê são transitórios.

---

19 Cf. Paula Heimann, "A Contribution to the Problem of Sublimation and its Relation to the Processes of Internalization" (*The International Journal of Psychoanalysis*, v. 23, 1942, pp. 8–17), em que a autora descreveu uma condição na qual os objetos internos agem como corpos estranhos enquistados no self. Apesar de isso ser mais óbvio em relação aos objetos maus, é verdade também para os objetos bons se o ego estiver compulsivamente subordinado à preservação deles. Quando o ego serve excessivamente a seus objetos bons internos, eles são sentidos como uma fonte de perigo para o self e chegam quase a exercer uma influência persecutória. Heimann introduziu o conceito de assimilação dos objetos internos e aplicou-o especificamente à sublimação. No que diz respeito ao desenvolvimento do ego, ela indicou que tal assimilação é essencial para o exercício bem-sucedido das funções do ego e para a conquista da independência.

A gratificação por parte do objeto bom externo, entre outros fatores, ajuda reiteradamente a transpor esses estados esquizoides.[20] A capacidade do bebê de superar estados esquizoides temporários está em conformidade com a grande elasticidade e capacidade de recuperação da mente infantil. Se estados de cisão e, portanto, de desintegração, que o ego é incapaz de superar, ocorrem com muita frequência e perduram por muito tempo, eles devem ser considerados, a meu ver, sinal de doença esquizofrênica no bebê; alguns indícios dessa doença podem ser observados desde os primeiros meses de vida. Em pacientes adultos, estados de despersonalização e de dissociação esquizofrênica parecem ser uma regressão a esses estados infantis de desintegração.[21]

Em minha experiência, medos persecutórios intensos e o uso excessivo de mecanismos esquizoides na mais tenra infância podem ter um efeito prejudicial sobre o desenvolvimento intelectual em seus estágios iniciais. Assim, determinadas formas de deficiência mental deveriam ser tomadas como pertencentes ao grupo das esquizofrenias. Segundo essa visão, ao se considerar a deficiência mental em crianças de qualquer idade, deve-se ter em mente a possibilidade de uma doença esquizofrênica na mais tenra infância.

Descrevi até este ponto alguns efeitos da introjeção e projeção excessivas nas relações de objeto. Não estou tentando investigar aqui em detalhe os vários fatores que, em alguns casos, são responsáveis pelo predomínio de processos introjetivos e, em outros, pelo de processos projetivos. No que diz respeito à personalidade normal, pode-se dizer que o curso do desenvolvimento do ego e das relações de objeto

---

20 Sob essa luz, o amor e a compreensão da mãe para com o bebê podem ser vistos como o maior recurso à disposição do bebê para a superação de estados de desintegração e de ansiedades de natureza psicótica.

21 Herbert Rosenfeld, em "Análise de um estado esquizofrênico com despersonalização" [1947] (in *Os estados psicóticos*. Rio de Janeiro, Zahar, 1968, pp. 17–40), apresentou material clínico para ilustrar como os mecanismos de cisão que estão ligados à identificação projetiva são responsáveis tanto pelo estado esquizofrênico como pela despersonalização. Em seu artigo "Note on the Psychopathology of Confusional States in Chronic Schizophrenias" (*The International Journal of Psychoanalysis*, v. 31, 1950, pp. 132–37), também assinalou que um estado confusional se produz se o sujeito perde a capacidade de diferenciar entre objetos bons e objetos maus, entre impulsos agressivos e impulsos libidinais, e assim por diante. Sugeriu que em tais estados de confusão mecanismos de cisão são frequentemente reforçados para fins defensivos.

depende da medida em que pode ser alcançado um equilíbrio ótimo entre introjeção e projeção nos estágios iniciais do desenvolvimento. Isso, por sua vez, tem relevância para a integração do ego e a assimilação dos objetos internos. Mesmo quando o equilíbrio é perturbado e um ou outro desses processos é excessivo, existe alguma interação entre introjeção e projeção. Por exemplo, a projeção de um mundo interno predominantemente hostil, regido por medos persecutórios, leva à introjeção – a um retomar para si – de um mundo externo hostil, e, vice-versa, a introjeção de um mundo externo hostil e distorcido reforça a projeção de um mundo interno hostil.

Outro aspecto dos processos projetivos, como vimos, diz respeito à entrada violenta no objeto e ao controle dele por partes do self. Como consequência, a introjeção pode então ser sentida como uma irrupção violenta do exterior para o interior, em represália à projeção violenta. Isso pode levar ao medo de que não apenas o corpo mas também a mente sejam controlados por outras pessoas de uma forma hostil. Como resultado, pode haver uma perturbação grave na introjeção de objetos bons – perturbação que impediria todas as funções do ego, assim como o desenvolvimento sexual, e que poderia levar a uma retirada excessiva para o mundo interno. Contudo, essa retirada é causada não apenas pelo medo de introjetar um mundo externo perigoso como também pelo medo de perseguidores internos, com a consequente fuga para o objeto idealizado interno.

Já me referi ao enfraquecimento e ao empobrecimento do ego que resultam da cisão e identificação projetivas excessivas. Todavia, esse ego enfraquecido torna-se também incapaz de assimilar seus objetos internos, e isso conduz ao sentimento de ser governado por eles. Novamente, esse ego enfraquecido sente-se incapaz de tomar de volta para si as partes por ele projetadas no mundo externo. Essas várias perturbações na interação entre projeção e introjeção, e que implicam uma cisão excessiva do ego, exercem um efeito prejudicial sobre a relação com o mundo interno e o externo, e parecem estar na raiz de algumas formas de esquizofrenia.

A identificação projetiva está na base de muitas situações de ansiedade, das quais mencionarei algumas. A fantasia de uma entrada violenta no objeto dá origem a ansiedades relativas aos perigos que ameaçam o sujeito a partir do interior do objeto. Por exemplo, os impulsos para controlar um objeto de dentro dele despertam o medo de ser controlado e perseguido no interior do objeto em questão. Pela introjeção e reintrojeção do objeto que sofreu uma penetração violenta, os sentimentos de perseguição interna do sujeito são fortemente reforçados; e mais ainda, porque o objeto reintrojetado é sentido como portador dos aspectos perigosos do self. O acúmulo de ansiedades dessa natureza, em que o ego se encontra, por assim dizer, preso entre uma variedade de situações de perseguição interna e externa, é um elemento básico na paranoia.[22]

Descrevi anteriormente as fantasias do bebê de atacar e entrar sadicamente no corpo da mãe que dão origem a várias situações de ansiedade (em particular, o medo de ser aprisionado e perseguido dentro dela) que estão na base da paranoia.[23] Mostrei também que o medo de ser aprisionado (e especialmente de ter o pênis atacado) dentro da mãe é um fator importante nas perturbações posteriores da potência masculina (impotência), e também que subjaz à claustrofobia.[24]

---

22 Rosenfeld, em "Análise de um estado esquizofrênico com despersonalização", op. cit., e "Remarks on the Relation of Male Homosexuality to Paranoia, Paranoid Anxiety, and Narcisism" (*The International Journal of Psychoanalysis*, v. 30, 1949, pp. 36–47), discutiu a importância clínica daquelas ansiedades paranoides que estão ligadas à identificação projetiva em pacientes psicóticos. Nos dois casos de esquizofrênicos que descreveu, ficou evidente que os pacientes estavam dominados pelo medo de que o analista estivesse tentando forçar sua entrada no paciente. Quando esses medos foram analisados na situação transferencial, uma melhora pôde ocorrer. Rosenfeld ligou ainda a identificação projetiva (e os temores persecutórios correspondentes) à frigidez sexual feminina de um lado e, de outro, à frequente combinação de homossexualidade e paranoia nos homens.
23 Cf. M. Klein, *The Psycho-Analysis of Children*, op. cit., cap. 8, em particular p. 131, e cap. 12, em particular p. 242.
24 Joan Riviere, num artigo não publicado, "Paranoid Attitudes Seen in Everyday Life and in Analysis" (apresentado à Sociedade Britânica de Psicanálise em 1948), relatou grande quantidade de material clínico em que a identificação projetiva tornava-se clara. Fantasias inconscientes de forçar o self todo para dentro do objeto (para obter controle e posse) conduziam, pelo medo da retaliação, a uma variedade de ansiedades persecutórias tais como a claustrofobia ou a fobias tão comuns como as de ladrões, de aranhas, de invasão em tempo de guerra. Esses medos estão ligados a fantasias inconscientes "catastróficas" de ser desmembrado, eviscerado, rasgado em pedaços e de despedaçamento interno total do corpo e da personalidade e de perda de identidade – medos que são uma versão mais elaborada do medo de aniquilamento (morte) e que têm o efeito de reforçar os mecanismos de cisão e o processo de desintegração do ego tais como são encontrados em psicóticos.

### Relações de objeto esquizoides

Resumirei agora algumas das relações de objeto perturbadas que são encontradas em personalidades esquizoides: a cisão violenta do self e a projeção excessiva têm por efeito fazer a pessoa em relação à qual esse processo é dirigido ser sentida como um perseguidor. Uma vez que a parte destrutiva e odiada do self que é excindida e projetada é sentida como um perigo para o objeto amado e, portanto, dá origem à culpa, esse processo de projeção de certo modo também implica uma deflexão da culpa do self para com a outra pessoa. A culpa, entretanto, não foi eliminada e a culpa defletida é sentida como uma responsabilidade inconsciente para com aqueles que se tornaram representantes da parte agressiva do self.

Outro traço típico das relações de objeto esquizoides é sua natureza narcísica, a qual deriva dos processos infantis de introjeção e projeção. Pois, como sugeri anteriormente, quando o ideal de ego é projetado para dentro de outra pessoa, essa pessoa torna-se predominantemente amada e admirada porque ela contém as partes boas do self. De maneira semelhante, é de natureza narcísica a relação baseada na projeção de partes más do self para dentro de outra pessoa porque, também nesse caso, o objeto representa sobretudo uma parte do self. Ambos os tipos de relação narcísica com um objeto apresentam, com frequência, fortes traços obsessivos. O impulso para controlar outras pessoas é, como sabemos, um elemento essencial na neurose obsessiva. A necessidade de controlar outras pessoas pode, até certo ponto, ser explicada por um impulso defletido de controlar partes do self. Quando essas partes foram excessivamente projetadas para dentro de outra pessoa, elas só podem ser controladas por meio do controle sobre a outra pessoa. Uma raiz dos mecanismos obsessivos pode, então, ser encontrada no tipo particular de identificação que advém dos processos projetivos infantis. Essa conexão pode também lançar alguma luz sobre o elemento obsessivo que tantas vezes entra na tendência à reparação. Pois o sujeito é levado a reparar ou restaurar não apenas um objeto em relação ao qual ele vivência a culpa, mas também a reparar ou restaurar partes do self.

Todos esses fatores podem levar a uma ligação compulsiva com certos objetos ou (outro resultado possível) a um retraimento do contato com as pessoas a fim de evitar tanto a intrusão destrutiva dentro delas como o perigo de retaliação por parte delas. O medo de tais perigos pode evidenciar-se em várias atitudes negativas nas relações de objeto. Por exemplo, um de meus pacientes contou-me que não gosta de pessoas que são demasiadamente influenciadas por ele, pois elas parecem tornar-se muito parecidas com ele e, assim, ele se cansa delas.

Outra característica das relações de objeto esquizoides é uma artificialidade e falta de espontaneidade acentuadas. Paralelamente a isso, ocorre uma perturbação grave do sentimento do self ou, como eu diria, da relação com o self. Também essa relação parece ser artificial. Em outras palavras: estão igualmente perturbadas a realidade psíquica e a relação com a realidade externa.

A projeção de partes excindidas do self para dentro de outra pessoa influencia essencialmente as relações de objeto, a vida emocional e a personalidade como um todo. Para ilustrar esse argumento, selecionarei como exemplo dois fenômenos universais que estão interligados: o sentimento de solidão e o medo de separar-se de outra pessoa. Sabemos que uma fonte dos sentimentos depressivos que acompanham o separar-se das pessoas pode ser encontrada no medo da destruição do objeto pelos impulsos agressivos dirigidos contra ele. Porém, são mais especificamente os processos de cisão e projeção que estão subjacentes a esse medo. Se elementos agressivos em relação ao objeto são predominantes e se eles são intensamente despertados pela frustração da separação, o indivíduo sente que os componentes excindidos de seu self, projetados para dentro do objeto, controlam esse objeto de uma maneira agressiva e destrutiva. Ao mesmo tempo, sente-se que o objeto interno corre o mesmo perigo de destruição que o objeto externo no qual se sente que uma parte do self foi deixada. O resultado é um enfraquecimento excessivo do ego, um sentimento de que não há nada que o sustente e um correspondente sentimento de solidão. Embora essa descrição corresponda a indivíduos neuróticos, acho que em certa medida é um fenômeno geral.

É desnecessário enfatizar que alguns outros traços das relações de objeto esquizoides que descrevi anteriormente podem também ser encontrados em menor grau ou em forma menos marcante em indivíduos normais – por exemplo: timidez, falta de espontaneidade ou, ao contrário, um interesse particularmente intenso por pessoas.

De maneiras semelhantes, perturbações normais de processos de pensamento ligam-se com a posição esquizoparanoide do desenvolvimento. Pois todos nós somos às vezes passíveis de um comprometimento momentâneo do pensamento lógico, o qual corresponde ao fato de pensamentos e associações estarem apartados uns dos outros e situações estarem excindidas umas das outras; de fato, o ego fica temporariamente cindido.

## A posição depressiva em relação à posição esquizoparanoide

Desejo agora considerar ainda outros passos no desenvolvimento do bebê. Descrevi até aqui as ansiedades, os mecanismos e as defesas característicos dos primeiros meses de vida. Com a introjeção do objeto completo, em torno do segundo trimestre do primeiro ano, são dados passos significativos para a integração. Isso implica mudanças importantes na relação com os objetos. Os aspectos amados e odiados da mãe não são mais sentidos como tão separados, e o resultado é uma intensificação do medo da perda, estados afins ao luto e um forte sentimento de culpa, porque os impulsos agressivos são sentidos como dirigidos contra o objeto amado. A posição depressiva passa para o primeiro plano. A própria experiência dos sentimentos depressivos, por sua vez, tem por efeito uma maior integração do ego, porque resulta numa maior compreensão da realidade psíquica e numa melhor percepção do mundo externo, como também numa maior síntese entre situações internas e externas.

O impulso para a reparação, que nesse estágio passa para o primeiro plano, pode ser visto como consequência de um maior insight sobre a realidade psíquica e de uma síntese crescente, pois demonstra uma resposta mais realista aos sentimentos de pesar, culpa e medo da perda, resultantes da agressividade contra o objeto amado. Uma vez que o impulso para reparar ou proteger o objeto danificado prepara o caminho para relações de objeto mais satisfatórias e para sublimações, ele também incrementa a síntese e contribui para a integração do ego.

Durante a segunda metade do primeiro ano, o bebê dá alguns passos fundamentais em direção à elaboração da posição depressiva. Entretanto, os mecanismos esquizoides ainda permanecem ativos, embora de forma modificada e em menor grau, e as situações de ansiedade arcaica são reiteradamente vivenciadas no processo de modificação. A elaboração das posições depressiva e persecutória estende-se pelos primeiros anos da infância e desempenha um papel essencial na neurose infantil. No decurso desse processo, as ansiedades vão perdendo força; os objetos tornam-se ao mesmo tempo menos idealizados e menos aterrorizantes, e o ego fica mais unificado. Tudo isso está interligado com a percepção crescente da realidade e com a adaptação a ela.

Se o desenvolvimento durante a posição esquizoparanoide não progrediu normalmente e o bebê não pode, por motivos internos ou externos, fazer face ao impacto das ansiedades depressivas, cria-se um círculo vicioso. Pois, se o medo persecutório e os correspondentes mecanismos esquizoides são muito fortes, o ego não é capaz de elaborar a posição depressiva. Isso força o ego a regredir para a posição esquizoparanoide e reforça os medos persecutórios e os fenômenos esquizoides mais arcaicos. Fica assim estabelecida a base para várias formas de esquizofrenia no futuro, pois, quando tal regressão ocorre, não apenas são reforçados os pontos de fixação na posição esquizoide como também há o perigo do estabelecimento de estados de desintegração maiores. Outro resultado possível seria o fortalecimento de traços depressivos.

As experiências externas são naturalmente de grande importância nesses desenvolvimentos. Por exemplo, no caso de um paciente que apresentava traços depressivos e esquizoides, a análise trouxe à tona com grande vividez suas experiências arcaicas na infância inicial, a tal ponto que, em algumas sessões, ocorreram sensações físicas na garganta ou nos órgãos digestivos. O paciente havia sido desmamado repentinamente aos quatro meses de idade porque sua mãe adoecera. Além disso, ele não viu sua mãe por quatro semanas. Quando ela voltou, encontrou a criança muito mudada. Ele havia sido um bebê vivaz, interessado no ambiente que o cercava, e parecia ter perdido esse interesse. Havia-se tornado apático. Ele tinha aceitado a alimentação substitutiva com certa facilidade e, de fato, nunca recusara comida. Porém, não mais vicejava, perdeu peso e tinha muitos distúrbios digestivos. Foi apenas ao fim do primeiro ano, quando outra alimentação foi introduzida, que novamente fez progressos físicos.

A análise esclareceu bastante a influência que essas experiências tiveram sobre seu desenvolvimento geral. Seus pontos de vista e atitudes na vida adulta eram baseados nos padrões estabelecidos nesse estágio inicial. Encontramos, por exemplo, repetidamente uma tendência a ser influenciado por outras pessoas de um modo pouco seletivo – na verdade, a incorporar vorazmente o que quer que fosse oferecido –, acompanhada de uma grande desconfiança durante o processo de introjeção. Esse processo era constantemente perturbado por ansiedades provenientes de várias fontes, o que também contribuía para um aumento da voracidade.

Tomando como um todo o material dessa análise, cheguei à conclusão de que, no período em que ocorreu a perda súbita do seio e da mãe, o paciente já havia estabelecido, em alguma medida, uma relação com um objeto bom e inteiro. Ele já havia, sem dúvida, entrado na posição depressiva, porém não pôde elaborá-la com êxito, e a posição esquizoparanoide foi reforçada regressivamente. Isso se expressou na "apatia" que se seguiu a um período em que a criança já havia manifestado um vivaz interesse pelo seu meio ambiente. O fato de que ele já havia alcançado a posição depressiva e introjetado um objeto inteiro era evidente de várias formas em sua personalidade. Tinha realmente uma grande capacidade de amar e uma grande nostalgia de um objeto bom e inteiro. Um aspecto característico de sua personalidade era o desejo de amar as pessoas e confiar nelas, para inconscientemente recuperar e reconstruir o seio bom e inteiro que já uma vez possuíra e perdera.

## Conexão entre fenômenos esquizoides e maníaco-depressivos

Algumas flutuações entre a posição esquizoparanoide e a depressiva sempre ocorrem e fazem parte do desenvolvimento normal. Portanto, não se pode traçar uma divisão clara entre os dois estágios do desenvolvimento; além disso, a modificação é um processo gradual e os fenômenos das duas posições permanecem por algum tempo entrelaçados e interagindo em alguma medida. No desenvolvimento anormal, essa interação influencia, penso eu, o quadro clínico tanto de algumas de esquizofrenia como de distúrbios maníaco-depressivos.

Para ilustrar essa conexão, farei uma breve referência a um material clínico. Não tenho intenção de apresentar aqui o histórico de um caso; estou, portanto, apenas selecionando algumas partes do material relevante para o meu tópico. A paciente que tenho em mente era um caso maníaco-depressivo pronunciado (diagnosticado como tal por mais de um psiquiatra), com todas as características desse distúrbio: havia alternância entre estados depressivos e maníacos, fortes tendências suicidas levando a repetidas tentativas de suicídio e vários outros traços maníacos e depressivos característicos. No decurso de sua análise, atingiu-se um estágio em que foi conseguida uma melhora grande e real. Não apenas o ciclo cessou, como também houve mudanças fundamentais em sua personalidade e em suas relações de objeto. Houve um desenvolvimento da produtividade em várias direções, bem como sentimentos de real felicidade (não do tipo maníaco). Então, devido em parte a circunstâncias externas, outra fase estabeleceu-se. Durante essa última fase, que se estendeu por vários meses, a paciente cooperava na análise de uma maneira particular. Vinha regularmente às sessões, associava com razoável liberdade, relatava sonhos e fornecia material para análise. Não havia, entretanto, resposta emocional às minhas interpretações, e sim bastante desprezo por elas. Raramente havia qualquer confirmação consciente do que eu sugeria. Contudo, o material com que respondia às interpretações refletia o efeito inconsciente delas. A poderosa resistência demonstrada nesse estágio parecia provir de apenas uma parte da personalidade, enquanto, ao mesmo tempo, outra parte respondia ao trabalho analítico. Não se tratava apenas de que partes de sua personalidade não cooperavam comigo; elas não pareciam cooperar entre si, e na época a análise não foi capaz de ajudar a paciente a conseguir uma síntese. Durante esse estágio ela decidiu pôr fim à análise. Circunstâncias externas contribuíram fortemente para essa decisão e ela fixou uma data para a última sessão.

Naquele dia específico, relatou o seguinte sonho: havia um cego muito preocupado com sua cegueira, mas ele parecia consolar-se tocando o vestido da paciente e tentando descobrir como era abotoado. O vestido do sonho lembrava a ela um de seus que abotoava até o alto do pescoço. A paciente fez mais duas associações a esse sonho. Disse, com alguma resistência, que o cego era ela própria; e, ao referir-se ao vestido abotoado até o pescoço, comentou que havia entrado novamente em sua "pele". Sugeri à paciente que, no sonho, ela inconscientemente expressava que estava cega para suas próprias dificuldades e que suas decisões com respeito à análise e às várias situações em sua vida não estavam em concordância com seu conhecimento inconsciente. Isso também foi mostrado pela sua admissão de ter entrado em sua "pele", querendo assim dizer que ela estava se trancando, atitude que lhe era bastante conhecida de estágios anteriores na análise. Assim, o insight inconsciente e mesmo alguma cooperação em nível consciente (o reconhecimento de que *ela* era o cego e de que havia entrado em sua "pele") derivavam apenas de partes isoladas de sua personalidade. Na realidade, a interpretação desse sonho não produziu qualquer efeito e não alterou a decisão da paciente de pôr fim à análise naquela mesma sessão.[25]

A natureza de certas dificuldades encontradas nessa análise, assim como em outras, tinha se revelado mais claramente nos últimos meses antes de a paciente interromper o tratamento. Era a mescla de traços esquizoides e maníaco-depressivos o que determinava a natureza de sua doença. Pois em certos momentos ao longo de sua análise – mesmo no estágio inicial, quando estados depressivos e maníacos estavam no auge –, mecanismos esquizoides e depressivos apareciam algumas vezes simultaneamente. Havia, por exemplo, sessões em que a paciente evidentemente estava profundamente deprimida, cheia de autorrecriminações e sentimentos de desvalia; lágrimas escorriam

---

25 Devo mencionar que a análise foi retomada depois de um intervalo.

pelo seu rosto e seus gestos expressavam desespero. E, ainda assim, quando eu interpretava essas emoções, ela dizia que não as sentia de modo algum. Então, recriminava-se por não ter sentimentos, por estar se sentindo completamente vazia. Em tais sessões havia também fuga de ideias, os pensamentos pareciam estar fragmentados e a expressão deles era desconexa.

Havia por vezes, seguindo-se à interpretação das razões inconscientes subjacentes a esses estados, sessões em que as emoções e as ansiedades depressivas expressavam-se plenamente, e nesses momentos os pensamentos e a fala eram muito mais coerentes.

Essa íntima ligação entre fenômenos depressivos e esquizoides apareceu, embora em formas diferentes, ao longo de sua análise, mas tornou-se muito pronunciada durante a última etapa, que precedeu a interrupção recém-descrita.

Já me referi à conexão entre as posições esquizoparanoide e depressiva no desenvolvimento. A questão que surge agora é saber se essa conexão no desenvolvimento é a base da mistura desses traços nos distúrbios maníaco-depressivos e, como eu sugeriria, também nos distúrbios esquizofrênicos. Se essa hipótese provisória pudesse ser provada, a conclusão seria que os grupos de distúrbios esquizofrênicos e maníaco-depressivos estão mais intimamente relacionados uns com os outros, em termos de desenvolvimento, do que tem sido suposto. O que também poderia explicar, creio, os casos em que o diagnóstico diferencial entre melancolia e esquizofrenia é extremamente difícil. Eu ficaria grata se colegas que tenham tido amplo material de observação psiquiátrica pudessem trazer mais contribuições à minha hipótese.

### Algumas defesas esquizoides

Há, em geral, consenso em que os pacientes esquizoides são mais difíceis de analisar do que os maníaco-depressivos. Sua atitude retraída e não emocional, os elementos narcísicos em suas relações de objeto (aos quais me referi anteriormente), certa hostilidade distanciada que permeia toda a relação com o analista criam um tipo de resistência muito difícil. Acredito que, em grande parte, sejam os processos de cisão os responsáveis pelo fracasso do paciente em entrar em contato com o analista e pela sua falta de resposta às interpretações. O paciente sente-se alheado e distante, e esse sentimento corresponde à impressão do analista de que partes consideráveis da personalidade do paciente e de suas emoções não estão acessíveis. Pacientes com traços esquizoides podem dizer: "Eu estou ouvindo o que diz. Talvez tenha razão, mas não faz nenhum sentido para mim". Ou dizem ainda que sentem como se não estivessem presentes ali. Em tais casos, a expressão "não faz sentido" não implica uma rejeição ativa da interpretação, mas sugere que partes da personalidade e das emoções estão excindidas. Assim sendo, esses pacientes não sabem o que fazer com a interpretação; eles não podem nem aceitá-la nem rejeitá-la.

Ilustrarei os processos subjacentes a tais estados com um fragmento de material tomado da análise de um paciente. A sessão que tenho em mente começou com o paciente me falando que se sentia ansioso e não sabia por quê. Comparou-se, então, com pessoas mais bem-sucedidas e mais afortunadas do que ele. Essas observações também continham uma referência a mim. Sentimentos muito fortes de frustração, inveja e ressentimento vieram à tona. Quando interpretei – dou aqui somente a essência de minhas interpretações – que esses sentimentos eram dirigidos contra a analista e que ele queria me destruir, seu estado de espírito mudou bruscamente. O tom de sua voz tornou-se sem vida, ele falou de modo vagaroso e inexpressivo, e disse que se sentia distanciado da situação toda. Acrescentou que minha interpretação parecia correta, mas que não tinha importância. Na verdade, ele já não tinha mais vontade alguma e não valia a pena se preocupar com nada.

As interpretações que dei a seguir centralizaram-se nas causas dessa mudança de estado de espírito. Sugeri que, no momento de minha interpretação, o perigo de destruir-me tinha se tornado muito real para ele e a consequência imediata foi o medo de me perder. Em vez de sentir culpa e depressão, que em certos períodos da análise seguiam-se a tais interpretações, ele tentava agora lidar com esses perigos com um método específico de cisão. Como sabemos, sob a pressão de ambivalência, conflito e culpa, é frequente o paciente cindir a figura do analista; o analista pode, então, em certos momentos ser amado e em outros odiado. Ou as relações com o analista podem ser cindidas de tal maneira que ele permaneça a figura boa (ou má), enquanto alguma outra pessoa torna-se a figura oposta. Mas essa não era a espécie de cisão que ocorria nesta situação específica. O paciente excindiu aquelas partes de si mesmo, isto é, de seu ego, que ele sentia como perigosas e hostis em relação ao analista. Desviou seus impulsos destrutivos de seu objeto *para seu ego*, com o resultado de que partes de seu ego deixaram temporariamente de existir. Na fantasia inconsciente, isso correspondia ao aniquilamento de parte de sua personalidade. O mecanismo específico de voltar o impulso destrutivo contra uma parte de sua personalidade, e a consequente dispersão das emoções, mantinha sua ansiedade em estado latente.

Minha interpretação desses processos teve o efeito de alterar novamente o estado de espírito do paciente. Ele ficou emocionado, disse que tinha vontade de chorar, estava deprimido, mas sentia-se mais integrado; a seguir, expressou também uma sensação de fome.[26]
Em minha experiência, a excisão e a destruição violentas de uma parte da personalidade, sob a pressão de ansiedade e culpa, são um mecanismo esquizoide importante. Mencionarei brevemente outro exemplo. Uma paciente sonhou que tinha de se haver com uma menina maligna que estava decidida a matar alguém. A paciente tentou influenciar ou controlar a criança e dela extrair uma confissão que teria sido em benefício da própria criança; porém, não teve sucesso. Eu também entrava no sonho e a paciente sentiu que eu podia ajudá-la a lidar com a criança. A seguir, a paciente pendurou a menina por uma corda em uma árvore para amedrontá-la e também para impedi-la de causar danos. Quando estava a ponto de puxar a corda e matar a criança, a paciente acordou. Durante essa parte do sonho, a analista também estava presente, mas permanecia mais uma vez inativa.

Darei aqui apenas a essência das conclusões a que cheguei a partir da análise desse sonho. No sonho, a personalidade da paciente estava cindida em duas partes: de um lado a criança maligna e incontrolável e, do outro, a pessoa que procurava influenciá-la e controlá-la. A criança, naturalmente, representava também várias figuras do passado, mas nesse contexto representava principalmente uma parte do self da paciente. Outra conclusão era que a analista era a pessoa que a criança ia matar; e meu papel no sonho era, em parte, o de impedir que esse assassinato ocorresse. Matar a criança, recurso de que a paciente tinha que se valer, representava o aniquilamento de uma parte de sua personalidade.

A questão que se apresenta é a de saber como um mecanismo esquizoide de aniquilamento de uma parte do self se liga com a repressão,

---

26 A sensação de fome indicava que o processo de introjeção havia sido novamente desencadeado sob o domínio da libido. Se à minha primeira interpretação de seu medo de me destruir com sua agressividade ele havia respondido imediatamente com uma violenta excisão e aniquilamento de partes de sua personalidade, agora sentia mais plenamente as emoções de pesar, culpa e medo da perda, bem como certo alívio dessas ansiedades depressivas. O alívio da ansiedade resultou em que a analista voltou a representar um objeto bom, no qual ele podia confiar. Assim, o desejo de me introjetar como um objeto bom pôde vir à tona. Se ele pudesse reconstruir o seio bom dentro de si, fortaleceria e integraria seu ego, teria menos medo de seus impulsos destrutivos; ele então poderia preservar a si próprio e a analista.

que, como sabemos, é dirigida contra impulsos perigosos. Este, no entanto, é um problema que não posso abordar aqui.

Naturalmente, mudanças de estado de espírito não aparecem sempre de forma tão dramática numa mesma sessão como no primeiro exemplo que dei nesta seção. Mas observei muitas vezes que progressos na síntese são produzidos por interpretações das causas específicas da cisão. Tais interpretações devem lidar pormenorizadamente com a situação de transferência naquele momento, incluindo, é claro, a conexão com o passado, e devem fazer referência aos detalhes das situações de ansiedade que levam o ego a regredir a mecanismos esquizoides. A síntese resultante de interpretações feitas segundo essa orientação é acompanhada de depressão e ansiedades de vários tipos. Gradualmente, tais ondas de depressão, seguidas de maior integração, levam a uma diminuição dos fenômenos esquizoides e também a mudanças fundamentais nas relações de objeto.

## Ansiedade latente em pacientes esquizoides

Já mencionei a falta de emoção, que faz os pacientes esquizoides apresentarem tão pouca resposta. Isso é acompanhado de uma ausência de ansiedade. Assim, fica faltando um suporte importante para o trabalho analítico. Pois, com outros tipos de pacientes que apresentam uma forte ansiedade latente e manifesta, o alívio da ansiedade derivado da interpretação analítica torna-se uma experiência que promove sua capacidade de cooperar na análise.

Essa falta de ansiedade em pacientes esquizoides é apenas aparente. Pois os mecanismos esquizoides implicam uma dispersão das emoções, inclusive da ansiedade, mas esses elementos dispersos ainda existem no paciente. Tais pacientes têm certa forma de ansiedade latente que é mantida em latência pelo método particular da dispersão. O sentimento de estar desintegrado, de ser incapaz de vivenciar emoções, de perder seus objetos, é na realidade o equivalente da ansiedade. Isso torna-se mais claro quando foram realizados progressos na síntese. O grande alívio que um paciente então experimenta provém de um sentimento de que seus mundos interno e externo não só se reaproximaram como também voltaram à vida. Nesses momentos, parece, em retrospecto, que quando as emoções estavam faltando, as relações eram vagas e incertas, e que partes da personalidade eram sentidas como perdidas e tudo parecia morto. Tudo isso é o equivalente de uma ansiedade de natureza muito grave. Essa ansiedade, mantida latente pela dispersão, é sentida, em alguma medida, o tempo todo, mas sua forma difere da ansiedade latente que podemos reconhecer em outros tipos de casos.

Interpretações que tendem a sintetizar a cisão do self e que incluem a dispersão das emoções possibilitam que a ansiedade seja gradualmente vivenciada como tal, apesar de que por longos períodos só possamos na verdade ser capazes de juntar os conteúdos ideacionais, mas não de suscitar as emoções da ansiedade.

Também observei que interpretar estados esquizoides coloca uma exigência particular em nossa capacidade de formular as interpretações de uma forma intelectualmente clara, em que as ligações entre consciente, pré-consciente e inconsciente fiquem estabelecidas. Esse é sempre, naturalmente, um dos nossos objetivos, mas é especialmente importante nos momentos em que as emoções do paciente não estão acessíveis e nós parecemos estar nos dirigindo apenas a seu intelecto, por mais fragmentado que ele esteja.

É possível que as poucas indicações que dei possam também se aplicar, em alguma medida, à técnica de analisar pacientes esquizofrênicos.

### Resumo das conclusões

Resumirei agora algumas das conclusões apresentadas neste artigo. Um de meus pontos principais foi a sugestão de que, nos primeiros meses de vida, a ansiedade é predominantemente vivenciada como um medo de perseguição, e que isso contribui para certos mecanismos e defesas que são de importância na posição esquizoparanoide. Entre essas defesas, destacam-se os mecanismos de cisão dos objetos internos e externos, das emoções e do ego. Esses mecanismos e defesas fazem parte do desenvolvimento normal e, ao mesmo tempo, constituem a base para uma futura doença esquizofrênica. Descrevi os processos que subjazem à identificação por projeção como uma combinação de partes excindidas do self e projeção dessas partes numa outra pessoa; e alguns dos efeitos que essa identificação tem nas relações de objeto normais e esquizoides. O surgimento da posição depressiva é o momento crítico no qual, por regressão, os mecanismos esquizoides podem ser reforçados. Sugeri também uma estreita conexão entre distúrbios maníaco-depressivos e esquizoides, baseada na interação entre as posições esquizoparanoide e depressiva infantis.

## APÊNDICE

A análise de Freud do caso Schreber contém uma riqueza de material que é relevante para o meu tópico, mas dela tirarei aqui apenas algumas conclusões.[27]

Schreber descreveu vividamente a cisão da alma de seu médico Flechsig (sua figura amada e persecutória). A "alma de Flechsig" num determinado momento introduziu o sistema de "divisões de almas", que se cinde entre quarenta e sessenta subdivisões. Tendo essas almas se multiplicado até se tornarem um "estorvo", Deus fez uma investida contra elas, com o resultado de que a alma de Flechsig sobreviveu "somente sob uma ou duas formas". Outro ponto que Schreber menciona é que os fragmentos da alma de Flechsig vão pouco a pouco perdendo sua inteligência e seu poder.

Uma das conclusões a que Freud chegou em sua análise desse caso foi a de que o perseguidor estava cindido em Deus e Flechsig, e também que Deus e Flechsig representavam o pai e o irmão do paciente. Discutindo as várias formas do delírio de destruição do mundo de Schreber, Freud afirma: "De todo modo, o fim do mundo era consequência do conflito que irrompera entre ele e Flechsig, ou, segundo a etiologia adotada na segunda fase do delírio, da ligação indissolúvel que se formara entre ele e Deus [...]".[28]

Eu sugeriria, segundo as hipóteses delineadas neste artigo, que a divisão da alma de Flechsig em muitas almas não era apenas uma cisão do objeto, mas também uma projeção do sentimento de Schreber de que seu ego estava cindido. Mencionarei aqui apenas a conexão de tais processos de cisão com processos de introjeção. Fica sugerida a conclusão de que Deus e Flechsig também representavam partes do self de Schreber. O conflito entre Schreber e Flechsig, ao qual Freud atribuiu um papel vital no delírio de destruição do mundo, encontrou expressão na investida feita por Deus contra as almas de Flechsig. Em minha opinião, essa investida representa o aniquilamento de todas as partes do self por uma delas – o que, como venho sustentando, é um mecanismo esquizoide. As ansiedades e fantasias a respeito da destruição interna e da desintegração do ego ligadas a esse mecanismo são projetadas no mundo externo e subjazem aos delírios de destruição dele.

---

27 Cf. Sigmund Freud, *Observações psicanalíticas sobre um caso de paranoia relatado em autobiografia ("O caso Schreber")* [1911], in *Obras completas*, v. 10, trad. Paulo César de Souza. São Paulo: Companhia das Letras, 2010.
28 Ibid., p. 92.

Freud chegou às seguintes conclusões com relação aos processos que estão na base da "catástrofe do mundo" do paranoico.

O doente retirou das pessoas de seu ambiente e do mundo exterior o investimento libidinal que até então lhes dirigira; com isso, tudo para ele tornou-se indiferente e sem relação, e tem de ser explicado, numa racionalização secundária, como "produzido por milagre, feito às pressas". O fim do mundo é a projeção dessa catástrofe interior; seu mundo subjetivo acabou, depois que retirou dele seu amor.[29]

Essa explicação refere-se especificamente à perturbação da libido do objeto, com o consequente colapso na relação com as pessoas e com o mundo externo. Um pouco mais adiante, porém, Freud considerou um outro aspecto dessas perturbações. Ele disse:

> Não podemos afastar a possibilidade de que distúrbios da libido reajam sobre os investimentos do ego, nem tampouco *o inverso, que alterações anormais no ego ocasionem distúrbio secundário ou induzido nos processos libidinais. É mesmo provável que processos desse gênero constituam o caráter diferenciador da psicose* (grifo meu).[30]

É particularmente a possibilidade expressa nessas duas últimas frases que fornece a conexão entre a explicação de Freud da "catástrofe do mundo" e a minha hipótese. "Mudanças anormais no ego" derivam, como sugeri neste artigo, de processos de cisão excessivos no ego arcaico. Esses processos estão inextricavelmente ligados ao desenvolvimento pulsional e às ansiedades despertadas pelos desejos pulsionais. À luz da última teoria de Freud, das pulsões de vida e de morte, que substituiu o conceito das pulsões sexuais e do ego, perturbações na distribuição da libido pressupõem uma defusão entre o impulso destrutivo e a libido. O mecanismo que consiste em uma parte do ego aniquilar outras partes do ego, que, como sugeri, subjaz à fantasia de "catástrofe do mundo" (a investida de Deus nas almas de Flechsig) e implica uma preponderância do impulso destrutivo sobre a libido. Qualquer perturbação na distribuição da libido narcísica está por sua vez ligada à relação com os objetos introjetados, os quais (de acordo com meu trabalho) vêm desde o início a fazer parte do ego. A interação entre libido narcísica e libido de objeto corresponde, assim, à interação

---

29 Ibid., p. 93.
30 Ibid., p. 99 (trad. modif.).

entre a relação com os objetos introjetados e os objetos externos. Se o ego e os objetos internalizados são sentidos em pedaços, o bebê vivencia uma catástrofe interna que simultaneamente estende-se ao mundo externo e é projetada nele. Tais estados de ansiedade relacionados com uma catástrofe interna surgem, segundo as hipóteses discutidas neste artigo, durante o período da posição esquizoparanoide infantil e formam a base para a esquizofrenia ulterior. Na visão de Freud, o ponto de fixação que predispõe à *dementia praecox* encontra-se numa fase muito inicial do desenvolvimento. Referindo-se à *dementia praecox,* que distinguia da paranoia, Freud disse: "De modo que a fixação predisponente deve situar-se antes daquela da paranoia, deve estar no começo do desenvolvimento que vai do autoerotismo ao amor objetal".[31]

Gostaria de tirar mais uma conclusão da análise do caso Schreber por Freud. Sugiro que a investida, que terminou por reduzir as almas de Flechsig a uma ou duas, fazia parte de uma tentativa de recuperação. Pois a investida era para desfazer, ou, podemos dizer, curar, a cisão no ego por meio do aniquilamento das partes excindidas do ego. Como resultado, restaram somente uma ou duas almas, as quais, como podemos supor, estavam incumbidas de recuperar sua inteligência e seu poder. Essa tentativa de recuperação, contudo, foi efetuada por meios muito destrutivos, usados pelo ego contra si próprio e seus objetos projetados.

A maneira como Freud abordou os problemas da esquizofrenia e da paranoia foi comprovadamente de importância fundamental. Seu trabalho sobre Schreber (e aqui temos também que lembrar o trabalho de Abraham citado por Freud)[32] abriu a possibilidade para a compreensão da psicose e dos processos a ela subjacentes.

---

31  Ibid., p. 101.
32  Cf. Karl Abraham, "As diferenças psicossexuais entre a histeria e a *dementia praecox*" [1908], trad. Caio Padovan e Julia Joergensen Schlemm. *Lacuna: uma revista de psicanálise*, n. 8, 2019.

# 1948
## Sobre a teoria da ansiedade e da culpa

Uma série de Discussões Controversas relativas à obra de Melanie Klein foi organizada na Sociedade Britânica de Psicanálise durante 1943 e 1944.[1] Suas concepções foram representadas por quatro artigos: um apresentado por ela própria, "The Emotional Life and Ego Development of the Infant with Special Reference to the Depressive Position" [A vida emocional e o desenvolvimento do ego do bebê com referência especial à posição depressiva], e três outros por duas colegas: "A natureza e a função da fantasia", por Susan Isaacs, "Some Aspects of the Role of Introjection and Projection" [Alguns aspectos sobre o papel da introjeção e da projeção], por Paula Heimann, e um artigo sobre "Regressão" apresentado conjuntamente por Susan Isaacs e Paula Heimann. Três artigos se desenvolveram a partir do trabalho apresentado por Melanie Klein naquela ocasião: este, "Sobre a teoria da ansiedade e da culpa", e também "Algumas conclusões teóricas relativas à vida emocional do bebê" (1952) e "Sobre a observação do comportamento de bebês" (1952). Esses três, junto a "Notas sobre alguns mecanismos esquizoides", que Melanie Klein apresentou à Sociedade Britânica de Psicanálise em 1946, foram publicados em 1952 em *Os progressos da psicanálise*, que incluía também versões ampliadas dos artigos apresentados por Susan Isaacs e Paula Heimann, bem como dois artigos de Joan Riviere nas Discussões Controversas. O livro é, portanto, um registro permanente da teoria kleiniana daquele tempo.

---

1 Cf. Pearl King e Riccardo Steiner (orgs.), *The Freud-Klein Controversies, 1941–1945*. London: Routledge, 1991.

O interesse do presente artigo não está em novas concepções, uma vez que, à parte uma retificação adiante comentada, todas as concepções aqui afirmadas vêm de escritos anteriores aos quais a própria Melanie Klein se refere no texto. Ele está, mais exatamente, no fato de que, embora por vinte e cinco anos ela tenha encarado a ansiedade como um fator psicológico crucial e dedicado muita reflexão e trabalho para sua compreensão, este é seu primeiro e único artigo dedicado inteiramente ao assunto. Isso o torna uma reunião muito bem-vinda de todas as suas teorias sobre a ansiedade e a culpa, incluindo pontos de derivação, concordância e diferença com Freud. Dá-se aqui uma discussão completa do medo da morte, na qual ela afirma, contrariamente a Freud, que o medo da morte é a mais fundamental de todas as ansiedades.

Há uma retificação – a primeira de uma série – à explicação da culpa que é dada em "Uma contribuição à psicogênese dos estados maníaco-depressivos" (1935), em que ela afirma que a culpa ocorre primeiro na posição depressiva em relação a objetos totais. Sua nova concepção é de que a culpa é vivenciada antes disso em estados transitórios de integração em relação a objetos parciais. Mais tarde, em "Inveja e gratidão" (1957), sugere que a inveja excessiva leva a um sentimento de culpa prematuro, que confunde a elaboração das ansiedades da posição esquizoparanoide, e em "Uma nota sobre a depressão no esquizofrênico" (1960), descreve uma forma de culpa e depressão prematuras, específicas da esquizofrenia. Assim, sua concepção final da posição esquizoparanoide inclui ansiedades depressivas subsidiárias, o análogo de sua concepção de que a posição depressiva envolve também ansiedades paranoides.

Minhas conclusões a respeito da ansiedade e da culpa foram evoluindo gradualmente ao longo de vários anos; talvez seja útil retraçar alguns dos passos pelos quais a elas cheguei.

I

Com referência às origens da ansiedade, Freud de início apresentou a hipótese de ela surgir de uma transformação direta da libido. Em *Inibição, sintoma e angústia*, reexaminou suas diversas teorias sobre a origem da ansiedade. Em suas próprias palavras: "Agora sugiro fazermos de outra forma: vamos imparcialmente reunir tudo o que podemos dizer sobre a ansiedade, sem esperar chegar a uma nova síntese".[2] Reafirmou que a ansiedade surge da transformação direta da libido, mas dessa vez pareceu atribuir menos importância a esse aspecto "econômico" da gênese da ansiedade. Ele precisou essa concepção com as seguintes afirmações: "Esperamos esclarecer a questão afirmando especificamente que, devido à repressão, o pretendido desenvolvimento excitatório no interior do id não se realiza, o ego consegue inibi-lo ou desviá-lo. Então desaparece o enigma da 'transformação do afeto' na repressão".[3] E: "O problema de como surge a ansiedade na repressão pode não ser simples; mas temos o direito de nos apegar à ideia de que o ego é a genuína sede da ansiedade, e de rejeitar a concepção anterior de que a energia de investimento do impulso reprimido é transformada automaticamente em ansiedade".[4]

Com respeito às manifestações de ansiedade em crianças pequenas, Freud afirmou que a ansiedade é causada pelo fato de a criança sentir "a falta da pessoa amada (ansiada)".[5] Com relação à ansiedade mais fundamental da menina, descreveu o medo infantil da perda do amor, numa formulação que, até certo ponto, parece aplicar-se a crianças de ambos os sexos: "Quando a mãe está ausente ou subtraiu ao filho seu amor, este já não está seguro da satisfação de suas necessidades, acha-se provavelmente exposto a dolorosos sentimentos de tensão".[6]

Nas *Novas conferências introdutórias à psicanálise,* referindo-se à teoria de que a ansiedade surge de uma transformação da libido não satisfeita, Freud disse que essa teoria "encontrou apoio em determinadas fobias bastante regulares das crianças pequenas [...]. As fobias infantis e a expectativa da ansiedade na neurose de ansiedade nos fornecem dois exemplos de uma forma como a ansiedade neurótica se origina: pela direta transformação da libido".[7]

Podem-se tirar duas conclusões – às quais retornarei mais adiante – dessas passagens e de outras similares: (a) em crianças pequenas, é a excitação libidinal não satisfeita que se converte em ansiedade; (b) o

---

2   Sigmund Freud, *Inibição, sintoma e angústia* [1926], in *Obras completas*, v. 17, trad. Paulo César de Souza. São Paulo: Companhia das Letras, 2014, p. 72 (trad. modif.).
3   Ibid., p. 20 (trad. modif.).
4   Ibid., p. 22 (trad. modif.).
5   Ibid., p. 78.
6   Id., *Novas conferências introdutórias à psicanálise* [1933], in *Obras completas*, v. 18, trad. Paulo César de Souza. São Paulo: Companhia das Letras, 2010, p. 232.
7   Ibid., p. 226 (trad. modif.).

*conteúdo* mais arcaico de ansiedade é a sensação de perigo experimentada pelo bebê de que suas necessidades não sejam satisfeitas porque a mãe está "ausente".

II

Com respeito à culpa, Freud sustentava que ela tem sua origem no complexo de Édipo e que surge em decorrência dele. Há passagens, entretanto, nas quais Freud claramente fez referência ao conflito e à culpa que surgem num estágio de vida muito anterior. Ele escreveu: "[...] o sentimento de culpa é expressão do conflito de ambivalência, *da eterna luta entre Eros e a pulsão de destruição ou de morte*" (grifo meu). E ainda: "[...] como consequência do *inato conflito ambivalente*, da eterna disputa entre amor e busca da morte, [há] o acréscimo do sentimento de culpa" (grifo meu).[8]

Além disso, ao falar da concepção proposta por determinados autores de que a frustração aumenta o sentimento de culpa, disse:

> Pois como explicar, dinâmica e economicamente, que no lugar de uma exigência *erótica* não cumprida surja um acréscimo do sentimento de culpa? Isso parece possível apenas por um rodeio: que o impedimento da satisfação erótica desperte um quê de pendor agressivo contra a pessoa que atrapalha a satisfação, e que essa agressividade mesma tem de ser suprimida. Mas então *é somente a agressividade que se transforma em sentimento de culpa*, ao ser suprimida e transmitida para o superego. Estou convencido de que poderemos expor muitos processos de modo mais simples e transparente, se limitarmos às pulsões agressivas o achado da psicanálise relativo à derivação do sentimento de culpa (grifos meus).[9]

Aqui, Freud inequivocamente afirmou que a culpa provém da agressividade, e isso, junto às frases supracitadas ("do inato conflito ambivalente"), apontaria no sentido de a culpa surgir num estágio muito inicial do desenvolvimento. No entanto, tomando-se as concepções de Freud

---

8 Id., *O mal-estar na civilização* [1930], in *Obras completas*, v. 18, op. cit., pp. 104-05 (trad. modif.).

9 Ibid., p. 112 (trad. modif.). No mesmo livro (pp. 99-100), Freud aceitou minha hipótese (expressa nos trabalhos "Estágios iniciais do conflito edipiano" [1928] e "A importância da formação de símbolos no desenvolvimento do ego" [1930], in *Amor, culpa e reparação*, op. cit.) de que a severidade do superego resulta até certo ponto da agressividade da criança projetada sobre o superego.

como um todo, tal como as encontramos uma vez mais sintetizadas nas *Novas conferências introdutórias à psicanálise*, ficará claro que manteve a hipótese de que a culpa se inicia em decorrência do complexo de Édipo. Abraham, especialmente em seu estudo da organização libidinal, lançou muita luz sobre as fases mais arcaicas do desenvolvimento.[10] Suas descobertas no campo da sexualidade infantil estavam ligadas a uma nova abordagem da origem da ansiedade e da culpa. Abraham propôs que

> no estágio de narcisismo com alvo sexual canibalesco, a primeira evidência de inibição pulsional aparece sob a forma de ansiedade mórbida. O processo de superação dos impulsos canibalescos está intimamente associado a um sentimento de culpa que vem para o primeiro plano como um fenômeno inibitório típico, pertencente ao terceiro estágio (estágio sádico-anal mais arcaico).[11]

Abraham, desse modo, contribuiu substancialmente para a nossa compreensão das origens da ansiedade e da culpa, uma vez que foi o primeiro a apontar a ligação entre a ansiedade e a culpa e os desejos canibalescos. Comparou seu esquema sumário do desenvolvimento psicossexual a um "horário de trens expressos do qual constam apenas as estações maiores onde eles param". Sugeriu que as "paradas intermediárias não podem ser assinaladas num resumo desse gênero".[12]

## III

Meu próprio trabalho não só corroborou as descobertas de Abraham sobre a ansiedade e a culpa, e mostrou a importância delas na devida perspectiva, como também as desenvolveu ainda mais ao juntá-las a vários fatos novos descobertos nas análises de crianças pequenas.

Ao analisar as situações de ansiedade infantis, reconheci a importância fundamental das fantasias e impulsos sádicos, provenientes de todas as fontes, que confluem e atingem um auge nos estágios mais iniciais do desenvolvimento. Pude também ver que os processos iniciais de projeção e introjeção conduzem ao estabelecimento, dentro do ego, de objetos extremamente "bons", lado a lado com objetos

---

10 Cf. Karl Abraham, "A Short Study of the Development of the Libido, Viewed in the Light of Mental Disorders" [1924], in *Selected Papers on Psycho-Analysis*. London: Hogarth Press, 1927.
11 Ibid., p. 496.
12 Ibid., pp. 495–96.

extremamente assustadores e persecutórios. Essas figuras são concebidas à luz das fantasias e impulsos agressivos do próprio bebê; isto é, ele projeta sua própria agressividade nas figuras internas que fazem parte de seu superego primitivo. À ansiedade proveniente dessas fontes acrescenta-se a culpa derivada dos impulsos agressivos do bebê contra seu primeiro objeto amado, tanto externo como internalizado.[13]

Em um artigo posterior ilustrei, com um caso extremo, os efeitos patológicos da ansiedade despertada em bebês por seus impulsos destrutivos,[14] e concluí que as primeiras defesas do ego (no desenvolvimento normal, assim como no anormal) dirigem-se contra a ansiedade suscitada pelas fantasias e impulsos agressivos.[15]

Alguns anos mais tarde, na tentativa de chegar a uma compreensão mais ampla das fantasias sádicas infantis e suas origens, fui levada a aplicar a hipótese de Freud referente à luta entre as pulsões de vida e de morte ao material clínico obtido na análise de crianças pequenas. Todos lembramos que Freud disse: "As perigosas pulsões de morte são tratadas de várias maneiras no indivíduo, em parte são tornadas inofensivas pela mistura com componentes eróticos, em parte são desviadas para fora como agressão, e em larga medida prosseguem desimpedidas seu trabalho interior".[16]

Seguindo essa linha de pensamento, propus a hipótese de que a ansiedade é despertada pelo perigo proveniente da pulsão de morte que ameaça o organismo; e sugeri que essa é a causa primordial da ansiedade.[17] A descrição de Freud da luta entre as pulsões de vida e de morte (luta que leva à deflexão, para fora, de uma parcela da pulsão de morte, e à fusão das duas pulsões) apontaria para a conclusão de que a ansiedade tem origem no medo da morte.

Em seu artigo sobre o masoquismo, Freud tirou algumas conclusões fundamentais acerca das conexões entre o masoquismo e a pulsão de morte,[18] e considerou sob essa luz as várias ansiedades resultantes

---

13 Cf. meu artigo "Estágios iniciais do conflito edipiano", op. cit.
14 Cf. M. Klein, "A importância da formação de símbolos no desenvolvimento do ego", op. cit.
15 Lidei com esse problema mais plenamente, e sob vários ângulos, nos capítulos 8 e 9 de meu livro *A psicanálise de crianças* [1932] (trad. Liana Pinto Chaves. Rio de Janeiro: Imago, 1997).
16 S. Freud, *O Eu e o Id* [1923], in *Obras completas*, v. 16, trad. Paulo César de Souza. São Paulo: Companhia das Letras, 2011, pp. 67-68 (trad. modif.).
17 Cf. M. Klein, *The Psycho-Analysis of Children*, op. cit., pp. 126-27.
18 Cf. S. Freud, "O problema econômico do masoquismo" [1924], in *Obras completas*, v. 16, op. cit. Nesse trabalho Freud aplicou pela primeira vez a nova

da atividade da pulsão de morte voltada para dentro.[19] Dentre essas ansiedades não mencionou, no entanto, o medo da morte.

Em *Inibição, sintoma e angústia*, Freud expôs suas razões para não considerar o medo da morte (ou o temer pela vida) uma ansiedade primária. Baseou este ponto de vista em sua observação de que "não existe, no inconsciente, um conteúdo que equivalha ao nosso conceito de aniquilação da vida". Assinalou que nada que se assemelhe à morte jamais pode ter sido experimentado, com exceção talvez do desmaio, e concluiu que "o medo da morte deve ser compreendido como algo análogo ao medo da castração".[20]

Não partilho esse ponto de vista, porque minhas observações analíticas mostram que há, no inconsciente, um medo do aniquilamento da vida. Inclino-me a pensar também que, se presumirmos a existência de uma pulsão de morte, deveremos também presumir que haja uma resposta a essa pulsão nas camadas mais profundas da mente, sob a forma de medo do aniquilamento da vida. Assim, em minha concepção, o perigo resultante do trabalho interno da pulsão de morte é a primeira causa de ansiedade.[21] Uma vez que a luta entre as pulsões de vida e de morte persiste a vida inteira, essa fonte de ansiedade jamais é eliminada, e entra como um fator permanente em todas as situações de ansiedade.

O ponto por mim sustentado de que a ansiedade se origina no medo de aniquilamento provém da experiência acumulada nas análises de crianças pequenas. Quando, em tais análises, as situações de ansiedade mais arcaicas do bebê são revividas e repetidas, a força inerente de uma pulsão, em última instância dirigida contra o self, pode ser detectada com tal clareza que sua existência parece indubitável. Isso continua sendo verdade mesmo que se leve em conta o papel que a frustração, interna e externa, desempenha nas vicissitudes dos impulsos destrutivos. Este não é o lugar para evidências pormenorizadas em favor do meu argumento, mas citarei, a título de ilustração, um

---

classificação das pulsões a problemas clínicos. "Desse modo, o masoquismo moral vem a ser testemunha clássica da existência da mistura de pulsões" (p. 202; trad. modif.).
19 Ibid., p. 191.
20 Id., *Inibição, sintoma e angústia*, op. cit., pp. 69-70.
21 Cf. "Notas sobre alguns mecanismos esquizoides", neste volume. Em 1946, cheguei à conclusão de que essa situação primordial de ansiedade desempenha um papel importante na esquizofrenia.

exemplo que mencionei no livro *A psicanálise de crianças*.²² Um menino de cinco anos costumava fazer de conta que possuía os tipos mais variados de animais selvagens – tais como elefantes, leopardos, hienas e lobos – para ajudá-lo contra seus inimigos. Representavam objetos perigosos – perseguidores – que ele havia domado e podia usar como proteção contra os inimigos. Mas apareceu na análise que eles também expressavam seu próprio sadismo, cada animal indicando uma fonte específica de sadismo e os órgãos usados para esse fim. Os elefantes simbolizavam seu sadismo muscular, os impulsos de espezinhar e pisotear. Os leopardos diceradores representavam seus dentes e unhas, e as funções destes em seus ataques. Os lobos simbolizavam seus excrementos investidos de propriedades destrutivas. Por vezes, ficava muito atemorizado de que os animais selvagens que domara se voltassem contra ele e o exterminassem. Esse medo expressava a sensação de estar sendo ameaçado por sua própria destrutividade (bem como por perseguidores internos).

Conforme ilustrei com esse exemplo, a análise das ansiedades que surgem em crianças pequenas muito nos ensina a respeito das formas sob as quais o medo da morte existe no inconsciente, ou seja, sobre o papel desempenhado por esse medo nas várias situações de ansiedade. Já mencionei o trabalho de Freud intitulado "O problema econômico do masoquismo", que se baseou em sua nova descoberta da pulsão de morte. Tomemos a primeira situação de ansiedade por ele enumerada: "O medo de ser devorado pelo animal totêmico (o pai)".²³ Esse temor é, a meu ver, uma clara expressão do medo do total aniquilamento do self. O medo de ser devorado pelo pai advém da projeção do impulso do bebê de devorar seus próprios objetos. Desse modo, em primeiro lugar o seio materno (e a mãe) torna-se, na mente do bebê, um objeto devorador,²⁴ e esses medos logo se estendem ao pênis do pai e ao pai. Ao mesmo tempo, uma vez que devorar implica desde o início a internalização do objeto devorado, o sentimento é de que o ego contém dentro de si os objetos devorados e devoradores. Consequentemente, o superego é constituído a partir do seio (mãe) devorador, a que se acres-

---
22 M. Klein, *The Psycho-Analysis of Children*, op. cit., p. 126.
23 S. Freud, "O problema econômico do masoquismo", op. cit., p. 193.
24 Cf. exemplos fornecidos no trabalho de Susan Isaacs, "A natureza e a função da fantasia" [1943] (in P. Heimann, S. Isaacs, M. Klein e J. Riviere (orgs.), *Os progressos da psicanálise*, trad. Álvaro Cabral. Rio de Janeiro: Guanabara Koogan, 1982): o menino que disse que o seio da mãe o mordera e a menina que pensava que o sapato da mãe iria devorá-la.

centa o pênis (pai) devorador. Essas figuras internas, cruéis e perigosas tornam-se os representantes da pulsão de morte. Simultaneamente, forma-se o outro aspecto do superego primitivo, em primeiro lugar a partir do seio bom internalizado (a que se acrescenta o pênis bom do pai), que é sentido como um objeto interno que nutre e ajuda, e como o representante da pulsão de vida. O medo de ser aniquilado inclui a ansiedade de que o seio bom interno seja destruído, pois esse objeto é sentido como indispensável à preservação da vida. A ameaça ao self, resultante do trabalho interno da pulsão de morte, está ligada à percepção dos perigos advindos da mãe e do pai devoradores internalizados, e equivale ao medo da morte.

Segundo essa concepção, desde o início o medo da morte se imiscui no medo ao superego, e não é, como Freud afirmava, uma "transformação final" do medo ao superego.[25]

Focalizando outra situação básica de perigo, mencionada por Freud em seu trabalho sobre o masoquismo, isto é, o medo da castração, sugeriria que o medo da morte se imiscui no medo da castração e o reforça, e não é "análogo" a este.[26] Uma vez que o genital não é apenas a fonte da gratificação libidinal mais intensa, mas também o representante de Eros, e uma vez que a reprodução é o modo fundamental de contrabalançar a morte, a perda do genital significaria o fim do poder criativo, que preserva e dá continuidade à vida.

## IV

Se tentarmos visualizar de forma concreta a ansiedade primária – medo do aniquilamento –, devemos nos lembrar do desamparo do bebê diante dos perigos internos e externos. Sugiro que a situação de perigo primária, decorrente da atividade interna da pulsão de morte, é por ele sentida como um ataque avassalador, como perseguição. Consideremos primeiro, a esse respeito, alguns dos processos que resultam da deflexão da pulsão de morte para fora e as maneiras pelas quais eles influenciam as ansiedades relacionadas às situações externas e internas. Podemos presumir que a luta entre as pulsões de vida e de morte já está em atividade por ocasião do nascimento e acentua a ansiedade persecutória provocada por essa dolorosa experiência.

---

25 S. Freud, *Inibição, sintoma e angústia*, op. cit., p. 70.
26 Para uma discussão pormenorizada das fontes de ansiedade que interagem com o medo da castração, ver meu trabalho "O complexo de Édipo à luz das ansiedades arcaicas" [1945], in *Amor, culpa e reparação*, op. cit.

Ao que parece, essa experiência tem por efeito fazer o mundo externo, inclusive o primeiro objeto externo (o seio materno), parecer hostil. O fato de o ego voltar os impulsos destrutivos contra esse objeto primário contribui para isso. O bebê sente que a frustração produzida pelo seio, que em realidade implica risco à vida, é a retaliação por seus impulsos destrutivos contra ele, e crê que o seio frustrante o persegue. Além disso, projeta, sobre o seio, seus impulsos destrutivos, ou seja, deflete para fora a pulsão de morte; e, dessa maneira, o seio atacado se torna o representante externo da pulsão de morte.[27] O seio "mau" é também introjetado, e isso agrava, conforme se pode presumir, a situação de perigo interna, ou seja, o medo da atividade interna da pulsão de morte. Pois, por meio da internalização do seio "mau", a parcela da pulsão de morte que havia sido defletida para fora, com todos os perigos a ela associados, de novo se volta para dentro e o ego vincula ao objeto interno mau o medo de seus próprios impulsos destrutivos. É possível que esses processos ocorram simultaneamente e, por conseguinte, a descrição que deles faço não deve ser considerada um relato cronológico. Em síntese: devido à projeção, o seio externo frustrante (mau) torna-se o representante externo da pulsão de morte; por meio da introjeção, ele reforça a situação de perigo interna primordial; isso leva a uma maior premência, por parte do ego, de defletir (projetar) para o mundo externo os perigos internos (basicamente, a atividade da pulsão de morte). Há, portanto, uma constante flutuação entre o medo dos objetos maus internos e dos externos, entre a pulsão de morte que atua dentro e a que é defletida para fora. Aqui vemos um aspecto importante da interação, desde o começo da vida, entre projeção e introjeção. Os perigos externos são vivenciados à luz dos perigos internos, e são, portanto, intensificados; no entanto, qualquer perigo que ameace a partir do exterior intensifica a perene situação de perigo interno. Essa interação continua a existir, em certa medida, a vida inteira.

---

27 Em meu livro *The Psycho-Analysis of Children*, op. cit., da p. 124 em diante, sugeri que as dificuldades mais iniciais dos bebês com a alimentação constituem uma manifestação de temores persecutórios. (Referia-me às dificuldades de amamentação que surgem apesar de o leite materno ser abundante e nenhum fator externo parecer impedir uma situação satisfatória de aleitamento.) Conclui que tais medos persecutórios, quando excessivos, levam a uma inibição, de amplas consequências, dos desejos libidinais. Cf. também meu trabalho intitulado "Algumas conclusões teóricas relativas à vida emocional do bebê", neste volume.

O próprio fato de a luta ter, até certo ponto, sido externalizada alivia a ansiedade. A externalização de situações de perigo internas é um dos primeiros métodos de defesa do ego contra a ansiedade, e permanece fundamental no desenvolvimento.

A atividade da pulsão de morte defletida para fora, assim como seu trabalho interno, não pode ser considerada separadamente da atividade simultânea da pulsão de vida. Lado a lado com a deflexão para fora da pulsão de morte, a pulsão de vida – por meio da libido – prende-se ao objeto externo, o seio gratificante (bom), que se torna o representante externo da pulsão de vida. A introjeção desse objeto bom reforça o poder da pulsão de vida internamente. O seio bom internalizado, sentido como a fonte da vida, constitui uma parte vital do ego, e sua preservação torna-se uma necessidade imperiosa. A introjeção desse primeiro objeto amado está, portanto, ligada, indissoluvelmente, a todos os processos gerados pela pulsão de vida. O seio bom internalizado e o seio mau devorador formam o núcleo do superego, em seus aspectos bons e maus; são os representantes, no interior do ego, da luta entre as pulsões de vida e de morte.

O segundo objeto parcial importante a ser introjetado é o pênis do pai, a que também são atribuídas tanto qualidades boas como más. Esses dois objetos perigosos – o seio mau e o pênis mau – são os protótipos dos perseguidores internos e externos. Experiências de natureza dolorosa, frustrações advindas de fontes internas e externas, sentidas como perseguição, são primariamente atribuídas aos objetos perseguidores internos e externos. Em todas essas experiências, a ansiedade persecutória e a agressividade reforçam-se mutuamente. Isso porque, embora o impulso agressivo do bebê desempenhe, por meio da projeção, um papel fundamental em sua construção de figuras persecutórias, essas próprias figuras aumentam sua ansiedade persecutória e, por sua vez, reforçam os impulsos e fantasias agressivos contra os objetos externos e internos sentidos como perigosos.

As perturbações paranoides em adultos baseiam-se, a meu ver, na ansiedade persecutória vivenciada nos primeiros meses de vida. No paciente paranoide, a essência de seus temores à perseguição está no sentimento de que existe uma instância hostil determinada a lhe infligir sofrimento, danos e, por fim, aniquilação. Essa instância persecutória poderá ser representada por uma ou várias pessoas, ou mesmo pelas forças da natureza. São inúmeras, e em cada caso específicas, as formas que o temido ataque pode assumir; mas a raiz do medo persecutório no indivíduo paranoide é, creio eu, o medo de aniquilamento do ego – em última análise, pela ação da pulsão de morte.

## V

Examinarei agora, mais especificamente, a relação entre culpa e ansiedade e, a esse respeito, reexaminarei, em primeiro lugar, algumas das concepções de Freud e Abraham a respeito da ansiedade e da culpa. Freud abordou o problema da culpa a partir de dois ângulos principais. Por um lado, não deixou a menor dúvida de que a ansiedade e a culpa estão estreitamente interligadas. Por outro lado, chegou à conclusão de que o termo "culpa" só é aplicável às manifestações de consciência resultantes do desenvolvimento do superego. O superego, conforme sabemos, passa a existir, a seu ver, como uma consequência do complexo de Édipo. Por conseguinte, em se tratando de crianças de menos de quatro ou cinco anos, os termos "consciência" e "culpa", a seu ver, ainda não se aplicam, e a ansiedade dos primeiros anos de vida é distinta da culpa.[28]

Segundo Abraham, a culpa surge na superação dos impulsos canibalescos – isto é, agressivos – durante o primeiro estágio sádico-anal (ou seja, numa idade bem mais recuada do que Freud supunha);[29] mas ele não levou em conta a diferenciação entre ansiedade e culpa. Sándor Ferenczi, que também não se preocupou com a distinção entre ansiedade e culpa, sugeriu que algo semelhante à culpa surge durante o estágio anal. Concluiu que é possível que haja uma espé-

---

28 Tem-se uma referência significativa à conexão entre ansiedade e culpa na seguinte passagem: "Talvez seja aqui bem-vinda a observação de que o sentimento de culpa nada é, no fundo, senão uma variedade topográfica da ansiedade" (S. Freud, *O mal-estar na civilização*, op. cit., p. 108; trad. modif.). Porém, Freud distingue, claramente, ansiedade e culpa. Ao discutir o desenvolvimento do sentimento de culpa, diz, com referência ao uso do termo "culpa" em relação às manifestações de "consciência pesada": "Chamamos a esse estado 'má consciência', mas na realidade ele não merece esse nome, pois nesse estágio a consciência de culpa não passa claramente de medo da perda do amor, medo 'social'. Na criança pequena não pode ser outra coisa, mas em muitos adultos também não há diferença, exceto que o lugar do pai, ou de ambos os pais, é tomado pela grande sociedade humana. [...] Uma grande mudança ocorre apenas quando a autoridade é internalizada pelo estabelecimento de um superego. Com isso os fenômenos da consciência chegam a um novo estágio; no fundo, só então se deveria falar de consciência e sentimento de culpa" (ibid., p. 94–95; trad. modif.).
29 Cf. K. Abraham, "The Influence of Oral Erotism on Character Formation" [1924], in *Selected Papers on Psycho-Analysis*, op. cit.

cie de precursor fisiológico do superego, a que denominou "moralidade esfincteriana".³⁰

Ernest Jones tratou da interação entre ódio, medo e culpa. Diferenciou duas fases no desenvolvimento da culpa e propôs, para o primeiro estágio, a denominação "estágio pré-nefário da culpa". Ligou esse aos estágios pré-genitais sádicos do desenvolvimento do superego e afirmou que a culpa está "sempre e inevitavelmente associada ao impulso de ódio". O segundo estágio é "[...] o estágio de culpa propriamente dita, cuja função é proteger contra os perigos externos".³¹

No trabalho "Uma contribuição à psicogênese dos estados maníaco-depressivos", diferenciei duas modalidades básicas de ansiedade – a persecutória e a depressiva –, mas assinalei que a distinção entre ambas de modo algum é nítida. Tendo em vista essa limitação, penso que a diferenciação entre as duas formas de ansiedade é valiosa tanto sob o aspecto teórico como do ponto de vista prático. No trabalho supramencionado, cheguei à conclusão de que a ansiedade persecutória se relaciona predominantemente ao aniquilamento do ego; e a ansiedade depressiva está vinculada predominantemente ao dano feito aos objetos amados, internos e externos, pelos impulsos destrutivos do sujeito. A ansiedade depressiva tem variados conteúdos, tais como: o objeto bom está ferido, está sofrendo, está num estado de deterioração; transformou-se num objeto mau; está aniquilado, está perdido e nunca mais estará presente. Também concluí que a ansiedade depressiva se acha estreitamente ligada à culpa e à tendência a fazer reparação.

Quando apresentei pela primeira vez o conceito de posição depressiva no trabalho referido anteriormente, sugeri que a ansiedade depressiva e a culpa surgiam com a introjeção do objeto como um todo. Meu trabalho posterior sobre a posição esquizoparanoide ("Notas sobre alguns mecanismos esquizoides"), a qual precede a posição depressiva, levou-me à conclusão de que, embora no primeiro estágio os impulsos destrutivos e a ansiedade persecutória predominem, a ansiedade depressiva e a culpa já desempenham algum papel na relação de objeto mais arcaica do bebê, ou seja, na relação desse com o seio materno.

Durante a posição esquizoparanoide, isto é, nos primeiros três a quatro meses de vida, os processos de cisão – que envolvem a cisão do

---

30 Sándor Ferenczi, "Psycho-Analysis of Sexual Habits". *The International Journal of Psychoanalysis*, v. 6, n. 4, 1925, pp. 372–404.
31 Ernest Jones, "Fear, Guilt and Hate" [1929], in *Papers on Psycho-Analysis*. London: Baillière, 1938.

primeiro objeto (o seio), bem como dos sentimentos para com este – atingem seu auge. O ódio e a ansiedade persecutória prendem-se ao seio frustrante (mau), e o amor e o reconforto, ao seio gratificante (bom). Entretanto, mesmo nesse estágio, tais processos de cisão jamais são plenamente eficazes, pois, desde o começo da vida, o ego tende a integrar-se e a sintetizar os diversos aspectos do objeto. (Pode-se considerar essa tendência como uma expressão da pulsão de vida.) Mesmo em bebês muito pequenos parece haver estados transitórios de integração – os quais se tornam mais frequentes e duradouros à medida que o desenvolvimento prossegue – em que a clivagem entre o seio bom e o mau é menos acentuada.

Nesses estados de integração, dá-se certa síntese entre o amor e o ódio em relação aos objetos parciais, síntese que, segundo minha concepção atual, origina a ansiedade depressiva, a culpa e o desejo de reparar o objeto amado danificado – em primeiro lugar, o seio bom.[32] Isso equivale a dizer que eu agora vinculo o surgimento da ansiedade depressiva à relação com objetos parciais. Essa modificação é resultado de mais trabalho a respeito dos estágios mais arcaicos do ego e de um reconhecimento maior do caráter gradativo do desenvolvimento emocional do bebê. Não há mudança alguma em minha concepção de que a base da ansiedade depressiva é a síntese entre os impulsos destrutivos e os sentimentos de amor em relação a um *único* objeto.

Consideremos, em seguida, até que ponto essa modificação influencia o conceito de posição depressiva. Eu descreveria atualmente essa posição da seguinte maneira: durante o período que se estende dos três aos seis meses, ocorre um progresso considerável na integração do ego. Têm lugar importantes mudanças no que diz respeito à natureza das relações de objeto do bebê e de seus processos de introjeção. O bebê percebe e introjeta a mãe cada vez mais como uma pessoa inteira. Isso implica uma identificação maior e uma relação mais estável com ela. Embora esses processos concentrem-se principalmente na mãe, a relação do bebê com o pai (e outras pessoas em seu ambiente) passa por mudanças semelhantes, e o pai também se estabelece em sua mente como uma pessoa inteira. Ao mesmo tempo, os processos de cisão diminuem de intensidade e se relacionam, predominantemente, a objetos totais, ao passo que, no estágio anterior, vinculavam-se basicamente a objetos parciais.

---

32 Devemos nos lembrar, no entanto, de que mesmo durante esse estágio as mãos e o rosto da mãe, e toda a sua presença física, entram cada vez mais na construção gradual da relação da criança com ela como pessoa.

Aspectos contrastantes do objeto, e sentimentos, impulsos e fantasias conflitantes em relação a eles, aproximam-se mais na mente do bebê. A ansiedade persecutória persiste e desempenha seu papel na posição depressiva, mas decresce quantitativamente, e a ansiedade depressiva ganha ascendência sobre a ansiedade persecutória. Como, em seu sentir, é uma *pessoa* amada (internalizada e externa) que foi danificada pelos impulsos agressivos, o bebê passa por sentimentos depressivos mais intensos, mais duradouros do que as experiências fugazes de ansiedade depressiva e culpa do estágio anterior. Mais integrado, o ego defronta-se agora cada vez mais com uma realidade psíquica muito dolorosa – as queixas e repreensões provenientes do pai e da mãe danificados e internalizados, que são agora objetos completos, pessoas – e se sente compelido, sob a pressão de um sofrimento maior, a lidar com essa penosa realidade psíquica. Isso leva a uma ânsia insopitável de preservar, consertar ou ressuscitar os objetos amados: a tendência a fazer reparação. Como método alternativo de lidar com essas ansiedades – muito provavelmente, um método simultâneo –, o ego recorre, intensamente, à defesa maníaca.[33]

Os desenvolvimentos que descrevi implicam não apenas importantes mudanças qualitativas e quantitativas nos sentimentos de amor, na ansiedade depressiva e na culpa, mas também uma nova combinação de fatores, que constituem a posição depressiva.

Pode-se ver, a partir da descrição precedente, que a modificação de meus pontos de vista com respeito ao surgimento mais precoce da ansiedade depressiva e da culpa não alterou, basicamente, meu conceito de posição depressiva.

Nesta altura, gostaria de examinar mais especificamente os processos pelos quais surgem a ansiedade depressiva, a culpa e a ânsia de fazer reparação. A base da ansiedade depressiva é, conforme descrevi, o processo pelo qual o ego sintetiza os impulsos destrutivos e os sentimentos de amor por um único objeto. Considero a essência da culpa o sentimento de que o dano feito ao objeto amado é causado pelos impulsos agressivos do próprio indivíduo. (O sentimento de culpa do bebê poderá estender-se a todos os males que recaem sobre o objeto amado – mesmo o dano feito por seus objetos persecutórios.) A premência de desfazer ou reparar esse dano resulta do sentimento de

---

33 O conceito de defesa maníaca, e sua aplicação mais extensa à vida mental, foi tratado com certo detalhe em meus trabalhos "Uma contribuição à psicogênese dos estados maníaco-depressivos" (1935) e "O luto e suas relações com os estados maníaco-depressivos" (1940), ambos em *Amor, culpa e reparação*, op. cit.

que o próprio indivíduo o causou, ou seja, provém da culpa. Pode-se considerar, portanto, a tendência reparatória como uma consequência do sentimento de culpa.

Surge agora a indagação: a culpa é um elemento da ansiedade depressiva? São ambas aspectos do mesmo processo, ou uma é resultado ou manifestação da outra? Ainda que, no momento, não possa dar uma resposta clara a essa pergunta, eu sugeriria que a ansiedade depressiva, a culpa e a premência para a reparação são frequentemente vivenciadas de maneira simultânea.

Parece provável que a ansiedade depressiva, a culpa e a tendência reparatória só sejam vivenciadas quando os sentimentos de amor pelo objeto predominam sobre os impulsos destrutivos. Em outras palavras, é possível presumirmos que as repetidas experiências de o amor suplantar o ódio – em última instância, de a pulsão de vida suplantar a pulsão de morte – são uma condição essencial para a capacidade do ego de integrar-se e sintetizar os aspectos antagônicos do objeto. Em tais estados ou momentos, a relação com os aspectos maus do objeto, incluindo a ansiedade persecutória, atenua-se.

No entanto, durante os primeiros três ou quatro meses de vida – estágio em que (de acordo com minhas concepções atuais) aparecem a ansiedade depressiva e a culpa – os processos de cisão e a ansiedade persecutória estão no auge. Por conseguinte, a ansiedade persecutória logo interfere no progresso da integração, e as experiências de ansiedade depressiva, de culpa e de reparação só podem ser de natureza transitória. Em decorrência disso, o objeto amado danificado pode rapidamente transformar-se em um perseguidor, e a ânsia de reparar ou fazer reviver o objeto amado pode se transformar na necessidade de apaziguar e agradar um perseguidor. Mas, mesmo durante o estágio seguinte, a posição depressiva em que o ego mais integrado introjeta e estabelece cada vez mais as pessoas totais, persiste a ansiedade persecutória. Durante esse período, conforme expus, o bebê vivencia não só pesar, depressão e culpa, mas também ansiedade persecutória, relacionada ao aspecto mau do superego; e as defesas contra a ansiedade persecutória coexistem, lado a lado, com as defesas contra a ansiedade depressiva.

Assinalei muitas vezes que a diferenciação entre as ansiedades depressivas e persecutórias se baseia num conceito delimitador. Entretanto, na prática psicanalítica, vários analistas têm observado que a diferenciação entre a ansiedade persecutória e a depressiva é útil na compreensão e deslindamento das situações emocionais. Para dar um exemplo de um quadro típico com que podemos nos deparar na análise de pacientes depressivos: durante determinada sessão, o paciente poderá experimentar intensos sentimentos de culpa e desespero por sua incapacidade de restaurar o dano que ele sente ter causado. Dá-se, então, uma mudança completa: de repente, o paciente traz material de tipo persecutório. O analista e a análise são acusados de nada fazer a não ser causar dano, mágoas que remontam a frustrações arcaicas são verbalizadas. Os processos subjacentes a essa mudança podem ser assim resumidos: a ansiedade persecutória tornou-se dominante, o sentimento de culpa retrocedeu e, com isso, o amor pelo objeto parece ter desaparecido. Nessa situação emocional modificada, o objeto torna-se mau, não pode ser amado, e consequentemente os impulsos destrutivos contra ele parecem justificados. Isso significa que a ansiedade persecutória e as defesas *foram reforçadas* para permitir escapar da carga avassaladora de culpa e desespero. Em muitos casos, naturalmente, o paciente poderá revelar uma boa dose de ansiedade persecutória junto à culpa, e a mudança para um predomínio de ansiedade persecutória nem sempre aparece tão dramaticamente como descrevi aqui. Mas em cada um desses casos a diferenciação entre ansiedade persecutória e depressiva auxilia-nos na compreensão dos processos que estamos tentando analisar.

A distinção conceitual entre ansiedade depressiva, culpa e reparação, de um lado, e ansiedade persecutória e as defesas contra ela, de outro, não só se revelou útil no trabalho analítico como também tem implicações mais amplas. Lança luz sobre diversos problemas relacionados ao estudo das emoções e do comportamento humanos.[34] Um campo em especial onde constatei ser esse conceito esclarecedor é na observação e entendimento de crianças.

Farei aqui um breve resumo da conclusão teórica a respeito da relação entre ansiedade e culpa por mim proposta nesta seção. A culpa está indissoluvelmente vinculada à ansiedade (mais exatamente, a uma forma específica de ansiedade: a depressiva); conduz à tendência reparatória e surge durante os primeiros meses de vida, em conexão com os estágios mais primitivos do superego.

---

34 Em seu trabalho "Rumo a uma meta comum: uma contribuição psicanalítica para a ética" [1944] (in *Obra selecionada*. São Paulo: Casa do Psicólogo, 1996), R. E. Money-Kyrle aplicou a distinção entre ansiedades persecutórias e depressivas a atitudes com relação à ética em geral e às crenças políticas em particular, e desde então ampliou essas concepções em seu livro *Psycho-Analysis and Politics* (New York: W. W. Norton & Company, 1951).

## VI

A inter-relação entre o perigo interno primário e o perigo que ameaça de fora lança luz sobre o problema da ansiedade "objetiva" *versus* a "neurótica". Freud definiu a distinção entre a ansiedade objetiva e a ansiedade neurótica da seguinte maneira: "Perigo real é um perigo que conhecemos, e ansiedade realista é a ansiedade ante tal perigo conhecido. A ansiedade neurótica é a ansiedade ante um perigo que não conhecemos. O perigo neurótico tem de ser primeiramente encontrado; a análise nos ensinou que ele é um perigo pulsional".[35]

E prossegue: "o perigo real ameaça a partir de um objeto externo; o neurótico, a partir de uma exigência pulsional".[36]

Em algumas conexões, entretanto, Freud referiu-se a uma interação entre essas duas fontes de ansiedade,[37] e a experiência analítica em geral tem mostrado que a distinção entre a ansiedade objetiva e a neurótica não pode ser demarcada nitidamente.

Retornarei aqui à afirmação de Freud de que a ansiedade é causada pelo fato de a criança sentir "a falta da pessoa amada (ansiada)".[38] Ao descrever o temor fundamental do bebê à perda, ele disse:

> Ele ainda não é capaz de distinguir entre ausência temporária e perda duradoura; *se perde a mãe de vista um momento, age como se nunca mais fosse vê-la*, e são necessárias repetidas experiências contrárias, consoladoras, até que ele aprenda que a mãe sempre costuma reaparecer (grifo meu).[39]

Noutra passagem, ao descrever o medo à perda do amor, disse que se trata de

> [...] evidentemente uma continuação da ansiedade do lactente, ao sentir a falta da mãe. *Vocês compreendem que situação de perigo real* é indicada por essa ansiedade. Quando a mãe está ausente ou subtraiu ao filho seu

---

35 S. Freud, *Inibição, sintoma e angústia*, op. cit., p. 114 (trad. modif.).
36 Ibid., p. 117 (trad. modif.).
37 Esta interação entre a ansiedade resultante de causas externas e internas é mencionada por Freud com relação a determinados casos de ansiedade neurótica. "O perigo é conhecido e real, mas a ansiedade diante dele é excessiva, maior do que poderia ser pelo nosso julgamento. [...] A análise revela que um perigo pulsional não reconhecido se acha ligado ao perigo real conhecido" (ibid., p. 115).
38 Ibid., p. 78.
39 Ibid., p. 120.

amor, este já não está seguro da satisfação de suas necessidades, acha-se provavelmente exposto a dolorosos sentimentos de tensão (grifo meu).[40]

Entretanto, algumas páginas antes, nesse mesmo livro, Freud descreveu essa mesma situação de perigo vista do prisma da ansiedade neurótica, o que parece evidenciar que abordava essa situação infantil de ambos os ângulos. A meu ver, essas duas fontes básicas do temor infantil à perda podem ser descritas da seguinte maneira: uma é a completa dependência da criança em relação à mãe para a satisfação de suas necessidades e o alívio de tensão. A ansiedade proveniente dessa fonte poderia ser chamada de ansiedade objetiva. A outra fonte básica de ansiedade resulta do receio do bebê de que a mãe amada tenha sido destruída pelos impulsos sádicos dele, ou corra o risco de sê-lo, e esse temor – que poderia ser chamado de "ansiedade neurótica" – se relaciona à mãe como objeto externo (e interno) bom, indispensável, e concorre para o sentimento do bebê de que ela jamais voltará. Há desde o começo uma interação constante entre essas duas fontes de ansiedade; vale dizer, entre a ansiedade objetiva e a neurótica ou, em outras palavras, ansiedade de fonte externa e de fonte interna.

Além disso, se o perigo externo é, desde o início, vinculado ao perigo interno proveniente da pulsão de morte, nenhuma situação de perigo surgida de fontes externas poderá jamais ser vivenciada pela criança pequena como um perigo puramente externo e conhecido. Porém, não é só o bebê que não consegue fazer uma diferenciação tão clara: em certa medida, a interação entre situações externas e internas de perigo persiste a vida inteira.[41]

Isso ficou claramente evidenciado nas análises efetuadas na época da guerra. Viu-se que até em adultos normais a ansiedade provocada pelos ataques aéreos, bombas, incêndios etc. – ou seja, por uma situação "objetiva" de perigo – só podia ser reduzida analisando-se, além do impacto da situação real, as várias ansiedades arcaicas por ela despertadas. Em muitas pessoas, a ansiedade excessiva oriunda dessas fontes

---

40 Id., *Novas conferências introdutórias à psicanálise*, op. cit., p. 232 (trad. modif.).
41 Conforme salientei em *The Psycho-Analysis of Children*, op. cit., p. 192: "Se uma pessoa normal for submetida a grave tensão interna ou externa, ou se ficar doente ou de alguma forma falhar, podemos observar nela o funcionamento pleno e direto de suas mais profundas situações de ansiedade. Uma vez que qualquer pessoa saudável *pode* sucumbir a uma enfermidade neurótica, segue-se que ninguém consegue jamais livrar-se, por completo, de suas antigas situações de ansiedade".

levou a uma forte recusa (defesa maníaca) da situação objetiva de perigo, que se manifestava numa aparente falta de medo. Era comum observar-se isso em crianças, fato que não podia ser explicado apenas pela sua percepção incompleta do perigo real. A análise revelou que a situação objetiva de perigo havia reavivado a tal ponto as ansiedades arcaicas de natureza fantasiosa da criança que a situação objetiva de perigo tivera que ser recusada. Em outros casos, a relativa estabilidade das crianças, apesar dos perigos da época de guerra, não era tanto determinada por defesas maníacas quanto por uma modificação, mais bem-sucedida, das arcaicas ansiedades persecutórias e depressivas, resultando numa sensação de segurança, relativa não só ao mundo interno mas também ao mundo externo, bem como numa relação boa com os pais. No caso de tais crianças, mesmo quando o pai estava ausente, o reconforto obtido pela presença da mãe, e pela vida no lar, contrabalançava os temores provocados pelos perigos objetivos.

Essas observações tornam-se compreensíveis se lembrarmos que a percepção da criança pequena acerca da realidade externa e dos objetos externos é continuamente influenciada e colorida por suas fantasias, e que isso em certa medida continua ocorrendo pela vida afora. As experiências externas que despertam ansiedade ativam, de imediato, mesmo em pessoas normais, ansiedade proveniente de fontes intrapsíquicas. A interação entre ansiedade objetiva e neurótica – ou, em outras palavras, a interação entre a ansiedade que se origina a partir de fontes externas e a ansiedade que se origina a partir de fontes internas – corresponde à interação entre a realidade exterior e a realidade psíquica.

Ao avaliarmos se a ansiedade é ou não neurótica, temos de levar em conta um ponto a que Freud referiu-se repetidas vezes: a quantidade de ansiedade oriunda de fontes internas. Esse fator está, no entanto, vinculado à capacidade do ego para desenvolver defesas adequadas contra a ansiedade, isto é, à proporção da força da ansiedade em comparação com a força do ego.

## VII

Ficou implícito nesta exposição de minhas concepções que elas se desenvolveram a partir de um enfoque da agressividade que diferia substancialmente da tendência principal vigente no pensamento psicanalítico. O fato de Freud haver descoberto a agressividade primeiro como um elemento da sexualidade infantil – um acessório da libido (o sadismo), por assim dizer – teve o efeito de, por um longo período, o interesse psicanalítico se concentrar na libido, e a agressividade ser em maior ou menor grau considerada um auxiliar da libido.[42] Em 1920, deu-se a descoberta de Freud de que a pulsão de morte se manifesta sob a forma de impulsos destrutivos, operando em fusão com a pulsão de vida, e em 1924 seguiu-se a exploração mais aprofundada de Abraham sobre o sadismo na criança pequena. Porém, mesmo após tais descobertas, conforme se pode constatar a partir do conjunto da literatura psicanalítica, o pensamento psicanalítico continuou voltado predominantemente para a libido e para as defesas contra os impulsos libidinais, tendo, da mesma maneira, subestimado a importância da agressividade e suas implicações.

Desde o começo do meu trabalho analítico, meu interesse centralizou-se na ansiedade e suas causas, o que me trouxe mais perto do entendimento da relação entre agressividade e ansiedade.[43] As análises de crianças pequenas, para as quais desenvolvi as Técnicas do Brincar, sustentaram esse ângulo de abordagem, pois revelaram que a ansiedade em crianças pequenas só podia ser aliviada pela análise de suas fantasias e impulsos sádicos, com uma maior valorização do papel que a agressividade desempenha no sadismo e na gênese da ansiedade. Essa avaliação mais plena da importância da agressividade levou-me a determinadas conclusões teóricas, que apresentei no artigo "Estágios iniciais do conflito edipiano" (1928). Nele, proponho a hipótese de que – tanto no desenvolvimento normal da criança quanto no desenvolvimento patológico – a ansiedade e a culpa surgidas no decorrer do primeiro ano de vida estão estreitamente ligadas aos processos de introjeção e projeção, aos primeiros estágios do desenvolvimento do superego e do complexo de Édipo; e que, nessas ansiedades, são de suma importância a agressividade e as defesas contra ela.

Na Sociedade Britânica de Psicanálise, levou-se a cabo um trabalho adicional nessa linha a partir de 1927. Nessa sociedade vários psicanalistas, trabalhando em estreita cooperação, fizeram numerosas contribuições[44] à compreensão do papel primordial da agressividade

---

42 Cf. o artigo de Paula Heimann, "Some Aspects of the Role of Introjection and Projection" [1952] (in *The Freud-Klein Controversies, 1941–45*. London: Routledge, 1991), em que ela discute esse viés teórico em favor da libido e a influência disso no desenvolvimento da teoria.

43 Essa forte ênfase na ansiedade já estava presente em minhas primeiras publicações.

44 Cf. a bibliografia anexada ao artigo de Joan Riviere, "A fantasia inconsciente de um mundo interno refletida em exemplos da literatura" [1952], in *Os progressos da psicanálise*, op. cit.

na vida mental, ao passo que, tomando-se o pensamento psicanalítico em geral, somente em contribuições esporádicas é que se evidenciou uma mudança de perspectiva nessa direção nos últimos dez a quinze anos; todavia, a frequência delas tem aumentado ultimamente.

Um dos resultados do novo trabalho sobre a agressividade foi o reconhecimento da importante função da tendência reparatória, que é uma expressão da pulsão de vida em sua luta contra a pulsão de morte. Não só se teve melhor perspectiva dos impulsos destrutivos, como também se lançou mais luz sobre a interação entre as pulsões de vida e de morte, e, por conseguinte, também sobre o papel da libido em todos os processos mentais e emocionais.

No decorrer deste trabalho deixei claro o ponto que sustento de que a pulsão de morte (impulsos destrutivos) é o fator primário na gênese da ansiedade. Ficou, no entanto, também implícito, em minha exposição dos processos que conduzem à ansiedade e à culpa, que o objeto primário contra o qual se dirigem os impulsos destrutivos é o objeto da libido, e que o que causa ansiedade e culpa é, portanto, a *interação* entre a agressividade e a libido – em última análise, a fusão, assim como a polaridade, das duas pulsões. Outro aspecto dessa interação é a mitigação dos impulsos destrutivos pela libido. Um nível ótimo na interação entre libido e agressividade implica que a ansiedade proveniente da perene atividade da pulsão de morte, embora jamais eliminada, é contrabalançada e mantida à distância pela força da pulsão de vida.

## 1950
## Sobre os critérios para o término de uma análise

> Já em 1923, Melanie Klein observou que "toda vez que a ansiedade era resolvida, a análise dava um grande passo adiante",[1] e daí em diante sua visão foi a de que a chave para o progresso analítico estaria na análise da ansiedade. Neste artigo, essa visão é expressa de modo formal e preciso em termos de sua teoria sobre o desenvolvimento inicial. Sua tese é a de que o término de uma análise, o que por si só reativa a ansiedade, é alcançado quando as ansiedades persecutórias e depressivas são suficientemente reduzidas pela elaboração das posições infantis esquizoparanoide e depressiva. Outro ponto por ela sustentado é que esse critério está ligado a – e fundamenta – outras indicações de término geralmente aceitas.
> Este artigo possui duas versões, uma curta e uma longa.

Os critérios para o final de uma análise são um problema importante na mente de todo psicanalista. Há uma série de critérios sobre os quais todos nós concordaríamos. Vou sugerir neste artigo uma maneira diferente de abordar esse problema.

Observa-se frequentemente que o término de uma análise reativa no paciente situações mais arcaicas de separação e tem a natureza de uma experiência de desmame. Uma implicação disso, como meu trabalho tem me mostrado, é que as emoções sentidas pelo bebê na época do desmame, quando os conflitos infantis arcaicos chegam a um ponto máximo, são intensamente revividas com a aproximação do final de uma análise. De acordo com isso, cheguei à conclusão de que,

---
1  M. Klein, "Análise precoce" [1923], in *Amor, culpa e reparação*, op. cit., p. 114.

antes de terminar uma análise, tenho que me indagar se os conflitos e as ansiedades vivenciados durante o primeiro ano de vida foram suficientemente analisados e elaborados durante o curso do tratamento.

Meu trabalho sobre o desenvolvimento inicial levou-me a distinguir entre duas formas de ansiedade: a ansiedade persecutória, que predomina durante os primeiros meses de vida e faz surgir a "posição esquizoparanoide", e a ansiedade depressiva, que chega a um ponto culminante por volta da metade do primeiro ano, fazendo surgir a "posição depressiva".[2] Cheguei ademais à conclusão de que, no começo da vida pós-natal, o bebê vivência ansiedade persecutória proveniente tanto de fontes externas como de internas: externas, na medida em que a experiência do nascimento é sentida como um ataque que lhe foi infligido; e internas, porque a ameaça ao organismo que, de acordo com Freud, surge da pulsão de morte provoca, a meu ver, o medo do aniquilamento – o medo da morte. É esse medo que eu considero como a causa primária da ansiedade.

A ansiedade persecutória relaciona-se, principalmente, com perigos sentidos como ameaçadores para o ego; a ansiedade depressiva relaciona-se com perigos sentidos como ameaçadores para o objeto amado, principalmente mediante a agressividade do sujeito. A ansiedade depressiva surge por meio de processos de síntese no ego; isso porque o amor e o ódio e, consequentemente, os aspectos bons e maus dos objetos aproximam-se na mente do bebê como resultado de uma crescente integração. Certa medida de integração é, também, uma das precondições para a introjeção da mãe como pessoa completa. A ansiedade e os sentimentos depressivos chegam a um clímax – a posição depressiva – por volta da metade do primeiro ano. A essa altura, a ansiedade persecutória diminuiu, embora ainda desempenhe um papel importante.

O sentimento de culpa relativo ao dano causado por desejos canibalescos e sádicos está interligado com a ansiedade depressiva. A culpa suscita a premência de reparar o objeto amado danificado, de preservá-lo ou de revivê-lo – uma premência que aprofunda os sentimentos de amor e promove relações de objeto.

Na época do desmame, o bebê sente que perdeu o primeiro objeto amado – o seio da mãe – como objeto externo e também como um

---

2 Cf. M. Klein, "Uma contribuição à psicogênese dos estados maníaco-depressivos" [1935] e "O luto e suas relações com os estados maníaco-depressivos" [1940], in *Amor, culpa e reparação*, op. cit.; e "Notas sobre alguns mecanismos esquizoides" e "Sobre a teoria da ansiedade e da culpa", neste volume.

objeto introjetado, e que essa perda é devida a seu ódio, agressividade e voracidade. Dessa forma, o desmame acentua seus sentimentos depressivos e equivale a um estado de luto. O sofrimento inerente à posição depressiva está intimamente ligado a um insight crescente sobre a realidade psíquica, que por sua vez contribui para uma melhor compreensão do mundo externo. Por meio da adaptação crescente à realidade e da expansão das relações de objeto, o bebê torna-se capaz de combater e diminuir as ansiedades depressivas e, em certa medida, estabelecer com segurança seus objetos bons internalizados, ou seja, os aspectos úteis e protetores do superego.

Freud descreveu o teste de realidade como uma parte essencial do trabalho de luto. Em minha concepção, é na mais tenra infância que o teste de realidade é aplicado pela primeira vez, nas tentativas de superar o pesar inerente à posição depressiva; e sempre que o luto é vivenciado, mais tarde na vida, esses processos arcaicos são revividos. Descobri que nos adultos o sucesso do trabalho de luto não depende apenas do estabelecimento, dentro do ego, da pessoa que está sendo pranteada (como aprendemos com Freud e Abraham), mas também do restabelecimento dos primeiros objetos amados, que foram sentidos na mais tenra infância como ameaçados ou destruídos por impulsos destrutivos.

Embora os passos fundamentais para contrabalançar a posição depressiva sejam realizados no primeiro ano de vida, sentimentos persecutórios e depressivos são recorrentes durante toda a infância. Essas ansiedades são elaboradas e superadas em sua maior parte no curso da neurose infantil, e normalmente por volta do início do período de latência desenvolveram-se defesas adequadas e algum grau de estabilização foi conseguido. Isso tem por implicação que a primazia genital e relações de objeto satisfatórias foram alcançadas e que perdeu força o complexo de Édipo.

Tirarei agora uma conclusão a partir da definição dada anteriormente, ou seja, a de que a ansiedade persecutória está relacionada com perigos sentidos como ameaçadores para o ego e a ansiedade depressiva com perigos sentidos como ameaçadores para o objeto amado. Quero sugerir que essas duas formas de ansiedade abrangem todas as situações de ansiedade pelas quais a criança passa. Desse modo, o medo de ser devorado, de ser envenenado, de ser castrado, e o medo de ataques "dentro" do corpo pertencem à ansiedade persecutória, ao passo que todas as ansiedades relativas a objetos amados são de natureza depressiva. No entanto, apesar de conceitualmente distintas uma da outra, as ansiedades persecutórias e depressivas estão com frequência misturadas clinicamente. Por exemplo: defini o medo de castração, a principal ansiedade no homem, como persecutória. Esse medo mescla-se com a ansiedade depressiva, na medida em que suscita o sentimento de que ele não pode fertilizar uma mulher; não pode, no fundo, fertilizar a mãe amada e, portanto, não é capaz de fazer reparação pelo dano causado a ela por seus impulsos sádicos. Não preciso lembrá-los de que a impotência muitas vezes leva a uma depressão grave nos homens. Consideremos agora a principal ansiedade nas mulheres. O medo da menina de que a mãe temida vá atacar seu corpo e os bebês que ele contém, que é em minha concepção a situação fundamental de ansiedade na mulher, é persecutório por definição. No entanto, como esse medo implica a destruição de seus objetos amados – os bebês que ela sente estarem dentro dela –, ele contém um forte elemento de ansiedade depressiva.

Em harmonia com minha tese, é uma precondição para o desenvolvimento normal que as ansiedades persecutórias e depressivas devam ter sido em grande parte reduzidas e modificadas. Portanto, como espero que tenha ficado claro na exposição precedente, minha abordagem ao problema do término de análises, tanto de crianças como de adultos, pode ser definida da seguinte forma: a ansiedade persecutória e a depressiva deveriam estar suficientemente reduzidas e isso – em minha concepção – pressupõe a análise das primeiras experiências de luto.

Devo dizer de passagem que mesmo que a análise retroceda aos estágios mais antigos do desenvolvimento, que é a base para meu novo critério, os resultados ainda assim poderão variar de acordo com a severidade e a estrutura do caso. Em outras palavras, apesar do progresso feito em nossa teoria e nossa técnica, devemos ter em mente as limitações da terapia psicanalítica.

Surge a questão de saber o quanto essa abordagem que estou sugerindo está relacionada a alguns dos critérios bem conhecidos, tais como uma potência e heterossexualidade estabelecidas, capacidade de amar, estabelecer relações de objeto e trabalhar, e certas características do ego que operam a favor da estabilidade mental e estão ligadas a defesas adequadas. Todos esses aspectos do desenvolvimento estão inter-relacionados com a modificação das ansiedades persecutórias e depressivas. Quanto às capacidades de amar e de estabelecer relações de objeto, pode-se facilmente perceber que elas só se desenvolvem livremente se a ansiedade persecutória e a ansiedade depressiva não forem excessivas. A questão é mais complexa no que se refere ao desenvolvimento do ego. Dois aspectos são geralmente enfatizados a esse respeito: maior estabilidade e mais senso de realidade; mas eu sustento que a expansão na profundidade do ego é igualmente essencial. Um elemento intrínseco a uma personalidade profunda e plena é a riqueza da vida de fantasia e a capacidade para vivenciar emoções livremente. Penso que essas características pressupõem a elaboração da posição depressiva infantil, ou seja, que toda a gama de amor e ódio, ansiedade, pesar e culpa em relação aos objetos primários tenha sido vivenciada repetidas vezes. Esse desenvolvimento emocional está vinculado à natureza das defesas. O fracasso na elaboração da posição depressiva está indissoluvelmente ligado a uma predominância de defesas que acarretam necessariamente uma asfixia das emoções e da vida de fantasia e impedem o insight. Essas defesas, que eu denominei "defesas maníacas", apesar de não serem incompatíveis com certo grau de estabilidade e força do ego, vêm acompanhadas por superficialidade. Se, durante a análise, conseguimos reduzir as ansiedades persecutórias e depressivas e, consequentemente, diminuir as defesas maníacas, um dos resultados será um aumento na *força* e na *profundidade do ego*.

Mesmo quando resultados satisfatórios são alcançados, o término de uma análise fatalmente desperta sentimentos dolorosos e revive ansiedades arcaicas – equivale a um estado de luto. Quando a perda representada pelo final da análise ocorre, o paciente ainda tem que se encarregar por si mesmo de parte do trabalho de luto. Acho que isso explica o fato de que, com frequência após o término de uma análise, um progresso adicional ainda é alcançado; podemos prever com mais facilidade até que ponto isso provavelmente acontecerá se aplicarmos o critério por mim sugerido. Isso porque somente se as ansiedades persecutórias e depressivas tiverem sido amplamente modificadas é que o paciente poderá conduzir por si mesmo a parte final do trabalho de luto, o que novamente implica um teste de realidade. Além disso, quando decidimos que uma análise pode ser levada a um final, penso que é muito útil que se deixe o paciente saber a data do término com uma antecedência de vários meses. Isso o ajuda a elaborar e diminuir a dor inevitável da separação enquanto ele ainda está em análise e prepara o caminho para que termine com êxito, sozinho, o trabalho de luto.

Deixei claro, ao longo deste artigo, que o critério sugerido por mim pressupõe que a análise tenha sido conduzida de volta aos estágios iniciais do desenvolvimento e às camadas profundas da mente e tenha incluído a elaboração das ansiedades persecutórias e depressivas.

Isso me leva a uma conclusão com respeito à técnica. Durante uma análise, o psicanalista frequentemente aparece como uma figura idealizada. A idealização é usada como uma defesa contra a ansiedade persecutória e é seu corolário. Se o analista permite que persista uma idealização excessiva – quer dizer, se ele confia principalmente na transferência positiva –, ele poderá, é verdade, ser capaz de conseguir alguma melhora. No entanto, o mesmo poderia ser dito a respeito de qualquer psicoterapia bem-sucedida. É apenas *através da análise das transferências tanto negativa como positiva* que a ansiedade é reduzida na raiz. Durante o tratamento, o psicanalista chega a representar, na situação de transferência, uma variedade de figuras correspondentes àquelas introjetadas no desenvolvimento inicial.[3] Portanto, ele é às vezes introjetado como perseguidor, às vezes como uma figura ideal, com todas as tonalidades e todos os graus intermediários.

Na medida em que as ansiedades persecutórias e depressivas são vivenciadas e em última instância reduzidas durante a análise, surge uma síntese maior dos diversos aspectos do analista, juntamente a uma síntese maior dos diversos aspectos do superego. Em outras palavras, as figuras assustadoras mais arcaicas passam por uma alteração essencial na mente do paciente – pode-se dizer que elas basicamente progridem. Objetos bons – distintos dos idealizados – só podem ser estabelecidos seguramente na mente se a intensa cisão entre figuras persecutórias e ideais tiver diminuído, se os impulsos agressivos e libidinais tiverem se aproximado e o ódio tiver sido mitigado pelo amor. Um avanço assim na capacidade de sintetizar é uma prova de que os processos de cisão – que, a meu ver, originam-se na mais remota infância – diminuíram e de que aconteceu uma integração do ego em profundidade. Quando esses aspectos positivos estão suficientemente estabelecidos, justifica-se pensar que o término de uma análise não é prematuro, ainda que ele possa fazer reviver até mesmo uma ansiedade aguda.

---

3   Cf. id., "A personificação no brincar das crianças" [1929], in *Amor, culpa e reparação*, op. cit., e James Strachey, "The nature of the therapeutic action of psychoanalysis". *The International Journal of Psychoanalysis*, v. 15, 1934, pp. 127–59.

## 1952
## As origens da transferência

Este é o único artigo de Melanie Klein sobre o tema da transferência e reúne diversas ideias que ela, com frequência, expressava e ilustrava clinicamente em seus escritos. Sua concepção de transferência é rica, envolvendo o que ela chama de "situações totais". Em seu modo de ver, as interpretações deveriam abarcar tanto as relações de objeto iniciais que são revividas e evoluem ainda mais na transferência como os elementos inconscientes nas experiências da vida corrente do paciente. Em "Inveja e gratidão" (1957), ela cunha o uso da expressão "lembranças em sentimentos" para a ocorrência na transferência de emoções e fantasias pré-verbais.

Por muitos anos já Melanie Klein havia sustentado o ponto de vista de que as relações de objeto começam desde o nascimento, concepção que implica que o narcisismo e o autoerotismo não são estados anteriores às relações de objeto, e sim que são estados contemporâneos às primeiras relações de objeto. O presente artigo contém sua única – e assim mesmo, breve – discussão do narcisismo primário, incluindo um apanhado da relação de suas concepções com as de Freud. Nesta discussão, Melanie Klein está descrevendo estados narcísicos, que são estados de retirada para dentro de objetos internos. Em sua terminologia, estados narcísicos são diferentes de relações de objeto narcísicas, que resultam de identificação projetiva conforme a maneira descrita em "Notas sobre alguns mecanismos esquizoides" (1946), p. 36.

Em seu *Análise fragmentária de uma histeria*, Freud define a situação de transferência da seguinte maneira:

Que são transferências? São novas edições, reproduções dos impulsos e fantasias que são despertados e tornados conscientes à medida que a análise avança, com a substituição – característica da espécie – de uma pessoa anterior pela pessoa do médico. Colocando de outra forma: toda uma série de vivências psíquicas anteriores é reativada, mas não como algo passado, e sim na relação atual com o médico.[1]

De uma forma ou de outra, a transferência opera ao longo de toda a vida e influencia todas as relações humanas, mas, aqui, estou preocupada apenas com as manifestações da transferência na psicanálise. É característico do procedimento psicanalítico que, na medida em que ele começa a abrir caminho dentro do inconsciente do paciente, seu passado (em seus aspectos conscientes e inconscientes) vá sendo gradualmente revivido. Desse modo, sua premência em transferir suas experiências, relações de objeto e emoções arcaicas é reforçada, e elas passam a localizar-se no psicanalista. Disso decorre que o paciente lida com os conflitos e ansiedades que foram reativados, recorrendo aos mesmos mecanismos e mesmas defesas, como em situações anteriores.

Segue-se daí que, quanto mais profundamente conseguirmos penetrar no inconsciente e quanto mais longe no passado pudermos levar a análise, maior será nossa compreensão da transferência. Assim sendo, é relevante para o meu tópico um breve resumo de minhas conclusões relativas aos estágios mais iniciais do desenvolvimento.

A primeira forma de ansiedade é de natureza persecutória. O trabalho interno da pulsão de morte, que, de acordo com Freud, é dirigido contra o organismo, dá origem ao medo de aniquilamento, e essa é a causa primordial da ansiedade persecutória. Além disso, desde o início da vida pós-natal (não estou considerando aqui os processos pré-natais), os impulsos destrutivos dirigidos contra o objeto incitam o medo da retaliação. Esses sentimentos persecutórios a partir de fontes internas são intensificados por experiências externas dolorosas, pois, desde seus primeiros dias, a frustração e o desconforto despertam no bebê o sentimento de que ele está sendo atacado por forças hostis. Dessa forma, as sensações vivenciadas pelo bebê por ocasião do nascimento e as dificuldades de se adaptar a condições inteiramente novas dão origem à ansiedade persecutória. O conforto e os cuidados dispensa-

---

1 Sigmund Freud, *Análise fragmentária de uma histeria ("O caso Dora")* [1901/1905], in *Obras completas*, v. 6, trad. Paulo César de Souza. São Paulo: Companhia das Letras, 2016, p. 312.

dos após o nascimento, particularmente as primeiras experiências de alimentação, são sentidos como provenientes de forças boas. Ao falar de "forças", estou empregando uma palavra um tanto adulta para aquilo que o bebê concebe vagamente como objetos, sejam eles bons ou maus. O bebê dirige seus sentimentos de gratificação e amor para o seio "bom" e seus impulsos destrutivos e sentimentos de perseguição para aquilo que sente como frustrante, isto é, o seio "mau". Nesse estágio, os processos de cisão estão em seu ponto mais alto, e o amor e o ódio, bem como os aspectos bons e maus do seio, são mantidos amplamente separados um do outro. A relativa segurança do bebê baseia-se em transformar o objeto bom em objeto ideal, como uma proteção contra o objeto perigoso e persecutório. Esses processos – isto é, cisão, recusa, onipotência e idealização – são predominantes durante os três ou quatro primeiros meses de vida (o que denominei "posição esquizoparanoide").[2] Dessa forma, em um estágio muito inicial, a ansiedade persecutória e seu corolário, a idealização, influenciam fundamentalmente as relações de objeto.

Os processos primários de projeção e introjeção, estando inextricavelmente ligados às emoções e ansiedades do bebê, iniciam as relações de objeto: pela projeção, isto é, pela deflexão da libido e da agressividade em direção ao seio da mãe, fica estabelecida a base para as relações de objeto; pela introjeção do objeto, em primeiro lugar o seio, as relações com os objetos internos passam a existir. O uso que faço do termo "relações de objeto" baseia-se em minha asserção de que o bebê, desde o início da vida pós-natal, tem com a mãe uma relação (embora centrada primariamente em seu seio) imbuída dos elementos fundamentais de uma relação de objeto, isto é, amor, ódio, fantasias, ansiedades e defesas.[3]

---

2 Ver "Notas sobre alguns mecanismos esquizoides", neste volume.

3 É uma característica essencial da mais antiga de todas as relações de objeto ser o protótipo de uma relação entre *duas* pessoas, na qual não entra nenhum outro objeto. Isso é de vital importância para posteriores relações de objeto, apesar de que, sob essa forma exclusiva, ela possivelmente não dure mais do que alguns poucos meses, dado que as fantasias relativas ao pai e seu pênis – fantasias essas que dão início aos primeiros estágios do complexo de Édipo – introduzem a relação com mais de um objeto. Na análise de adultos e crianças, o paciente algumas vezes experimenta sentimentos de uma bem-aventurada felicidade por meio da revivescência dessa relação inicial exclusiva com a mãe e seu seio. Tais experiências seguem-se regularmente à análise de situações de ciúme e rivalidade, nas quais um terceiro objeto, em última instância o pai, está envolvido.

Em minha concepção, como expliquei detalhadamente em outras ocasiões, a introjeção do seio é o início da formação do superego, a qual se estende por muitos anos. Temos elementos para supor que, desde a primeira experiência de alimentação, o bebê introjeta o seio em seus vários aspectos. O núcleo do superego é, portanto, o seio da mãe, tanto o bom como o mau. Devido à operação simultânea da introjeção e da projeção, as relações com os objetos externos e internos interagem. Também o pai, que desde cedo exerce um papel na vida da criança, logo passa a fazer parte do mundo interno do bebê. É próprio da vida emocional do bebê que haja rápidas flutuações entre amor e ódio; entre situações externas e internas; entre a percepção da realidade e fantasias sobre ela; e, consequentemente, uma interação entre a ansiedade persecutória e a idealização – ambas referindo-se a objetos internos e externos, sendo o objeto idealizado um corolário do objeto persecutório e extremamente mau.

A crescente capacidade do ego de integração e síntese leva cada vez mais, mesmo durante esses primeiros meses, a estados em que o amor e o ódio e, correspondentemente, aspectos bons e maus dos objetos são sintetizados. E isso dá origem à segunda forma de ansiedade – a ansiedade depressiva –, pois os impulsos e os desejos agressivos do bebê, dirigidos ao seio mau (mãe), são sentidos agora como perigosos também para o seio bom (mãe). Entre o quarto e o sexto mês essas emoções são reforçadas, pois, nesse estágio, o bebê percebe e introjeta cada vez mais a mãe como uma pessoa. A ansiedade depressiva é intensificada, pois o bebê sente que destruiu ou está destruindo um objeto inteiro com sua voracidade e agressividade incontroláveis. Além do mais, devido à síntese crescente de suas emoções, ele agora sente que esses impulsos destrutivos são dirigidos contra uma *pessoa amada*. Processos semelhantes se dão em relação ao pai e a outros membros da família. Essas ansiedades e correspondentes defesas constituem a "posição depressiva", que chega a um clímax por volta dos seis meses e cuja essência é a ansiedade e a culpa relativas à destruição e perda dos objetos amados internos e externos.

É nesse estágio, e ligado à posição depressiva, que se instala o complexo de Édipo. A ansiedade e a culpa acrescentam um poderoso impulso em direção ao início do complexo de Édipo, pois elas aumentam a necessidade de externalizar (projetar) figuras más e de internalizar (introjetar) figuras boas; de ligar desejos, amor, sentimentos de culpa e tendências reparadoras a alguns objetos, e ódio e ansiedade a outros; de encontrar representantes de figuras internas no mundo externo. Entretanto, não é apenas a procura de novos objetos que domina as necessidades do bebê, mas também o impulso em direção aos novos alvos: afastando-se do seio em direção ao pênis – isto é, dos desejos orais em direção aos desejos genitais. Muitos fatores contribuem para esses desenvolvimentos: o impulsionamento da libido, a crescente integração do ego, das habilidades físicas e mentais e a adaptação progressiva ao mundo externo. Essas tendências estão ligadas ao processo de formação de símbolos, o qual capacita a criança a transferir não somente interesse, mas também emoções e fantasias, ansiedade e culpa, de um objeto para outro.

Os processos que descrevi estão ligados a outro fenômeno fundamental que governa a vida mental. Acredito que a pressão exercida pelas primeiras situações de ansiedade seja um dos fatores que fazem aflorar a compulsão à repetição. Voltarei mais tarde a essa hipótese.

Algumas de minhas conclusões referentes aos primeiros estágios da infância são uma continuação das descobertas de Freud. A respeito de certos pontos surgiram, entretanto, divergências, das quais uma é muito relevante para o presente tópico. Refiro-me à minha asserção de que as relações de objeto são operantes desde o início da vida pós-natal.

Durante muitos anos, mantive a opinião de que o autoerotismo e o narcisismo são, no bebê, contemporâneos da primeira relação com os objetos, externos e internalizados. Reafirmarei concisamente minha hipótese: o autoerotismo e o narcisismo incluem o amor pelo objeto bom internalizado e a relação com ele, o qual, na fantasia, constitui parte do corpo e do self amados. É para esse objeto internalizado que, na gratificação autoerótica e nos *estados* narcísicos, ocorre uma retirada. Concomitantemente, desde o nascimento está presente uma relação com objetos, primariamente a mãe (seu seio). Essa hipótese contradiz o conceito de Freud de que *estágios* autoeróticos e narcísicos impedem a possibilidade de uma relação de objeto. No entanto, a diferença entre a opinião de Freud e a minha é menos ampla do que parece à primeira vista, uma vez que as afirmações de Freud a esse respeito não são inequívocas. Em vários contextos ele, explícita e implicitamente, expressou opiniões que sugeriam uma relação com um objeto, o seio da mãe, *precedendo* o autoerotismo e o narcisismo. Uma referência deve ser suficiente. No primeiro dos "Dois verbetes para um dicionário de sexologia", Freud disse: "A pulsão parcial oral encontra inicialmente satisfação *apoiando-se* no aplacamento da necessidade de alimentação e tem seu objeto no seio materno. Depois ela se desliga, torna-se independente e, ao mesmo tempo, *autoerótica*, ou seja, encontra seu objeto no próprio corpo".[4]

O uso que Freud faz do termo "objeto" é aqui um tanto diferente do uso que eu faço, pois ele está se referindo ao objeto de um alvo pulsional, ao passo que eu tenho em mente, além disso, uma relação de objeto que envolve as emoções, fantasias, ansiedades e defesas do bebê. Não obstante, na citação acima, Freud fala claramente de uma ligação libidinal com um objeto, o seio materno, que precede o autoerotismo e o narcisismo.

Neste contexto gostaria de lembrá-los também das descobertas de Freud relativas às primeiras identificações. Em *O Eu e o Id*, falando a respeito dos investimentos abandonados de objeto, ele disse: "[...] serão gerais e duradouros os efeitos das identificações iniciais, sucedidas na idade mais tenra. Isso nos leva de volta à origem do ideal do ego [...]".[5] Freud define então as primeiras e mais importantes identificações, que permanecem ocultas por detrás do ideal de ego, como a identificação com o pai, ou com os pais, e as coloca, segundo suas palavras, na "pré-história pessoal". Essas formulações aproximam-se daquilo que descrevi como os primeiros objetos introjetados, pois, por definição, as identificações são o resultado da introjeção. A partir da afirmativa que acabo de discutir e do trecho que citei do verbete, pode-se deduzir que Freud, apesar de não ter levado mais adiante esta linha de pensamento, admitia que, na mais remota infância, tanto um objeto como processos introjetivos desempenham um papel.

Ou seja, no que se refere ao autoerotismo e ao narcisismo, deparamo-nos com uma incoerência nas concepções de Freud. Tais incoerências, que ocorrem em numerosos pontos da teoria, mostram claramente, penso, que em relação a essas questões específicas Freud ainda não tinha chegado a uma decisão final. Com relação à teoria da ansiedade, ele afirmou isso explicitamente em *Inibição, sintoma e angústia*.[6] Sua per-

---

4 S. Freud, "'Psicanálise' e 'Teoria da libido'" [1923], in *Obras completas*, v. 15, trad. Paulo César de Souza. São Paulo: Companhia das Letras, 2011, p. 289 (trad. modif.).
5 Id., *O Eu e o Id* [1923], in *Obras completas*, v. 16, trad. Paulo César de Souza. São Paulo: Companhia das Letras, 2011, p. 38 (trad. modif.). Na mesma página, e ainda referindo-se a essas primeiras identificações, Freud sugere que elas são uma identificação direta e imediata, a qual acontece mais cedo que qualquer investimento de objeto. Essa sugestão parece implicar que a introjeção até mesmo precede as relações de objeto.
6 Cf. id., *Inibição, sintoma e angústia* [1926], in *Obras completas*, v. 17, trad. Paulo César de Souza. São Paulo: Companhia das Letras, 2014, cap. 8.

cepção de que muito daquilo que se referia aos primeiros estágios do desenvolvimento ainda lhe era desconhecido ou obscuro está também exemplificada ao falar sobre os primeiros anos de vida da menina como algo "bastante remoto, penumbroso".[7]

Não conheço a visão de Anna Freud a respeito desse aspecto do trabalho de Freud. Porém, quanto à questão do autoerotismo e do narcisismo, ela parece ter levado em conta apenas as conclusões de Freud de que um estágio autoerótico e narcísico precede qualquer relação de objeto, e não ter dado margem a outras possibilidades subjacentes em algumas afirmações de Freud, como essas a que me referi anteriormente. Essa é uma das razões pelas quais a divergência entre a concepção de Anna Freud e a minha sobre a mais tenra infância é muito maior do que a que existe entre as opiniões de Freud, tomadas como um todo, e as minhas. Afirmo isso porque acredito que é essencial esclarecer a amplitude e a natureza das diferenças existentes entre as duas escolas de pensamento psicanalítico, representadas por Anna Freud e por mim. Tal elucidação faz-se necessária no interesse da formação psicanalítica e também porque pode ajudar a suscitar discussões frutíferas entre os psicanalistas, contribuindo assim para uma maior compreensão geral dos problemas fundamentais da mais tenra infância.

A hipótese de que um estágio que se estende por vários meses precede as relações de objeto implica que, exceto para a libido ligada ao próprio corpo do bebê, os impulsos, fantasias, ansiedades e defesas ou não estão presentes no bebê ou não estão relacionados a um objeto, ou seja, eles operariam em um vácuo. A análise de crianças muito pequenas ensinou-me que não existe premência pulsional, situações de ansiedade e processo mental que não envolvam objeto, externo ou interno; em outras palavras, as relações de objeto estão no *centro* da vida emocional. Além do mais, amor e ódio, fantasias, ansiedades e defesas também operam desde o começo e encontram-se *ab initio* indivisivelmente ligados a relações de objeto. Esse insight mostrou-me vários fenômenos sob uma nova luz.

Formularei agora a conclusão sobre a qual se assenta o presente artigo: sustento que a transferência se origina dos mesmos processos que, nos estágios mais iniciais, determinam as relações de objeto. Dessa forma, na análise, temos de voltar repetidamente às flutuações entre objetos amados e odiados, externos e internos, que dominam a

---

7 Id., "Sobre a sexualidade feminina" [1931], in *Obras completas*, v. 18, trad. Paulo César de Souza. São Paulo: Companhia das Letras, 2010, p. 374.

mais tenra infância. Só podemos apreciar plenamente a interconexão entre as transferências positiva e negativa se explorarmos a interação inicial entre o amor e o ódio, e o círculo vicioso entre agressividade, ansiedades, sentimentos de culpa e uma maior agressividade, bem como os vários aspectos dos objetos para os quais são dirigidas essas emoções e ansiedades conflitantes. No entanto, por meio da exploração desses processos arcaicos, convenci-me de que a análise da transferência negativa, que havia recebido relativamente pouca atenção na técnica psicanalítica,[8] constitui uma precondição para analisar as camadas mais profundas da mente. A análise tanto da transferência negativa como da positiva, bem como de sua interconexão, constitui, como venho defendendo há muitos anos, um princípio indispensável para o tratamento de todos os tipos de pacientes, crianças e adultos igualmente. Substanciei esse ponto de vista na maior parte de meus escritos a partir de 1927.

Tal abordagem, que no passado tornou possível a psicanálise de crianças muito pequenas, revelou-se nos últimos anos extremamente frutífera para a análise de pacientes esquizofrênicos. Até por volta de 1920 presumia-se que os pacientes esquizofrênicos fossem incapazes de estabelecer transferência, e assim não poderiam ser psicanalisados. Desde então, a psicanálise de esquizofrênicos vem sendo tentada por meio de várias técnicas. Contudo, a mudança de visão mais radical a esse respeito ocorreu mais recentemente e está estreitamente ligada ao conhecimento mais amplo de mecanismos, ansiedades e defesas operantes na mais remota infância. Uma vez descobertas algumas dessas defesas, engendradas nas relações de objeto primárias contra o amor e também contra o ódio, tornou-se plenamente compreendido o fato de que pacientes esquizofrênicos são capazes de desenvolver tanto uma transferência positiva como uma transferência negativa. Esse achado é confirmado se aplicarmos regularmente no tratamento de pacientes esquizofrênicos o princípio de que é tão necessário analisar a transferência negativa quanto a positiva e de que, de fato, uma não pode ser analisada sem a outra.[9]

---

8  Isso foi devido em grande parte ao fato de se subestimar a importância da agressividade.
9  Essa técnica é ilustrada pelo artigo de Hanna Segal, "Some Aspects of the Analysis of a Schizophrenic". *The International Journal of Psychoanalysis*, v. 31, 1950, pp. 268–78; e pelos artigos de Herbert Rosenfeld, "Notes on the Psycho-Analysis of the Super-Ego Conflict of an Acute Schizophrenic Patient". *The International Journal of Psycho-Analysis*, v. 33, n. 2, 1952, pp. 111–31; e "Transference Phenomena

Retrospectivamente, pode-se ver que esses avanços consideráveis da técnica são apoiados, na teoria psicanalítica, pela descoberta de Freud das pulsões de vida e de morte, que contribuiu fundamentalmente para a compreensão da origem da ambivalência. Devido a estarem as pulsões de vida e de morte – e, portanto, o amor e o ódio –, no fundo, na mais estreita interação, a transferência positiva e a negativa encontram-se basicamente interligadas.

A compreensão das primeiras relações de objeto e dos processos correlatos influiu essencialmente na técnica sob vários ângulos. Sabe-se há muito tempo que, na situação de transferência, o psicanalista pode representar a mãe, o pai ou outras pessoas, que ele, em alguns momentos, também representa na mente do paciente o papel do superego e outras vezes o do id ou do ego. Nosso conhecimento atual capacita-nos a penetrar nos detalhes específicos dos vários papéis atribuídos pelo paciente ao analista. Na realidade, existem muito poucas pessoas na vida do bebê, mas ele as sente como um grande número de objetos, pois lhe aparecem sob diferentes aspectos. Assim, o analista pode, em determinado momento, representar uma parte do self, do superego ou qualquer uma de uma ampla gama de figuras internalizadas. Da mesma forma, supor que o analista representa o pai ou a mãe real não nos levará muito longe, a menos que compreendamos qual aspecto dos pais está sendo revivido. A imagem dos pais na mente do paciente sofreu distorções em graus variados, por meio dos processos infantis de projeção e idealização, e não raro conservou muito de sua natureza fantasiosa. Em termos gerais, na mente do bebê, toda experiência externa está entrelaçada com suas fantasias e, no entanto, toda fantasia contém elementos da experiência real, e é unicamente analisando a situação de transferência em sua profundidade que seremos capazes de descobrir o passado, tanto em seus aspectos realistas como em seus aspectos fantasiosos. É, também, o fato de terem sua origem na infância mais remota que explica a força dessas flutuações na transferência, bem como suas rápidas alternâncias – às vezes, até mesmo numa única sessão – entre pai e mãe, entre objetos onipotentemente bondosos e perseguidores perigosos, entre figuras externas e internas. Algumas vezes, o analista parece representar simultaneamente ambos os pais e, nesse caso, frequentemente em aliança hostil contra o paciente, quando então a transferência negativa adquire grande intensidade.

---

and Transference Analysis in an Acute Catatonic Schizophrenic Patient". *The International Journal of Psycho-Analysis*, v. 33, n. 4, 1952, pp. 457–64.

O que foi então revivido ou tornou-se manifesto na transferência é a mistura, na fantasia do paciente, dos pais como uma única figura, "a figura dos pais combinados", como descrevi em outra ocasião.[10] Essa é uma das formações de fantasia características dos estágios mais iniciais do complexo de Édipo, que, se mantida em toda a sua força, prejudica as relações de objeto e o desenvolvimento sexual. A fantasia dos pais combinados extrai sua força de outro elemento da vida emocional arcaica, isto é, da poderosa inveja associada aos desejos orais frustrados. Por meio da análise de tais situações iniciais, aprendemos que na mente do bebê, quando ele está frustrado (ou insatisfeito, devido a causas internas), sua frustração se casa com o sentimento de que outro objeto (logo representado pelo pai) recebe da mãe a ambicionada gratificação e o amor a ele negados naquele momento. Aqui está uma raiz da fantasia de que os pais estão combinados numa permanente gratificação mútua de natureza oral, anal e genital. E isso, para mim, é o protótipo de situações tanto de inveja como de ciúme.

Existe outro aspecto da análise da transferência que é necessário mencionar. Estamos habituados a falar da *situação* de transferência. Mas será que temos sempre em mente a importância fundamental desse conceito? Minha experiência diz que, ao desenredar os detalhes da transferência, é essencial pensar em termos de *situações totais* transferidas do passado para o presente, bem como em termos de emoções, defesas e relações de objeto.

Por muitos anos – e até certo ponto isto é verdade ainda hoje – a transferência foi compreendida em termos de referências diretas ao analista no material do paciente. Minha concepção da transferência como algo enraizado nos estágios mais iniciais do desenvolvimento e nas camadas profundas do inconsciente é muito mais ampla e envolve uma técnica pela qual os *elementos inconscientes* da transferência são deduzidos a partir da totalidade do material apresentado. Por exemplo, relatos de pacientes sobre sua vida cotidiana, relações e atividades não só nos oferecem um insight quanto ao funcionamento do ego, como também revelam, se explorarmos seu conteúdo inconsciente, as defesas contra a ansiedade suscitadas na situação de transferência. Isso porque o paciente está fadado a lidar com conflitos e ansiedades, revividos na relação com o analista, empregando os mesmos métodos por ele usados no passado. Ou seja, ele afasta-se do analista como

---

10 Cf. M. Klein, *A psicanálise de crianças* [1932], trad. Liana Pinto Chaves. Rio de Janeiro: Imago, 1997, especialmente caps. 8 e 11.

tentou afastar-se de seus objetos primários; tenta cindir a relação com ele, mantendo-o ou como uma figura boa, ou como uma figura má; deflete alguns dos sentimentos e atitudes vividos em relação ao analista para outras pessoas em sua vida cotidiana, e isso faz parte da "atuação" [*acting out*].[11]

Atendo-me ao meu tema, discuti aqui predominantemente as primeiras experiências, situações e emoções das quais se origina a transferência. Sobre essas bases, porém, são construídas as posteriores relações de objeto, bem como os desenvolvimentos emocional e intelectual, que necessitam tanta atenção do analista quanto as relações e desenvolvimentos mais primitivos. Com isso, quero dizer que nosso campo de investigação cobre *tudo aquilo* que se situa entre a situação presente e as primeiras experiências. Na realidade, é impossível encontrar acesso às emoções e relações de objeto mais antigas a menos que se examinem suas vicissitudes à luz de desenvolvimentos posteriores. Somente por meio da ligação contínua das experiências mais recentes com as anteriores e vice-versa (e isso significa um trabalho árduo e paciente), somente explorando consistentemente a interação dessas experiências é que o presente e o passado podem se aproximar na mente do paciente. Este é um aspecto do processo de integração que, à medida que a análise progride, abrange a totalidade da vida mental do paciente. Quando a ansiedade e a culpa diminuem e o amor e o ódio podem ser mais bem sintetizados, os processos de cisão – uma defesa fundamental contra a ansiedade –, bem como as repressões, atenuam-se, enquanto o ego ganha em força e coesão; a clivagem entre objetos idealizados e persecutórios diminui; os aspectos fantasiosos dos objetos se enfraquecem. Tudo isso implica que a vida de fantasia inconsciente, menos radicalmente separada da parte inconsciente da mente, pode ser mais bem utilizada em atividades do ego, tendo como consequência um enriquecimento geral da personalidade. Refiro-me aqui às *diferenças* – em contraste com as semelhanças – entre a transferência e as primeiras relações de objeto. Tais diferenças são uma medida do efeito curativo do procedimento analítico.

Sugeri anteriormente que um dos fatores que levam à compulsão à repetição é a pressão exercida pelas primeiras situações de ansiedade.

---

11 Por vezes, o paciente pode tentar fugir do presente, refugiando-se no passado, em vez de perceber que suas emoções, ansiedades e fantasias operam nesse momento com toda a força e estão centradas no analista. Em outros momentos, como sabemos, as defesas estão dirigidas principalmente contra o reviver o passado em relação aos objetos originais.

Quando as ansiedades persecutórias e depressivas e a culpa diminuem, diminui também a premência de repetir continuamente experiências fundamentais e, em consequência, padrões e modos de sentir arcaicos são mantidos com menor tenacidade. Essas mudanças fundamentais resultam da análise contínua da transferência; estão ligadas a uma revisão de alcance profundo das primeiras relações de objeto e são refletidas na vida presente do paciente, bem como na modificação das atitudes em relação ao analista.

## 1952
**As influências mútuas no desenvolvimento do ego e do id**

Este pequeno artigo foi a contribuição de Melanie Klein para um simpósio sobre o assunto. Outra – e muito mais importante – discussão de metapsicologia será encontrada em "Sobre o desenvolvimento do funcionamento mental" (1958).

Em "Análise terminável e interminável", que contém as últimas conclusões de Freud sobre o ego, ele admitiu "[...] a existência e a importância de traços distintivos do ego originais, congênitos".[1] Sustentei por muitos anos a visão, e a expressei em meu livro *A psicanálise de crianças*, de que o ego funciona desde o começo e de que, entre suas primeiras atividades, estão a defesa contra a ansiedade e o uso de processos de introjeção e projeção. Naquele livro, também sugeri que a capacidade inicial do ego de tolerar ansiedade depende de sua força inata, quer dizer, de fatores constitucionais. Expressei com frequência a concepção de que o ego estabelece relações de objeto a partir dos primeiros contatos com o mundo externo. Mais recentemente, defini o impulso para a integração como outra das funções primárias do ego.[2]

Considerarei agora o papel que as pulsões – e especialmente a luta entre as pulsões de vida e de morte – desempenham nessas funções do ego. É inerente à concepção de Freud das pulsões de vida e de morte que o id, como reservatório das pulsões, opera *ab initio*.

---

[1] Sigmund Freud, "Análise terminável e interminável" [1937], in *Obras completas*, v. 19, trad. Paulo César de Souza. São Paulo: Companhia das Letras, 2018, p. 308 (trad. modif.).
[2] Cf. "Notas sobre alguns mecanismos esquizoides", neste volume.

Concordo plenamente com essa concepção. Difiro, no entanto, de Freud, na medida em que proponho a hipótese de que a causa primária da ansiedade é o medo de aniquilamento, de morte, que surge do trabalho interno da pulsão de morte. A luta entre as pulsões de vida e de morte emana do id e envolve o ego. O medo primordial de ser aniquilado força o ego a agir e engendra as primeiras defesas. A origem fundamental dessas atividades do ego está no funcionamento da pulsão de vida. O impulso do ego para a integração e a organização revela claramente sua derivação da pulsão de vida – como Freud colocou, "[...] a principal intenção de Eros, a de unir e ligar [...]".[3] Em oposição ao impulso para a integração e todavia alternando com ele, existem processos de cisão que, junto à introjeção e projeção, representam alguns dos mecanismos iniciais mais fundamentais. Todos esses, sob o ímpeto da pulsão de vida, são desde o início colocados forçosamente a serviço da defesa.

É preciso considerar aqui outra grande contribuição das moções pulsionais para as funções primárias do ego. Está de acordo com minha concepção da mais tenra infância que a atividade de fantasiar, tendo suas raízes nas pulsões, é – para usar uma expressão de Susan Isaacs – o corolário mental delas. Acredito que as fantasias estão em atividade desde o começo, do mesmo modo que as pulsões, e são a expressão mental da atividade de ambas as pulsões, de vida e de morte. A atividade da fantasia fundamenta os mecanismos de introjeção e projeção, que possibilitam ao ego desempenhar uma das funções básicas supramencionadas, que é a de estabelecer relações de objeto. É por meio da projeção, pelo desvio para fora de libido e agressividade, e inibindo delas o objeto, que se dá a primeira relação de objeto do bebê. Esse é o processo que, a meu ver, fundamenta o investimento de objetos. Devido ao processo de introjeção, esse primeiro objeto é simultaneamente incorporado ao self. As relações com objetos externos e internos interagem desde o começo. O primeiro desses "objetos internalizados", como eu os denominei, é um objeto parcial, o seio da mãe; pela minha experiência, isso se aplica até nos casos em que o bebê é alimentado com mamadeira, mas eu teria que me alongar muito se fosse discutir aqui os processos pelos quais esta equação simbólica se dá. O seio, ao qual logo são acrescentadas outras características da mãe, influencia vitalmente na condição de objeto internalizado, o desenvolvimento do ego. Na medida em que a relação com o objeto total desenvolve-se, a mãe e o pai, e outros membros da família, são introjetados como pessoas

---

3   S. Freud, *O Eu e o Id* [1923], in *Obras completas*, v. 16, trad. Paulo César de Souza. São Paulo: Companhia das Letras, 2011, p. 57 (trad. modif.).

com aspectos bons ou maus, de acordo tanto com as experiências do bebê como com a alternância de seus sentimentos e fantasias. Dessa forma, um mundo de objetos bons e maus constrói-se internamente, e aqui está a fonte tanto da perseguição interna como das riquezas e da estabilidade internas. Durante os primeiros três ou quatro meses, a ansiedade persecutória prevalece e exerce sobre o ego uma pressão que testa duramente sua capacidade de tolerar a ansiedade. Essa ansiedade persecutória às vezes enfraquece o ego e em outras ocasiões age como um estímulo para o desenvolvimento de integração e do intelecto. Entre o quarto e o sexto mês de vida, a necessidade do bebê de preservar o objeto interno amado, que é sentido como em perigo em virtude de seus impulsos agressivos, e a culpa e a ansiedade depressiva resultantes novamente têm um efeito duplo sobre o ego: podem ameaçar subjugá-lo assim como instigá-lo na direção da reparação e das sublimações. Dessas várias maneiras, às quais só posso aludir aqui, o ego é tanto assaltado como enriquecido por sua relação com objetos internos.[4]

O sistema específico de fantasias que se centram no mundo interno do bebê é de suprema importância para o desenvolvimento do ego. Os objetos internalizados são sentidos pelo bebê como portadores de uma vida própria, em harmonia ou em conflito uns com os outros e com o ego, de acordo com as emoções e experiências do bebê. Quando o bebê sente que contém objetos bons, ele vivência confiança, estima e segurança. Quando sente que contém objetos maus, ele vivência perseguição e suspeita. A relação boa e má do bebê com objetos internos desenvolve-se concomitantemente à relação com objetos externos e influencia permanentemente seu curso. No entanto, a relação com objetos internos é, desde o começo, influenciada pelas frustrações e gratificações que fazem parte da vida cotidiana do bebê. Há, portanto, uma constante interação entre o mundo dos objetos internos, que reflete, por meio de fantasias, as impressões provindas de fora, e o mundo externo, que é decisivamente influenciado pela projeção.

Como descrevo com frequência, os objetos internalizados formam também o núcleo do superego,[5] que se desenvolve por meio dos primeiros anos da infância, atingindo um clímax no estágio em que –

---

4  A descrição mais recente desses processos arcaicos está contida em meus artigos.

5  Coloca-se a questão: até que ponto e sob quais condições o objeto internalizado forma parte do ego, até que ponto do superego? Essa questão, creio, suscita problemas que ainda estão obscuros e aguardando uma maior elucidação. Paula Heimann propôs algumas sugestões nesta direção – cf. "Some

de acordo com a teoria clássica – o superego passa a existir como o herdeiro do complexo de Édipo.

Uma vez que o desenvolvimento do ego e do superego está intimamente ligado aos processos de introjeção e projeção, eles estão inseparavelmente vinculados desde o começo, e já que o desenvolvimento deles é influenciado vitalmente por moções pulsionais, as três regiões da mente estão na mais íntima interação desde o princípio da vida. Percebo que, ao falar aqui sobre as três regiões da mente, não estou me mantendo dentro do tópico sugerido para discussão; mas minha concepção da mais tenra infância torna impossível, para mim, considerar exclusivamente as influências mútuas do ego e do id.

Pelo fato de a permanente interação entre as pulsões de vida e de morte e o conflito que surge de sua antítese (fusão e defusão) governarem a vida mental, há no inconsciente um fluxo, em constante alteração, de eventos que interagem, de emoções e ansiedades flutuantes. Focalizando a relação de objetos internos e externos, tentei dar uma indicação da multiplicidade de processos que existem no inconsciente, do estágio mais inicial em diante, e agora tirarei algumas conclusões:

> 1. A hipótese que esbocei aqui em linhas gerais representa uma visão bem mais ampla dos processos inconscientes arcaicos do que a implícita no conceito de Freud da estrutura da mente.
> 2. Se partirmos do princípio de que o superego desenvolve-se a partir desses processos inconscientes arcaicos que também moldam o ego, determinam suas funções e modelam sua relação com o mundo externo, as bases de desenvolvimento do ego, assim como as de formação do superego, precisam ser reexaminadas.
> 3. Minha hipótese, portanto, conduziria a uma reavaliação da natureza e do raio de ação do superego e do ego, assim como da inter-relação entre as partes da mente que constituem o self.

Terminarei com a reafirmação de um fato bem conhecido – do qual, no entanto, nós nos tornamos ainda mais convencidos à medida que penetramos mais profundamente na mente. É o reconhecimento de que o inconsciente está na raiz de todos os processos mentais, determina toda a vida mental, e de que, portanto, é somente por meio da exploração do inconsciente em profundidade e extensão que seremos capazes de analisar a personalidade total.

---

Aspects of the Role of Introjection and Projection" [1952], in *The Freud-Klein Controversies, 1941–45*. London: Routledge, 1991.

## 1952
**Algumas conclusões teóricas relativas à vida emocional do bebê**

Conforme exposto nas notas explicativas de "Sobre a teoria da ansiedade e da culpa", este artigo é um dos três que tiveram sua origem em um artigo com o qual Melanie Klein contribuiu para as Discussões Controversas de 1943-44.

Vinte anos antes, ao término de seu trabalho inicial, Melanie Klein havia tentado fazer uma exposição detalhada sobre o desenvolvimento na parte II de seu livro *A psicanálise de crianças*. Entrementes, formulou a teoria das posições esquizoparanoide e depressiva infantis. O considerável interesse do presente artigo deve-se ao fato de ser o primeiro levantamento, e bastante completo, do período que vai do nascimento à latência à luz desta nova teoria. Em comparação com a exposição anterior, há aqui um avanço impressionante na organização científica, em compreensão e em coerência. Com exceção da inveja primária, que descreveu em "Inveja e gratidão" em 1957, esta é a formulação final do desenvolvimento inicial de Melanie Klein.

Entre os pontos de interesse mais específico do presente artigo está a descrição da cisão, que amplia o que ela havia dito antes de duas maneiras. (Uma discussão geral sobre a cisão encontra-se na nota explicativa ao artigo "Notas sobre alguns mecanismos esquizoides".) Primeiramente ela esclarece (p. 124) a relação entre cisão e repressão, e em segundo lugar descreve (pp. 109-10) a forma particular como ocorre a cisão na posição depressiva, um assunto não especificado em 1946. Neste artigo está também a primeira referência explícita (p. 116, nota de rodapé 29) a pais internos separados relacionando-se entre si de maneira feliz como sendo a evolução satisfatória da figura primitiva dos pais hostis combinados. Finalmente, uma suposição de seu trabalho anterior, rejeitada por sua teoria subsequente, era que uma fase de sadismo máximo ocorre na metade do primeiro ano. Isso é discutido na nota de fim 4 (pp. 131–32), em que Melanie Klein enuncia sua cronologia revisada da agressividade infantil. Essa correção de sua visão anterior está também em seu prefácio à terceira edição de seu livro *A psicanálise de crianças*.

Meu estudo da mente do bebê tornou-me cada vez mais consciente da desconcertante complexidade dos processos que atuam, em grande parte simultaneamente, nos estágios iniciais do desenvolvimento.[1] Ao escrever este capítulo procurei elucidar, portanto, apenas alguns aspectos da vida emocional do bebê durante seu primeiro ano e selecionei-os dando especial ênfase às ansiedades, defesas e relações de objeto.

## Os primeiros três ou quatro meses de vida (a posição esquizoparanoide)[2]

I

No início da vida pós-natal, o bebê vivencia ansiedades provenientes de fontes internas e externas. Mantenho há muitos anos o ponto de vista de que a ação interna da pulsão de morte dá origem ao medo de aniquilamento e de que esta é a causa primária da ansiedade persecutória. A primeira fonte externa de ansiedade pode ser encontrada na experiência do nascimento. Essa experiência, que, de acordo com Freud, fornece o padrão para todas as situações de ansiedades posteriores, está fadada a influenciar as primeiras relações do bebê com o mundo externo.[3] Parece que a dor e o desconforto que ele sofre então,

---

1  Recebi uma ajuda valiosa em minhas contribuições para este volume [Paula Heimann, Susan Isaacs, Melanie Klein e Joan Riviere (orgs.), *Os progressos da psicanálise* [1952], trad. Álvaro Cabral. Rio de Janeiro: Guanabara Koogan, 1982; onde o presente artigo foi publicado pela primeira vez] de minha amiga Lola Brook, que percorreu cuidadosamente meus manuscritos e fez muitas sugestões úteis, relativas tanto às formulações como à disposição do material. Devo muito a ela por seu persistente interesse em meu trabalho.
2  Em "Notas sobre alguns mecanismos esquizoides" (neste volume), que trata desse assunto em mais detalhe, eu menciono que adotei o termo "esquizoide" de Ronald Fairbairn em acréscimo ao meu próprio termo "posição paranoide".
3  Em *Inibição, sintoma e angústia* [1926], Sigmund Freud afirma que "há bem mais continuidade entre vida intrauterina e a mais remota infância do que

assim como a perda do estado intrauterino, são sentidos pelo bebê como um ataque por forças hostis, isto é, como perseguição.[4] Desde o início, portanto, a ansiedade persecutória participa das relações do bebê com objetos na medida em que é exposto a privações.

Um dos conceitos básicos apresentados neste livro[5] é a hipótese de que as primeiras experiências do bebê com a alimentação e a presença da mãe iniciam uma relação de objeto com ela. Essa relação é, a princípio, uma relação com um objeto parcial, posto que os impulsos orais, tanto libidinais como destrutivos, são desde o início da vida dirigidos em particular para o seio da mãe. Supomos que há sempre uma interação, embora em proporções variadas, entre os impulsos libidinais e os agressivos, correspondendo à fusão entre as pulsões de vida e de morte. Seria possível conceber que em períodos livres de fome e tensão há um equilíbrio ótimo entre impulsos libidinais e agressivos. Esse equilíbrio é perturbado sempre que, devido a privações provenientes de fontes internas ou externas, os impulsos agressivos são reforçados. Sugiro que tal alteração no equilíbrio entre libido e agressividade dá origem à emoção chamada voracidade, que é, em primeiro lugar e acima de tudo, de natureza oral. Qualquer intensificação de voracidade reforça sentimentos de frustração, os quais por sua vez reforçam os impulsos agressivos. Naquelas crianças em que o componente agressivo inato é forte, a ansiedade persecutória, a frustração e a voracidade são facilmente despertadas, o que contribui para a dificuldade do bebê de tolerar privação e lidar com a ansiedade. Assim, a força dos impulsos destrutivos em sua interação com os impulsos libidinais proveria a base constitucional para a intensidade da voracidade. No entanto, enquanto em alguns casos a ansiedade persecutória pode incrementar a voracidade, em outros (como sugeri em *A psicanálise de crianças*) pode tornar-se a causa das primeiras inibições alimentares.

---

nos faz crer a notável ruptura do ato do nascimento" (in *Obras completas*, v. 17, trad. Paulo César de Souza. São Paulo: Companhia das Letras, 2014, p. 80; trad. modif.).

4 Sugeri que a luta entre as pulsões de vida e de morte já faz parte da dolorosa experiência do nascimento e reforça a ansiedade persecutória despertada por ela. Cf. "Sobre a teoria da ansiedade e da culpa", neste volume.

5 Melanie Klein refere-se aqui a Susan Isaacs, "A natureza e a função da fantasia" (1943); Paula Heimann, "Certain Functions of Introjection and Projection in Early Infancy" (1952); e seu próprio artigo, "Sobre a observação do comportamento de bebês" (neste volume), que foram publicados no mesmo volume, *Os progressos da psicanálise*, op. cit. [N. E.]

As experiências recorrentes de gratificação e frustração são poderosos estímulos para os impulsos libidinais e destrutivos, para o amor e o ódio. Como resultado, o seio, na medida em que é gratificante, é amado e sentido como "bom". Na medida em que é fonte de frustração, é odiado e sentido como "mau". Essa forte antítese entre o seio bom e o seio mau é devida, em grande parte, à falta de integração do ego, assim como aos processos de cisão dentro do ego e em relação ao objeto. Há, no entanto, elementos para supor que mesmo durante os primeiros três ou quatro meses de vida o objeto bom e o objeto mau não são completamente distintos um do outro na mente do bebê. O seio da mãe, tanto em seus aspectos bons quanto em seus aspectos maus, parece também se fundir, para ele, com a presença física da mãe, e a relação com ela como uma pessoa é, assim, construída gradualmente desde o estágio mais inicial.

Além das experiências de gratificação e frustração derivadas de fatores externos, diversos processos endopsíquicos – primordialmente a introjeção e a projeção – contribuem para a dupla relação com o primeiro objeto. O bebê projeta seus impulsos de amor e os atribui ao seio gratificante (bom), assim como projeta seus impulsos destrutivos para o exterior e os atribui ao seio frustrante (mau). Simultaneamente, pela introjeção, um seio bom e um seio mau são estabelecidos dentro dele.[6] Dessa forma, a imagem do objeto, externo e internalizado, é distorcida na mente do bebê por suas fantasias, que estão intimamente ligadas à projeção de seus impulsos sobre o objeto. O seio bom – externo e interno – torna-se o protótipo de todos os objetos gratificantes e que ajudam; o seio mau, o protótipo de todos os objetos persecutórios externos e internos. Os vários fatores que contribuem para os sentimentos do bebê de ser gratificado, tais como o alívio da fome, o prazer de mamar, a liberação do desconforto e da tensão, isto é, de privações, e a experiência de ser amado – todos eles são atribuídos ao seio bom. Inversamente, toda frustração e desconforto são atribuídos ao seio mau (persecutório).

Descreverei em primeiro lugar as ramificações da relação do bebê com o seio mau. Se considerarmos a imagem que existe na mente do

---

6  Esses primeiros objetos introjetados formam o núcleo do superego. A meu ver, o superego inicia-se com os processos de introjeção mais arcaicos e forma-se a partir das figuras boas e más que são internalizadas com amor e ódio em diversos estágios do desenvolvimento e que são gradualmente assimiladas e integradas pelo ego. Cf. Paula Heimann, "Some Aspects of the Role of Introjection and Projection" [1952], in *The Freud-Klein Controversies, 1941–45*. London: Routledge, 1991.

bebê – como podemos ver retrospectivamente nas análises de crianças e adultos –, descobrimos que o seio odiado adquiriu as qualidades destrutivo-orais dos impulsos do próprio bebê quando em estados de frustração e ódio. Em suas fantasias destrutivas, ele morde e dilacera o seio, devora-o, aniquila-o. E sente que o seio o atacará da mesma maneira. À medida que os impulsos sádico-uretrais e sádico-anais se fortalecem, o bebê ataca o seio em sua mente com urina venenosa e fezes explosivas e espera, portanto, que o seio seja venenoso e explosivo para com ele. Os detalhes de suas fantasias sádicas determinam o conteúdo de seu medo de perseguidores internos e externos, primordialmente do seio retaliador (mau).[7] Como os ataques fantasiados ao objeto são fundamentalmente influenciados pela voracidade, o medo da voracidade do objeto, devido à projeção, é um elemento essencial na ansiedade persecutória: o seio mau o devorará da mesma forma voraz como ele deseja devorá-lo.

No entanto, mesmo durante o estágio mais inicial, a ansiedade persecutória é, em alguma medida, contrabalançada pela relação do bebê com o seio bom. Indiquei anteriormente que, embora seus sentimentos se focalizem na relação de alimentação com a mãe, representada por seu seio, outros aspectos da mãe já participam da relação mais arcaica com ela. Pois mesmo o bebê muito pequeno responde ao sorriso de sua mãe, às suas mãos, à sua voz, à forma como ela o segura e atende às suas necessidades. A gratificação e o amor que o bebê vivencia nessas situações ajudam a contrabalançar a ansiedade persecutória, até mesmo os sentimentos de perda e perseguição despertados pela experiência do nascimento. A proximidade física com a mãe durante a alimentação – essencialmente sua relação com o seio bom – é uma ajuda recorrente para superar a nostalgia de um estado anterior perdido, alivia a ansiedade persecutória e aumenta a confiança no objeto bom.[8]

---

7 A ansiedade relacionada a ataques por parte de objetos internalizados – primeiramente objetos parciais – é, a meu ver, a base da hipocondria. Coloco essa hipótese em discussão nas pp. 144, 264 e 273 de meu livro *The Psycho-Analysis of Children* (London: Hogarth Press, 1932) [ed. bras.: *A psicanálise de crianças*, trad. Liana Pinto Chaves. Rio de Janeiro: Imago, 1997], e também expus ali minha concepção de que as ansiedades infantis arcaicas são de natureza psicótica e a base para psicoses posteriores.
8 Ver nota de fim 1, pp. 126–29.

## II

É característico das emoções do bebê muito pequeno serem de uma natureza poderosa e extrema. O objeto frustrante (mau) é sentido como um perseguidor aterrorizante; o seio bom tende a transformar-se no seio "ideal" que deveria saciar o desejo voraz por gratificação ilimitada, imediata e permanente. Surgem assim sentimentos ligados a um seio inexaurível e perfeito, sempre disponível, sempre gratificante. Outro fator que contribui para a idealização do seio bom é a intensidade do medo persecutório do bebê, que cria a necessidade de ser protegido de perseguidores e, portanto, contribui para incrementar o poder de um objeto todo gratificante. O seio idealizado constitui o corolário do seio persecutório e, na medida em que a idealização é derivada da necessidade de ser protegido de objetos persecutórios, ela é um método de defesa contra a ansiedade.

O exemplo da gratificação alucinatória pode ajudar-nos a entender os modos pelos quais se dá o processo de idealização. Nesse estado a frustração e a ansiedade derivadas de fontes variadas são eliminadas, o seio externo perdido é recuperado e o sentimento de ter o seio ideal dentro de si (possuindo-o) é reativado. Podemos também supor que o bebê alucina o estado pré-natal ansiado. Como o seio alucinado é inexaurível, a voracidade é momentaneamente satisfeita. (Porém, mais cedo ou mais tarde a sensação de fome leva a criança de volta ao mundo externo e então a frustração, com todas as emoções que ela suscita, é novamente vivenciada.) Na realização alucinatória de desejos, uma série de mecanismos e defesas fundamentais entra em jogo. Um deles é o controle onipotente do objeto interno e externo, pois o ego assume a posse completa tanto do seio interno como do externo. Além disso, na alucinação, o seio persecutório é mantido bem separado do seio ideal e a experiência de ser frustrado bem separada da experiência de ser gratificado. Parece que tal clivagem, que corresponde a uma cisão do objeto e dos sentimentos em relação a ele, está ligada ao processo de recusa. A recusa em sua forma mais extrema – como encontramos na gratificação alucinatória – corresponde ao aniquilamento de qualquer objeto ou situação frustrante, e acha-se assim ligada ao sentimento intenso de onipotência que prevalece nos estágios iniciais da vida. A situação de ser frustrado, o objeto que causa isso, os maus sentimentos a que a frustração dá origem (assim como as partes excindidas do ego) são sentidos como algo que perdeu a existência, tendo sido aniquilados, e por esses meios são alcançados a gratificação e o alívio da ansiedade persecutória.

O aniquilamento do objeto persecutório e de uma situação persecutória está ligado ao controle onipotente do objeto em sua forma mais extrema. Eu sugeriria que esses processos operam também, em alguma medida, na idealização.

Parece que o ego arcaico também emprega o mecanismo de aniquilamento de um aspecto excindido do objeto e da situação em outros estados além das realizações alucinatórias de desejos. Assim, por exemplo, em alucinações de perseguição, o aspecto *amedrontador* do objeto e da situação parece predominar numa medida tal que o aspecto bom é sentido como algo que foi totalmente destruído – um processo que não posso discutir aqui. Parece que o grau em que o ego mantém os dois aspectos separados varia consideravelmente em diferentes estados, e disso pode depender que o aspecto recusado seja ou não sentido como algo que desapareceu completamente da existência.

A ansiedade persecutória influi fundamentalmente sobre tais processos. Podemos supor que, quando a ansiedade persecutória é menos intensa, a cisão é menos abrangente e o ego é capaz, portanto, de integrar-se e de sintetizar em alguma medida os sentimentos dirigidos ao objeto. Pode muito bem ser que todo passo como esse no caminho da integração possa somente ser dado se, nesse momento, o amor pelo objeto predominar sobre os impulsos destrutivos (em última instância, a pulsão de vida sobre a pulsão de morte). Penso que a tendência do ego para integrar-se pode ser considerada, portanto, como uma expressão da pulsão de vida.

A síntese entre os sentimentos de amor e os impulsos destrutivos em relação a um só e mesmo objeto – o seio – dá origem à ansiedade depressiva, à culpa e à urgência de reparar o objeto amado danificado – o seio bom. Isso implica que, por vezes, a ambivalência é vivenciada em relação a um objeto parcial – o seio da mãe.[9] Durante os primeiros meses de vida, tais estados de integração são de curta duração. Nesse estágio, a capacidade do ego de alcançar a integração é naturalmente ainda muito limitada, contribuindo para isso a intensidade da ansiedade persecutória e dos processos de cisão, que se encontram em seu auge. Parece que, à medida que o desenvolvimento se dá, experiências

---

9  Em meu artigo "Uma contribuição à psicogênese dos estados maníaco-depressivos" [1935] (in *Amor, culpa e reparação*, op. cit.), sugeri que a ambivalência é vivenciada primeiramente em relação ao objeto completo durante a posição depressiva (cf. "Sobre a teoria da ansiedade e da culpa", neste volume); eu agora considero que a ambivalência já é também vivenciada em relação a objetos parciais.

de síntese e, consequentemente, de ansiedade depressiva tornam-se mais frequentes e mais duradouras – tudo isso fazendo parte da crescente integração. Com o progresso na integração e na síntese das emoções contrastantes em relação ao objeto, torna-se possível a mitigação dos impulsos destrutivos pela libido.[10] Isso leva a uma *diminuição real* da ansiedade, condição fundamental para o desenvolvimento normal.

Como sugeri, há grandes variações na intensidade, frequência e duração dos processos de cisão (não apenas entre indivíduos, mas também no mesmo bebê em momentos diferentes). Faz parte da complexidade da vida emocional arcaica que uma multiplicidade de processos operem em rápida alternância ou mesmo, ao que parece, simultaneamente. Parece, por exemplo, que, junto à cisão do seio em dois aspectos, amado e odiado (bom e mau), existe uma cisão de natureza diferente que dá origem ao sentimento de que o ego, assim como seu objeto, está em pedaços. Esses processos estão na base de estados de desintegração.[11] Tais estados, como já apontei, alternam-se com outros nos quais se efetua cada vez mais um tanto de integração do ego e de síntese do objeto.

Os métodos arcaicos de cisão influenciam fundamentalmente os modos pelos quais, num estágio um tanto posterior, a repressão é levada a cabo, o que por sua vez determina o grau de interação entre o consciente e o inconsciente. Em outras palavras, o grau em que as várias partes da mente permanecem "porosas" umas em relação às outras é em grande medida determinado pela força ou debilidade dos mecanismos esquizoides arcaicos.[12] Os fatores externos desempenham um papel vital desde o princípio, já que temos razões para supor que todo estímulo ao medo persecutório reforça os mecanismos esquizoides, isto é, a tendência do ego para cindir a si mesmo e ao objeto, ao

---

10 Essa forma de interação entre libido e agressividade corresponderia a um estado particular de fusão entre as duas pulsões.
11 Cf. "Notas sobre alguns mecanismos esquizoides", neste volume.
12 Verifiquei que, com pacientes de tipo esquizoide, a força de seus mecanismos esquizoides infantis é responsável, em última instância, pela dificuldade no acesso ao inconsciente. Em tais pacientes, o progresso em direção à síntese é obstaculizado pelo fato de que, sob a pressão da ansiedade, eles tornam-se recorrentemente incapazes de manter as ligações, que foram fortalecidas no curso de análise, entre diferentes partes do self. Em pacientes de tipo depressivo, a divisão entre inconsciente e consciente é menos pronunciada e, portanto, tais pacientes são muito mais capazes de insight. No meu modo de ver, eles superaram com mais sucesso seus mecanismos esquizoides no início da infância.

passo que toda experiência boa fortalece a confiança no objeto bom e contribui para a integração do ego e para a síntese do objeto.

## III

Algumas das conclusões de Freud implicam que o ego se desenvolve por meio da introjeção de objetos. No que diz respeito à fase mais remota, o seio bom, introjetado em situações de gratificação e felicidade, torna-se, a meu ver, uma parte vital do ego e reforça a capacidade deste para a integração. Pois esse seio bom interno – que também forma o aspecto auxiliador e benigno do superego primitivo – fortalece a capacidade do bebê para amar e confiar em seus objetos, aumenta o estímulo para a introjeção de objetos bons e situações boas, sendo, portanto, uma fonte essencial de reconforto contra a ansiedade. Torna-se o representante interno da pulsão de vida. No entanto, o objeto bom só pode preencher tais funções se for sentido como não danificado, o que implica que foi internalizado predominantemente com sentimentos de gratificação e amor. Tais sentimentos pressupõem que a gratificação do sugar ficou relativamente isenta de perturbações por fatores externos ou internos. A principal fonte de perturbação interna jaz em impulsos agressivos excessivos, que incrementam a voracidade e diminuem a capacidade de tolerar frustração. Em outros termos, quando, na fusão das duas pulsões, a pulsão de vida predomina sobre a pulsão de morte – e, correspondentemente, a libido sobre a agressividade –, o seio bom pode ser estabelecido na mente do bebê com mais segurança.

No entanto, os desejos sádico-orais do bebê, que estão ativos desde o início da vida e que são facilmente ativados por frustrações de fontes externas e internas, inevitavelmente dão origem repetidas vezes a um sentimento de que o seio está destruído e em pedaços dentro dele como resultado de seus ataques vorazes devoradores. Esses dois aspectos da introjeção existem lado a lado.

As circunstâncias externas sem dúvida influenciam bastante o que vai predominar na relação do bebê com o seio, se serão os sentimentos de frustração ou os de gratificação; mas não há muita dúvida de que os fatores constitucionais, que influenciam desde o início a força do ego, têm que ser levados em consideração. Sugeri anteriormente que a capacidade do ego para suportar tensão e ansiedade e, portanto, em alguma medida, para tolerar frustração é um fator constitucional.[13] Uma maior capacidade inata para suportar ansiedade parece depender,

---

13 Cf. M. Klein, *The Psycho-Analysis of Children*, op. cit., p. 49, nota de rodapé.

em última instância, da predominância da libido sobre os impulsos agressivos, isto é, da parte que a pulsão de vida desempenha desde o início na fusão das duas pulsões.

Minha hipótese de que a libido oral, expressa por meio da função de mamar, capacita o bebê a introjetar o seio (e o mamilo) como um objeto relativamente não destruído não vai contra a suposição de que os impulsos destrutivos são poderosíssimos nos estágios mais iniciais. Os fatores que influem na fusão e defusão das duas pulsões são ainda obscuros, mas há poucas razões para duvidar de que na relação com o primeiro objeto – o seio – o ego é por vezes capaz, mediante a cisão, de manter a libido separada da agressividade.[14]

Agora me voltarei para o papel que a projeção desempenha nas vicissitudes da ansiedade persecutória. Descrevi em outra ocasião como os impulsos sádico-orais de devorar e esvaziar o seio da mãe desenvolvem-se em fantasias de devorar e esvaziar o corpo da mãe.[15] Ataques provenientes de todas as outras fontes do sadismo logo se ligam a esses ataques orais e duas linhas principais de fantasias sádicas desenvolvem-se. Uma forma – essencialmente sádico-oral e ligada à voracidade – é a de esvaziar o corpo da mãe de todas as coisas boas e desejáveis. A outra forma de ataque fantasiado – predominantemente anal – é a de encher o corpo da mãe de substâncias más e de partes más do self que são excindidas e projetadas para dentro dela. Essas partes são representadas principalmente por excrementos, que se tornam os meios de danificar, destruir ou controlar o objeto atacado. Ou então o self inteiro – sentido como o self "mau" – entra no corpo da mãe e o controla: nessas várias fantasias o ego toma posse, através da projeção, de um objeto externo – em primeiro lugar a mãe – e faz dele uma extensão do self. O objeto torna-se em alguma medida um representante do ego e esses processos são, a meu ver, a base para a identificação por projeção ou "identificação projetiva".[16] A identificação

---

14 Está implícito em meu argumento (tal como apresentado aqui e em escritos anteriores) que eu não concordo com o conceito de Abraham de um estágio pré-ambivalente na medida em que implica que impulsos destrutivos (sádico--orais) aparecem pela primeira vez com o início da dentição. Temos que lembrar, no entanto, que Abraham também assinalou o sadismo inerente ao mamar "vampiresco". Não há dúvida de que o início da dentição e os processos fisiológicos que afetam as gengivas são um forte estímulo para impulsos e fantasias canibalescos; mas a agressividade faz parte da relação mais arcaica do bebê com o seio, embora não seja comumente expressa, nesse estágio, pelo morder.
15 Cf. M. Klein, *The Psycho-Analysis of Children*, op. cit., p. 128.
16 Cf. "Notas sobre alguns mecanismos esquizoides", neste volume.

por introjeção e a identificação por projeção parecem ser processos complementares. Parece que os processos subjacentes à identificação projetiva já operam na relação mais arcaica com o seio. O sugar "vampiresco", o esvaziamento do seio, desenvolve-se na fantasia do bebê em um abrir caminho para dentro do seio e, mais ainda, para dentro do corpo da mãe. Assim, a identificação projetiva começaria simultaneamente à introjeção sádico-oral voraz do seio. Essa hipótese está de acordo com a concepção frequentemente expressa por mim de que introjeção e projeção interagem desde o início da vida. A introjeção de um objeto persecutório é, como vimos, determinada em alguma medida pela projeção de impulsos destrutivos sobre o objeto. O impulso para projetar (expelir) aquilo que é mau é incrementado pelo medo de perseguidores internos. Quando a projeção é dominada pelo medo persecutório, o objeto para dentro do qual aquilo que é mau (o self mau) é projetado torna-se o perseguidor por excelência, já que foi dotado de todas as más qualidades do sujeito. A reintrojeção desse objeto reforça agudamente o medo de perseguidores internos e externos. (A pulsão de morte – ou melhor, os perigos ligados a ela – novamente voltou-se para dentro.) Há, assim, uma interação constante dos medos persecutórios relativos aos mundos interno e externo, interação na qual os processos envolvidos na identificação projetiva desempenham um papel vital.

A projeção de sentimentos de amor – subjacente ao processo de ligação da libido ao objeto – é, como sugeri, uma precondição para encontrar um objeto bom. A introjeção de um objeto bom estimula a projeção de bons sentimentos para o exterior, o que, por sua vez, por meio da reintrojeção, fortalece o sentimento de possuir um objeto interno bom. À projeção do self mau para dentro do objeto e no mundo externo corresponde a projeção de partes boas do self ou de todo o self bom. A reintrojeção do objeto bom e do self bom reduz a ansiedade persecutória. Desse modo, a relação com ambos os mundos, interno e externo, melhora simultaneamente e o ego ganha em força e integração.

O progresso na integração, que, como sugeri em uma seção anterior, depende do predomínio temporário dos impulsos de amor sobre os impulsos destrutivos, conduz a estados transitórios nos quais o ego sintetiza sentimentos de amor e impulsos destrutivos em relação a um objeto (em primeiro lugar, o seio da mãe). Esse processo de síntese dá início a outros passos importantes no desenvolvimento (que bem podem ocorrer simultaneamente): surgem as emoções dolorosas da ansiedade depressiva e da culpa; a agressividade é mitigada pela libido;

em consequência, a ansiedade persecutória é diminuída; a ansiedade relativa ao destino do objeto externo e interno ameaçado leva a uma identificação mais forte com ele; o ego, portanto, esforça-se para fazer reparação e também inibe os impulsos agressivos sentidos como perigosos para o objeto amado.[17]

Com a crescente integração do ego, as vivências de ansiedade depressiva aumentam em frequência de duração. Simultaneamente, à medida que se amplia a percepção, na mente do bebê a concepção da mãe evolui de uma relação com partes de seu corpo e aspectos vários de sua personalidade (tais como seu cheiro, seu toque, sua voz, seu sorriso, o som de seus passos etc.) para uma concepção da mãe como pessoa inteira e única. A ansiedade depressiva e a culpa centralizam-se gradualmente na mãe como uma pessoa e aumentam em intensidade. A posição depressiva passa para o primeiro plano.

## IV

Descrevi até aqui alguns aspectos da vida mental durante os primeiros três ou quatro meses. (É preciso ter em mente, no entanto, que apenas uma estimativa grosseira pode ser dada da duração dos estágios de desenvolvimento, pois há grandes variações individuais.) Na descrição desse estágio, tal como o apresentei, certos traços destacam-se como característicos. A posição esquizoparanoide é dominante. A interação entre os processos de introjeção e projeção – reintrojeção e reprojeção – determina o desenvolvimento do ego. A relação com o seio amado e odiado – bom e mau – é a primeira relação de objeto do bebê. Os impulsos destrutivos e a ansiedade persecutória estão em seu auge. O desejo por gratificação ilimitada e a ansiedade persecutória contribuem para o sentimento do bebê de que existem tanto um seio ideal como um seio devorador perigoso, os quais são

---

17 Abraham refere-se à inibição pulsional aparecendo pela primeira vez no "[...] estágio de narcisismo com um fim sexual canibalesco" ("A Short Study of the Development of the Libido, Viewed in the Light of Mental Disorders" [1924], in *Selected Papers on Psycho-Analysis*. London: Hogarth Press, 1927, p. 496). Uma vez que a inibição de impulsos agressivos e da voracidade tende a envolver também desejos libidinais, a ansiedade depressiva torna-se a causa daquelas dificuldades em aceitar comida que ocorrem em bebês de poucos meses e aumentam na época do desmame. Em relação às primeiras dificuldades alimentares, que surgem em alguns bebês já desde os primeiros dias, em minha concepção, essas dificuldades são causadas por ansiedade persecutória (cf. M. Klein, *The Psycho-Analysis of Children*, op. cit., pp. 156–57).

mantidos bastante afastados um do outro em sua mente. Esses dois aspectos do seio da mãe são introjetados e formam o núcleo do superego. Cisão, onipotência, idealização, recusa e controle dos objetos internos e externos são dominantes nesse estágio. Esses primeiros métodos de defesa são de uma natureza extrema, em consonância com a intensidade das emoções arcaicas e com a capacidade limitada do ego para tolerar ansiedade aguda. Se de certa forma essas defesas obstruem o caminho da integração, elas são, no entanto, essenciais para o desenvolvimento total do ego, pois reiteradamente aliviam as ansiedades do bebê. Essa segurança relativa e temporária é atingida predominantemente por meio da manutenção do objeto persecutório separado do objeto bom. A presença do objeto bom (ideal) na mente capacita o ego a manter por vezes fortes sentimentos de amor e de gratificação. O objeto bom também proporciona proteção contra o objeto persecutório porque é sentido como tendo-o substituído (como foi exemplificado pela realização alucinatória de desejos): penso que tais processos subjazem ao fato observável de que os bebês alternam muito rapidamente entre estados de completa gratificação e de grande aflição. Nesse estágio inicial, a habilidade do ego de lidar com a ansiedade, permitindo que as emoções contrastantes dirigidas à mãe aproximem-se e, consoantemente, aproximem-se os dois aspectos desta, é ainda muito limitada. Isso implica que uma mitigação do medo do objeto mau por meio da confiança no objeto bom e a ansiedade depressiva surgem apenas em experiências fugazes. Pelos processos alternantes de desintegração e integração desenvolve-se gradualmente um ego mais integrado, com maior capacidade de lidar com a ansiedade persecutória. A relação do bebê com partes do corpo da mãe, centralizada no seio, muda gradualmente para uma relação com ela como pessoa.

Esses processos, presentes na mais tenra infância, podem ser considerados sob alguns tópicos:

a. Um ego com alguns rudimentos de integração e coesão, e que progride cada vez mais nessa direção. Também desempenha desde o início da vida pós-natal algumas funções fundamentais. Assim, utiliza processos de cisão e inibição de desejos pulsionais como algumas das defesas contra a ansiedade persecutória, que é vivenciada pelo ego desde o nascimento.

b. Relações de objeto, modeladas pela libido e pela agressividade, por amor e ódio, e permeadas de um lado por ansiedade persecutória e de outro por seu corolário, o reconforto onipotente derivado da idealização do objeto.

c. Introjeção e projeção, intimamente ligadas à vida de fantasia do bebê e a todas as suas emoções, e consequentemente objetos internalizados de natureza boa e má que iniciam o desenvolvimento do superego.

À medida que o ego torna-se progressivamente capaz de suportar a ansiedade, os métodos de defesa vão se alterando. Para tanto contribui o sentido crescente de realidade e a maior gama de gratificações, interesses e relações de objeto. Há uma diminuição do poder dos impulsos destrutivos e da ansiedade persecutória; a ansiedade depressiva ganha força e atinge seu clímax no período que descreverei na próxima seção.

## A posição depressiva infantil

### I

Durante o segundo trimestre do primeiro ano algumas mudanças no desenvolvimento intelectual e emocional do bebê tornam-se acentuadas. Sua relação com o mundo externo, tanto com pessoas como com coisas, torna-se mais diferenciada. Amplia-se a variedade de suas gratificações e interesses e aumenta sua capacidade de expressar emoções e comunicar-se com as pessoas. Essas mudanças observáveis são evidência do desenvolvimento gradual do ego. Integração, consciência, capacidades intelectuais, a relação com o mundo externo e outras funções do ego estão se desenvolvendo com regularidade. Ao mesmo tempo, progride a organização sexual do bebê; fortalecem-se as tendências uretrais, anais e genitais, embora os impulsos e desejos orais ainda predominem. Há, assim, uma confluência de diferentes fontes de libido e agressividade, que colore a vida emocional do bebê e põe em primeiro plano várias situações de ansiedade novas. Amplia-se a gama de fantasias, que se tornam mais elaboradas e diferenciadas. Há mudanças correspondentes importantes na natureza das defesas.

Todos esses desenvolvimentos refletem-se na relação do bebê com sua mãe (e em alguma medida com o pai e com outras pessoas). A relação com a mãe como uma pessoa, que vinha se desenvolvendo gradualmente enquanto o seio ainda figurava como o principal objeto, torna-se mais plenamente estabelecida, e a identificação com ela fortalece-se quando o bebê pode percebê-la e introjetá-la como uma pessoa (ou, em outras palavras, como um "objeto completo").

Embora algum grau de integração seja uma precondição para a capacidade do ego de introjetar a mãe e o pai como pessoas inteiras, o desenvolvimento seguinte na linha de integração e da síntese é iniciado quando a posição depressiva vem para o primeiro plano. Os vários aspectos – amados e odiados, bons e maus – dos objetos aproximam-se, e esses objetos são agora pessoas inteiras. Os processos de síntese operam sobre todo o campo das relações de objeto externas e internas. Eles compreendem os aspectos contrastantes dos objetos internalizados (o superego primitivo) de um lado e dos objetos externos de outro. Mas o ego é também levado a diminuir a discrepância entre o mundo externo e o interno, ou melhor, a discrepância entre figuras externas e internas. Junto a esses processos de síntese dão-se passos adicionais na integração do ego, que resultam em uma coesão maior entre as partes excindidas do ego. Todos esses processos de integração e de síntese fazem aparecer, em plena força, o conflito entre amor e ódio. A ansiedade depressiva e o sentimento de culpa resultantes alteram-se não apenas em quantidade, mas também em qualidade. A ambivalência é agora vivenciada predominantemente em relação a um objeto completo. O amor e o ódio aproximam-se muito e o seio "bom" e o "mau", a mãe "boa" e a "má" não podem mais ser mantidos tão separados quanto no estágio anterior. Embora o poder dos impulsos destrutivos diminua, esses impulsos são sentidos como um grande perigo para o objeto amado, agora percebido como uma pessoa. A voracidade e as defesas contra ela desempenham um papel significativo nesse estágio, já que a ansiedade de perder irrecuperavelmente o objeto amado indispensável tende a aumentar a voracidade. A voracidade, no entanto, é sentida como incontrolável e destrutiva, e ameaçadora para os objetos externos e internos. Portanto, o ego inibe cada vez mais os desejos pulsionais, o que pode levar a graves dificuldades para o bebê apreciar ou aceitar comida,[18] e mais tarde a sérias inibições no estabelecimento de relações afetivas e eróticas.

Os passos na integração e síntese descritos anteriormente resultam em uma maior capacidade do ego para reconhecer a realidade psíquica cada vez mais pungente. A ansiedade relativa à mãe internalizada, sentida como danificada, sofrendo, em perigo de ser aniquilada ou já aniqui-

---

[18] Tais dificuldades, que podem ser muitas vezes observadas em bebês, em particular no desmame (isto é, durante a mudança do seio para a mamadeira ou quando alimentos novos são acrescentados à mamadeira etc.), podem ser consideradas como um sintoma depressivo bastante conhecido na sintomatologia de estados depressivos. Esse ponto é tratado com algum detalhe em "Sobre a observação do comportamento de bebês", neste volume. Cf. também p. 105, nota de rodapé 17 do presente artigo.

lada e perdida para sempre, leva a uma maior identificação com o objeto danificado. Essa identificação reforça tanto o impulso a reparar como as tentativas do ego de inibir os impulsos agressivos. O ego também faz uso recorrente de defesas maníacas. Como já vimos, recusa, idealização, cisão e controle de objetos internos e externos são usados pelo ego para contrapor-se à ansiedade persecutória. Esses métodos onipotentes são mantidos em alguma medida quando surge a posição depressiva, mas são agora utilizados predominantemente para contrapor-se à ansiedade depressiva. Eles também passam por mudanças, em consonância com os passos na integração e na síntese, o que quer dizer que se tornam menos extremos e correspondem mais à capacidade crescente do ego para fazer face à realidade psíquica. Com forma e fim alterados, esses métodos arcaicos constituem agora a defesa maníaca.

Ante a profusão de situações de ansiedade, o ego tende a recusá-las e, quando a ansiedade é máxima, o ego recusa até mesmo o fato de que ama o objeto. O resultado pode ser um abafamento duradouro do amor, o apartar-se dos objetos primários e um aumento da ansiedade persecutória, isto é, uma regressão à posição esquizoparanoide.[19]

As tentativas do ego para controlar os objetos externos e internos – um método que durante a posição esquizoparanoide é dirigido principalmente contra a ansiedade persecutória – também passam por mudanças. Quando a ansiedade depressiva tem ascendência, o controle dos objetos e impulsos é utilizado pelo ego principalmente para evitar frustração, impedir a agressividade e o perigo resultante para os objetos amados – isto é, para manter afastada a ansiedade depressiva.

Há também uma diferença no uso da cisão do objeto e do self. Embora métodos mais antigos de cisão continuem operantes em algum grau, o ego agora divide o objeto completo em um objeto vivo não danificado e um objeto danificado e ameaçado (talvez morrendo ou morto). A cisão torna-se, assim, uma defesa sobretudo contra a ansiedade depressiva.

Ao mesmo tempo, ocorrem passos importantes no desenvolvimento do ego, que não apenas o capacitam a desenvolver defesas

---

19 Esta regressão tão antiga pode causar graves perturbações no desenvolvimento inicial, como a deficiência mental (cf. "Notas sobre alguns mecanismos esquizoides", neste volume); pode tornar-se a base para alguma forma de doença esquizofrênica. Outro resultado possível do fracasso na elaboração da posição depressiva infantil é a enfermidade maníaco-depressiva ou uma neurose grave. Sustento, portanto, que a posição depressiva infantil é de importância central no desenvolvimento do primeiro ano.

mais adequadas contra a ansiedade como também, por fim, resultam em uma diminuição real dela. A experiência continuada de fazer face à realidade psíquica, implícita na elaboração da posição depressiva, aumenta a compreensão do bebê a respeito do mundo externo. Da mesma forma a imagem dos pais, que era a princípio distorcida em figuras idealizadas e aterrorizantes, torna-se gradualmente mais próxima da realidade.

Como foi discutido anteriormente neste capítulo, quando o bebê introjeta uma realidade externa mais reconfortante, seu mundo interno melhora, o que, por sua vez, por meio da projeção, beneficia sua imagem do mundo externo. Gradualmente, portanto, à medida que o bebê reintrojeta repetidas vezes um mundo externo mais realista e reconfortante – e também estabelece dentro de si, em alguma medida, objetos completos e não danificados –, ocorrem desenvolvimentos essenciais na organização do superego. Não obstante, à medida que os objetos internos bons e maus aproximam-se – os maus aspectos sendo mitigados pelos bons –, a relação entre o ego e o superego altera-se, isto é, ocorre uma progressiva assimilação do superego pelo ego.[20]

Nesse estágio, a tendência a reparar o objeto danificado entra em plena atividade. Tal tendência, como já vimos, está inextricavelmente ligada a sentimentos de culpa. Quando o bebê sente que seus impulsos e fantasias destrutivos são dirigidos contra a pessoa completa de seu objeto amado, a culpa surge em plena força e, junto a ela, a necessidade urgente de reparar, preservar ou fazer reviver o objeto amado danificado. A meu ver, tais emoções correspondem a estados de luto, e as defesas operantes, a tentativas por parte do ego de superar o luto.

Como a tendência a reparar deriva em última instância da pulsão de vida, ela traz consigo desejos e fantasias libidinais. Essa tendência faz parte de todas as sublimações, e a partir desse estágio permanece o meio mais importante pelo qual a depressão é mantida afastada e diminuída.

Parece que não há nenhum aspecto da vida mental que não seja, nos estágios iniciais, utilizado pelo ego na defesa contra a ansiedade. Também a tendência a reparar, empregada primeiramente de forma onipotente, torna-se uma defesa importante. Os sentimentos (a fantasia) do bebê poderiam ser descritos da seguinte forma: "Minha mãe está desaparecendo, ela pode não mais voltar, ela está sofrendo, ela está morta. Não, isso não pode ser, pois eu posso fazê-la reviver."

---

20 Ver nota de fim 2, p. 129.

A onipotência diminui à medida que o bebê ganha gradativamente uma confiança maior tanto em seus objetos como em suas capacidades de reparação.[21] Ele sente que todos os passos em seu desenvolvimento, todas as novas conquistas, dão prazer às pessoas à sua volta e que, dessa forma, ele expressa seu amor, contrabalança ou desfaz o estrago feito por seus impulsos agressivos e repara seus objetos amados danificados.

Assim são estabelecidos os alicerces para o desenvolvimento normal: desenvolvem-se as relações com as pessoas; a ansiedade persecutória relativa aos objetos externos e internos diminui; os objetos internos bons tornam-se mais firmemente estabelecidos, segue-se um sentimento de maior segurança; e tudo isso fortalece e enriquece o ego. O ego, mais forte e mais coeso, embora faça muito uso da defesa maníaca, reúne e sintetiza repetidas vezes os aspectos excindidos do objeto e do self. Gradualmente, os processos de cisão e síntese vão sendo aplicados a aspectos mantidos menos separados um do outro; a percepção da realidade aumenta e os objetos aparecem sob uma luz mais realista. Todos esses desenvolvimentos levam a uma adaptação crescente à realidade externa e interna.[22]

Há uma mudança correspondente na atitude do bebê em relação à frustração. Como vimos, no estágio mais arcaico o aspecto mau, persecutório, da mãe (seu seio) representava na mente da criança tudo de frustrante e mau, interno e externo. Quando aumentam o sentido de realidade do bebê em relação a seus objetos e a confiança neles, ele torna-se mais capaz de distinguir entre a frustração imposta de fora e os perigos internos fantasiados. Consequentemente, ódio e agressividade tornam-se mais intimamente relacionados a frustrações reais ou a danos oriundos de fatores externos. Esse é um passo em direção a um método mais realista e objetivo de lidar com sua própria agressividade, método que desperta menos culpa e, em última instância, capacita a criança a vivenciar, assim como a sublimar, sua agressividade de um modo mais sintônico com o ego.

Além disso, essa atitude mais realista em relação à frustração – que implica que o medo persecutório relativo aos objetos internos

---

21 Pode-se observar nas análises tanto de adultos como de crianças que, juntamente a uma vivência de depressão total, surgem sentimentos de esperança. No desenvolvimento inicial, esse é um dos fatores que ajudam o bebê a superar a posição depressiva.
22 Como sabemos, a cisão sob a pressão da ambivalência persiste em alguma medida ao longo de toda a vida e desempenha um papel importante na economia mental normal.

e externos tenha diminuído – conduz a uma maior capacidade do bebê de restabelecer a boa relação com sua mãe e com outras pessoas quando a experiência frustradora não está mais em vigor. Em outras palavras, a adaptação crescente à realidade – ligada às mudanças na ação da introjeção e da projeção – resulta em uma relação mais segura com o mundo externo e interno. Isso leva a uma diminuição da ambivalência e da agressividade, o que torna possível a tendência à reparação desempenhar plenamente seu papel. Dessa forma, o processo de luto oriundo da posição depressiva é gradualmente elaborado.

Quando o bebê atinge o estágio crucial entre os três e os seis meses e se defronta com os conflitos, a culpa e o pesar inerentes à posição depressiva, sua capacidade para lidar com a ansiedade é em alguma medida determinada por seu desenvolvimento anterior, isso é, pelo grau em que, durante os primeiros três ou quatro meses de vida, foi capaz de incorporar e estabelecer dentro de si o objeto bom, que constitui o núcleo de seu ego. Se esse processo foi bem-sucedido – o que implica que a ansiedade persecutória e os processos de cisão não são excessivos e que certo grau de integração foi alcançado –, a ansiedade persecutória e os mecanismos esquizoides enfraquecem-se gradualmente e o ego é capaz de introjetar e estabelecer o objeto completo e de atravessar a posição depressiva. Se, no entanto, o ego é incapaz de lidar com as muitas situações graves de ansiedade que surgem nesse estágio – um fracasso determinado por fatores internos fundamentais, assim como por experiências externas –, pode ocorrer uma forte regressão da posição depressiva para a posição esquizoparanoide anterior. Isso também poderia impedir os processos de introjeção do objeto completo e afetar grandemente o desenvolvimento durante o primeiro ano de vida e ao longo da infância.

II

Minha hipótese da posição depressiva infantil se baseia em conceitos psicanalíticos fundamentais relativos aos estágios iniciais da vida, ou seja, a introjeção primária e a preponderância da libido oral e dos impulsos canibalescos nos bebês. Essas descobertas de Freud e Abraham contribuíram substancialmente para a compreensão da etiologia das doenças mentais. Desenvolvendo tais conceitos e relacionando-os à compreensão de bebês conforme esta emerge da análise de crianças pequenas, dei-me dar conta da complexidade dos processos e experiências arcaicas e seu efeito sobre a vida emocional do bebê, o que por sua vez lançaria mais luz sobre a etiologia das perturbações mentais. Uma de minhas conclusões foi a de que existe uma ligação particularmente estreita entre a posição depressiva infantil e os fenômenos do luto e da melancolia.[23]

Dando continuidade ao trabalho de Freud sobre a melancolia, Abraham assinalou uma das diferenças fundamentais entre, de um lado, o luto normal e, de outro, o anormal.[24] No luto normal, o indivíduo tem êxito em instalar a pessoa amada perdida dentro de seu ego, enquanto na melancolia e no luto anormal esse processo não é bem-sucedido. Abraham também descreveu alguns dos fatores fundamentais dos quais depende tal sucesso ou fracasso. Se os impulsos canibalescos são muito intensos, a introjeção do objeto amado perdido malogra, e isso leva à doença. Também no luto normal o sujeito é levado a reinstalar a pessoa amada perdida dentro do ego, mas esse processo é bem-sucedido. Não apenas os investimentos ligados ao objeto amado perdido são retirados e reinvestidos, como Freud afirmou, também durante esse processo o objeto perdido é estabelecido internamente.

Em meu artigo "O luto e sua relação com os estados maníaco-depressivos", expressei a seguinte concepção:

> Minha experiência me leva a concluir que, apesar de a característica típica do luto normal ser o fato de o indivíduo instalar o objeto amado perdido dentro de si mesmo, ele não está fazendo isso pela primeira vez. Na verdade, por meio do trabalho de luto, ele está restaurando esse objeto, assim como todos os seus objetos amados *internos*, que acredita ter perdido.[25]

O pesar, cada vez que surge, solapa o sentimento de posse segura dos objetos internos amados, pois revive as ansiedades arcaicas acerca dos objetos danificados e destruídos – acerca de um mundo interno despedaçado. Sentimentos de culpa e ansiedades persecutórias – a posição depressiva infantil – são reativados com força total. Uma reinstalação bem-sucedida do objeto *externo* de amor do qual se está

---

23 Para a relação da posição depressiva infantil com estados maníaco-depressivos de um lado e com o luto normal de outro, cf. meu "Uma contribuição à psicogênese dos estados maníaco-depressivos" [1935] e "O luto e sua relação com os estados maníaco-depressivos" [1940], in *Amor, culpa e reparação*, op. cit.
24 Ver nota de fim 3, pp. 129–30.
25 Ibid., p. 447.

fazendo o luto, e cuja introjeção é intensificada por meio do processo de luto, implica que os objetos *internos* amados estejam restaurados e recuperados. Portanto, a prova de realidade característica do processo de luto não é apenas o meio de renovar os vínculos com o mundo externo, mas também o de *restabelecer o mundo interno dilacerado*. O luto, assim, envolve a repetição da situação emocional vivida pelo bebê durante a posição depressiva. Pois, pressionado pelo medo de perder a mãe amada, o bebê luta com a tarefa de estabelecer e integrar seu mundo interno, de construir firmemente os objetos bons dentro de si.

Um dos fatores fundamentais que determinam se a perda de um objeto amado (por morte ou outras causas) levará à enfermidade maníaco-depressiva ou será normalmente superada é, em minha experiência, o grau em que, no primeiro ano de vida, a posição depressiva foi elaborada satisfatoriamente e os objetos amados introjetados foram estabelecidos com segurança internamente.

A posição depressiva está ligada a mudanças fundamentais na organização libidinal do bebê, pois, durante esse período – por volta da metade do primeiro ano –, o bebê entra nos estágios iniciais do complexo de Édipo direto e invertido. Me restringirei aqui apenas a um esboço muito geral ao dar uma descrição dos estágios iniciais do complexo de Édipo.[26] Esses estágios iniciais são caracterizados pelo importante papel que os objetos parciais ainda desempenham na mente do bebê enquanto a relação com objetos completos está sendo estabelecida. Além disso, embora desejos genitais estejam aparecendo firmemente em primeiro plano, a libido oral ainda predomina. Desejos orais poderosos, incrementados pela frustração vivenciada na relação com a mãe, são transferidos do seio da mãe para o pênis do pai.[27] Nos bebês de ambos os sexos, os desejos genitais mesclam-se com desejos orais, o que resulta, portanto, em uma relação oral, bem como genital, com o pênis do pai. Desejos genitais são também

---

26 Cf. P. Heimann, "Some Aspects of the Role of Introjection and Projection", op. cit, parte 2. Fiz uma exposição detalhada do desenvolvimento edípico em meu livro *A psicanálise de crianças,* op. cit., particularmente no cap. 8; também em meus artigos "Estágios iniciais do conflito edipiano" [1928] e "O complexo de Édipo à luz das ansiedades arcaicas" [1945], in *Amor, culpa e reparação,* op. cit.

27 Abraham escreve, em "A Short Study of the Development of the Libido, Viewed in the Light of Mental Disorders", op. cit., p. 490: "Outro ponto a ser notado em relação à parte do corpo que foi introjetada é que o pênis é regularmente equacionado com o seio feminino e que outras partes do corpo, tais como o dedo, o pé, o cabelo, fezes e nádegas, podem vir a representar aqueles dois órgãos de modo secundário [...]".

dirigidos à mãe. Os desejos do bebê pelo pênis do pai estão ligados ao ciúme da mãe, porque ele sente que a mãe recebe esse objeto desejado. Essas emoções e desejos multifacetados em ambos os sexos subjazem tanto ao complexo de Édipo invertido como ao direto.

Outro aspecto dos estágios edipianos iniciais está ligado ao papel essencial que o "interior" da mãe e seu próprio "interior" desempenham na mente do bebê. Durante o período anterior, no qual prevalecem os impulsos destrutivos (posição esquizoparanoide), o ímpeto do bebê de entrar no corpo de sua mãe e tomar posse de seus conteúdos é predominantemente de natureza oral e anal. Esse ímpeto ainda se encontra ativo no estágio seguinte (posição depressiva), mas quando os desejos genitais aumentam ele é dirigido principalmente para o pênis do pai (equacionado a bebês e fezes) que, na perspectiva do bebê, o corpo da mãe contém. Simultaneamente, os desejos orais pelo pênis do pai levam à sua internalização, e esse pênis internalizado – ao mesmo tempo como um objeto bom e como um objeto mau – vem a desempenhar um importante papel no mundo de objetos internos do bebê.

Os estágios iniciais do desenvolvimento edipiano são da maior complexidade: desejos de várias fontes convergem; esses desejos são dirigidos a objetos parciais assim como a objetos inteiros; o pênis do pai, tanto desejado como odiado, existe não apenas como parte do corpo do pai, mas é simultaneamente sentido pelo bebê como presente dentro dele mesmo e do corpo da mãe.

A inveja parece ser inerente à voracidade oral. Meu trabalho analítico mostrou-me que a inveja (em alternância com sentimentos de amor e gratificação) é primeiramente dirigida ao seio nutriz. A essa inveja primária agrega-se o ciúme quando surge a situação edipiana. Os sentimentos do bebê em relação a ambos os pais parecem se dar da seguinte forma: quando ele é frustrado, o pai ou a mãe usufruem o objeto desejado do qual ele é privado – o seio da mãe, o pênis do pai –, e usufruem incessantemente. É característico das intensas emoções e da voracidade do bebê que ele atribua aos pais um estado contínuo de gratificações mútuas de natureza oral, anal e genital.

Essas teorias sexuais são a base para figuras dos pais combinados tais como: a mãe contendo o pênis do pai ou todo o pai; o pai contendo o seio da mãe ou toda a mãe; os pais inseparavelmente fundidos numa relação sexual.[28] Fantasias dessa natureza contribuem também para a

---

28 Cf. o conceito da figura dos pais combinados em M. Klein, *A psicanálise de crianças*, op. cit., em particular o cap. 8.

noção da "mulher com pênis". Além disso, devido à internalização, o bebê estabelece tais figuras dos pais combinados dentro de si, o que tem importância fundamental para muitas situações de ansiedade de natureza psicótica.

À medida que se desenvolve gradualmente uma relação mais realista com os pais, o bebê passa a considerá-los como indivíduos separados, isto é, as figuras primitivas dos pais combinados perdem força.[29]

Tais desenvolvimentos estão interligados com a posição depressiva. Em ambos os sexos o medo de perder a mãe (o objeto amado primordial) – ou seja, ansiedade depressiva – contribui para a necessidade de substitutos. O bebê volta-se primeiramente para o pai, que nesse estágio é também introjetado como uma pessoa completa, para satisfazer a essa necessidade.

Dessa forma, a libido e a ansiedade depressiva são em alguma medida desviadas da mãe, e esse processo de distribuição estimula relações de objeto e também diminui a intensidade dos sentimentos depressivos. Assim, os estágios iniciais do complexo de Édipo direto e invertido trazem alívio às ansiedades da criança e ajudam-na a superar a posição depressiva. Ao mesmo tempo, no entanto, surgem novos conflitos e ansiedades, pois os desejos edípicos em relação aos pais implicam que a inveja, a rivalidade e o ciúme – nesse estágio ainda poderosamente estimulados pelos impulsos sádico-orais – sejam agora vivenciados em relação a duas pessoas que são ao mesmo tempo odiadas e amadas. A elaboração desses conflitos, que surgem pela primeira vez nos estágios iniciais do complexo de Édipo, faz parte do processo de modificação da ansiedade, que se estende além dos primeiros meses e abarca os primeiros anos da infância.

Para resumir: a posição depressiva desempenha um papel vital no desenvolvimento inicial da criança e, normalmente, quando a neurose infantil chega ao fim, por volta dos cinco anos, as ansiedades persecutórias e depressivas já passaram por modificações. Os passos fundamentais na elaboração da posição depressiva são dados, no entanto,

---

29 A capacidade do bebê para usufruir ao mesmo tempo a relação com *ambos* os pais, que é um aspecto importante em sua vida mental e está em conflito com seus desejos de separá-los, estimulados por ciúme e ansiedade, depende de que ele sinta que eles são indivíduos separados. Essa relação mais integrada com os pais (que é diferente da necessidade compulsiva de manter os pais separados um do outro e impedir sua relação sexual) implica uma maior compreensão da relação de um com o outro e é uma precondição para a esperança do bebê de que ele possa aproximá-los e uni-los de um modo feliz.

quando o bebê está estabelecendo o objeto completo – isto é, durante a segunda metade do primeiro ano –, e seria possível afirmar que, se tais processos são bem-sucedidos, está preenchida uma das precondições para o desenvolvimento normal. Durante esse período as ansiedades persecutórias e depressivas são reiteradamente ativadas, como nas experiências de dentição e desmame. Essa interação de ansiedade e fatores físicos é um dos aspectos dos complexos processos de desenvolvimento (que envolvem todas as emoções e fantasias do bebê) durante o primeiro ano. Na verdade, em alguma medida, isso se aplica à vida como um todo.

Ao longo deste capítulo, enfatizei que as mudanças no desenvolvimento emocional e nas relações de objeto do bebê são de natureza gradual. O fato de que a posição depressiva se desenvolve gradualmente explica por que, usualmente, seu efeito sobre o bebê não aparece de forma súbita.[30] Também temos que ter em mente que, enquanto sentimentos depressivos são vivenciados, o ego desenvolve simultaneamente métodos para contrapor-se a eles. A meu ver, essa é uma das diferenças fundamentais entre o bebê que está vivenciando ansiedades de natureza psicótica e o adulto psicótico, pois, ao mesmo tempo que o bebê passa por tais ansiedades, os processos que conduzem à sua modificação já estão em andamento.[31]

## O desenvolvimento ulterior e a modificação da ansiedade

I

A neurose infantil pode ser considerada como uma combinação de processos pelos quais ansiedades de natureza psicótica são ligadas, elaboradas e modificadas. Passos fundamentais na modificação da ansiedade persecutória e depressiva fazem parte do desenvolvimento durante o primeiro ano. A neurose infantil, tal como a vejo, começa, portanto, no primeiro ano de vida e chega a um fim quando, com o início do período de latência, alcançou-se a modificação das ansiedades arcaicas.

---

30 No entanto, sinais de sentimentos depressivos recorrentes podem, por meio de uma observação atenta, ser detectados em bebês normais. Sintomas graves de depressão ocorrem de forma bastante surpreendente em bebês em certas circunstâncias, tais como doença, separação súbita da mãe ou da babá ou mudança de alimento.
31 Ver nota de fim 4, pp. 131–32.

Todos os aspectos do desenvolvimento contribuem para o processo de modificação da ansiedade e, portanto, as vicissitudes da ansiedade só podem ser entendidas em sua interação com todos os fatores do desenvolvimento. Por exemplo, a aquisição de habilidades físicas, as brincadeiras, o desenvolvimento da fala e o progresso intelectual em geral, os hábitos de higiene, o aumento das sublimações, a ampliação da variedade das relações de objeto, o progresso na organização libidinal da criança – todas essas aquisições são inextricavelmente entrelaçadas com aspectos da neurose infantil, em última instância com as vicissitudes da ansiedade e as defesas desenvolvidas contra ele. Posso aqui destacar apenas alguns desses fatores interatuantes e indicar como contribuem para a modificação da ansiedade.

Os primeiros objetos persecutórios externos e internos são – como já foi discutido – o seio mau da mãe e o pênis mau do pai. E os medos persecutórios em relação aos objetos internos e externos interagem. Essas ansiedades, centradas primeiramente nos pais, encontram expressão nas fobias arcaicas e afetam enormemente a relação da criança com seus pais. Ambas as ansiedades, persecutória e depressiva, contribuem fundamentalmente para os conflitos originados na situação edipiana e influenciam o desenvolvimento libidinal.[32]

Os desejos genitais dirigidos a ambos os pais, que introduzem os estágios iniciais do complexo de Édipo (em torno da metade do primeiro ano), são a princípio entrelaçados com desejos e fantasias orais, anais e uretrais de natureza libidinal e agressiva. As ansiedades de natureza psicótica, originadas de impulsos destrutivos de todas essas fontes, tendem a reforçar esses impulsos e, se excessivas, contribuem para intensas fixações a estágios pré-genitais.[33]

Assim, o desenvolvimento libidinal é a cada passo influenciado pela ansiedade. Isso porque a ansiedade leva à fixação a estágios pré-genitais e, repetidas vezes, à regressão a eles. No entanto, a ansiedade e a culpa, e a tendência reparatória resultante, dão ímpeto aos desejos libidinais e estimulam a tendência progressiva da libido, já que dar e experimentar gratificação libidinal alivia a ansiedade e satisfaz também a necessidade premente de fazer reparação. A ansiedade e a culpa, portanto, algumas vezes atrapalham e outras

---

32 A inter-relação entre ansiedades persecutórias e depressivas por um lado e medo de castração por outro é discutida em detalhe em meu artigo "O complexo de Édipo à luz das ansiedades arcaicas", op. cit.
33 Cf. P. Heimann e S. Isaacs, "Regressão" [1952], in *Os progressos da psicanálise*, op. cit.

intensificam o desenvolvimento libidinal. Isso varia não apenas entre um indivíduo e outro, mas pode variar em um mesmo indivíduo, de acordo com a intricada interação de fatores internos e externos num dado momento.

Nas flutuantes posições do complexo de Édipo direto e invertido, todas as ansiedades arcaicas são vivenciadas, pois o ciúme, a rivalidade e o ódio nessas posições reiteradamente estimulam ansiedade persecutória e depressiva. As ansiedades centradas nos pais enquanto objetos internos, no entanto, são gradualmente elaboradas e reduzidas à medida que o bebê extrai da relação com os pais externos um sentimento crescente de segurança.

Na interação entre progressão e regressão, fortemente influenciada pela ansiedade, as tendências genitais ganham ascendência gradualmente. Como resultado, a capacidade de reparação aumenta, amplia-se seu alcance e as sublimações fortalecem-se e estabilizam-se, pois no nível genital estão ligadas aos ímpetos mais criativos do ser humano. As sublimações genitais da posição feminina estão ligadas à fertilidade – o poder de dar vida – e assim também à recriação de objetos perdidos ou danificados. Na posição masculina, o elemento doador de vida é reforçado pelas fantasias de fertilização, assim restaurando ou fazendo reviver a mãe danificada ou destruída. O genital, portanto, representa não apenas o órgão de procriação mas também o meio de reparar e criar novamente.

A ascendência das tendências genitais implica um grande progresso na integração do ego, pois tais tendências assumem o controle dos desejos libidinais e reparatórios de natureza pré-genital, ocorrendo assim uma síntese entre tendências reparatórias pré-genitais e genitais. Por exemplo, a capacidade de receber "aquilo que é bom", em primeiro lugar receber da mãe a comida e o amor desejados, e o ímpeto de nutri-la em retribuição, restaurando-a dessa forma – a base para sublimações orais –, são uma precondição para um desenvolvimento genital bem-sucedido.

O fortalecimento crescente da libido genital, que inclui o progresso na capacidade de fazer reparação, caminha lado a lado com uma diminuição gradual da ansiedade e da culpa despertadas pelas tendências destrutivas, ainda que na situação edipiana os desejos genitais sejam causa de conflito e culpa. Segue-se que a primazia genital implica uma diminuição de tendências e ansiedades orais, uretrais e anais. No processo de elaboração dos conflitos edipianos e aquisição da primazia genital, a criança torna-se capaz de estabelecer seus objetos bons com segurança em seu mundo interno e de desenvolver uma relação estável com seus pais. Tudo isso significa que ela está gradualmente elaborando e modificando ansiedades persecutórias e depressivas.

Há razões para supor que tão logo o bebê volta seu interesse para outros objetos além do seio da mãe – tais como partes do corpo da mãe, outros objetos ao seu redor, partes de seu próprio corpo etc. – inicia-se um processo fundamental para o incremento das sublimações e relações de objeto. Amor, desejos (tanto agressivos como libidinais) e ansiedades são transferidos do primeiro e único objeto, a mãe, para outros objetos, e novos interesses desenvolvem-se e tornam-se substitutos da relação com o objeto primário. Esse objeto primário, no entanto, é não apenas o seio externo mas também o seio bom internalizado; e essa deflexão das emoções e dos sentimentos criativos, que passam a se ligar ao mundo externo, está relacionada à projeção. Em todos esses processos, a função da formação de símbolos e a atividade de fantasiar são de grande importância.[34] Quando surge a ansiedade depressiva, em particular com o início da posição depressiva, o ego sente-se impelido a projetar, defletir e distribuir desejos e emoções, assim como culpa e necessidade premente de reparar, sobre novos objetos e interesses. Tais processos, a meu ver, são uma mola mestra para sublimações no decorrer da vida. É, no entanto, uma precondição para um desenvolvimento bem-sucedido das sublimações (assim como das relações de objeto e da organização libidinal) que o amor pelos primeiros objetos possa ser mantido enquanto desejos e ansiedades são defletidos e distribuídos. Isso porque, se o ressentimento e o ódio em relação aos primeiros objetos predominam, eles tendem a ameaçar as sublimações e a relação com objetos substitutivos.

Outra perturbação da capacidade de reparar e, consequentemente, de sublimar surge se, devido ao fracasso em superar a posição depressiva, a esperança de reparar fica prejudicada ou, em outras palavras, se houver desalento quanto à destruição infligida aos objetos amados.

---

34 Tenho que abster-me aqui de descrever em detalhe os modos pelos quais a formação de símbolos está inextricavelmente ligada desde o início com a vida de fantasia da criança e com as vicissitudes da ansiedade. Remeto a Isaacs, "A natureza e a função da fantasia" [1943] (in *Os progressos da psicanálise*, op. cit.) e a meu artigo "Sobre a observação do comportamento de bebês" (neste volume); também a alguns de meus escritos anteriores, "Análise precoce" [1923] e "A importância da formação de símbolos no desenvolvimento do ego" [1930] (in *Amor, culpa e reparação*, op. cit.).

## II

Como sugeri anteriormente, todos os aspectos do desenvolvimento estão ligados à neurose infantil. Um aspecto característico da neurose infantil é constituído pelas fobias arcaicas, que se iniciam durante o primeiro ano de vida e, mudando em forma e conteúdo, aparecem e reaparecem ao longo dos anos da infância. Ambas as ansiedades, persecutória e depressiva, estão na base das fobias arcaicas, que incluem dificuldades com a alimentação, pavores noturnos, ansiedade relativa à ausência da mãe, medo de estranhos, perturbações nas relações com os pais e nas relações de objeto em geral. A necessidade de externalizar objetos persecutórios é um elemento intrínseco do mecanismo das fobias.[35] Essa necessidade deriva da ansiedade persecutória (relativa ao ego) assim como da ansiedade depressiva (centrada nos perigos advindos de perseguidores internos que ameaçam os bons objetos internos). Os medos de perseguição interna também encontram expressão nas ansiedades hipocondríacas. Contribuem também para uma variedade de doenças físicas, como os resfriados frequentes de crianças pequenas.[36]

Ansiedades orais, uretrais e anais (que participam tanto da aquisição como da inibição de hábitos de higiene) são aspectos básicos da sintomatologia da neurose infantil. Também é um traço característico da neurose infantil que durante os primeiros anos de vida ocorram recaídas de vários tipos. Como vimos acima, se ansiedades de natureza persecutória e depressiva são reforçadas, ocorre uma regressão a estágios anteriores e a situações de ansiedade correspondentes. Tal regressão manifesta-se, por exemplo, na quebra de hábitos de higiene já estabelecidos, ou no reaparecimento, sob formas ligeiramente alteradas, de fobias aparentemente superadas.

Durante o segundo ano, tendências obsessivas vêm para o primeiro plano. Elas tanto expressam como ligam ansiedades orais, anais e uretrais. Traços obsessivos podem ser observados em rituais na hora

---

35 Cf. id., *The Psycho-Analysis of Children*, op. cit., pp. 125 e 156–61.

36 Minha experiência mostrou-me que aquelas ansiedades que estão na base da hipocondria também estão na raiz de sintomas de conversão histérica. O fator fundamental comum a ambos é o medo relativo à perseguição no interior do corpo (ataques por objetos persecutórios internalizados) ou ao dano feito a objetos internos pelo sadismo do sujeito, tais como ataques por seus excrementos perigosos – e tudo isso é sentido como dano físico infligido ao ego. A elucidação dos processos subjacentes à transformação dessas ansiedades persecutórias em sintomas físicos poderia lançar mais luz sobre os problemas da histeria.

de dormir, rituais ligados à higiene ou alimentação etc., e em uma necessidade geral por repetição (por exemplo, o desejo de que lhe contem toda vez as mesmas histórias, até com as mesmas palavras, ou jogar os mesmos jogos repetidamente). Esses fenômenos, embora façam parte do desenvolvimento normal da criança, podem ser descritos como sintomas neuróticos. A diminuição ou superação desses sintomas corresponde a uma modificação de ansiedades orais, uretrais e anais, o que por sua vez implica uma modificação de ansiedades persecutórias e depressivas.

A capacidade do ego de ir passo a passo desenvolvendo defesas que em alguma medida habilitam-no a elaborar ansiedades é uma parte essencial do processo de modificação da ansiedade. No estágio mais inicial (esquizoparanoide), defesas extremas e poderosas, tais como cisão, onipotência e recusa[37] contrapõem-se à ansiedade. No estágio seguinte (posição depressiva), as defesas passam, como vimos, por mudanças significativas, caracterizadas pela maior capacidade do ego de tolerar ansiedade. Como no segundo ano ocorre mais progresso no desenvolvimento do ego, o bebê faz uso de sua adaptação crescente à realidade externa e de seu controle crescente das funções corporais para pôr à prova os perigos internos pelo cotejo com a realidade externa.

Todas essas mudanças são características dos mecanismos obsessivos, que também podem ser considerados como uma defesa muito importante. Por exemplo, por meio da aquisição de hábitos de higiene as ansiedades do bebê a respeito de suas fezes perigosas (isto é, sua destrutividade), de seus objetos maus internalizados e do caos interno são, de forma recorrente, diminuídas temporariamente. O controle dos esfíncteres prova-lhe que ele pode controlar os perigos internos e seus objetos internos. Além do mais, os excrementos reais servem como evidência contra os temores fantasiados da qualidade destrutiva deles. Eles podem agora ser expelidos em conformidade com as exigências da mãe ou da babá, que, demonstrando aprovação pelas condições pelas quais os excrementos são produzidos, parecem também aprovar a natureza das fezes, o que as torna "boas".[38] Como resultado, o bebê

---

37 Se essas defesas persistem excessivamente além do estágio inicial ao qual elas são apropriadas, o desenvolvimento pode ser afetado negativamente de diversos modos: a integração é impedida, a vida de fantasia e desejos libidinais são obstaculizados; em consequência, a tendência reparadora, as sublimações, as relações de objeto e a relação com a realidade podem ser prejudicadas.

38 O reconhecimento de que há uma necessidade na criança de adquirir hábitos de higiene, uma necessidade que está inseparavelmente ligada à ansiedade,

pode sentir que o dano que, em suas fantasias agressivas, foi feito por seus excrementos aos seus objetos internos e externos pode ser desfeito. A aquisição de hábitos de higiene, portanto, também diminui a culpa e satisfaz o impulso à reparação.[39]

Os mecanismos obsessivos constituem uma parte importante do desenvolvimento do ego. Eles capacitam o ego a manter a ansiedade temporariamente afastada, o que por sua vez ajuda o ego a alcançar mais integração e força. Desse modo, tornam-se possíveis a elaboração gradual, a diminuição e a modificação da ansiedade. No entanto, os mecanismos obsessivos são apenas uma das defesas desse estágio. Se são excessivos e tornam-se a principal defesa, isso pode ser considerado como indicação de que o ego não pode lidar de forma efetiva com ansiedades de natureza psicótica e que uma neurose obsessiva grave está se desenvolvendo na criança.

Outra mudança fundamental nas defesas caracteriza o estágio no qual a libido genital se fortalece. Quando isso ocorre, como vimos, o ego está mais integrado; a adaptação à realidade externa melhorou; expandiu-se a função da consciência; o superego também está mais integrado; uma síntese mais completa dos processos inconscientes – isto é, no interior das partes inconscientes do ego e do superego – ocorreu; a demarcação entre consciente e inconsciente está mais nítida. Tais desenvolvimentos tornam possível à repressão desempenhar um papel predominante entre as defesas.[40] Um fator essencial da repressão é o aspecto repressivo e proibitivo do superego, aspecto que se for-

---

à culpa e às defesas contra ela, leva à seguinte conclusão: o treinamento da higiene, se aplicado livre de pressão e em um estágio no qual a necessidade dele torna-se aparente (que é comumente no transcurso do segundo ano), é útil para o desenvolvimento da criança. Se imposto sobre a criança em um estágio anterior, pode ser prejudicial. Além disso, em qualquer estágio a criança deve ser apenas encorajada, mas não forçada a adquirir hábitos de higiene. Esta é necessariamente uma referência muito incompleta para um importante problema na educação de crianças.

39 A concepção de Freud a respeito de formações reativas e "anulação" no processo da neurose obsessiva subjaz ao meu conceito de reparação, que além disso abarca os diversos processos por meio dos quais o ego sente que desfaz o dano feito em fantasia, restaura, preserva e faz reviver o objeto.

40 Cf. S. Freud, *Inibição, sintoma e angústia*, op. cit., p. 64: "[...] deixemos de lado, como matéria para reflexão futura, a possibilidade de que repressão seja um processo que tem relação especial com a organização genital da libido, de que o ego recorra a outros métodos de defesa quando tem de se defender da libido em outros estágios de organização" (trad. modif.).

talece como resultado do progresso na organização do superego. As exigências do superego para manter fora da consciência certos impulsos e fantasias de natureza tanto agressiva como libidinal são mais facilmente correspondidas pelo ego, já que este progrediu tanto em termos de integração como em termos de assimilação do superego.

Descrevi em uma seção anterior que mesmo durante os primeiros meses de vida o ego inibe desejos pulsionais, inicialmente sob pressão de ansiedades persecutórias e, um pouco mais tarde, depressivas. Um passo à frente no desenvolvimento de inibições pulsionais é dado quando o ego pode fazer uso da repressão.

Vimos os modos pelos quais o ego utiliza a cisão durante a fase esquizoparanoide.[41] O mecanismo de cisão está subjacente à repressão (como está implícito no conceito de Freud), mas, em contraste com as formas mais arcaicas da cisão, que conduzem a estados de desintegração, a repressão normalmente não resulta numa desintegração do self. Como nesse estágio há maior integração dentro tanto da parte consciente como da parte inconsciente da mente, e como na repressão a cisão efetua predominantemente uma divisão entre consciente e inconsciente, nenhuma das partes do self fica exposta ao grau de desintegração que pode ocorrer em estágios anteriores. No entanto, a extensão em que se recorre a processos de cisão nos primeiros meses de vida influencia vitalmente o uso da repressão em um estágio posterior. Pois, se os mecanismos esquizoides e as ansiedades arcaicas não tiverem sido suficientemente superados, o resultado pode ser que, em vez de uma fronteira fluida entre o consciente e o inconsciente, surja uma barreira rígida entre eles, o que indica que a repressão é excessiva e que, em consequência, o desenvolvimento é perturbado. Com uma repressão moderada, em contrapartida, o inconsciente e o consciente permanecem provavelmente mais "porosos" um ao outro e, portanto, é permitido, em alguma medida, que os impulsos e seus derivativos venham recorrentemente do inconsciente à tona e sejam submetidos pelo ego a um procedimento de seleção e rejeição. A escolha dos impulsos, fantasias e pensamentos a serem reprimidos depende da maior capacidade do ego para aceitar os padrões dos objetos externos. Essa capacidade está ligada a uma síntese maior dentro do superego e à assimilação crescente do superego pelo ego.

As mudanças na estrutura do superego, que ocorrem gradualmente e que se ligam o tempo todo ao desenvolvimento edipiano, contribuem para o declínio do complexo de Édipo no início do período de

---

41 Cf. "Notas sobre alguns mecanismos esquizoides", neste volume.

latência. Em outras palavras, o progresso na organização libidinal e os vários ajustamentos de que o ego se torna capaz nesse estágio estão intimamente ligados à modificação das ansiedades persecutórias e depressivas relativas aos pais internalizados, o que implica maior segurança no mundo interno.

Vistas à luz das vicissitudes da ansiedade, as mudanças características do início do período de latência poderiam ser assim resumidas: a relação com os pais é mais segura; os pais introjetados aproximam-se mais da imagem dos pais reais; seus padrões, advertências e proibições são aceitos e internalizados e, portanto, a repressão dos desejos edípicos é mais eficaz. Tudo isso representa o auge do desenvolvimento do superego, que é resultado de um processo que abrange os primeiros anos de vida.

## Conclusão

Discuti em detalhe os primeiros passos na superação da posição depressiva que caracterizam a segunda metade do primeiro ano de vida. Vimos que nos estágios mais iniciais, quando predomina a ansiedade persecutória, os objetos da criança são de uma natureza primitiva e persecutória; eles devoram, despedaçam, envenenam, inundam etc., isto é, uma variedade de desejos e fantasias orais, anais e uretrais é projetada nos objetos externos assim como nos objetos internalizados. A imagem desses objetos altera-se passo a passo na mente do bebê à medida que progride a organização libidinal e a ansiedade é modificada.

As relações da criança tanto com seu mundo interno como com o externo melhoram concomitantemente. A interdependência entre tais relações implica mudanças nos processos de introjeção e projeção que são um fator essencial para a diminuição de ansiedades persecutórias e depressivas. Tudo isso resulta numa maior capacidade do ego para assimilar o superego e, com isso, aumenta a força do ego.

Quando a estabilidade é alcançada, alguns fatores fundamentais já sofreram alteração. Neste momento não estou preocupada com o progresso do ego – o qual, como tentei demonstrar, está a cada passo ligado ao desenvolvimento emocional e à modificação da ansiedade –, mas são as *mudanças nos processos inconscientes* que desejo sublinhar. Penso que essas mudanças tornam-se mais compreensíveis se nós as ligarmos à origem da ansiedade. Torno a referir-me aqui ao ponto por mim sustentado de que os impulsos destrutivos (a pulsão de morte) são o fator primário na causação da ansiedade.[42]

---

42 Cf. "Sobre a teoria da ansiedade e da culpa", neste volume.

A voracidade é aumentada por ressentimentos e por ódio – isto é, por manifestações da pulsão destrutiva. Mas essas manifestações são por sua vez reforçadas pela ansiedade persecutória. Quando, no curso do desenvolvimento, a ansiedade ao mesmo tempo diminui e é mais seguramente mantida afastada, os ressentimentos e o ódio, assim como a voracidade, diminuem, o que conduz, em última instância, a uma diminuição da ambivalência. Exprimindo isso em termos de pulsões: quando a neurose infantil chega ao fim, isto é, quando as ansiedades persecutórias e depressivas foram diminuídas e modificadas, o equilíbrio na fusão das pulsões de vida e de morte (e desse modo entre libido e agressividade) foi de algum modo alterado. Isso implica importantes mudanças nos processos inconscientes, isto é, na estrutura do superego e na estrutura e domínio das partes inconscientes (assim como conscientes) do ego.

Vimos que as flutuações entre posições libidinais e entre progressão e regressão que caracterizam os primeiros anos de infância estão inextricavelmente ligadas às vicissitudes das ansiedades persecutórias e depressivas que surgem na mais tenra infância. Essas ansiedades são, assim, não apenas um fator essencial na fixação e na regressão como também influenciam permanentemente o curso do desenvolvimento.

É uma precondição para o desenvolvimento normal que, na interação entre regressão e progressão, aspectos fundamentais do progresso já alcançado sejam mantidos – em outras palavras, que o processo de integração e síntese não seja perturbado de modo fundamental e permanente. Se a ansiedade é gradualmente modificada, a progressão predominará sobre a regressão e, no curso da neurose infantil, fica estabelecida a base para a estabilidade mental.

**Notas de fim**

1. Margaret A. Ribble relatou observações de quinhentos bebês e expressou pontos de vista, alguns dos quais são complementares a conclusões a que cheguei por meio da análise de crianças pequenas.

Assim, no que diz respeito à relação com a mãe desde o começo da vida, ela enfatiza a necessidade que o bebê sente de ser "cuidado maternalmente", o que vai além da gratificação do mamar, por exemplo:

> Muito da qualidade e da coesão da personalidade de uma criança depende de um apego emocional à mãe. Esse apego ou, para usar o termo psicanalítico, esse investimento dirigido à mãe cresce gradualmente a partir da satisfação que obtém dela. Nós estudamos pormeno-

rizadamente a natureza desse apego crescente, que é tão indefinível ainda que tão essencial. Três tipos de experiência sensorial – a saber: tátil, cinestésica (ou o sentido da posição do corpo) e sonora – contribuem primariamente para sua formação. O desenvolvimento dessas capacidades sensoriais foi mencionado por quase todos os observadores do comportamento infantil [...] mas sua particular importância para a relação pessoal entre a mãe e a criança não foi enfatizada.[43]

A importância dessa relação pessoal para o desenvolvimento físico da criança é enfatizada por ela em vários lugares, por exemplo:

[...] as irregularidades mais triviais no cuidado pessoal e no manejo de qualquer bebê, tais como muito contato com a mãe, muito pouco manuseio, ou mudanças de babás ou na rotina geral, resultam frequentemente em perturbações tais como palidez, respiração irregular e distúrbios alimentares. Em bebês que são constitucionalmente sensíveis ou precariamente organizados, essas perturbações, se demasiado frequentes, podem alterar permanentemente o desenvolvimento orgânico e psíquico e, não raramente, ameaçam a própria vida.[44]

Em outra passagem a autora resume tais distúrbios como se segue:

O bebê está, devido ao estado incompleto do cérebro e do sistema nervoso, continuamente sob perigo potencial de desorganização funcional. Externamente, o perigo é de separação repentina da mãe, a qual intuitiva ou conscientemente deve manter esse equilíbrio funcional. A negligência ou a falta de amor reais podem ser igualmente desastrosas. Internamente, o perigo parece ser o aumento de tensão proveniente de necessidades biológicas e a inabilidade do organismo em manter sua energia interna ou equilíbrio metabólico e excitabilidade reflexa. A *necessidade de oxigênio* pode tornar-se aguda porque os mecanismos respiratórios do bebê não estão suficientemente bem desenvolvidos para funcionar adequadamente com a demanda interna crescente causada pelo rápido desenvolvimento do prosencéfalo.[45]

---

43 Margaret A. Ribble, "Infantile Experience in Relation to Personality Development" [1944] in J. McVicker Hunt (org.), *Personality and the Behavior Disorders*. Oxford: Ronald Press, 1944, p. 631.
44 Ibid., p. 630.
45 Ibid.

Esses distúrbios funcionais que, de acordo com a observação de Ribble, podem resultar em perigo à vida, poderiam ser interpretações como expressão da pulsão de morte, a qual, segundo Freud, é primariamente dirigida contra o próprio organismo.[46] Defendi o ponto de vista de que esse perigo, que provoca o medo de aniquilamento, o medo da morte, é a causa primária da ansiedade. O fato de que os fatores biológicos, fisiológicos e psicológicos encontram-se intimamente ligados desde o início da vida pós-natal é ilustrado pelas observações de Ribble. Eu tiraria a conclusão adicional de que o cuidado consistente e carinhoso da mãe com o bebê, que fortalece a relação libidinal dele com ela (e que, com bebês que são "constitucionalmente sensíveis ou precariamente organizados", é até mesmo essencial para mantê-los vivos), ajuda a pulsão de vida em sua luta contra a pulsão de morte. No presente artigo e em "Sobre a teoria da ansiedade e da culpa", discuto esse ponto de maneira mais completa.

Outra questão sobre a qual as conclusões da dra. Ribble coincidem com as minhas relaciona-se às mudanças que ela descreve que ocorrem aproximadamente ao redor do terceiro mês. Essas mudanças podem ser consideradas como a contrapartida fisiológica dos aspectos da vida emocional que descrevi como o início da posição depressiva. Ela diz:

> Por essa ocasião, as atividades orgânicas de respiração, digestão e circulação sanguínea começam a mostrar considerável estabilidade, indicando que o sistema nervoso autônomo assumiu suas funções específicas. Sabemos, a partir de estudos anatômicos, que o sistema circulatório fetal está comumente obliterado nessa época. [...] Por volta desse período, padrões de ondas cerebrais típicos de adultos começam a aparecer no eletroencefalograma [...] e eles provavelmente indicam uma forma mais madura de atividade cerebral. Observa-se que explosões de reação emocional, nem sempre bem diferenciadas, mas expressando claramente uma direção positiva ou negativa, envolvem o sistema motor inteiro [...]. Os olhos focalizam bem e podem seguir a mãe à sua volta, os ouvidos funcionam bem e podem discriminar os sons que ela produz. O som ou a visão dela produzem as respostas emocionais positivas anteriormente obtidas apenas a partir do contato com ela, e consistem em um sorriso apropriado e mesmo em explosões genuínas de alegria.[47]

---

46 Cf. S. Freud, *Além do princípio do prazer* [1920], in *Obras completas*, v. 14, trad. Paulo César de Souza. São Paulo: Companhia das Letras, 2010.

47 M. A. Ribble, "Infantile Experience in Relation to Personality Development", op. cit., p. 643.

Penso que essas mudanças estão intimamente ligadas à diminuição dos processos de cisão e ao progresso na integração do ego e nas relações de objeto, particularmente à capacidade do bebê para perceber e introjetar a mãe como uma pessoa completa – tudo o que eu descrevi que ocorre no segundo trimestre do primeiro ano, com o início da posição depressiva.

**2.** Se esses ajustes fundamentais na relação entre o ego e o superego não se dão suficientemente no desenvolvimento inicial, é uma das tarefas essenciais do procedimento psicanalítico tornar o paciente capaz de realizá-los retrospectivamente. Isso somente é possível pela análise dos estágios mais arcaicos do desenvolvimento (assim como de estágios posteriores), e por uma análise meticulosa da transferência negativa assim como da positiva. Na flutuante situação transferencial, as figuras externas e internas – boas e más –, que primariamente modelam o desenvolvimento do superego e as relações de objeto, são transferidas para o psicanalista. Portanto, por vezes ele está fadado a representar figuras aterrorizadoras, sendo somente dessa forma que as ansiedades persecutórias infantis podem ser plenamente vivenciadas, elaboradas e diminuídas. Se o psicanalista se sente inclinado a reforçar a transferência positiva, ele evita desempenhar na mente do paciente o papel das figuras más e é introjetado predominantemente como um objeto bom. Então, em alguns casos, a crença em objetos bons pode ser fortalecida; mas tal ganho pode estar longe de ser estável, pois o paciente não foi capacitado a vivenciar o ódio, a ansiedade e a desconfiança que nos estágios iniciais da vida estavam relacionados aos aspectos aterrorizadores e perigosos dos pais. É somente pela análise da transferência negativa assim como da positiva que o psicanalista aparece alternadamente no papel de objeto bom e de objeto mau, é alternadamente amado e odiado, admirado e temido. O paciente torna-se assim capaz de elaborar e, portanto, de modificar situações de ansiedade arcaicas; a cisão entre figuras boas e más perde força; as figuras tornam-se mais sintetizadas, isto é, a agressividade é mitigada pela libido. Em outras palavras, as ansiedades persecutórias e depressivas são reduzidas na raiz, por assim dizer.

**3.** Abraham referiu-se à fixação da libido no nível oral como um dos fatores etiológicos fundamentais na melancolia. Descreveu essa fixação em um caso particular nos seguintes termos:

> Em seus estados depressivos ele era dominado pela nostalgia do seio de sua mãe, uma nostalgia indescritivelmente poderosa e diferente de qual-

quer outra coisa. Se a libido ainda permanece fixada neste ponto quando o indivíduo é adulto, uma das condições mais importantes para o aparecimento de uma depressão melancólica está preenchida.[48]

Abraham substanciou suas conclusões, que lançaram nova luz sobre a conexão entre melancolia e luto normal, por meio de extratos de dois casos de pacientes maníaco-depressivos submetidos a uma análise meticulosa – uma aventura nova no desenvolvimento da psicanálise. Até essa época não havia sido publicado muito material clínico que sustentasse a descoberta de Freud em relação à melancolia. Como disse Abraham: "Freud descreveu em linhas gerais os processos psicossexuais que ocorrem no melancólico. Ele foi capaz de obter uma ideia intuitiva deles a partir do tratamento ocasional de pacientes depressivos; mas até agora não foi publicado muito material clínico na literatura psicanalítica em apoio a esta teoria".[49]

Mas, mesmo a partir desses poucos casos, Abraham chegou a compreender que já na infância (aos cinco anos) havia um verdadeiro estado de melancolia. Disse que estaria inclinado a falar de "uma 'paratimia primária' resultante do complexo de Édipo do menino" e concluiu essa descrição como se segue: "É esse estado mental que nós chamamos de melancolia".[50]

Sandor Radó, em seu artigo "The Problem of Melancholia" [O problema da melancolia], foi além e considerou que a raiz da melancolia pode ser encontrada na situação de fome do bebê lactente.[51] Ele diz: "O ponto de fixação mais profundo na disposição depressiva será encontrado na situação de ameaça de perda de amor (Freud), mais especialmente na situação de fome do bebê lactente". Referindo-se à afirmação de Freud de que, na mania, o ego está uma vez mais fundido com o superego, formando uma unidade, Radó inferiu que "esse processo é a repetição intrapsíquica fiel da experiência daquela fusão com a mãe que ocorre enquanto bebe de seu peito". No entanto, Radó não aplicou essa conclusão à vida emocional do bebê. Ele referiu-se apenas à etiologia da melancolia.

---

48 K. Abraham, *Selected Papers on Psycho-Analysis*, op. cit., p. 458.
49 Ibid., pp. 433–44.
50 Ibid., p. 469.
51 Sandor Radó, "The Problem of Melancholia". *The International Journal of Psychoanalysis*, v. 9, 1928, pp. 420–38.

4. O quadro dos primeiros seis meses de vida que delineei nessas duas seções implica uma modificação de alguns conceitos apresentados em meu livro *A psicanálise de crianças*. Descrevi ali a confluência de impulsos agressivos provenientes de todas as fontes como a "fase do apogeu do sadismo". Ainda acredito que os impulsos agressivos estão em seu auge durante o estágio no qual predomina a ansiedade persecutória; ou, em outras palavras, que a ansiedade persecutória é despertada pela pulsão destrutiva e é constantemente alimentada pela projeção de impulsos destrutivos sobre os objetos. Pois é inerente à natureza da ansiedade persecutória que ela aumente o ódio e os ataques contra o objeto que é sentido como persecutório, o que por sua vez reforça o sentimento de perseguição.

Algum tempo depois da publicação de *A psicanálise de crianças*, formulei meu conceito de posição depressiva. Tal como vejo agora, com o avanço nas relações de objeto entre três e seis meses de idade, tanto os impulsos destrutivos como a ansiedade persecutória diminuem e surge a posição depressiva: Embora minhas concepções relativas à conexão íntima entre a ansiedade persecutória e a predominância do sadismo não tenham se alterado, tenho que fazer uma alteração no que se refere a datas. Anteriormente sugeri que a fase na qual o sadismo está em seu auge é em torno da metade do primeiro ano; agora eu diria que essa fase abrange os primeiros três meses de vida e corresponde à posição esquizoparanoide descrita na primeira seção deste capítulo. Se supuséssemos certa soma total de agressividade no bebê, variável para cada um, esse montante, penso, não seria menor no começo da vida pós-natal do que no estágio em que impulsos e fantasias canibalescos, uretrais e anais operam com toda força. Considerando apenas em termos de quantidade (um ponto de vista que, no entanto, não leva em conta os diversos outros fatores determinantes da operação das duas pulsões), poderíamos dizer que à medida que um número maior de fontes de agressividade é aberto e mais manifestações de agressividade tornam-se possíveis, ocorre um processo de distribuição. É inerente ao desenvolvimento que um número crescente de aptidões, tanto físicas como mentais, gradualmente entre em funcionamento; e o fato de que impulsos e fantasias de diversas fontes sobrepõem-se, interagem e reforçam uns aos outros pode também ser considerado como expressão de progresso na integração e síntese. Além disso, à confluência de impulsos e fantasias agressivas corresponde a confluência de fantasias orais, uretrais e anais de natureza libidinal. Isso significa que a luta entre libido e agressividade é levada a cabo sobre um campo mais amplo. Como eu disse em meu livro *A psicanálise de crianças*:

A emergência dos estágios de organização com os quais estamos familiarizados corresponde, eu diria, não apenas às posições que a libido conquistou e estabeleceu em seu embate com a pulsão destrutiva, mas também, já que estes dois componentes estão para sempre unidos bem como em oposição, a um ajustamento crescente entre eles.[52]

A capacidade do bebê de entrar na posição depressiva e de estabelecer o objeto completo em seu interior implica que ele não está tão fortemente dominado por impulsos destrutivos e por ansiedade persecutória como em um estágio anterior. A integração crescente ocasiona mudanças na natureza de sua ansiedade, pois quando o amor e o ódio ficam mais sintetizados em relação ao objeto, isto dá origem, como vimos, a uma grande dor mental – a sentimentos depressivos e culpa. O ódio torna-se em alguma medida mitigado pelo amor, enquanto sentimentos de amor são em alguma medida afetados pelo ódio, e o resultado é que as emoções do bebê dirigidas aos seus objetos mudam em qualidade. Ao mesmo tempo, o progresso na integração e nas relações de objeto capacita o ego a desenvolver modos mais eficazes de lidar com os impulsos destrutivos e com a ansiedade a que eles dão origem. No entanto, não podemos perder de vista o fato de que os impulsos sádicos, principalmente por serem operantes em diversas zonas, são um fator muito potente nos conflitos do bebê que surgem nesse estágio – pois a essência da posição depressiva consiste na ansiedade do bebê de que seu objeto amado não seja danificado ou destruído por seu sadismo.

Os processos emocionais e mentais durante o primeiro ano de vida (e recorrentes por todos os primeiros cinco ou seis anos) poderiam ser definidos em termos do sucesso ou fracasso na luta entre agressividade e libido; e a elaboração da posição depressiva implica que nessa luta (que é renovada a cada crise mental ou física) o ego é capaz de desenvolver métodos adequados de modificar e lidar com as ansiedades persecutórias e depressivas – e, em última instância, de diminuir e manter afastada a agressividade dirigida contra os objetos amados.

Escolhi o termo "posição" em relação às fases paranoide e depressiva porque esses agrupamentos de ansiedades e defesas, embora surjam primeiramente durante os estágios mais iniciais, não se restringem a eles, mas sim ocorrem e recorrem durante os primeiros anos de infância e, em certas circunstâncias, posteriormente na vida.

---

52 M. Klein, *The Psycho-Analysis of Children*, op. cit., p. 150.

> **1952**
> **Sobre a observação do comportamento de bebês**

Este artigo, que se desenvolveu a partir da contribuição de Melanie Klein para as Discussões Controversas de 1943-44, forma com o artigo precedente um importante conjunto. "Algumas conclusões teóricas relativas à vida emocional do bebê" (1952) apresenta a teoria final de Melanie Klein sobre o desenvolvimento inicial, com exceção de seu trabalho sobre a inveja primária, que ela acrescentou em 1957. No presente artigo, os sentimentos e os detalhes do comportamento observados em bebês e crianças pequenas são explicados e iluminados por meio dessa teoria.

Um ponto de interesse teórico é a afirmação explícita, na primeira das notas de fim do artigo, de uma hipótese há muito pressuposta no trabalho de Melanie Klein, a saber, que o bebê tem conhecimento inato inconsciente de um objeto bom e único, o seio da mãe.

I

As conclusões teóricas apresentadas no capítulo anterior foram derivadas do trabalho psicanalítico com crianças pequenas.[1] Deveríamos esperar que tais conclusões fossem substanciadas por observações do comportamento de bebês durante o primeiro ano de vida. Essa evidência corroborativa, no entanto, tem suas limitações, pois, como

---
1 Também a análise de adultos, se levada a camadas profundas da mente, provê material similar e fornece provas convincentes relativas aos estágios mais remotos bem como aos estágios posteriores do desenvolvimento.

sabemos, os processos inconscientes são apenas parcialmente revelados no comportamento, seja de bebês, seja de adultos. Tendo em mente tal reserva, podemos obter alguma confirmação dos achados psicanalíticos em nosso estudo de bebês.

Muitos detalhes do comportamento de bebês que anteriormente escapavam à atenção ou permaneciam enigmáticos tornaram-se mais compreensíveis e significativos devido ao nosso conhecimento crescente dos processos inconscientes arcaicos. Em outras palavras, nossa capacidade para observação neste campo particular tem sido aguçada. Ficamos sem dúvida limitados em nosso estudo de bebês por sua incapacidade de falar, mas há muitos detalhes do desenvolvimento emocional inicial que podemos inferir por outros meios que não a linguagem. Contudo, se quisermos compreender o bebê, necessitamos não apenas um conhecimento mais amplo mas também uma plena empatia com ele, baseada em estar nosso inconsciente em contato íntimo com o inconsciente dele.

Proponho agora examinarmos alguns detalhes do comportamento do bebê à luz das conclusões teóricas apresentadas em diversos artigos recentes. Como não vou levar muito em conta aqui as muitas variações que existem dentro da gama de atitudes fundamentais, minha descrição está fadada a ser bastante simplificativa. Além disso, todas as inferências que vou realizar para o desenvolvimento posterior devem ser limitadas pela seguinte consideração: desde o início da vida pós-natal e a cada estágio do desenvolvimento, fatores externos afetam seu resultado. Como sabemos, até mesmo em adultos as atitudes e o caráter podem ser influenciados favorável ou desfavoravelmente pelo ambiente e pelas circunstâncias, e isso se aplica em grau muito maior às crianças. Portanto, ao relatar as conclusões extraídas de minha experiência psicanalítica para o estudo de bebês, estou apenas sugerindo linhas possíveis, ou, pode-se dizer, prováveis, de desenvolvimento.

O bebê recém-nascido sofre de ansiedade persecutória suscitada pelo processo de nascimento e pela perda da situação intrauterina. Um parto prolongado ou difícil fatalmente intensificará essa ansiedade. Outro aspecto dessa situação de ansiedade é a necessidade forçada sobre o bebê de que ele se adapte a condições inteiramente novas.

Esses sentimentos são em alguma medida aliviados pelas diversas medidas tomadas para lhe dar calor, amparo e conforto, e particularmente pela gratificação que ele sente em receber o alimento e sugar o seio. Essas experiências, que culminam na primeira experiência de mamar, iniciam, como podemos presumir, a relação com a mãe "boa". Parece que essas gratificações de algum modo também ajudam a compensar a perda do estado intrauterino. A partir da primeira experiência de alimentação em diante, perda e recuperação do objeto amado (o seio bom) tornam-se uma parte essencial da vida emocional infantil. As relações do bebê com seu primeiro objeto, a mãe, e com o alimento estão inseparavelmente interligadas desde o início. Portanto, o estudo dos padrões fundamentais de atitudes em relação ao alimento parece ser a melhor aproximação à compreensão dos bebês.[2]

A atitude inicial em relação ao alimento vai desde uma aparente ausência de voracidade até uma grande avidez. Neste momento, portanto, recapitularei brevemente algumas de minhas conclusões relativas à voracidade. Sugeri no artigo anterior que a voracidade surge quando, na interação entre impulsos libidinais e agressivos, esses últimos são reforçados. A voracidade pode ser desde o início incrementada pela ansiedade persecutória. No entanto, como assinalei, as primeiras inibições alimentares do bebê também podem ser atribuídas à ansiedade persecutória. Isso significa que a ansiedade persecutória em alguns casos aumenta a voracidade e em outros a inibe. Como a voracidade é inerente aos primeiros desejos dirigidos ao seio, ela influencia vitalmente a relação com a mãe e as relações de objeto em geral.

## II

Diferenças consideráveis na atitude ao mamar são perceptíveis em bebês mesmo durante os primeiros dias de vida,[3] e tornam-se mais pronunciadas com a passagem do tempo. Temos que levar em consideração, é claro, cada detalhe do modo pelo qual o bebê é alimentado e manuseado por sua mãe. Podemos observar que uma atitude inicialmente promissora em relação ao alimento pode ser perturbada por condições alimentares adversas, ao passo que dificuldades no ato de mamar podem algumas vezes ser mitigadas pelo amor e pela paciência da mãe.[4] Algumas crianças que, embora sejam boas mamadoras,

---

2  Em relação à importância fundamental dos traços orais para a formação do caráter, cf. Karl Abraham, "Character-Formation on the Genital Level of the Libido". *The International Journal of Psychoanalysis*, v. 7, 1925, pp. 214–22.

3  Michael Balint concluiu em "Individual Differences in Early Infancy" (*Journal of Genetic Psychology*, v. 73, 1948, pp. 57–79 e 81–117), a partir da observação de cem bebês com idade entre cinco dias e oito meses, que o ritmo de mamar varia de um bebê para o outro, tendo cada bebê seu ritmo ou seus ritmos próprios.

4  No entanto devemos ter em mente que, por mais importantes que sejam essas primeiras influências, o impacto do ambiente é da maior importância

não são marcadamente vorazes mostram sinais inequívocos de amor e de interesse crescente pela mãe em um estágio muito inicial – uma atitude que contém alguns dos elementos essenciais de uma relação de objeto. Vi bebês de apenas três semanas pararem de mamar por um breve momento para brincar com o seio da mãe ou para olhar para o rosto dela. Observei também bebês pequenos – até mesmo com apenas dois meses de vida –, nos períodos despertos após a amamentação, deitados no colo da mãe, olharem para ela, ouvirem sua voz e a ela responderem por meio de expressões faciais – era como uma conversa amorosa entre mãe e bebê. Tal comportamento implica que a gratificação está tão relacionada com o objeto que dá o alimento quanto com o próprio alimento. Penso que indicações acentuadas de uma relação de objeto em um estágio inicial, juntamente ao prazer na alimentação, são bons augúrios tanto para as futuras relações com pessoas quanto para o desenvolvimento emocional como um todo. Poderíamos concluir que nestas crianças a ansiedade não é excessiva em proporção à força do ego, isto é, que o ego já é em alguma medida capaz de suportar frustração e ansiedade e de lidar com elas. Ao mesmo tempo, somos levados a pensar que a capacidade inata para amar que se revela nas primeiras relações de objeto só pode se desenvolver livremente porque a ansiedade não é excessiva.

É interessante considerar deste ângulo o comportamento de alguns bebês em seus primeiros dias de vida, conforme descritos por Merrell P. Middlemore com o nome de "lactentes satisfeitos e sonolentos".[5] Ela justifica seu comportamento nos seguintes termos: "Porque seu reflexo de sucção não foi imediatamente eliciado, eles estavam livres para aproximar-se do seio de diversas formas". Por volta do quarto dia, esses bebês alimentavam-se com constância e eram muito suaves ao aproximarem-se do seio.

---

*em cada estágio* do desenvolvimento da criança. Mesmo os efeitos benéficos dos primeiros cuidados podem ser até certo ponto anulados por meio de experiências posteriores prejudiciais, assim como dificuldades que surgem no princípio da vida podem ser diminuídas pelas influências subsequentes benéficas. Ao mesmo tempo, temos que nos lembrar de que algumas crianças parecem suportar condições externas insatisfatórias sem grave dano para seu caráter e sua estabilidade mental, enquanto em outras, apesar de um ambiente favorável, surgem e persistem sérias dificuldades.

5 Merrell P. Middlemore, *The Nursing Couple*. London: Hamish Hamilton Medical Books, 1941, pp. 49–50.

[...] Eles pareciam gostar tanto de lamber o mamilo e roçá-lo com os lábios como de mamar. Um resultado interessante dessa ampliação prematura das sensações de prazer era o hábito de brincar. Uma das crianças sonolentas começava cada amamentação brincando com o mamilo em vez de mamar. Durante a terceira semana, a mãe conseguiu mudar a brincadeira habitual para o fim da amamentação e isso persistiu durante os dez meses de amamentação, para deleite da mãe e da criança.[6]

Como os "lactentes satisfeitos e sonolentos" tornavam-se bons mamadores e também continuavam a brincar ao seio, suponho que para eles a relação com o primeiro objeto (o seio) foi desde o início tão importante quanto a gratificação derivada do mamar e do alimento. Poderíamos ir ainda mais longe. Pode ser devido a fatores somáticos que em alguns bebês o reflexo de sucção não seja imediatamente eliciado, mas há boas razões para acreditar que processos mentais também estejam envolvidos. Eu sugeriria que a aproximação suave ao seio que precede o prazer de mamar pode também resultar, em alguma medida, da ansiedade.

Referi-me no artigo anterior à minha hipótese de que as dificuldades em mamar que ocorrem no início da vida estão intimamente ligadas à ansiedade persecutória. Os impulsos agressivos do bebê dirigidos ao seio tendem a transformá-lo em sua mente em um objeto vampírico ou devorador, e essa ansiedade poderia inibir a voracidade e, consequentemente, o desejo de mamar. Eu sugeriria, portanto, que o "lactente satisfeito e sonolento" poderia lidar com essa ansiedade refreando o desejo de mamar, até que tenha estabelecido uma relação libidinal segura com o seio lambendo-o e roçando-o com os lábios. Isso implicaria que desde o início da vida pós-natal alguns bebês tentam contrabalançar a ansiedade persecutória relativa ao seio "mau" estabelecendo uma relação "boa" com o seio. Aqueles bebês que já são capazes, em um estágio tão inicial, de voltarem-se acentuadamente para o objeto parecem ter, como sugeri acima, uma grande capacidade de amar.

Consideremos do mesmo ângulo outro grupo descrito por Middlemore. Ela observou que quatro entre sete "lactentes satisfeitos e ativos" mordiam o mamilo, e que esses bebês não "mordiam o seio na tentativa de agarrar-se melhor a ele. Os dois bebês que mordiam mais frequentemente tinham fácil acesso ao seio". Além disso, "os bebês

6 Ibid.

ativos que mordiam o mamilo mais frequentemente pareciam de algum modo ter prazer no morder; seu morder era sossegado e bem diferente do mastigar e roer difícil de bebês insatisfeitos [...]".[7] Essa primeira expressão de prazer no morder poderia levar-nos a concluir que os impulsos destrutivos não estavam refreados nessas crianças e que, portanto, a voracidade e o desejo libidinal de mamar estavam livres de obstáculos. No entanto, mesmo esses bebês não estavam tão livres de inibição como poderia parecer, pois três entre sete "recusaram algumas de suas primeiras amamentações debatendo-se e protestando aos gritos. Algumas vezes eles gritavam quando eram manuseados e postos em contato com o mamilo ainda que da forma mais suave possível, e uma evacuação ocorria ao mesmo tempo. Mas na amamentação seguinte ficavam às vezes concentrados no ato de mamar.[8] Penso que isso indica que a voracidade pode ser reforçada pela ansiedade, em contraste com os "lactentes satisfeitos e sonolentos", nos quais a ansiedade causa a restrição da voracidade.

Middlemore menciona que, dos sete bebês "satisfeitos e sonolentos" que observou, seis eram manuseados muito suavemente por suas mães, enquanto com alguns "lactentes insatisfeitos" a ansiedade da mãe era despertada e ela tornava-se impaciente. Tal atitude certamente incrementará a ansiedade na criança e, assim, estabelece-se um círculo vicioso.

Em relação aos "lactentes satisfeitos e sonolentos", se, como sugeri, a relação com o primeiro objeto é utilizada como um método fundamental de contrabalançar a ansiedade, qualquer perturbação na relação com a mãe suscitará ansiedade e poderá levar a graves dificuldades em ingerir alimentos. A atitude da mãe parece importar menos no caso dos "lactentes satisfeitos e ativos", mas isso pode ser enganoso. No meu modo de ver, com esses bebês o perigo não está tanto na perturbação da alimentação (embora inibições alimentares ocorram mesmo em crianças muito vorazes) mas no prejuízo da relação de objeto.

---

7   Middlemore sugere que impulsos de morder entram no comportamento agressivo do bebê para com o mamilo muito antes de ele ter dentes e ainda que ele raramente agarre o seio com suas gengivas. Em relação a isso (ibid., pp. 58–59), ela refere-se a H. K. Waller (seção "Breast Feeding" de Ronald Fairbairn, *The Practitioner's Encyclopaedia of Midwifery and the Diseases of Women*; London: Henry Frowde/Hodder & Stoughton, 1921), que "fala de bebês excitados mordendo raivosamente o seio e atacando-o com um vigor doloroso".
8   Ibid., pp. 47–48.

A conclusão é de que com todas as crianças o manuseio paciente e compreensivo da mãe desde os primeiros dias é da maior importância. Vemos isso mais claramente como resultado de nosso conhecimento crescente da vida emocional arcaica. Como assinalei,

> O fato de uma boa relação com a mãe e com o mundo externo ajudar o bebê a superar suas ansiedades paranoides arcaicas lança nova luz sobre a importância dessas experiências iniciais. Desde sua criação, a psicanálise sempre deu muita importância às experiências iniciais da criança, mas creio que só ao sabermos mais sobre a natureza e o conteúdo de suas ansiedades arcaicas, e a interação constante entre suas experiências reais e sua vida de fantasia, poderemos compreender totalmente *por que* o fator externo é tão importante.[9]

A cada passo, as ansiedades persecutórias e depressivas tanto podem ser reduzidas como aumentadas pela atitude da mãe. E o grau em que figuras benéficas ou persecutórias prevalecerão no inconsciente do bebê é fortemente influenciado por suas experiências reais, primariamente com sua mãe, mas logo também com o pai e outros membros da família.

## III

O estreito vínculo entre um bebê e sua mãe centra-se na relação com o seio. Embora, já desde os primeiros dias, o bebê também responda a outros aspectos da mãe – sua voz, seu rosto, suas mãos –, as experiências fundamentais de felicidade e amor, de frustração e ódio estão inextricavelmente ligadas ao seio da mãe. Esse vínculo inicial com a mãe, que é fortalecido à medida que o seio está sendo estabelecido com segurança no mundo interno, influencia basicamente todos os outros relacionamentos, e em primeiro lugar com o pai. Esse vínculo fundamenta a capacidade para formar toda ligação profunda e intensa com uma pessoa.

Em bebês alimentados com mamadeira, a mamadeira pode tomar o lugar do seio se for oferecida numa situação que se assemelha à amamentação ao seio, isto é, se houver uma íntima proximidade física com a mãe e o bebê for manuseado e alimentado de maneira amorosa. Em tais condições, o bebê pode ser capaz de estabelecer dentro de

---

9 M. Klein, "Uma contribuição à psicogênese dos estados maníaco-depressivos" [1935], in *Amor, culpa e reparação*, op. cit., p. 359.

si um objeto sentido como a fonte primária de coisas boas. Nesse sentido, ele põe dentro de si o seio bom, um processo que subjaz a uma relação segura com a mãe. Parece, no entanto, que a introjeção do seio bom (da mãe boa) difere de alguns modos entre crianças que são amamentadas ao seio e aquelas que não o são. Está além do limite do presente capítulo estender-me sobre essas diferenças e seu efeito sobre a vida mental.[10]

Ao descrever as primeiras relações de objeto, referi-me a crianças que se alimentam bem sem demonstrar voracidade excessiva. Alguns bebês muito vorazes também dão sinais precoces de um interesse crescente por pessoas no qual, entretanto, pode-se detectar uma similaridade com sua atitude voraz em relação ao alimento. Assim, por exemplo, uma necessidade impetuosa da presença de pessoas frequentemente parece relacionar-se menos com a pessoa do que com a atenção desejada. Tais crianças dificilmente podem suportar serem deixadas sozinhas e parecem requerer constantemente gratificação, seja por meio de alimento, seja por meio de atenção. Isso indicaria que a voracidade é reforçada pela ansiedade e que há um fracasso tanto em estabelecer com segurança o objeto bom no mundo interno como em desenvolver confiança na mãe como um objeto bom externo. Esse fracasso pode prenunciar futuras dificuldades: por exemplo, uma necessidade voraz e ansiosa por companhia, que muitas vezes é acompanhada do medo de estar só e pode resultar em relações de objeto instáveis e transitórias que poderiam ser descritas como "promíscuas".

## IV

Voltemo-nos agora para os maus lactentes. Uma ingestão de alimento muito vagarosa muitas vezes implica falta de prazer, ou seja, de gratificação libidinal; isso, se agregado a um interesse precoce e acentuado pela mãe e por outras pessoas, sugere que as relações de objeto são parcialmente utilizadas como um escape da ansiedade persecutória ligada ao alimento. Embora possam desenvolver-se boas relações com pessoas, em tais crianças a ansiedade excessiva que se manifesta nessa atitude em relação ao alimento permanece como um perigo para a estabilidade emocional. Uma das diversas dificuldades que podem surgir mais tarde é uma inibição em incorporar alimentos sublimados, isto é, uma perturbação no desenvolvimento intelectual.

---

10 Ver nota de fim 1, pp. 126–29.

Uma recusa acentuada do alimento (se comparada com a alimentação vagarosa) é claramente uma indicação de uma perturbação grave, embora em algumas crianças a dificuldade diminua com a introdução de novos alimentos, como a mamadeira em vez do seio, ou comida sólida ao invés de líquida.

Uma falta de prazer com o alimento ou recusa completa dele, se combinada com uma deficiência no desenvolvimento de relações de objeto, indica que os mecanismos paranoides e esquizoides, que estão em seu auge durante os primeiros três ou quatro meses de vida, são excessivos ou não estão sendo tratados de forma adequada pelo ego. Isso por sua vez sugere que os impulsos destrutivos e a ansiedade persecutória prevalecem, que as defesas do ego são inadequadas e a modificação da ansiedade é insuficiente.

Outro tipo de relação de objeto deficiente é característico de algumas crianças excessivamente vorazes. Para elas, o alimento torna-se quase que a fonte exclusiva de gratificação, e desenvolve-se pouco interesse por pessoas. Eu concluiria que elas também não elaboram com sucesso a posição esquizoparanoide.

## V

A atitude do bebê em relação à frustração é reveladora. Alguns bebês – entre eles os bons mamadores – podem recusar o alimento quando a refeição está atrasada ou dar outros sinais de uma perturbação na relação com a mãe. Bebês que demonstram prazer na alimentação e amor pela mãe toleram mais facilmente a frustração na alimentação; a perturbação resultante na relação com a mãe é menos grave e seus efeitos não perduram durante muito tempo. Isso é uma indicação de que a confiança na mãe e o amor por ela estão relativamente bem estabelecidos.

Essas atitudes fundamentais também influenciam o modo pelo qual a mamadeira (suplementando a amamentação ao seio ou como um substituto dela) é aceita mesmo por bebês muito pequenos. Alguns bebês sentem um forte ressentimento quando a mamadeira é introduzida. Eles sentem o ocorrido como uma perda do objeto bom primário e uma privação imposta pela mãe "má". Tais sentimentos não se manifestam necessariamente no repúdio pelo novo alimento, mas a ansiedade persecutória e a desconfiança provocadas por essa experiência podem perturbar a relação com a mãe e assim incrementar ansiedades fóbicas, tais como medo de estranhos (nesse estágio inicial o novo alimento é, em certo sentido, um estranho); ou podem surgir mais tarde dificuldades com a alimentação, ou pode ficar impedida a aceitação de alimentos em formas sublimadas, como o conhecimento.

Outros bebês aceitam o novo alimento com menos ressentimento. Isso implica uma maior tolerância real à privação, que é diferente de uma aparente submissão a ela e deriva de uma relação relativamente segura com a mãe, o que capacita o bebê a voltar-se para um novo alimento (e objeto) ao mesmo tempo que mantém o amor por ela.

O exemplo seguinte ilustra o modo pelo qual um bebê veio a aceitar mamadeiras em suplemento à amamentação ao seio. A bebê A alimentava-se bem (sem ser excessivamente voraz) e desde cedo deu indicações de desenvolver uma relação de objeto como descrevi anteriormente. Essas relações boas com o alimento e com a mãe apareciam na maneira tranquila pela qual ela se alimentava, agregada a um evidente prazer com isso; nas suas interrupções ocasionais da amamentação, com apenas poucas semanas de idade, para olhar para o rosto ou para o seio da mãe; um pouco mais tarde, até mesmo ao demonstrar uma atenção amistosa à família durante a amamentação. Na sexta semana, uma mamadeira teve que ser introduzida após a amamentação da noite porque o leite do peito era insuficiente. A tomou a mamadeira sem dificuldade. Na décima semana, no entanto, ela demonstrou por duas noites sinais de relutância enquanto tomava a mamadeira, mas tomou-a inteira. Na terceira noite, recusou-a por completo. Não parecia haver perturbação física ou mental na ocasião. O sono e o apetite eram normais. A mãe, não desejando forçá-la, colocou-a no berço depois da mamada, pensando que dormiria. A criança chorou de fome e então a mãe, sem levantá-la, deu-lhe a mamadeira, que ela então esvaziou avidamente. A mesma coisa ocorreu nas noites seguintes: quando no colo da mãe, a bebê recusava a mamadeira, mas tomava-a imediatamente quando era colocada em seu berço. Depois de alguns dias, aceitou a mamadeira quando ainda estava nos braços da mãe e, então, sugou prontamente. Não houve mais dificuldades quando outras mamadeiras foram introduzidas.

Eu tenderia a supor que a ansiedade depressiva havia aumentado e tinha levado, nesse momento, à recusa por parte da criança da mamadeira oferecida imediatamente após a amamentação ao seio. Isso sugeriria um início relativamente precoce da ansiedade depressiva,[11] que,

---

11 Em minha opinião, como afirmei no capítulo anterior, a ansiedade depressiva já opera em alguma medida durante os três primeiros meses de vida e culmina durante o segundo trimestre do primeiro ano.

no entanto, está em harmonia com o fato de que nessa bebê a relação com a mãe desenvolveu-se muito cedo e de forma acentuada. Mudanças na relação haviam sido bastante perceptíveis durante as poucas semanas que precederam a recusa da mamadeira. Eu concluiria que, devido ao aumento da ansiedade depressiva, a proximidade com o seio da mãe e seu cheiro aumentava tanto o desejo da bebê de ser alimentada por ele como a frustração causada por o seio estar vazio. Quando estava deitada no berço, A aceitava a mamadeira porque, como eu sugeriria, nessa situação o novo alimento era mantido afastado do seio desejado, que naquele momento havia se transformado no seio frustrante e danificado. Desse modo, ela pode ter achado mais fácil manter a relação com a mãe inalterada pelo ódio provocado pela frustração, quer dizer, manter a mãe boa (o seio bom) intata.

Temos ainda que explicar por que depois de alguns dias a bebê aceitou a mamadeira no colo da mãe e subsequentemente não teve mais dificuldades com as mamadeiras. Penso que, durante esses dias, ela havia conseguido lidar com sua ansiedade o suficiente para aceitar com menos ressentimento o objeto substituto juntamente ao objeto primário. Isso implicaria um passo inicial em direção à distinção entre o alimento e a mãe, distinção que, em geral, prova ser de importância fundamental para o desenvolvimento.

Agora me referirei a um exemplo no qual uma perturbação na relação com a mãe surgiu sem estar imediatamente ligada com a frustração em relação à comida. Uma mãe contou-me que quando sua filha tinha cinco meses de idade, B, foi deixada chorando por mais tempo do que o de costume. Quando finalmente a mãe veio pegar a criança, encontrou-a em um estado "histérico". A bebê parecia aterrorizada, estava evidentemente com medo dela e não parecia reconhecê-la. Somente depois de algum tempo é que B restabeleceu plenamente contato com sua mãe. É significativo que isso tivesse acontecido de dia, quando a criança estava desperta, e não muito tempo depois de uma refeição. Essa criança normalmente dormia bem, mas de tempos em tempos acordava chorando sem motivo aparente. Há boas razões para supor que a mesma ansiedade subjacente ao choro diurno era também a causa do sono perturbado. Eu sugeriria que, porque a mãe não veio quando era esperada, transformou-se na mente da criança na mãe má (persecutória), e por essa razão a criança parecia não a reconhecer e ficou com medo dela.

O exemplo seguinte é também revelador. Uma menina de doze semanas de idade, C, foi deixada dormindo no jardim. Ela acordou e chorou, chamando pela mãe, mas seu choro não foi ouvido porque havia um vento forte. Quando a mãe finalmente veio pegá-la, era óbvio que já fazia um bom tempo que a bebê estava chorando; seu rosto estava molhado de lágrimas e seu choro, normalmente queixoso, havia se transformado em gritos incontroláveis. Foi levada para dentro ainda gritando, e as tentativas da mãe para acalmá-la não deram em nada. Finalmente, embora houvesse quase uma hora até a próxima amamentação, a mãe recorreu a oferecer-lhe o seio – um remédio que nunca havia falhado quando a criança estava indisposta em ocasiões anteriores (embora ela nunca tivesse gritado tão persistente e violentamente antes). A bebê pegou o seio e começou a sugar vigorosamente, mas depois de umas poucas sugadas rejeitou o seio e recomeçou sua gritaria. Isso continuou até que pôs seus dedos na boca e começou a sugá-los. Ela chupava os dedos com frequência e em muitas ocasiões punha-os na boca quando o seio lhe era oferecido. Em geral a mãe tinha apenas que retirar gentilmente os dedos e substituí-los pelo mamilo, e ela começaria a mamar. Dessa vez, no entanto, recusou o seio e de novo gritou ruidosamente. Levou uns poucos momentos para que chupasse os dedos novamente. Sua mãe permitiu-lhe chupá-los por alguns minutos, embalando-a e acalmando-a ao mesmo tempo, até que a bebê ficou suficientemente calma para pegar o seio. Então, mamou até dormir. Parece que, com esse bebê, pelas mesmas razões que no exemplo anterior, a mãe (e o seio) tinha-se tornado má e persecutória e, portanto, o seio não podia ser aceito. Depois de uma tentativa de mamar, C sentiu que não podia restabelecer a relação com o seio bom. Recorreu a chupar os dedos, isto é, a um prazer autoerótico (Freud). Eu acrescentaria, no entanto, que, nesse exemplo, a retirada narcísica foi causada pela perturbação na relação com a mãe, e que a bebê se recusou a desistir de chupar os dedos porque eles eram mais confiáveis do que o seio. Chupando-os, ela restabelecia a relação com o seio interno e assim recuperava segurança suficiente para renovar a boa relação com o seio e a mãe externos.[12] Penso que esses dois exemplos também contribuem para nossa compreensão do mecanismo das fobias arcaicas, como no caso do medo despertado pela ausência da mãe.[13] Eu sugeriria que as fobias que surgem durante os primeiros meses de vida são causadas pela

---

12 Cf. Paula Heimann, "Some Aspects of the Role of Introjection and Projection" [1952], in *The Freud-Klein Controversies, 1941–45*. London: Routledge, 1991, p. 2, seção B: "Auto-Erotism, Narcissism and the Earliest Relations to Objects".
13 Cf. Sigmund Freud, *Inibição, sintoma e angústia* [1926], in *Obras completas*, v. 17, trad. Paulo César de Souza. São Paulo: Companhia das Letras, 2014.

ansiedade persecutória, que perturba a relação com a mãe internalizada e com a externa.[14]

A divisão entre mãe boa e má e a ansiedade intensa (fóbica) relativa à má são também ilustradas pelo exemplo seguinte. Um menino de dez meses de idade, D, foi erguido à janela por sua avó e observou a rua com grande interesse. Quando olhou em volta, viu repentinamente muito próximo dele o rosto desconhecido de uma visita, uma mulher idosa que tinha acabado de entrar e estava parada ao lado da avó. Ele teve um ataque de ansiedade que somente cedeu quando a avó o tirou da sala. Minha conclusão é de que, nesse momento, a criança sentiu que a avó "boa" tinha desaparecido e que a estranha representava a avó "má" (uma divisão baseada na cisão da mãe em um objeto bom e um mau). Voltarei a esse exemplo mais tarde.

Essa explicação das ansiedades arcaicas também lança uma nova luz sobre a fobia a estranhos (Freud). A meu ver, o aspecto persecutório da mãe (ou do pai), que deriva em grande medida dos impulsos destrutivos dirigidos a eles, é transferido para estranhos.

## VI

Perturbações do tipo que descrevi na relação do bebê com sua mãe já são observáveis durante os primeiros três ou quatro meses de vida. Se essas perturbações são muito frequentes e de longa duração, podem ser tomadas como uma indicação de que o bebê não está lidando de forma eficaz com a posição esquizoparanoide.

Uma persistente falta de interesse na mãe mesmo nesse estágio inicial, à qual um pouco mais tarde é acrescida uma indiferença em relação às pessoas em geral e aos brinquedos, sugere uma perturbação mais grave da mesma ordem. Essa atitude pode também ser observada em bebês que não são maus mamadores. Ao observador superficial essas crianças, que não choram muito, podem parecer contentes e "boas". A partir das análises de adultos e crianças, cujas dificuldades graves pude remontar à primeira infância, concluí que muitos desses bebês estão na verdade mentalmente doentes e retraídos do mundo externo devido à intensa ansiedade persecutória e ao uso excessivo de mecanismos esquizoides. Em consequência, a ansiedade depressiva não pode ser superada com êxito; a capacidade para o amor e para as relações de objeto, assim como para a vida de fantasia, fica inibida;

---

14 Cf. "Algumas conclusões teóricas relativas à vida emocional do bebê" e "Sobre a teoria da ansiedade e da culpa", neste volume.

o processo de formação de símbolos é impedido, resultando numa inibição de interesses e de sublimações.

Uma atitude assim, que poderia ser descrita como apática, é diferente do comportamento de um bebê realmente satisfeito, que às vezes demanda atenção, chora quando se sente frustrado, dá vários sinais de interesse por pessoas e de prazer em sua companhia, e está ainda, outras vezes, bastante feliz sozinho, o que indica um sentimento de segurança com respeito a seus objetos internos e externos. Ele pode suportar a ausência temporária da mãe sem ansiedade porque a mãe boa está relativamente segura em sua mente.

## VII

Descrevi a posição depressiva de vários ângulos em outras seções. Consideremos aqui o efeito da posição depressiva primeiramente em relação às fobias: até agora eu as relacionei apenas à ansiedade persecutória e ilustrei esse ponto de vista por meio de alguns exemplos. Assim, supus que a bebê B, de cinco meses de idade, estava com medo de sua mãe, que, em sua mente, tinha-se transformado da mãe boa na má, e que essa ansiedade persecutória também perturbava seu sono. Eu sugeriria agora que a perturbação na relação com a mãe também era causada pela ansiedade depressiva. Enquanto a mãe não voltava, a ansiedade de que a mãe boa estivesse perdida porque a voracidade e os impulsos agressivos tinham-na destruído viera para o primeiro plano. Essa ansiedade depressiva estava intimamente ligada ao medo persecutório de que a mãe boa tivesse se transformado na má.

No exemplo seguinte, a ansiedade depressiva também foi despertada por o bebê sentir falta da mãe. Desde seis ou sete semanas de idade a bebê C fora acostumada a brincar no colo da mãe durante a hora que precedia a amamentação noturna. Um dia, quando estava com cinco meses e uma semana de idade, a mãe recebeu visitas e ficou ocupada demais para brincar com o bebê que, no entanto, recebeu bastante atenção da família e das visitas. Sua mãe deu-lhe a amamentação da noite, colocou-a na cama como sempre, e a bebê logo caiu no sono. Duas horas mais tarde, C acordou e chorou persistentemente; recusou o leite (que nesse estágio já era ocasionalmente dado na colher como suplemento e era normalmente aceito) e continuou a chorar. A mãe desistiu de tentar alimentá-la e C acomodou-se alegremente em seu colo por uma hora, brincando com os dedos da mãe. Aí então foi-lhe dada a amamentação da noite na hora de costume e ela rapidamente adormeceu. Essa perturbação era muito rara. Ela pode ter acordado em outras ocasiões após a amamentação da noite, mas apenas uma vez em que estava doente (cerca de dois meses antes) havia acordado e chorado. Não tinha havido nenhuma quebra da rotina normal que fosse responsável por a criança ter acordado e chorado a não ser a mãe não ter brincado com ela. Não havia sinal de fome ou de desconforto físico; ela tinha estado feliz todo o dia e dormiu bem durante a noite seguinte ao incidente.

Eu sugeriria que o choro da bebê foi causado por ela ter sentido falta da hora de brincar com sua mãe. C tinha uma relação pessoal muito intensa com a mãe e sempre desfrutava amplamente dessa hora específica. Enquanto em outros períodos despertos ela estava bastante contente sozinha, nessa hora do dia ficava agitada e obviamente esperava que sua mãe brincasse com ela até a amamentação da noite. Se ter perdido essa gratificação causou a perturbação em seu sono, somos levados ainda a outras conclusões. Teríamos que supor que a bebê tinha uma memória da experiência desse divertimento particular nesse momento específico do dia; que a hora de brincar representava para ela não apenas uma intensa satisfação de desejos libidinais, mas era também sentida como uma prova da relação amorosa com a mãe – em última instância, da posse segura da mãe boa; e que essa lhe proporcionava um sentimento de segurança antes de adormecer, intimamente ligado à memória da hora do brincar. Seu sono foi perturbado não apenas porque ela sentiu falta dessa gratificação libidinal, mas também porque essa frustração despertou nela ambas as formas de ansiedade: a ansiedade depressiva de ter perdido a mãe boa em razão de seus impulsos agressivos e, consequentemente, sentimento de culpa;[15] e a ansiedade persecutória de que a mãe devia ter-se tornado má e destrutiva. Minha conclusão geral é de que, a partir de três ou quatro meses de idade, ambas as formas de ansiedade subjazem às fobias.

A posição depressiva está intimamente ligada a algumas das importantes mudanças que podem ser observadas em bebês por volta da metade do primeiro ano (embora elas comecem um pouco antes e desenvolvam-se gradualmente). Nesse estágio as ansiedades persecutórias e depressivas expressam-se de formas variadas, como em uma

---

15 Pode ser facilmente observado em bebês um pouco mais velhos que, se não se dão a eles os sinais particulares de afeição por eles esperados na hora de dormir, seu sono provavelmente será perturbado; e que essa intensificação da necessidade de amor no momento da separação está intimamente ligada a sentimentos de culpa e ao desejo de ser perdoado e reconciliar-se com a mãe.

maior irritação, uma necessidade maior de atenção ou um afastamento temporário da mãe, ataques súbitos de cólera e um medo maior de estranhos; também crianças que normalmente dormem bem algumas vezes soluçam durante o sono ou acordam chorando de repente, com sinais claros de medo ou tristeza. Nesse estágio, a expressão facial muda consideravelmente – a capacidade maior de percepção, o interesse maior pelas pessoas e coisas e a pronta resposta a contatos humanos refletem-se na aparência da criança. Em contrapartida, há sinais de tristeza e sofrimento que, embora transitórios, contribuem para que o rosto torne-se mais expressivo de emoções de natureza mais profunda e em maior variedade.

## VIII

A posição depressiva culmina na época do desmame. Se, como descrevi em passagens anteriores, o progresso na integração e os processos correspondentes de síntese em relação ao objeto dão origem a sentimentos depressivos, esses sentimentos são ainda mais intensificados pela experiência do desmame.[16] Nesse estágio, o bebê já passou por experiências anteriores de perda, como quando o seio (ou a mamadeira) intensamente desejado não reaparece imediatamente e o bebê

---

16 Siegfried Bernfeld, em seu livro *Psychologie des Säuglings* (Wien: Springer, 1929), chegou à importante conclusão de que o desmame está intimamente ligado a sentimentos depressivos. Ele descreve o comportamento variado de bebês na época do desmame, que vai desde um anseio e uma tristeza dificilmente perceptíveis até uma verdadeira apatia e recusa completa de alimento, e compara os estados de ansiedade e inquietude, irritabilidade e certa apatia que podem tomar conta de um adulto com uma condição semelhante no bebê. Entre os métodos para superar a frustração do desmame ele cita a retirada da libido do objeto que desaponta por meio da projeção e da repressão. Ele qualifica o uso do termo "repressão" como "tomado emprestado do estado evoluído do adulto". Mas, no entanto, conclui que "[...] suas propriedades essenciais estão presentes nesses processos" (no bebê). Bernfeld sugere que o desmame é a primeira causa óbvia a partir da qual o desenvolvimento mental patológico se ramifica e que as neuroses alimentares dos bebês são fatores que contribuem para a predisposição à neurose. Uma de suas considerações é a de que, como alguns dos processos pelos quais o bebê supera sua tristeza e seu sentimento de perda no desmame atuam silenciosamente, qualquer conclusão sobre "os efeitos do desmame terá que ser tirada a partir de um conhecimento íntimo da reação da criança ao seu mundo e suas atividades, *que são a expressão de sua vida de fantasia, ou são pelo menos seu núcleo*" (ibid., grifo meu).

sente que nunca mais voltará. No entanto, a perda do seio (ou da mamadeira) que ocorre no desmame é de ordem diferente. Essa perda do primeiro objeto amado é sentida como uma confirmação de todas as ansiedades de natureza persecutória e depressiva do bebê.[17]

O exemplo seguinte servirá como ilustração. O bebê E, desmamado do seio aos nove meses, não demonstrou qualquer perturbação especial em sua atitude com a comida. Ele já havia, por essa época, aceitado outros alimentos e desenvolvia-se bem com eles. Mas demonstrou uma necessidade maior da presença da mãe e de atenção e companhia em geral. Uma semana depois da última amamentação ele soluçou durante o sono, acordou com sinais de ansiedade e infelicidade e não pôde ser consolado. A mãe recorreu a deixá-lo sugar o seio mais uma vez. Ele sugou ambos os seios pelo tempo usual e, embora houvesse obviamente pouco leite, ele pareceu completamente satisfeito, dormiu contente, e, depois dessa experiência, reduziram-se muito os sintomas descritos acima. Isso levaria a mostrar que a ansiedade depressiva relativa à perda do objeto bom, o seio, foi mitigada pelo próprio fato de que ele reapareceu.

Na época do desmame, alguns bebês mostram menos apetite, alguns uma voracidade maior, enquanto outros oscilam entre essas duas reações. Tais variações ocorrem a cada passo do desmame. Há bebês que têm muito mais prazer em serem amamentados com mamadeira do que ao seio, mesmo que alguns deles tenham sido amamentados ao seio satisfatoriamente; com outros o apetite melhora muito quando são introduzidos alimentos sólidos; também há bebês que nesse ponto desenvolvem dificuldades em relação ao comer que persistem de um modo ou de outro ao longo dos primeiros anos da infância.[18] Muitos bebês acham aceitáveis apenas certos sabores, certas texturas do alimento sólido, e repudiam outros. Quando analisamos crianças, aprendemos bastante sobre os motivos de tais "caprichos" e chegamos a reconhecer como sua raiz mais profunda as ansiedades mais arcaicas em relação à mãe. Ilustrarei essa conclusão com um exemplo do comportamento de uma bebê de cinco meses, F, que havia sido

---

17 Ver nota de fim 2, p. 129.
18 Em seu livro *Social Development in Young Children* (London: Routledge, 1933), particularmente no cap. 3, seção II.A.i., Susan Isaacs deu exemplos de dificuldades alimentares e discutiu-as em conexão a ansiedades provenientes do sadismo oral. Há também algumas observações interessantes em Donald W. Winnicott, *Clinical Notes on Disorders of Childhood* (London: Heineman, 1931), particularmente nas pp. 16–17.

amamentada ao seio mas também com mamadeiras desde o princípio. Ela recusava com raiva violenta comidas sólidas tais como verduras quando dadas pela mãe, e as aceitava bastante tranquilamente quando seu pai a alimentava. Depois de duas semanas, ela aceitou os novos alimentos dados por sua mãe. De acordo com um informe confiável, a criança, que tem agora seis anos de idade, tem uma boa relação com ambos os pais assim como com seu irmão, mas sempre demonstra pouco apetite.

Lembramo-nos aqui da bebê A e do modo como aceitou mamadeiras suplementares. Com a bebê F, também, algum tempo decorreu antes que ela pudesse adaptar-se suficientemente à nova comida para recebê-la da mãe.

Ao longo deste artigo, tentei mostrar que a atitude em relação à comida está fundamentalmente ligada à relação com a mãe e envolve toda a vida emocional do bebê. A experiência do desmame desperta as emoções e ansiedades mais profundas do bebê, e o ego mais integrado desenvolve intensas defesas contra elas. Tanto ansiedades como defesas participam das atitudes do bebê em relação à comida. Aqui eu preciso confinar-me a poucas generalizações sobre mudanças nas atitudes em relação à comida na época do desmame. Na raiz de muitas dificuldades com novos alimentos está o medo persecutório de ser devorado e envenenado pelo seio mau da mãe, um medo que deriva das fantasias do bebê de devorar e envenenar o seio.[19] À ansiedade persecutória, em

---

19 Sugeri anteriormente que as fantasias do bebê de atacar o corpo da mãe com excrementos venenosos (explosivos e abrasadores) são uma causa fundamental de seu medo de ser envenenado por ela e estão na raiz da paranoia, da mesma forma que os impulsos de devorar a mãe (e seu seio) transformam-na na mente do bebê em um objeto devorador e perigoso; em "Estágios iniciais do conflito edipiano" [1928] e "A importância da formação de símbolos no desenvolvimento do ego" [1930] (in *Amor, culpa e reparação*, op. cit.) e também *A psicanálise de crianças* [1932] (trad. Liana Pinto Chaves. Rio de Janeiro: Imago, 1997), em particular o cap. 8.

Freud também se refere ao medo da menina pequena de ser assassinada ou envenenada por sua mãe – um medo do qual ele diz que "mais tarde poderá ser o núcleo da enfermidade paranoica" (S. Freud, *Novas conferências introdutórias à psicanálise* [1933], in *Obras completas*, v. 18, trad. Paulo César de Souza. São Paulo: Companhia das Letras, 2010, p. 274). E mais: "Também o medo de ser envenenado provavelmente se acha ligado à privação do seio. Veneno é o alimento que causa doença" (ibid., p. 277). Em seu artigo anterior, "Sobre a sexualidade feminina", Freud refere-se também ao temor da menina no estágio pré-edipiano "de ser morta (devorada?) pela mãe". Ele sugere: "é

um estágio um pouco posterior, se acresce (embora em graus variáveis) a ansiedade depressiva de que a voracidade e os impulsos destrutivos possam destruir o objeto amado. Durante e após o processo de desmame, esta ansiedade pode ter o efeito de aumentar ou inibir o desejo por alimento novo.[20] Como vimos anteriormente, a ansiedade pode ter efeitos variáveis sobre a voracidade: pode reforçá-la ou pode conduzir a intensas inibições da voracidade e do prazer em ingerir alimentos.

Um aumento de apetite na época do desmame poderia sugerir em alguns casos que durante o período de amamentação o aspecto mau (persecutório) do seio tenha predominado sobre o bom; além disso, a ansiedade depressiva relativa ao perigo temido para o seio amado contribuiria para inibir o desejo por alimento (isto é, ambas as ansiedades, persecutória e depressiva, operam em proporções variáveis). Desse modo, a mamadeira, que se encontra em alguma medida distanciada na mente do bebê do primeiro objeto, o seio – ainda que também o simbolize –, pode ser tomada com menos ansiedade e mais prazer do que o seio da mãe. Alguns bebês, no entanto, não têm êxito na substituição simbólica do seio pela mamadeira, e, se usufruem de alguma forma suas refeições, isso acontece quando lhes são dados alimentos sólidos.

Uma diminuição de apetite quando a amamentação ao seio ou com mamadeira é retirada pela primeira vez é uma ocorrência frequente e indica claramente ansiedade depressiva relativa à perda do objeto amado primário. Mas penso que a ansiedade persecutória sempre contribui para a aversão ao novo alimento. O aspecto mau (devorador e venenoso) do seio, que enquanto o bebê estava sendo amamentado era contrabalançado pela relação com o seio bom, é reforçado pela privação de ser desmamado e é transferido para o novo alimento.

---

plausível supor que esse medo corresponda a uma hostilidade que na criança se desenvolve em relação à mãe, em consequência das muitas restrições envolvidas na educação e no cuidado corporal, e que o mecanismo da projeção seja favorecido pela pouca idade da organização psíquica". Também conclui "que nessa dependência da mãe se acha o gérmen da paranoia posterior da mulher" (S. Freud, "Sobre a sexualidade feminina" [1931], in *Obras completas*, v. 18, op. cit., p. 375). Nesse contexto refere-se ao caso relatado em 1928 por Ruth-Mack Brunswick, no qual a fonte direta da perturbação era a fixação pré-edipiana da paciente à sua irmã (cf. "The Analysis of a Case of Paranoia". *The Journal of Nervous and Mental Disease*, v. 70, n. 2, 1929, pp. 155–78).

20 Podemos fazer uma comparação aqui com a atitude de pacientes maníaco-depressivos em relação à comida. Como sabemos, alguns pacientes recusam a comida; outros demonstram temporariamente um aumento da voracidade; outros ainda oscilam entre essas duas reações.

Como já indiquei, durante o processo de desmame ambas as ansiedades – persecutória e depressiva – afetam intensamente a relação com a mãe e com o alimento. No entanto, é a interação intricada de uma variedade de fatores (internos e externos) que nesse estágio determina o resultado. Refiro-me não apenas às variações individuais nas atitudes em relação aos objetos e à comida, mas sobretudo ao sucesso ou fracasso na elaboração e, em alguma medida, na superação da posição depressiva. Muito depende do quanto, no estágio anterior, o seio tenha sido estabelecido com segurança internamente e consequentemente do quanto o amor pela mãe possa ser mantido apesar de privações – e tudo isso depende em parte da relação entre a mãe e a criança. Como sugeri, mesmo bebês muito pequenos podem aceitar um novo alimento (a mamadeira) com relativamente pouco ressentimento (exemplo A). Essa melhor adaptação interna à frustração, que se desenvolve desde os primeiros dias de vida, está ligada ao progresso em direção à distinção entre a mãe e o alimento. Essas atitudes fundamentais determinam em grande medida, particularmente durante o processo de desmame, a capacidade do bebê para aceitar, no pleno sentido da palavra, substitutos para o objeto primário. Aqui também o comportamento e os sentimentos da mãe em relação à criança são da maior importância. A atenção amorosa e o tempo que ela devota à criança ajudam-na em seus sentimentos depressivos. A boa relação com a mãe pode em alguma medida contrabalançar a perda de seu objeto amado primário, o seio, e assim influenciar favoravelmente a elaboração da posição depressiva.

A ansiedade relativa à perda do objeto bom, que atinge um clímax por ocasião do desmame, é também despertada por outras experiências tais como desconforto físico, doenças, e em particular pela dentição. Tais experiências estão fadadas a reforçar ansiedades persecutórias e depressivas no bebê. Em outras palavras, o fator físico nunca pode explicar por si só a perturbação emocional que as doenças ou a dentição originam nesse estágio.

**IX**

Entre os importantes desenvolvimentos que encontramos por volta da metade do primeiro ano está a ampliação da gama de relações de objeto e, em particular, a importância crescente do pai para o bebê. Mostrei em outros contextos que sentimentos depressivos e o medo de perder a mãe, acrescidos a outros fatores do desenvolvimento, impulsionam o bebê a voltar-se para o pai. Os estágios iniciais do complexo de Édipo e a posição depressiva estão intimamente ligados e desenvolvem-se simultaneamente. Mencionarei apenas um exemplo, a menininha *B* já referida.

A partir dos quatro meses em diante a relação com seu irmão, vários anos mais velho do que ela, desempenhou um papel proeminente e marcante em sua vida. Essa relação diferia de várias formas, como podia ser facilmente visto, da relação com a mãe. Ela admirava tudo o que seu irmão dizia e fazia, e cortejava-o persistentemente. Usava todos os seus truquezinhos para engraçar-se, ganhar sua atenção, e exibia uma atividade visivelmente feminina em relação a ele. Naquele tempo, o pai estava ausente, exceto por períodos muito breves. Foi apenas quando tinha dez meses que passou a vê-lo com mais frequência, e dessa época em diante desenvolveu uma relação muito próxima e amorosa com ele, que em alguns pontos essenciais assemelhava-se à relação com o irmão. No começo do segundo ano, ela frequentemente chamava o irmão de "Papai". Nessa época, o pai tinha-se tornado o favorito. O prazer em vê-lo, o enlevo quando ouvia seus passos ou sua voz, os modos pelos quais ela o mencionava repetidas vezes em sua ausência, e muitas outras expressões de seus sentimentos por ele, podem apenas ser descritos como estando apaixonada. A mãe reconheceu claramente que nesse estágio a menininha de algum modo gostava mais do pai do que dela. Temos aqui um exemplo da situação edipiana inicial que, neste caso, foi vivenciada primeiramente em relação ao irmão e então transferida para o pai.

## X

A posição depressiva, como argumentei em diversos contextos, é uma parte importante do desenvolvimento emocional normal, mas os modos pelos quais a criança lida com essas emoções e ansiedades, e as defesas que utiliza, indicam se o desenvolvimento está ou não ocorrendo satisfatoriamente.[21]

O medo de perder a mãe torna a separação dela, ainda que por breves períodos, dolorosa; e diversas formas de brincar dão expressão a esta ansiedade e são um meio de superá-la. A observação de Freud do menino de dezoito meses com seu carretel apontava nessa direção.[22]

---

21 Ver nota de fim 3, pp. 164-65.
22 S. Freud, *Além do princípio do prazer* [1920] in *Obras completas*, v. 14, trad. Paulo César de Souza. São Paulo: Companhia das Letras, 2010. Cf. cap. 3, em que é feita uma descrição desse jogo.

No meu modo de ver, por meio dessa brincadeira a criança estava superando não apenas seus sentimentos de perda mas também sua ansiedade depressiva.[23] Há diversas formas típicas de brincar similares a essa com o carretel. Susan Isaacs mencionou alguns exemplos e eu acrescentarei agora algumas observações dessa natureza.[24] As crianças, algumas vezes mesmo antes da segunda metade do primeiro ano, divertem-se jogando objetos para fora do carrinho repetidas vezes e esperando que retornem. Observei um desenvolvimento posterior dessa brincadeira em G, um bebê de dez meses que havia recentemente começado a engatinhar. Ele nunca se cansava de jogar um brinquedo para longe de si e então ir agarrá-lo engatinhando até ele. Disseram-me que ele iniciou sua brincadeira aproximadamente dois meses antes, quando de suas primeiras tentativas de mover-se para a frente. O bebê E, entre seis e sete meses, uma vez percebeu, enquanto estava deitado em seu carrinho, que quando ele levantava suas pernas um brinquedo que ele havia jogado para o lado rolava de volta para ele, e transformou isso em um jogo.

Já no quinto ou sexto mês, muitos bebês reagem com prazer ao jogo do "cadê o bebê?",[25] e eu vi bebês de sete meses já ativamente brincando disso, puxando o cobertor sobre a cabeça e tirando-o novamente. A mãe da bebê B fez desse jogo um hábito da hora de dormir, separando-se assim da criança, que ia dormir de bom humor. Parece que a *repetição* de tais experiências é um fator importante para ajudar o bebê a superar seus sentimentos de perda e tristeza. Outro jogo típico que percebi ser de grande ajuda e conforto para crianças pequenas é o de separar-se da criança na hora de dormir dizendo "tchau tchau", acenando e deixando o quarto devagar, como que desaparecendo gradativamente. O uso do "tchau tchau" e do aceno, e depois dizer "volto já já", "volto logo" ou palavras semelhantes quando a mãe deixa o quarto, geralmente revela-se útil ou reconfortante. Conheço alguns bebês cujas primeiras palavras incluíam "volto" ou "já já".

Voltando à bebê B, para quem "tchau tchau" foi uma das primeiras palavras, muitas vezes notei que, quando sua mãe estava por deixar

---

23 Em "A observação de bebês numa situação padronizada" [1941] (in *Da pediatria à psicanálise*. São Paulo: Ubu Editora/WMF Editora, 2021), Winnicott discutiu detalhadamente o jogo do carretel.
24 Cf. S. Isaacs, "A natureza e a função da fantasia" [1943], in P. Heimann, S. Isaacs, M. Klein e J. Riviere (orgs.) *Os progressos da psicanálise*, trad. Álvaro Cabral. Rio de Janeiro: Guanabara Koogan, 1982.
25 Ver nota de fim 4, pp. 165–66.

o quarto, uma expressão passageira de tristeza aparecia nos olhos da criança, ou ela parecia quase chorar. Mas quando a mãe acenava para ela e dizia "tchau tchau", ela parecia consolada e continuava com suas brincadeiras. Eu a vi quando tinha entre dez e onze meses fazer o gesto de aceno e tive a impressão de que este se tornara uma fonte não apenas de interesse, mas de conforto.

A capacidade crescente do bebê de perceber e compreender as coisas em torno dele aumenta sua confiança em sua própria habilidade de lidar com elas e mesmo controlá-las, assim como sua confiança no mundo externo. Suas repetidas experiências da realidade externa tornam-se o meio mais importante de superar suas ansiedades persecutórias e depressivas. Este, a meu ver, é o teste de realidade subjacente ao processo em adultos que Freud descreveu como parte do trabalho de luto.[26]

Quando um bebê é capaz de sentar-se ou levantar-se em seu berço, ele pode olhar as pessoas e, em certo sentido, ficar mais perto delas. Isso ocorre em uma extensão ainda maior quando ele pode engatinhar e andar. Tais aquisições implicam não apenas uma maior habilidade de se aproximar do objeto por sua própria vontade como também uma maior independência em relação ao objeto. Por exemplo, a bebê B (aproximadamente aos onze meses) tinha um enorme prazer de engatinhar para cima e para baixo de uma passagem durante horas a fio e ficava muito contente sozinha. Mas, de tempos em tempos, ela engatinhava para dentro do quarto onde estava sua mãe (a porta tinha sido deixada aberta), dava uma olhada nela ou tentava falar-lhe, e retornava para a passagem.

A grande importância psicológica de ficar em pé, engatinhar e andar tem sido descrita por alguns psicanalistas. Meu interesse aqui é que todas essas aquisições são utilizadas pelo bebê como um meio de recuperar seus objetos perdidos assim como de encontrar novos objetos para o lugar deles. Tudo isso ajuda o bebê a superar a posição depressiva. O desenvolvimento da fala, que se inicia com a imitação de sons, é outra dessas grandes aquisições que aproximam a criança das pessoas que ela ama, e também permite-lhe encontrar novos objetos. Ao receber gratificações de um novo tipo, a frustração e o ressentimento relativos às situações anteriores são mitigados, o que por sua vez contribui para uma maior segurança. Outro elemento no progresso alcançado deriva-se das tentativas do bebê de controlar seus objetos, seu mundo externo assim como o interno. Cada passo no desenvolvimento

---

26 Cf. S. Freud, "Luto e melancolia" [1917], in *Obras completas*, v. 12, trad. Paulo César de Souza. São Paulo: Companhia das Letras, 2010.

é também utilizado pelo ego como uma defesa contra a ansiedade, e neste estágio predominantemente contra a ansiedade depressiva. Isso contribuiria para o fato, que pode ser frequentemente observado, de, juntamente a avanços no desenvolvimento tais como andar ou falar, as crianças tornarem-se mais felizes e vivazes. Exprimindo-o de um outro ângulo, o esforço do ego para superar a posição depressiva incrementa interesses e atividades, não apenas durante o primeiro ano de vida mas também ao longo dos primeiros anos da infância.[27]

O exemplo seguinte ilustra algumas de minhas conclusões referentes à vida emocional arcaica. O bebê D mostrava, com três meses, uma relação muito forte e pessoal com seus brinquedos, isto é, bolinhas, argolas de madeira e chocalho. Ele os olhava atentamente, tocava-os repetidas vezes, punha-os em sua boca e escutava o barulho que faziam. Ficava bravo com esses brinquedos e gritava quando não estavam na posição que ele queria; alegrava-se e gostava deles novamente quando eram arrumados para ele na posição certa. Sua mãe observou, quando ele tinha quatro meses, que descarregava bastante raiva nos brinquedos; em contrapartida, eles também eram um consolo para ele quando se sentia aflito. Às vezes, parava de chorar quando lhe eram mostrados, e também o reconfortavam antes de ir dormir.

No quinto mês, ele distinguia claramente entre o pai, a mãe e a empregada, e o demonstrava inequivocamente em seu olhar de reconhecimento e em sua expectativa de certos tipos de brincadeira de cada um deles. Suas relações pessoais já eram bastante acentuadas nesse estágio; também tinha desenvolvido uma atitude particular para com sua mamadeira. Por exemplo, quando ela estava vazia ao seu lado sobre uma mesa, ele voltava-se para ela fazendo sons, acariciando-a e sugando o bico de vez em quando. A partir de sua expressão facial, era possível concluir que ele estava comportando-se para com a mamadeira da mesma forma como para com uma pessoa amada. Aos nove meses, ele foi observado olhando para a mamadeira amorosamente e falando com ela, e aparentemente esperando por uma resposta. Essa relação com a mamadeira torna-se ainda mais interessante na medida em que o menininho nunca foi um comilão e não demonstrava

---

27 Como assinalei no artigo anterior, embora as experiências cruciais de sentimentos depressivos e das defesas contra eles surjam durante o primeiro ano de vida, leva anos para a criança superar suas ansiedades persecutórias e depressivas. Elas são repetidas vezes ativadas e superadas no curso da neurose infantil. Mas essas ansiedades nunca são erradicadas e, portanto, são passíveis de serem revividas, embora em menor extensão, ao longo de toda a vida.

nenhuma voracidade, na verdade, nenhum prazer especial em alimentar-se. Tinha havido dificuldades na amamentação quase desde o princípio, já que o leite da mãe acabou, e quando com poucas semanas de vida ele passou a ser alimentado apenas com mamadeira. Seu apetite começou a melhorar apenas no segundo ano, e mesmo então dependia em grande medida do prazer de compartilhar sua refeição com os pais. Aqui, lembramo-nos do fato de que, aos nove meses, seu principal interesse na mamadeira parecia ser de uma natureza quase pessoal e não se relacionava apenas com o alimento que continha.

Aos dez meses, passou a gostar muito de um pião, tendo sido primeiramente atraído por seu puxador vermelho, que ele imediatamente sugou; isso levou a um grande interesse pelo modo como se podia fazê-lo rodar e pelo barulho que fazia. Ele logo abandonou suas tentativas de sugá-lo, mas permaneceu sua absorção pelo pião. Quando ele tinha quinze meses, outro pião, de que também gostava muito, caiu no chão quando ele estava brincando e as duas metades se separaram. A reação da criança a esse incidente foi surpreendente. Chorou, ficou inconsolável e não queria voltar ao quarto onde o incidente havia ocorrido. Quando finalmente a mãe conseguiu levá-lo ali para mostrar-lhe que o pião tinha sido juntado novamente, ele recusou-se a olhá-lo e correu para fora do quarto (mesmo no dia seguinte, não quis aproximar-se do armário de brinquedos onde o pião era guardado). Além disso, muitas horas depois do incidente ele se recusava a tomar seu chá. Um pouco mais tarde, no entanto, aconteceu de sua mãe pegar seu cachorro de brinquedo e dizer: "Que cachorrinho bonzinho!". O menino animou-se, pegou o cachorro e ficou andando com ele de uma pessoa para outra esperando que dissessem "cachorrinho bonzinho". Era claro que ele se identificara com o cachorro de brinquedo e que, portanto, a afeição demonstrada a este reconfortava-o quanto ao dano que ele sentia ter infligido ao pião.

É significativo que já em um estágio anterior a criança tivesse demonstrado uma franca ansiedade em relação a coisas quebradas. Por volta dos oito meses, por exemplo, ele chorou quando derrubou um copo – e em outra vez uma xícara – e este quebrou. Logo depois, ele ficava tão perturbado ao ver coisas quebradas, independentemente de quem houvesse causado o estrago, que sua mãe imediatamente as colocava fora de sua vista.

Sua aflição em tais ocasiões era uma indicação de ansiedade tanto persecutória como depressiva. Isso torna-se claro se ligarmos seu comportamento aos oito meses com o incidente posterior com o pião. Minha conclusão é a de que tanto a mamadeira como o pião representavam simbolicamente o seio da mãe (recordemos que aos dez meses ele se comportava em relação ao pião da mesma forma que aos nove em relação à mamadeira), e que o pião partir-se significou para ele a destruição do seio e do corpo da mãe. Isso explicaria suas emoções de ansiedade, culpa e pesar em relação ao pião partido.

Já liguei o pião partido à xícara quebrada e à mamadeira, mas há uma conexão anterior a ser feita. Como vimos, a criança demonstrava às vezes uma grande raiva em relação aos seus brinquedos, que tratava de modo muito pessoal. Eu sugeriria que sua ansiedade e culpa observadas em um estágio posterior poderiam ser remontadas à agressividade expressa em relação aos brinquedos, particularmente quando não estavam acessíveis. Há ainda um elo anterior com a relação com o seio da mãe, que não o tinha satisfeito e que havia sido retirado. Correspondentemente, a ansiedade em relação à xícara ou ao copo quebrados seria uma expressão da culpa pela sua raiva e seus impulsos destrutivos, primariamente dirigidos contra o seio da mãe. Por meio da formação de símbolos, portanto, a criança havia deslocado seu interesse para uma série de objetos,[28] do seio aos brinquedos – mamadeira, copo, xícara, pião –, e transferido relações pessoais e emoções tais como raiva, ódio, ansiedades persecutórias e depressivas e culpa para esses objetos.

Descrevi anteriormente neste artigo a ansiedade da criança em relação a estranhos, e ilustrei isso com o exemplo da cisão da figura da mãe (no caso, a figura da avó) em uma mãe boa e uma mãe má. O medo da mãe má assim como o amor pela mãe boa, que apareciam intensamente em suas relações pessoais, eram acentuados. Sugiro que ambos os aspectos das relações pessoais entravam em sua atitude para com as coisas quebradas.

A mistura de ansiedades persecutórias e depressivas, que ele manifestou no incidente do pião quebrado, recusando-se a entrar no quarto e, mais tarde, até mesmo chegar perto do armário de brinquedos, mostra o medo de o objeto ter-se transformado em um objeto perigoso (ansiedade persecutória) por ter sido danificado. No entanto, não há dúvida sobre os intensos sentimentos depressivos que também estavam em operação nessa ocasião. Todas essas ansiedades foram aliviadas quando ele veio a ser reconfortado pelo fato de que o cachorrinho (que o representava) era "bonzinho", isto é, bom e ainda amado por seus pais.

---

28 Em relação à importância da formação de símbolos para a vida mental, cf. S. Isaacs, "A natureza e a função da fantasia", op. cit, e também meus artigos "Análise precoce" [1923] e "A importância da formação de símbolos no desenvolvimento do ego" [1930], in *Amor, culpa e reparação*, op. cit.

## Conclusão

Nosso conhecimento dos fatores constitucionais e de sua interação é ainda incompleto. Nos capítulos com os quais contribuí para este livro toquei em alguns desses fatores, que resumirei agora. A capacidade inata do ego de tolerar ansiedade pode depender de uma maior ou menor coesão do ego no nascimento; isso por sua vez propicia uma maior ou menor atividade dos mecanismos esquizoides e, correspondentemente, uma maior ou menor capacidade de integração. Outros fatores presentes desde o início da vida pós-natal são a capacidade de amar, a intensidade da voracidade e as defesas contra ela.

Sugiro que esses fatores inter-relacionados são a expressão de certos estados de fusão entre as pulsões de vida e de morte. Esses estados basicamente influenciam os processos dinâmicos por meio dos quais os impulsos destrutivos são contrabalançados e mitigados pela libido, processos de grande importância na moldagem da vida inconsciente do bebê. Desde o início da vida pós-natal, os fatores constitucionais estão inseparavelmente ligados a fatores externos, começando com a experiência de nascimento e as primeiríssimas situações de ser manuseado e alimentado.[29] Além disso, temos boas razões para supor que desde os primeiros dias a atitude inconsciente da mãe afeta intensamente os processos inconscientes do bebê.

Somos, portanto, obrigados a concluir que os fatores constitucionais não podem ser considerados separadamente dos ambientais e vice-versa. Todos eles contribuem para formar as mais arcaicas fantasias, ansiedades e defesas, que embora se encaixem em certos padrões típicos, são infinitamente variáveis. Este é o solo do qual germina a mente e a personalidade individual.

Procurei mostrar que, por meio da observação cuidadosa de bebês muito novos, podemos obter algum insight sobre sua vida emocional assim como indicações de seu desenvolvimento mental futuro. Tais observações, dentro dos limites mencionados anteriormente, dão suporte em alguma medida a minhas descobertas sobre os estágios

---

29 Estudos recentes de formas de comportamento pré-natal, em particular como as descritas e resumidas por Arnold Gesell (*The Embriology of Behaviour: The Beginnings of the Human Mind*. London/New York: Harper & Brothers, 1945), fornecem material para pensarmos sobre um ego rudimentar e a extensão em que fatores constitucionais já se encontram em operação no feto. Também é uma questão em aberto se o estado mental e físico da mãe influencia o feto no que diz respeito aos fatores constitucionais já mencionados.

mais iniciais do desenvolvimento. Essas descobertas foram alcançadas em psicanálises de crianças e adultos, à medida que fui capaz de fazer remontar suas ansiedades e defesas à primeira infância. Podemos relembrar que a descoberta de Freud do complexo de Édipo no inconsciente de seus pacientes adultos levou a uma observação mais clara das crianças, o que por sua vez confirmou plenamente suas conclusões teóricas. Durante as últimas décadas, os conflitos inerentes ao complexo de Édipo têm sido mais amplamente reconhecidos e, como resultado, a compreensão das dificuldades emocionais da criança aumentou; mas isso se aplica principalmente a crianças em um estágio mais avançado de desenvolvimento. A vida mental de um bebê muito pequeno é ainda um mistério para a maioria dos adultos. Eu me aventuro a sugerir que uma observação mais atenta de bebês, estimulada pelo maior conhecimento dos processos mentais arcaicos derivado da psicanálise de crianças pequenas, deve com o tempo levar a uma melhor compreensão da vida emocional do bebê.

Sustento – como coloquei em alguns capítulos deste livro e em escritos anteriores – que ansiedades persecutórias e depressivas excessivas em bebês pequenos são de importância crucial na psicogênese das perturbações mentais. No presente artigo repetidamente assinalei que uma mãe compreensiva pode, com sua atitude, diminuir os conflitos de seu bebê e assim, em alguma medida, ajudá-lo a lidar com suas ansiedades de forma mais eficaz. Uma percepção mais plena e mais geral das ansiedades e necessidades emocionais do bebê diminuirá, portanto, o sofrimento na infância e assim preparará o terreno para uma maior felicidade e estabilidade no futuro.

**Notas de fim**

**1.** Há um aspecto fundamental deste problema que desejo mencionar. Meu trabalho psicanalítico levou-me a concluir que o bebê recém-nascido sente inconscientemente que existe um objeto de bondade única, do qual poderia ser obtida uma gratificação máxima, e que esse objeto é o seio da mãe. Acredito ademais que esse conhecimento inconsciente implica que a relação com o seio da mãe e um sentimento de possuir o seio desenvolvem-se mesmo em crianças que não são amamentadas ao seio. Isso explicaria o fato, referido acima, de que crianças alimentadas com mamadeira também introjetam o seio da mãe tanto em seus aspectos bons como maus. Quão forte é a capacidade de um bebê alimentado com mamadeira para estabelecer com segurança o seio bom em seu mundo interno depende de uma variedade de fatores internos e externos, entre os quais a capacidade inerente de amar desempenha uma parte vital.

O fato de existir no começo da vida pós-natal um conhecimento inconsciente do seio e de o bebê vivenciar sentimentos em relação ao seio só pode ser concebido como uma herança filogenética.

Consideremos agora o papel que os fatores ontogenéticos desempenham nesses processos. Temos boas razões para supor que os impulsos do bebê, ligados às sensações da boca, dirigem-no para o seio da mãe, pois o objeto de seus primeiros desejos pulsionais é o mamilo e sua finalidade é sugá-lo. Isso implicaria que o bico da mamadeira não pode substituir completamente o mamilo desejado, nem o frasco o cheiro, o calor e a maciez desejados do seio da mãe. Portanto, não obstante o fato de que o bebê possa prontamente aceitar e desfrutar a alimentação pela mamadeira (particularmente se é estabelecida uma situação próxima da amamentação ao seio), ele pode ainda assim sentir que não está recebendo a gratificação máxima e consequentemente vivencia um profundo anseio pelo único objeto que poderia provê-la.

O desejo por objetos inalcançáveis e ideais é um traço geral da vida mental, pois deriva-se das várias frustrações pelas quais passa a criança no curso de seu desenvolvimento, culminando na necessidade de renunciar ao objeto edípico. Sentimentos de frustração e ressentimento levam a um fantasiar retrospectivo e frequentemente focalizam-se retrospectivamente sobre as privações sofridas em relação ao seio da mãe, mesmo em pessoas que tenham sido satisfatoriamente amamentadas ao seio. No entanto, encontrei em várias análises que, em pessoas que não foram amamentadas ao seio, a natureza do anseio por um objeto inalcançável mostra uma intensidade e uma qualidade particulares, algo tão profundamente enraizado que se torna evidente sua origem na primeira experiência de alimentação e na primeira relação de objeto do bebê. Tais emoções variam em intensidade de um indivíduo para outro e têm diferentes efeitos sobre o desenvolvimento mental. Por exemplo, em algumas pessoas o sentimento de ser privado do seio pode contribuir para um intenso sentimento de ressentimento e insegurança, com várias implicações para as relações de objeto e o desenvolvimento da personalidade. Em outras pessoas, o anseio por esse objeto único, que, embora as tenha frustrado, é ainda sentido como existindo em algum lugar, pode estimular intensamente certas linhas de sublimações tais como a busca de um ideal ou padrões elevados para suas próprias realizações.

Compararei agora essas observações com uma afirmação de Freud. Falando sobre a importância fundamental da relação do bebê com o seio da mãe e com a mãe, Freud diz:

> Nisso a fundamentação filogenética predomina de tal forma sobre as vivências pessoais acidentais que não faz diferença se a criança realmente mamou no peito ou foi nutrida com mamadeiras e não gozou jamais do carinho dos cuidados maternos. Nos dois casos o seu desenvolvimento toma o mesmo caminho; no segundo, *talvez o anseio posterior seja mais forte* (grifo meu).[30]

Freud, aqui, atribui ao fator filogenético uma importância de tal modo preponderante que a experiência de alimentação real do bebê torna-se relativamente insignificante. Isso vai além das conclusões a que me levou minha experiência. No entanto, na passagem por mim sublinhada, Freud parece considerar a possibilidade de que ter perdido a experiência de amamentação ao seio é sentido como uma privação, pois de outra forma não poderíamos explicar o anseio pelo seio da mãe como sendo "mais forte".

**2.** Deixei claro que os processos de integração – que se expressam na síntese que o bebê faz de suas emoções contrastantes dirigidas à mãe, e consequentemente na aproximação dos aspectos bons e maus do objeto – fundamentam a ansiedade depressiva e a posição depressiva. Está implícito que desde o princípio esses processos se referem ao objeto. Na experiência do desmame é o objeto primário amado que é sentido como perdido e, portanto, as ansiedades persecutórias e depressivas relacionadas a ele são reforçadas. O início do desmame constitui assim uma grande crise na vida do bebê, e seus conflitos atingem um novo clímax durante o estágio final do desmame. Cada detalhe da forma pela qual o desmame é realizado tem relação com a intensidade da ansiedade depressiva do bebê e pode aumentar ou diminuir sua capacidade de elaborar a posição depressiva. Assim, um desmame cuidadoso e vagaroso é favorável, ao passo que um desmame abrupto, reforçando subitamente a ansiedade, pode prejudicar o desenvolvimento emocional. Surgem aqui várias questões pertinentes. Por exemplo, qual é o efeito de uma substituição do seio pela mamadeira nas primeiras semanas, ou mesmo meses, de vida? Temos razões para supor

---

30 S. Freud, *Compêndio de psicanálise* [1938], in *Obras completas*, v. 19, trad. Paulo César de Souza. São Paulo: Companhia das Letras, 2018, p. 248.

que essa situação difere do desmame normal, que se inicia por volta dos cinco meses. Uma vez que nos primeiros três meses predomina a ansiedade persecutória, implicaria isso que essa forma de ansiedade é incrementada pelo desmame prematuro, ou essa experiência produz o surgimento prematuro da ansiedade depressiva no bebê? Qual desses dois resultados prevalecerá pode depender parcialmente de fatores externos, tais como o próprio momento em que o desmame é iniciado e o modo pelo qual a mãe maneja a situação, e parcialmente de fatores internos, que poderiam ser resumidos de modo amplo como a força da capacidade inerente para amar e para a integração – o que por sua vez implica também a força inerente do ego no início da vida. Esses fatores, como sustentei repetidas vezes, são a base da capacidade do bebê de estabelecer seu objeto bom com segurança, em certa medida mesmo quando ele nunca tenha tido a experiência de ser alimentado ao seio.

Outra questão diz respeito ao efeito do desmame tardio, como é costume entre povos primitivos e também em certos setores de comunidades civilizadas. Não tenho dados suficientes para basear uma resposta a esse problema. Posso dizer, contudo, que, pelo que posso julgar a partir da observação assim como da experiência psicanalítica, há um período ótimo para o início do desmame em torno da metade do primeiro ano. Isso porque nesse estágio o bebê está atravessando a posição depressiva, e o desmame ajuda-o de alguma forma a elaborar os inevitáveis sentimentos depressivos. Ele é amparado nesse processo pela variedade crescente de relações de objeto, interesses, sublimações e defesas que desenvolve nesse estágio.

Em relação à conclusão do desmame – isto é, à mudança completa final do sugar para o beber do copo –, é mais difícil fazer uma sugestão genérica em relação ao melhor momento. Aqui as necessidades de cada criança, individualmente – que nesse estágio podem ser mais facilmente avaliadas pela observação –, deveriam ser tomadas como o critério decisivo.

Com alguns bebês há ainda um estágio a mais a ser considerado no processo de desmame – a renúncia ao hábito de chupar o dedo. Alguns bebês renunciam sob a pressão da mãe ou da babá, mas, de acordo com minha observação, mesmo se os bebês parecem renunciar a chupar os dedos por sua livre vontade (e aqui também as influências externas não podem ser de todo desprezadas), isso acarreta necessariamente conflito, ansiedade e sentimentos depressivos característicos do desmame, com perda de apetite em alguns casos.

A questão do desmame liga-se ao problema mais geral da frustração. A frustração, se não é excessiva (e lembremo-nos aqui de que as frustrações são até certo ponto inevitáveis), pode até mesmo ajudar a criança a lidar com seus sentimentos depressivos. Pois a própria experiência de que a frustração pode ser superada tende a fortalecer o ego e é parte do trabalho de luto que ajuda o bebê a lidar com a depressão. Mais especificamente, o reaparecimento da mãe é uma prova cada vez renovada de que ela não foi destruída e não foi transformada na mãe má, o que implica que a agressividade do bebê não teve as consequências temidas. Há assim um equilíbrio delicado e variável de indivíduo para indivíduo entre os efeitos prejudiciais e os efeitos benéficos da frustração, equilíbrio esse que é determinado por uma variedade de fatores internos e externos.

3. Sustento que tanto a posição esquizoparanoide como a posição depressiva fazem parte do desenvolvimento normal. Minha experiência levou-me a concluir que, se as ansiedades persecutórias e depressivas na primeira infância são excessivas proporcionalmente à capacidade do ego de lidar passo a passo com a ansiedade, isso pode resultar no desenvolvimento patológico da criança. Descrevi no capítulo anterior a divisão na relação com a mãe (a mãe "boa" e a "má"), que é característica de um ego ainda não suficientemente integrado, assim como dos mecanismos de cisão que estão em seu auge durante os primeiros três ou quatro meses de vida. Normalmente, as flutuações na relação com a mãe e estados temporários de retraimento – influenciados por processos de cisão – não podem ser facilmente apreciados, uma vez que nesse estágio estão intimamente ligados ao estado imaturo do ego. No entanto, quando o desenvolvimento não está procedendo satisfatoriamente, podemos obter certos indícios desse fracasso. No presente capítulo, referi-me a algumas dificuldades típicas que indicam que a posição esquizoparanoide não está sendo satisfatoriamente elaborada. Embora a descrição diferisse em alguns pontos, todos os exemplos tinham um importante aspecto em comum: uma perturbação no desenvolvimento das relações de objeto que já pode ser observada durante os primeiros três ou quatro meses de vida.

Como já vimos, certas dificuldades fazem parte do processo normal de elaboração da posição depressiva, tais como inquietação, irritabilidade, perturbação do sono, maior necessidade de atenção e mudanças na atitude para com a mãe e a comida. Se tais perturbações são excessivas e persistem indevidamente, elas podem indicar um fracasso na elaboração da posição depressiva e podem tornar-se a base para a enfermidade maníaco-depressiva no futuro. O fracasso na elaboração da posição depressiva pode, no entanto, levar a um resultado diferente: certos sintomas, tais como o retraimento do contato com a mãe e com outras pessoas, podem estabilizar-se ao invés de serem transitórios e parciais. Se, junto a isso, o bebê se torna mais apático, deixando de desenvolver a ampliação de interesses e a aceitação de substitutos normalmente presentes simultaneamente aos sintomas depressivos, o que é em parte um modo de superar tais sintomas, podemos supor que a posição depressiva não está sendo elaborada com êxito; que ocorreu uma regressão à posição anterior, a posição esquizoparanoide – regressão essa a que devemos atribuir grande importância.

Repetindo minha conclusão expressa em escritos anteriores: as ansiedades persecutórias e depressivas, se excessivas, podem conduzir a perturbações mentais e deficiência mental graves na infância. Essas duas formas de ansiedade também proveem os pontos de fixação para distúrbios paranoicos, esquizofrênicos e maníaco-depressivos na vida adulta.

**4.** Freud menciona o prazer do bebê na brincadeira com sua mãe quando ela esconde o rosto e depois reaparece. (Freud não diz a qual estágio da infância está se referindo; mas pela natureza do jogo pode-se presumir que ele se refira a bebês na metade ou nos últimos meses do primeiro ano, assim como talvez a bebês mais velhos.) Em relação a isso ele afirma que o bebê

> [...] ainda não é capaz de distinguir entre ausência temporária e perda duradoura; se perde a mãe de vista um momento, age como se nunca mais fosse vê-la, e são necessárias repetidas experiências contrárias, consoladoras, até que ele aprenda que a mãe sempre costuma reaparecer.[31]

Em relação às conclusões posteriores, a mesma diferença de concepção existe nesse ponto, assim como na interpretação do jogo do carretel mencionado anteriormente. Segundo Freud, a ansiedade que um bebê vivencia quando perde sua mãe produz uma situação

> [...] traumática se nesse instante ele tem uma necessidade que a mãe deveria satisfazer; transforma-se em situação de perigo se tal necessidade não é atual. Portanto, a primeira condição para a ansiedade, que o próprio ego introduz, é a da perda da percepção [do objeto], que é equiparada à da perda do objeto. Uma perda do amor ainda não entra em consideração. Mais tarde, a experiência ensina à criança que o objeto

---

31 Id., *Inibição, sintoma e angústia*, op. cit., p. 120.

pode continuar existindo, mas estar zangado com ela, e então a perda do amor do objeto torna-se um novo, bem mais persistente perigo e condição de ansiedade.[32]

Em minha concepção, que expus em diversos lugares e que recapitularei brevemente aqui, o bebê sente amor assim como ódio por sua mãe, e, quando ele sente sua falta e suas necessidades não são satisfeitas, a ausência dela é sentida como sendo o resultado dos impulsos destrutivos dele. Daí resulta a ansiedade persecutória (de que a mãe boa possa ter-se transformado na mãe irada persecutória) e o luto, a culpa e a ansiedade (de que a mãe amada seja destruída por sua agressividade). Essas ansiedades, que constituem a posição depressiva, são reiteradamente superadas, por exemplo, por meio de brincadeiras de natureza consoladora.

Tendo considerado algumas diferenças de opinião em relação à vida emocional e às ansiedades do bebê, eu chamaria a atenção para uma passagem no mesmo contexto da citação acima, na qual Freud parece restringir suas conclusões sobre o assunto do luto. Ele diz: "[...] quando é que a separação do objeto traz ansiedade, quando ocasiona luto e quando apenas dor, talvez?".[33]

Deixemos claro, de imediato, que não há perspectiva de fornecermos respostas a essas perguntas. Vamos nos contentar em fazer algumas demarcações e algumas indicações.

---

32 Ibid., pp. 120–21 (trad. modif.).
33 Ibid., pp. 119–20 (trad. modif.).

## 1953/55
## A técnica psicanalítica do brincar: sua história e significado

Este é o artigo em que Melanie Klein mais se aproxima de escrever uma autobiografia profissional e no qual registra a história de seus primeiros tempos como analista de crianças. Há duas versões. A primeira continha exemplos da interpretação do brincar das crianças que foram substituídos na segunda versão, mais longa, por um relato dos casos de crianças; a última versão é a que consta neste volume. Outras informações históricas adicionais podem ser encontradas no prefácio à primeira edição de *A psicanálise de crianças*. O ponto de maior interesse no presente artigo é o relato de Melanie Klein da descoberta específica que cada um desses primeiros casos possibilitou-lhe fazer.

I

Ao oferecer como introdução a este livro[1] um artigo fundamentalmente dedicado à técnica através do brincar, fui estimulada pela consideração de que meu trabalho com crianças e adultos e minhas contribuições à teoria psicanalítica como um todo derivam, em última instância, da técnica através do brincar desenvolvida com crianças pequenas. Não quero dizer com isso que meu trabalho posterior foi uma aplicação direta da técnica através do brincar. Mas o insight que obtive sobre o desenvolvimento inicial, sobre os processos inconscientes e sobre a

---
1 Paula Heimann, Melanie Klein e R. E. Money-Kyrle (orgs.), *Novas tendências na psicanálise* [1955], trad. Álvaro Cabral. Rio de Janeiro: Zahar, 1969, livro em que o artigo foi originalmente publicado. [N. E.]

natureza das interpretações por meio das quais pode-se abordar o inconsciente, teve influência de longo alcance no trabalho que fiz com crianças mais velhas e com adultos.

Portanto, delinearei brevemente os passos com os quais meu trabalho desenvolveu-se a partir da técnica psicanalítica do brincar, mas não tentarei fornecer um resumo completo de minhas descobertas. Em 1919, quando iniciei meu primeiro caso, algum trabalho psicanalítico com crianças já havia sido feito, particularmente pela dra. Hermine Hug-Hellmuth.[2] No entanto, ela não empreendeu a psicanálise de crianças menores de seis anos e, embora usasse desenhos e ocasionalmente o brincar como material, não os desenvolveu em uma técnica específica.

Na época em que iniciei meu trabalho, tratava-se de um princípio estabelecido que as interpretações deveriam ser dadas muito parcimoniosamente. Com poucas exceções, os psicanalistas não haviam explorado as camadas mais profundas do inconsciente – e em crianças tal exploração era considerada potencialmente perigosa. Essa postura cautelosa refletia-se no fato de que, nesta época – e por mais alguns anos –, considerava-se a psicanálise como adequada apenas para crianças do período de latência em diante.[3]

Meu primeiro paciente foi um menino de cinco anos de idade. Referi-me a ele pelo nome de "Fritz" em meus primeiros artigos publicados.[4] A princípio, pensei que seria suficiente influenciar a atitude da mãe. Sugeri que ela deveria encorajar a criança a discutir livremente com ela as muitas questões não verbalizadas que obviamente estavam no fundo de sua mente e impediam seu desenvolvimento intelectual. Isso teve um bom efeito, mas suas dificuldades neuróticas não foram suficientemente aliviadas e logo foi decidido que eu deveria analisá-lo. Ao fazê-lo, desviei-me de algumas das regras estabelecidas até então, pois eu interpretava o que pensava ser mais urgente no material que a criança apresentava para mim e percebi que meu interesse centralizava-se em suas ansiedades e em suas defesas contra elas. Essa nova

---

2 Cf. Hermine Hug-Hellmuth (org.), *Tagebuch eines halbwüchsigen Mädchens*. Leipzig/Wien/Zürich: Internationaler Psychoanalytischer Verlag, 1921.

3 Uma descrição dessa abordagem inicial é dada em Anna Freud, *The Psychoanalytical Treatment of Children* [1927]. London: Imago, 1946 [ed. bras.: *O tratamento psicanalítico de crianças*, trad. Marco Aurelio de Moura Matos. Rio de Janeiro. Imago, 1971].

4 Cf. M. Klein, "O desenvolvimento de uma criança" [1921], "O papel da escola no desenvolvimento libidinal da criança" [1923] e "Análise precoce" [1923], in *Amor, culpa e reparação*, op. cit.

abordagem logo confrontou-me com sérios problemas. As ansiedades que encontrei ao analisar esse primeiro caso eram muito agudas e, embora eu me sentisse fortalecida na crença de que estava trabalhando no caminho certo ao observar o alívio da ansiedade produzido repetidas vezes por minhas interpretações, eu ficava por vezes perturbada pela intensidade das novas ansiedades que iam sendo trazidas à tona. Numa dessas ocasiões, busquei o conselho do dr. Karl Abraham. Ele respondeu-me que, uma vez que minhas interpretações até então haviam produzido alívio e que a análise obviamente progredia, ele não via motivos para mudar o método de abordagem. Senti-me encorajada por seu apoio e, de fato, logo nos dias seguintes, a ansiedade da criança, que havia chegado a uma situação crítica, diminuiu enormemente, conduzindo a uma melhora adicional. A convicção obtida nessa análise influenciou intensamente todo o curso de meu trabalho analítico.

O tratamento foi conduzido na casa da criança, com seus próprios brinquedos. Essa análise representou o início da técnica psicanalítica do brincar, porque desde o começo a criança expressou suas fantasias e ansiedades principalmente através do brincar, o qual eu interpretava constantemente para o menino, com o resultado de que material adicional aparecia em seu brincar. Isso quer dizer que eu já utilizava com esse paciente, em essência, o método de interpretação que se tornou característico de minha técnica. Essa abordagem corresponde a um princípio fundamental da psicanálise – a associação livre. Ao interpretar não apenas as palavras da criança mas também suas atividades com seus brinquedos, apliquei esse princípio básico à mente da criança, cujo brincar e atividades variadas – na verdade, todo o seu comportamento – são meios de expressar o que o adulto expressa predominantemente com palavras. Também me orientei sempre por dois outros princípios da psicanálise, estabelecidos por Freud, que desde o princípio considerei fundamentais: que a exploração do inconsciente é a principal tarefa do procedimento psicanalítico, e que a análise da transferência é o meio de atingir esse objetivo.

Entre 1920 e 1923, ganhei mais experiência com outros casos de crianças, mas um passo definitivo no desenvolvimento da técnica através do brincar foi o tratamento de uma criança de dois anos e nove meses que analisei em 1923. Dei alguns detalhes do caso dessa criança sob o nome "Rita" em meu livro *A psicanálise de crianças*.[5] Rita sofria de

---

5 Cf. também John Rickman (org.), *On the Bringing up of Children* (London: Kegan Paul, Trench, Trubner & Co., 1936) e M. Klein, "O complexo de Édipo à luz das ansiedades arcaicas" [1945], in *Amor, culpa e reparação*, op. cit.

terrores noturnos e fobias de animais, era muito ambivalente para com sua mãe e ao mesmo tempo tão apegada a ela que dificilmente podia ser deixada sozinha. Ela tinha uma neurose obsessiva acentuada e às vezes ficava muito deprimida. Seu brincar era inibido e sua inabilidade para tolerar frustrações tornava sua educação cada vez mais difícil. Fiquei muito hesitante a respeito de como abordar este caso, já que a análise de uma criança tão pequena era um experimento inteiramente novo. A primeira sessão pareceu confirmar meus receios. Rita, quando deixada a sós comigo em seu quarto, demonstrou imediatamente sinais do que eu tomei como uma transferência negativa: ela estava ansiosa e silenciosa e logo pediu para sair para o jardim. Eu concordei e fui com ela – posso acrescentar, sob os olhares observadores de sua mãe e de sua tia, que viram isso como um sinal de fracasso. Elas ficaram muito surpresas ao ver que Rita estava bastante amistosa comigo quando voltamos ao quarto dez ou quinze minutos mais tarde. A explicação dessa mudança foi que, enquanto estávamos fora, eu interpretei sua transferência negativa (sendo que isso, novamente, ia contra a prática usual). A partir de poucas coisas que ela disse e do fato de que ela havia ficado menos amedrontada quando estávamos fora, concluí que ela estava particularmente receosa de alguma coisa que eu poderia fazer a ela quando ela estava a sós comigo no quarto. Interpretei isso e, referindo-me aos seus terrores noturnos, liguei sua suspeita de mim como uma estranha hostil ao seu medo de que uma mulher má a atacasse quando estivesse sozinha à noite. Quando, poucos minutos depois dessa interpretação, sugeri que deveríamos retornar ao quarto, ela concordou prontamente. Como mencionei, a inibição de Rita ao brincar era acentuada, e no início ela dificilmente fazia alguma coisa a não ser vestir e desvestir obsessivamente sua boneca. Mas logo vim a entender as ansiedades subjacentes às suas obsessões e as interpretei. Este caso fortaleceu minha convicção crescente de que uma precondição para a psicanálise de uma criança é compreender e interpretar as fantasias, sentimentos, ansiedades e experiências expressos através do brincar ou, se as atividades de brincar estão inibidas, as causas da inibição.

Como com Fritz, empreendi essa análise na casa da criança e com seus próprios brinquedos. Mas, durante esse tratamento, que durou apenas uns poucos meses, cheguei à conclusão de que a psicanálise não deveria ser realizada na casa da criança. Isso porque descobri que, embora ela necessitasse muito de ajuda e seus pais tivessem decidido que eu deveria tentar uma psicanálise, a atitude de sua mãe para comigo era muito ambivalente e a atmosfera era, no geral, hostil ao tratamento. Mais importante ainda, percebi que a situação transferencial – a espinha dorsal do procedimento psicanalítico – só pode ser estabelecida e mantida se o paciente for capaz de sentir que o consultório ou a sala de brincar, e na verdade toda a análise, é alguma coisa separada de sua vida familiar cotidiana – pois é apenas sob tais condições que ele pode superar suas resistências contra vivenciar e expressar pensamentos, sentimentos e desejos que são incompatíveis com as convenções sociais e que, no caso de crianças, são sentidos como contrastando com muito do que lhes foi ensinado.

Fiz ainda outras observações significativas na psicanálise de uma menina de sete anos, também em 1923. Suas dificuldades neuróticas aparentemente não eram sérias, mas seus pais estiveram por certo tempo preocupados com seu desenvolvimento intelectual. Embora bastante inteligente, não acompanhava o grupo de sua idade, não gostava da escola e algumas vezes matava as aulas. Sua relação com sua mãe, que havia sido afetuosa e confiante, mudou desde que começou a escola: ela tornou-se reservada e silenciosa. Passei algumas sessões com ela sem conseguir muito contato. Tinha se tornado claro que ela não gostava da escola, e, a partir do que ela timidamente disse sobre isso, assim como por outras observações, fui capaz de fazer umas poucas interpretações que produziram algum material. Mas minha impressão foi a de que por esse caminho eu não conseguiria ir muito além. Em uma sessão em que novamente encontrei a criança indiferente e retraída, deixei-a dizendo que voltaria num instante. Fui ao quarto de minhas próprias crianças, juntei alguns brinquedos, carros, bonequinhos, uns poucos blocos e um trem, coloquei-os em uma caixa e voltei à paciente. A criança, que não gostava de desenhar ou de outras atividades, ficou interessada nos brinquedinhos e imediatamente começou a brincar. A partir desse brincar, depreendi que dois dos bonecos representavam ela mesma e um garotinho, um colega de escola sobre quem eu já havia ouvido antes. Parecia haver alguma coisa secreta sobre o comportamento dessas duas figuras, e parecia que ela sentia ressentimento pelos outros bonecos por interferirem ou espiarem, e estes foram postos de lado. As atividades dos dois brinquedos levavam a catástrofes, tais como sua queda ou colisão com carros. Isso era repetido com sinais de ansiedade crescente. Nesse ponto, eu interpretei, referindo-me aos detalhes de seu brincar, que alguma atividade sexual parecia ter ocorrido entre ela e seu amigo, que ela estava com muito medo de que isso fosse descoberto e que, assim sendo, desconfiava das outras pessoas. Assinalei que, enquanto brincava, ela havia ficado ansiosa e parecia estar a ponto de parar sua brincadeira. Lembrei-lhe que ela não gostava da escola e que isso poderia estar ligado ao medo de que a professora descobrisse sua relação com seu colega e a punisse. Sobretudo, ela estava com medo de sua mãe e, portanto, desconfiava dela – e agora poderia estar sentindo da mesma forma em relação a mim. O efeito dessa interpretação sobre a criança foi surpreendente: sua ansiedade e desconfiança primeiramente aumentaram, mas logo deram lugar a um evidente alívio. A expressão de seu rosto mudou, e embora ela nem admitisse nem negasse o que eu havia interpretado, demonstrou em seguida sua concordância produzindo material novo e tornando-se muito mais livre em seu brincar e falar; também suas atitudes em relação a mim tornaram-se muito mais amistosas e menos desconfiadas. É claro que a transferência negativa, alternando-se com a positiva, aparecia repetidas vezes; mas, a partir dessa sessão, a análise progrediu bem. Como fui informada, ao mesmo tempo passou a haver mudanças favoráveis em sua relação com a família – em particular com sua mãe. Seu desagrado pela escola diminuiu e ela tornou-se mais interessada em suas lições; mas sua inibição na aprendizagem, que estava enraizada em ansiedades profundas, só foi resolvida gradativamente no curso de seu tratamento.

## II

Descrevi como o uso dos brinquedos que eu mantinha especialmente para a criança na caixa em que eu os trouxe pela primeira vez provou ser essencial para sua análise. Essa experiência, assim como outras, ajudaram-me a decidir quais brinquedos são mais adequados para a técnica psicanalítica do brincar.[6] Percebi ser essencial ter brinquedos *pequenos*, porque seu número e variedade permitem à criança expressar uma ampla variedade de fantasias e experiências. Para esse propósito, é importante que esses brinquedos não sejam mecânicos e que as figuras humanas, variando apenas em cor e tamanho, não indiquem qualquer ocupação particular. Sua própria simplicidade permite à criança usá-los em muitas situações diferentes, de acordo com o material que aparece em seu brincar. O fato de ela poder apresentar assim, simultaneamente, uma variedade de experiências e fantasias ou situações reais também nos possibilita chegar a uma imagem mais coerente das atividades de sua mente.

---

6 São eles, principalmente: pequenos homens e mulheres de madeira, geralmente de dois tamanhos, carros, carrinhos de mão, balanços, trens, aviões, animais, árvores, blocos, casas, cercas, papel, tesouras, uma faca, lápis, giz ou tinta, cola, bolas e bolas de gude, massa de modelar e barbante.

Na mesma linha da simplicidade dos brinquedos, o equipamento da sala de brincar também é simples. Não contém nada, com exceção do que é necessário à psicanálise.[7] Os equipamentos de brincar de cada criança são guardados trancados em uma gaveta particular, e ela assim sabe que seus brinquedos e seu brincar com eles – o equivalente das associações do adulto – são apenas conhecidos pelo analista e por ela mesma. A caixa na qual eu apresentei pela primeira vez os brinquedos à menininha anteriormente mencionada tornou-se o protótipo da gaveta individual, que faz parte da relação privada e íntima entre analista e paciente, característica da situação transferencial psicanalítica.

Não estou sugerindo que a técnica psicanalítica do brincar dependa inteiramente de minha seleção particular do material de brincar. De qualquer modo, as crianças com frequência trazem espontaneamente suas próprias coisas e o brincar com elas entra como um fato natural no trabalho analítico. Mas creio que os brinquedos providos pelo analista devem ser, no geral, do tipo que descrevi, isto é: simples, pequenos e não mecânicos.

Os brinquedos, no entanto, não são o único requisito para uma análise através do brincar. Muitas das atividades da criança são por vezes realizadas em torno da pia, que é equipada com uma ou duas tigelinhas, copos e colheres. Frequentemente, a criança desenha, escreve, pinta, recorta, conserta brinquedos, e assim por diante. Às vezes, brinca com jogos em que atribui papéis ao analista e a si mesma, tais como brincar de loja, médico e paciente, escola, mãe e criança. Em tais brincadeiras, a criança com frequência assume o papel do adulto, expressando assim não apenas seu desejo de reverter os papéis, mas demonstrando também como sente que seus pais ou outras pessoas de autoridade comportam-se – ou *deveriam* se comportar – em relação a ela. Algumas vezes, ela dá vazão à sua agressividade e ressentimento sendo, no papel de um dos pais, sádica em relação à criança, representada pelo analista. O princípio de interpretação permanece o mesmo, sejam as fantasias apresentadas por meio dos brinquedos, sejam pela dramatização. Pois, qualquer que seja o material utilizado, é essencial que os princípios analíticos subjacentes à técnica sejam aplicados.[8]

---

7    Um chão lavável, água corrente, uma mesa, algumas cadeiras, um pequeno sofá, algumas almofadas e um móvel com gavetas.
8    Exemplos do brincar com brinquedos e dos jogos descritos acima podem ser encontrados em meu livro *A psicanálise de crianças* [1932] (trad. Liana Pinto Chaves. Rio de Janeiro: Imago, 1997, em particular caps. 2, 3 e 4). Cf. também id., "A personificação no brincar das crianças" [1929], in *Amor, culpa e reparação*, op. cit.

A agressividade é expressa de várias formas no brincar da criança, seja direta, seja indiretamente. Com frequência, um brinquedo se quebra ou, quando a criança é mais agressiva, ataques são feitos com faca ou tesoura à mesa ou a pedaços de madeira; água ou tinta são esparramadas e a sala geralmente se transforma em um campo de batalha. É essencial permitir à criança trazer à luz sua agressividade. Mas o que conta mais é compreender por que nesse momento particular da situação transferencial aparecem os impulsos destrutivos, e observar suas consequências na mente da criança. Sentimentos de culpa podem seguir-se logo após a criança ter quebrado, por exemplo, um bonequinho. Essa culpa refere-se não apenas ao estrago real produzido, mas ao que o brinquedo representa no inconsciente da criança, como um irmãozinho ou uma irmãzinha ou um dos pais. Portanto, a interpretação tem que lidar com esses níveis mais profundos também. Algumas vezes, podemos deduzir, a partir do comportamento da criança para com o analista, que não apenas a culpa mas também a ansiedade persecutória são consequências de seus impulsos destrutivos, e que a criança teme a retaliação.

Em geral, sou capaz de transmitir à criança que eu não toleraria ataques físicos a mim. Essa atitude não apenas protege o psicanalista como também tem importância para a análise. Pois tais ataques, se não forem mantidos dentro de limites, podem provocar culpa e ansiedade persecutória excessivas na criança e, desse modo, aumentar as dificuldades do tratamento. Fui algumas vezes inquirida sobre o método com o qual eu evitava ataques físicos, e penso que a resposta é que eu tomava muito cuidado em não inibir as *fantasias* agressivas da criança. De fato, lhe era dada a oportunidade de atuá-las de outras formas, incluindo ataques verbais a mim. Quanto mais eu era capaz de interpretar em tempo os motivos da agressividade da criança, mais a situação podia ser mantida sob controle. Mas com algumas crianças psicóticas foi ocasionalmente difícil proteger-me contra sua agressividade.

### III

Descobri que a atitude da criança para com um brinquedo que ela danificou é muito reveladora. Frequentemente, ela põe de lado esse brinquedo – que representa, por exemplo, um irmão ou um dos pais e o ignora por um tempo. Isso indica desagrado pelo objeto danificado devido ao medo persecutório de que a pessoa atacada (representada pelo brinquedo) tenha se tornado retaliatória e perigosa. O sentimento de perseguição pode ser tão forte que encobre sentimentos de culpa e depressão que também são despertados pelo dano produzido. Ou a culpa e a depressão podem ser tão fortes que levam a um reforçamento dos sentimentos persecutórios. No entanto, um dia a criança pode procurar pelo brinquedo danificado em sua caixa. Isso sugere que, nessa altura, fomos capazes de analisar algumas defesas importantes, diminuindo assim os sentimentos persecutórios e tornando possível que o sentimento de culpa e a necessidade premente de reparar sejam vivenciados. Quando isso acontece, podemos também notar uma mudança na relação da criança com aquele irmão representado pelo brinquedo, ou em suas relações em geral. Essa mudança confirma nossa impressão de que a ansiedade persecutória diminuiu e de que, juntamente ao sentimento de culpa e ao desejo de reparar, sentimentos de amor, que estavam prejudicados por uma ansiedade excessiva, venham para o primeiro plano. Em outra criança, ou na mesma em um estágio posterior da análise, a culpa e o desejo de reparar podem seguir-se logo após o ato de agressividade, e torna-se aparente a ternura para com o irmão ou irmã que podem ter sido danificados em fantasia. Nunca é demais enfatizarmos a importância de tais mudanças para a formação de caráter e para as relações de objeto, assim como para a estabilidade mental.

É parte essencial do trabalho interpretativo que ele se mantenha em compasso com as flutuações entre amor e ódio; entre felicidade e satisfação de um lado e ansiedade persecutória e depressão de outro. Isso implica que o analista não deve mostrar desaprovação por ter a criança quebrado um brinquedo. Ele não deve, no entanto, encorajar a criança a expressar sua agressividade, ou sugerir a ela que o brinquedo poderia ser consertado. Em outras palavras, ele deve permitir à criança vivenciar suas emoções e fantasias na medida em que aparecem. Sempre foi parte de minha técnica não me utilizar de influência moral ou educativa, mas ater-me apenas ao procedimento psicanalítico que, resumidamente, consiste em compreender a mente do paciente e comunicar a ele o que ocorre nela.

A variedade de situações emocionais que podem ser expressas por meio de brincadeiras é ilimitada: por exemplo, sentimentos de frustração e de ser rejeitado; ciúmes do pai e da mãe, ou de irmãos e irmãs; a agressividade que acompanha tais ciúmes; o prazer em ter um companheiro de brincadeiras e aliado contra os pais; sentimentos de amor e ódio em relação a um bebê recém-nascido ou a um bebê que está por vir, assim como as resultantes ansiedade, culpa e necessidade premente de fazer reparação. No brincar da criança, também encontramos a repetição de experiências e detalhes reais da vida cotidiana, frequentemente entrelaçados com suas fantasias. É revelador que, algumas vezes, eventos reais muito importantes em sua vida deixem de entrar em seu brincar e em suas associações, e que, às vezes, toda a ênfase repouse sobre acontecimentos aparentemente secundários. Mas esses acontecimentos secundários são de grande importância para ela, pois despertaram suas emoções e fantasias.

## IV

Há muitas crianças que são inibidas em seu brincar. Tal inibição nem sempre as impede completamente de brincar, mas pode logo interromper suas atividades. Por exemplo: um menininho me foi trazido apenas para uma entrevista (havia a perspectiva de uma análise no futuro, mas no momento os pais iriam para o exterior com ele). Eu tinha alguns brinquedos sobre a mesa e ele sentou-se e começou a brincar, o que rapidamente levou a acidentes, colisões e quedas de bonecos, que ele tentava levantar novamente. Em tudo isso, ele mostrava muita ansiedade, mas, como não havia ainda a intenção de um tratamento, abstive-me de interpretar. Depois de alguns minutos, ele deslizou silenciosamente de sua cadeira, dizendo "Chega de brincar", e foi embora. Creio, a partir de minha experiência, que se esse tivesse sido o início de um tratamento e eu tivesse interpretado a ansiedade apresentada em suas atividades com os brinquedos e a transferência negativa correspondente em relação a mim, eu poderia ter resolvido sua ansiedade o suficiente para que ele continuasse brincando.

O próximo exemplo pode me ajudar a mostrar algumas das causas da inibição do brincar. O menino, com a idade de três anos e nove meses, que descrevi com o nome de "Peter" no livro *A psicanálise de crianças*, era muito neurótico.[9] Para mencionar algumas de suas dificuldades, ele era incapaz de brincar, não podia tolerar nenhuma frustração, era tímido, queixoso e tinha pouco jeito de menino, ainda que às vezes fosse agressivo e autoritário, muito ambivalente com relação à família e intensamente fixado em sua mãe. Esta contou-me que Peter havia piorado muito depois de umas férias de verão durante as quais, com a idade de dezoito meses, ele compartilhou o quarto com seus pais e teve oportunidade de observar suas relações sexuais. Nessas férias, ele tornou-se muito difícil de lidar, dormia mal e voltou a molhar a cama à noite, o que tinha deixado de fazer há alguns meses.

---

9  Essa criança, cuja análise começou em 1924, foi outro dos casos que ajudou a desenvolver minha técnica através do brincar.

Ele brincava livremente até essa ocasião, mas desse verão em diante parou de brincar e tornou-se muito destrutivo com seus brinquedos – não fazia nada com eles a não ser quebrá-los. Logo depois, nasceu seu irmão, o que aumentou todas as suas dificuldades.

Na primeira sessão, Peter começou a brincar: logo fez dois cavalos chocarem-se e repetiu a mesma ação com diferentes brinquedos. Também mencionou que tinha um irmãozinho. Interpretei a ele que os cavalos e as outras coisas que haviam estado entrechocando-se representavam pessoas, uma interpretação que ele primeiramente rejeitou e depois aceitou. Ele novamente fez os cavalos se chocarem dizendo que eles dormiriam, cobriu-os com blocos e acrescentou: "Agora eles estão bem mortos. Eu os enterrei". Colocou os carros em uma fila, com a frente de um dando para a traseira do outro – fila que, como ficou claro mais tarde na análise, simbolizava o pênis de seu pai – e fez os carros correrem. Então, subitamente perdeu a paciência e os atirou pela sala dizendo: "Nós sempre quebramos logo nossos presentes de Natal. Não queremos nenhum". Assim, em seu inconsciente, quebrar seus brinquedos representava destroçar o genital de seu pai. Durante a primeira sessão, ele de fato quebrou vários brinquedos.

Na segunda sessão, Peter repetiu parte do material da primeira, em particular a colisão de carros, cavalos etc., e novamente falou de seu irmãozinho, ao que eu interpretei que ele estava mostrando-me como a mãe e o pai entrechocavam seus genitais (naturalmente usando suas próprias palavras para genitais) e que ele pensava que, por eles fazerem isso, seu irmão nasceu. Essa interpretação produziu mais material, lançando luz sobre sua relação bastante ambivalente com seu irmãozinho e com seu pai. Deitou um boneco masculino sobre um bloco, que ele chamou de "cama", derrubou-o e disse que ele estava "morto e liquidado". Em seguida, reencenou a mesma coisa com dois bonecos masculinos, escolhendo figuras que ele já havia danificado. Interpretei que o primeiro boneco representava seu pai, que ele queria derrubar da cama da mãe e matar, e que um dos dois bonecos era novamente o pai e o outro representava ele próprio, a quem seu pai faria o mesmo. A razão pela qual ele havia escolhido duas figuras danificadas era seu sentimento de que tanto seu pai como ele ficariam danificados se ele atacasse seu pai.

Esse material ilustra uma série de questões, das quais mencionarei apenas uma ou duas. Devido ao fato de a experiência de Peter de assistir à relação sexual de seus pais ter produzido um grande impacto em sua mente e despertado emoções intensas tais como ciúme, agressividade e ansiedade, isso foi a primeira coisa que ele expressou em seu brincar. Não há dúvida de que ele já não tinha qualquer conhecimento consciente dessa experiência, que ela estava reprimida e que apenas sua expressão simbólica era possível para ele. Tenho motivos para acreditar que, se eu não tivesse interpretado que os brinquedos entrechocando-se representavam pessoas, ele talvez não teria produzido o material que apareceu na segunda sessão. Além disso, se eu não tivesse sido capaz, na segunda sessão, de lhe mostrar algumas das razões para sua inibição no brincar, interpretando o dano feito aos brinquedos, ele muito provavelmente – como fazia em sua vida normal – teria parado de brincar depois de quebrar os brinquedos.

Há crianças que, no começo do tratamento, sequer brincam como Peter ou o menininho que veio apenas a uma entrevista. Mas é muito raro que uma criança ignore completamente os brinquedos dispostos sobre a mesa. Ainda que se afaste deles, com frequência ela dá ao analista algum insight sobre seus motivos para não querer brincar. Também de outras formas o analista de crianças pode reunir material para interpretação. Qualquer atividade, tal como usar o papel para rabiscar ou recortar, e cada detalhe do comportamento, tais como mudanças na postura ou na expressão facial, podem dar uma pista do que está se passando na mente da criança, possivelmente em conexão com o que o analista ouviu dos pais sobre suas dificuldades.

Falei bastante sobre a importância das interpretações para a técnica através do brincar e dei alguns exemplos para ilustrar seu conteúdo. Isso me leva a uma questão que me tem sido feita com frequência: "As crianças pequenas são intelectualmente capazes de compreender tais interpretações?". Minha própria experiência e a de meus colegas têm sido de que, se as interpretações dizem respeito a pontos relevantes no material, elas são plenamente compreendidas. É claro que o analista de crianças deve dar suas interpretações da forma mais sucinta e clara possível, e deve também usar as expressões da criança ao fazê-lo. Mas, se traduzir em palavras simples os pontos essenciais do material a ele apresentado, ele entra em contato com aquelas emoções e ansiedades que estão mais operantes no momento. A compreensão consciente e intelectual da criança é, com frequência, um processo seguinte. Uma das muitas experiências interessantes e surpreendentes daquele que se inicia na análise de crianças é encontrar, até mesmo em crianças muito pequenas, uma capacidade de insight que tende a ser bem maior que a dos adultos. Isso se explica em alguma medida pelo fato de que as conexões entre consciente e inconsciente são mais próximas em crianças pequenas do que em adultos e de que as repressões infantis são menos poderosas. Acredito também que as capacidades intelectuais do bebê são frequentemente subestimadas e que, decerto, ele compreende mais do que se acredita.

Ilustrarei agora o que disse com a resposta de uma criança pequena a interpretações. Peter, de cuja análise dei alguns detalhes, tinha objetado fortemente à minha interpretação de que o boneco que ele havia derrubado da "cama" e que estava "morto e liquidado" representava seu pai. (A interpretação de desejos de morte contra uma pessoa amada suscita geralmente uma grande resistência em crianças, assim como em adultos.) Na terceira sessão, Peter trouxe novamente material similar, mas agora aceitou minha interpretação e disse pensativamente: "E se eu fosse um papai e alguém quisesse me jogar no chão detrás da cama e me matar e liquidar, o que eu pensaria disso?". Isso mostra que ele havia não apenas elaborado, compreendido e aceito minha interpretação, mas que tinha também reconhecido muito mais. Ele compreendeu que seus próprios sentimentos agressivos dirigidos ao pai contribuíam para ter medo dele, e também que ele havia projetado seus próprios impulsos no pai.

Um dos aspectos importantes da técnica através do brincar sempre foi a análise da transferência. Como sabemos, o paciente repete, na transferência com o analista, emoções e conflitos anteriores. É de minha experiência que podemos fundamentalmente ajudar o paciente ao levar de volta, por meio de nossas interpretações transferenciais, suas fantasias e ansiedades para o lugar onde elas se originaram – a saber, a infância e a relação com seus primeiros objetos –, pois, ao reviver emoções e fantasias arcaicas e compreendê-las em relação a seus objetos primários, ele pode, por assim dizer, reexaminar essas relações em suas raízes e, dessa forma, efetivamente diminuir suas ansiedades.

## V

Ao rever os primeiros anos do meu trabalho, eu destacaria alguns fatos. Mencionei no início deste artigo que, ao analisar meu primeiro caso infantil, percebi que meu interesse centrava-se em suas ansiedades e nas defesas contra elas. Minha ênfase sobre a ansiedade levou-me cada vez mais profundamente para dentro do inconsciente e da vida de fantasia da criança. Essa ênfase particular era contrária ao ponto de vista psicanalítico de que as interpretações não deveriam ser muito profundas nem dadas com muita frequência. Persisti em minha abordagem, apesar do fato de que envolvia uma mudança radical na técnica. Essa abordagem levou-me a um território novo, pois abriu a perspectiva da compreensão das fantasias infantis, ansiedades e defesas arcaicas que até então eram, em grande parte, ainda inexploradas. Isso tornou-se claro para mim quando iniciei a formulação teórica de minhas descobertas clínicas.

Um dos diversos fenômenos que me impressionaram na análise de Rita foi a severidade de seu superego. Descrevi, no livro *A psicanálise de crianças*, como Rita costumava desempenhar o papel de uma mãe severa e punitiva que tratava a criança (representada pela boneca ou por mim) muito cruelmente. Além disso, sua ambivalência em relação à mãe, sua necessidade extrema de ser punida, seus sentimentos de culpa e seus terrores noturnos levaram-me a reconhecer que, nessa criança de dois anos e nove meses – claramente remontando a uma idade muito anterior –, operava um superego severo e implacável. Vi essa descoberta confirmar-se nas análises de outras crianças pequenas e cheguei à conclusão de que o superego surge em um estágio muito anterior ao que Freud supunha. Em outras palavras, tornou-se claro para mim que o superego, tal como concebido por ele, é o produto final de um desenvolvimento que se estende por anos. Como resultado de observações posteriores, reconheci que o superego é sentido pela criança como algo que opera internamente de modo concreto e que consiste em uma variedade de figuras construídas a partir de suas experiências e fantasias e deriva-se dos estágios nos quais ela internalizou (introjetou) seus pais.

Essas observações conduziram, por sua vez, nas análises de meninas pequenas, à descoberta da principal situação de ansiedade feminina: a mãe é sentida como o perseguidor primordial que, como objeto externo e internalizado, ataca o corpo da criança e lhe toma suas crianças imaginárias. Essas ansiedades surgem dos ataques fantasiados da menina ao corpo da mãe, que visam roubar-lhe seus conteúdos, isto é, as fezes, o pênis do pai e as crianças, e resultam no medo da retaliação por meio de ataques similares. Encontrei essas ansiedades persecutórias combinadas ou alternando-se com sentimentos profundos de depressão e culpa, e essas observações levaram-me então à descoberta do papel vital que a tendência a *fazer reparações* desempenha na vida mental. A reparação, nesse sentido, é um conceito mais amplo do que os conceitos de Freud de "o desfazer da neurose obsessiva" e de "formação reativa", pois inclui a variedade de processos pelos quais o ego sente que desfaz o dano feito em fantasia, restaura, preserva e faz reviver objetos. A importância dessa tendência, intrinsecamente ligada como é a sentimentos de culpa, repousa também na grande contribuição que faz a todas as sublimações e, dessa forma, à saúde mental.

Ao estudar os ataques fantasiados ao corpo da mãe, logo me deparei com impulsos sádico-anais e sádico-uretrais. Mencionei acima que reconheci a severidade do superego em Rita e que sua análise me ajudou enormemente a compreender o modo pelo qual os impulsos destrutivos dirigidos à mãe tornam-se a causa de sentimentos de culpa e perseguição. Um dos casos pelos quais tornou-se clara para mim a natureza sádico-anal e sádico-uretral desses impulsos destrutivos foi o de "Trude", com três anos e três meses de idade, que analisei em 1924.[10] Quando chegou a mim para tratamento, ela sofria de vários sintomas, tais como terrores noturnos e incontinência de urina e fezes. No início de sua análise, ela me pedia para fingir que eu estava na cama, dormindo. Então, ela dizia que me atacaria e procuraria por fezes (que descobri que também representavam crianças) em minhas nádegas, e que as retiraria. Depois desses ataques, ela se agachava em um canto e brincava que estava na cama, cobrindo-se com almofadas (que serviam para proteger seu corpo e que também representavam crianças). Ao mesmo tempo, ela se urinava e demonstrava claramente que estava com muito medo de ser atacada por mim. Suas ansiedades em relação à mãe internalizada perigosa confirmaram as conclusões que formei pela primeira vez na análise de Rita. Essas duas análises foram de curta duração, em parte porque os pais acharam que uma melhora suficiente havia sido alcançada.[11]

Logo depois, fiquei convencida de que tais impulsos e fantasias destrutivos podiam ser sempre remontados aos impulsos e fantasias sádico-orais. De fato, Rita já o havia demonstrado bastante claramente. Em uma ocasião, ela pintou de preto um pedaço de papel, rasgou-o, jogou os pedaços em um copo d'água, que levou à boca como se fosse beber, e disse em voz baixa: "mulher morta".[12] Naquela ocasião, compreendi que esse rasgar e molhar o papel expressavam fantasias de atacar e matar sua mãe, fantasias essas que davam origem a medos de retaliação. Já mencionei que foi com Trude que me tornei consciente da natureza sádico-anal e sádico-uretral específica de tais ataques. Mas, em outras análises, realizadas em 1924 e 1925 (Ruth e Peter, ambos descritos em *A psicanálise de crianças*), também me tornei consciente do papel fundamental que os impulsos sádico-orais desempenham nas fantasias destrutivas e nas ansiedades correspondentes, encontrando

---

10 Cf. id., *A psicanálise de crianças*, op. cit.
11 Rita teve 83 sessões; Trude, 82.
12 Cf. id., "O complexo de Édipo à luz das ansiedades arcaicas" [1945], op. cit., p. 494.

assim, na análise de crianças pequenas, a confirmação plena das descobertas de Abraham.[13] Essas análises, que me deram maior campo para observação, uma vez que duraram mais do que as análises de Rita e Trude,[14] levaram-me a um insight mais completo sobre o papel fundamental dos desejos e ansiedades orais no desenvolvimento mental normal e anormal.[15]

Como mencionei, eu já havia reconhecido em Rita e em Trude a internalização de uma mãe atacada e, por isso, amedrontadora – o superego severo. Entre 1924 e 1926, analisei uma criança que estava de fato muito doente.[16] Por meio de sua análise, aprendi muito sobre os detalhes específicos de tal internalização e sobre as fantasias e impulsos subjacentes às ansiedades paranoides e maníaco-depressivas, pois vim a compreender a natureza oral e anal de seus processos introjetivos e as situações de perseguição interna que esses engendravam. Tornei-me também mais consciente dos modos pelos quais as perseguições internas influenciam, por meio da projeção, a relação com objetos externos. A intensidade de sua inveja e de seu ódio demonstrava inequivocamente sua origem na relação sádico-oral com o seio da mãe e estava interligada aos primórdios de seu complexo de Édipo. O caso de Erna me ajudou muito a preparar o terreno para uma série de conclusões que apresentei no X Congresso Internacional de Psicanálise, em 1927,[17] em particular a concepção de que o superego primitivo, construído quando os impulsos e fantasias sádico-orais estão em seu auge, subjaz à psicose – uma concepção que desenvolvi dois anos mais tarde ao salientar a importância do sadismo oral na esquizofrenia.[18]

---

13  Cf. Karl Abraham, "A Short Study of the Development of the Libido, Viewed in the Light of Mental Disorders" [1924], in *Selected Papers on Psycho-Analysis*. London: Hogarth Press, 1927.

14  Ruth teve 190 sessões; Peter, 278.

15  Essa convicção crescente sobre a importância fundamental das descobertas de Abraham foi também o resultado de minha análise com ele, que começou em 1924 e foi prematuramente interrompida catorze meses mais tarde devido à sua enfermidade e morte.

16  Descrita sob o nome "Erna" em meu livro *A psicanálise de crianças*, op. cit., cap. 3.

17  Cf. id., "Estágios iniciais do conflito edipiano" [1928], in *Amor, culpa e reparação*, op. cit.

18  Cf. id., "A importância da formação de símbolos no desenvolvimento do ego" [1930], in *Amor, culpa e reparação*, op. cit.

Simultaneamente às análises até aqui descritas, pude fazer algumas observações interessantes relativas a situações de ansiedade em meninos. As análises de meninos e homens confirmaram plenamente a concepção de Freud de que o medo da castração é a principal ansiedade masculina, mas reconheci que, devido à identificação arcaica com a mãe (a posição feminina que anuncia os estágios iniciais do complexo de Édipo), a ansiedade relativa a ataques ao interior do corpo é de grande importância nos homens, assim como nas mulheres, e influencia e modela de diversas maneiras seus medos de castração.

As ansiedades originadas a partir dos ataques fantasiados ao corpo da mãe e ao pai que ela supostamente contém provaram estar, em ambos os sexos, subjacentes à claustrofobia (que inclui o medo de ser aprisionado ou enterrado no corpo da mãe). Pode-se ver a conexão dessas ansiedades com o medo da castração, por exemplo, na fantasia de perder o pênis ou de tê-lo destruído dentro da mãe – fantasias que podem resultar em impotência.

Cheguei a observar que os medos relacionados a ataques ao corpo da mãe e de ser atacado por objetos externos e internos tinham uma qualidade e uma intensidade particulares que sugeriam uma natureza psicótica. Ao explorar a relação da criança com objetos internalizados, várias situações de perseguição interna e seus conteúdos psicóticos tornaram-se claros. Além disso, o reconhecimento de que o medo de retaliação deriva da própria agressividade do indivíduo levou-me a sugerir que as defesas iniciais do ego são dirigidas contra a ansiedade suscitada pelos impulsos e fantasias destrutivos. Repetidamente, cada vez que essas ansiedades psicóticas eram remontadas às suas origens, verificava-se que elas provinham do sadismo oral. Reconheci também que a relação sádico-oral com a mãe e a internalização de um seio devorado (e, portanto, devorador) constituem o protótipo de todos os perseguidores internos; e, além disso, que a internalização de um seio danificado (e, portanto, temido) por um lado e de um seio que satisfaz e que auxilia por outro constitui o núcleo do superego. Concluí também que, embora as ansiedades orais surjam em primeiro lugar, fantasias e desejos sádicos provenientes de todas as fontes estão ativos em um estágio muito inicial do desenvolvimento e se sobrepõem às ansiedades orais.[19]

---

19 Essas e outras conclusões estão contidas em dois artigos meus já mencionados, "Estágios iniciais do conflito edipiano", op. cit., e "A importância da formação de símbolos no desenvolvimento do ego", op. cit. Ver também id., "A personificação no brincar das crianças", op. cit.

A importância das ansiedades infantis que descrevi acima foi também demonstrada na análise de adultos muito doentes, alguns dos quais eram casos psicóticos *borderline*.[20]

Houve outras experiências que me ajudaram a atingir mais uma conclusão. A comparação entre Erna, indubitavelmente paranoica, e as fantasias e ansiedades que encontrei em crianças menos doentes – que poderiam ser apenas chamadas de neuróticas – convenceu-me de que ansiedades psicóticas (paranoides e depressivas) subjazem à neurose infantil. Fiz também observações similares nas análises de adultos neuróticos. Todas essas diferentes linhas de observação resultaram na hipótese de que ansiedades de natureza psicótica fazem parte, em

---

20 É possível que a compreensão dos conteúdos das ansiedades psicóticas e da urgência em interpretá-las tenha se tornado clara para mim na análise de um esquizofrênico paranoico que tratei por apenas um mês. Em 1922, um colega que estava saindo de férias pediu-me para tomar por um mês um paciente seu esquizofrênico. Descobri desde a primeira hora que eu não deveria permitir ao paciente permanecer em silêncio por qualquer período de tempo. Senti que seu silêncio implicava perigo, e em cada um desses momentos interpretei suas suspeitas a meu respeito, por exemplo, de que eu estava tramando com seu tio e que nós o interditaríamos legalmente outra vez (sua interdição havia sido suspensa recentemente) – material que ele expressou verbalmente em outras ocasiões. Uma vez que eu havia interpretado seu silêncio dessa maneira, relacionando-o com material prévio, o paciente, sentando-se, perguntou-me em um tom ameaçador: "Você vai me mandar de volta ao hospital psiquiátrico?". Mas logo se acalmou e começou a falar mais livremente. Isso mostrou-me que eu estava no caminho certo e que eu deveria continuar a interpretar suas suspeitas e sentimentos de perseguição. Em certa medida, produziu-se uma transferência positiva, bem como uma negativa, em relação a mim. Mas, em certo ponto, quando seu medo de mulheres surgiu muito intensamente, ele me pediu o nome de um analista homem ao qual pudesse se dirigir. Dei-lhe um nome, mas ele nunca procurou esse colega. Durante aquele mês, vi o paciente todos os dias. O analista que havia me pedido para tomá-lo encontrou algum progresso em sua volta e desejou que eu prosseguisse a análise. Recusei, pois ficara plenamente consciente do perigo de tratar um paranoico sem qualquer proteção ou outro arranjo adequado. Ao longo do período em que o analisei, ele muitas vezes ficava parado durante horas em frente à minha casa, olhando para minha janela, embora apenas em poucas ocasiões ele tocasse a campainha e pedisse para me ver. Posso mencionar que, depois de um breve período, ele foi novamente interditado. Embora naquela época eu não tenha tirado nenhuma conclusão teórica dessa experiência, creio que esse fragmento de análise pode ter contribuído para meu insight posterior sobre a natureza psicótica das ansiedades infantis e para o desenvolvimento de minha técnica.

certa medida, do desenvolvimento infantil normal, sendo expressas e elaboradas no curso da neurose infantil.[21] No entanto, para expor essas ansiedades infantis, a análise tem que ser levada às camadas profundas do inconsciente, e isso se aplica tanto a adultos como a crianças.[22]

Na introdução deste artigo, já foi assinalado que, desde o princípio, minha atenção centrou-se sobre as ansiedades da criança, e que foi por meio da interpretação de seus conteúdos que me senti capaz de diminuir a ansiedade. Para tanto, tive que fazer pleno uso da linguagem simbólica do brincar, que reconheci como sendo uma parte essencial do modo de expressão da criança. Como vimos, o bloco, o bonequinho, o carro não representam apenas coisas que interessam à criança por si mesmas: em seu brincar elas sempre têm, também, uma variedade de significados simbólicos que estão interligados com as fantasias, desejos e experiências da criança. Esse modo arcaico de expressão é também a linguagem com a qual estamos familiarizados nos sonhos, e foi aproximando-me do brincar da criança de um modo similar à interpretação de sonhos de Freud que descobri que poderia ter acesso ao inconsciente da criança. Mas temos que considerar o uso de símbolos de cada criança em conexão com suas emoções e ansiedades particulares e em relação com a situação total que é apresentada na análise. Meras traduções generalizadas de símbolos não têm sentido.

A importância que atribuí ao simbolismo conduziu-me, com o decorrer do tempo, a conclusões teóricas sobre o processo de formação de símbolos. A análise através do brincar havia mostrado que o simbolismo possibilitava à criança transferir não apenas interesses, mas também fantasias, ansiedades e culpa a outros objetos em vez de pessoas.[23] Dessa forma, experimenta-se muito alívio no brincar, e esse é um dos fatores que o tornam tão essencial para a criança. Por exemplo: Peter, a quem me referi anteriormente, observou, quando interpretei o fato de ter danificado um boneco como representando

---

21 Como sabemos, Freud percebeu que não há diferença estrutural entre o normal e o neurótico, e essa descoberta foi da maior importância na compreensão dos processos mentais em geral. Minha hipótese de que ansiedades de natureza psicótica estão onipresentes na infância e subjazem à neurose infantil é uma extensão da descoberta de Freud.
22 As conclusões que apresentei no último parágrafo são tratadas extensamente em meu livro *A psicanálise de crianças*, op. cit.
23 Em relação a isso, cf. o importante artigo do dr. Ernest Jones, "A teoria do simbolismo" [1916], trad. Estanislau Alves da Silva Filho. *Lacuna: uma revista de psicanálise*, n. 7, 2019.

ataques a seu irmão, que ele não faria isso ao seu irmão real, mas somente ao irmão *de brinquedo*. Minha interpretação naturalmente deixou claro para ele que era realmente seu irmão que ele desejava atacar, mas o exemplo mostra que era somente por meios simbólicos que ele podia expressar suas tendências destrutivas na análise.

Também cheguei à concepção de que, em crianças, uma inibição severa da capacidade de formar e usar símbolos, e, dessa forma, desenvolver a vida de fantasia, é sinal de séria perturbação.[24] Sugeri que tais inibições, e a perturbação resultante na relação com o mundo externo e com a realidade, são características da esquizofrenia.[25]

Posso dizer, de passagem, que descobri ser de grande valor do ponto de vista clínico e teórico o fato de que eu estava analisando tanto adultos como crianças. Dessa forma, pude observar as fantasias e ansiedades do bebê ainda operantes no adulto e avaliar na criança pequena o que poderia vir a ser seu desenvolvimento futuro. Foi comparando a criança gravemente doente com a neurótica e a normal, e reconhecendo ansiedades infantis de natureza psicótica como causa de doença em adultos neuróticos, que cheguei às conclusões descritas anteriormente.[26]

## VI

Ao remontar, nas análises de adultos e crianças, o desenvolvimento de impulsos, fantasias e ansiedades às suas origens, isto é, aos sentimentos dirigidos ao seio da mãe (mesmo em crianças que não foram amamentadas ao seio), descobri que as relações de objeto iniciam-se quase no nascimento e surgem com a primeira experiência de alimentação. Descobri, além disso, que todos os aspectos da vida mental estão intimamente ligados a relações de objeto. Também se fez evidente que a experiência que a criança tem do mundo externo, que muito cedo inclui sua relação ambivalente com o pai e com outros membros da família, é constantemente influenciada – e por sua vez influencia – o mundo externo que ela está construindo, e que situações externas e internas são sempre interdependentes, uma vez que a introjeção e a projeção operam lado a lado desde o início da vida.

---

24 Cf. M. Klein, "A importância da formação de símbolos no desenvolvimento do ego", op. cit.
25 Essa conclusão tem influenciado desde então a compreensão do modo esquizofrênico de comunicação e encontrou seu lugar no tratamento da esquizofrenia.
26 Não posso tratar aqui da diferença fundamental que, além dos aspectos comuns, existe entre o normal, o neurótico e o psicótico.

As observações de que na mente do bebê a mãe aparece primariamente como um seio bom e um seio mau cindidos, e de que em poucos meses, com a integração crescente do ego, os aspectos contrastantes começam a ser sintetizados, ajudaram-me a compreender a importância dos processos de cisão e de manutenção das figuras boas e más separadas,[27] assim como a compreender o efeito de tais processos sobre o desenvolvimento do ego. A conclusão extraída da experiência de que a ansiedade depressiva surge como um resultado da síntese pelo ego dos aspectos bons e maus (amados e odiados) do objeto levou-me, por sua vez, ao conceito da posição depressiva, que atinge seu auge por volta do primeiro ano. Ela é precedida pela posição paranoide, que se estende pelos primeiros três ou quatro meses de vida e é caracterizada por ansiedade persecutória e processos de cisão.[28] Mais tarde, em 1946, quando reformulei minhas concepções sobre os primeiros três ou quatro meses de vida,[29] chamei esse estágio (fazendo uso de uma sugestão de Fairbairn)[30] de posição esquizoparanoide e, ao me dar conta aos poucos de seu significado, procurei coordenar meus achados sobre cisão, projeção, perseguição e idealização.

Meu trabalho com crianças e as conclusões teóricas que dele extraí influenciaram cada vez mais minha técnica com adultos. Sempre foi um princípio fundamental da psicanálise que o inconsciente, que se origina na mente infantil, tem que ser explorado no adulto. Minha experiência com crianças levou-me muito mais profundamente nessa direção do que era a prática anterior, conduzindo-me a uma técnica que possibilitou o acesso a essas camadas. Minha técnica através do brincar ajudou-me, em particular, a ver qual material necessitava mais de interpretação no momento e o modo pelo qual esta seria mais facilmente transmitida ao paciente – e parte desse conhecimento eu pude aplicar às análises de adultos.[31] Como foi assinalado anteriormente, isso

---

27 Cf. id., "A personificação no brincar das crianças", op. cit.
28 Cf. id., "Uma contribuição à psicogênese dos estados maníaco-depressivos" [1935], in *Amor, culpa e reparação*, op. cit.
29 Cf. "Notas sobre alguns mecanismos esquizoides", neste volume.
30 Cf. Ronald Fairbairn, "A Revised Psychopathology of the Psychoses and Neuroses". *The International Journal of Psychoanalysis*, v. 22, 1941, pp. 250–70.
31 A técnica através do brincar tem também influenciado o trabalho com crianças em outros campos, como na orientação de crianças e na educação. Foi dado um novo impulso ao desenvolvimento de métodos educacionais na Inglaterra com a pesquisa de Susan Isaacs na Malting House School. Seus livros sobre esse trabalho foram amplamente lidos e tiveram um efeito duradouro sobre as técnicas educacionais nesse país, especialmente no que diz

não significa que a técnica usada com crianças seja idêntica à abordagem usada com adultos. Embora retracemos nosso caminho de volta aos estágios mais iniciais, ao analisar adultos é de grande importância levar em conta o ego adulto, assim como, com crianças, temos em mente o ego infantil de acordo com o estágio de seu desenvolvimento.

A compreensão mais plena dos estágios mais iniciais do desenvolvimento, do papel das fantasias, ansiedades e defesas na vida emocional do bebê, também lançou luz sobre os pontos de fixação da psicose adulta. Como resultado, abriu-se um novo caminho de tratamento de pacientes psicóticos pela psicanálise. Esse campo, em particular a psicanálise de pacientes esquizofrênicos, necessita de muito mais exploração. Mas o trabalho feito nessa direção por alguns psicanalistas incluídos neste livro parece justificar esperanças para o futuro.

---

respeito às crianças pequenas. Sua abordagem foi fortemente influenciada por seu grande apreço pela análise de crianças, e particularmente pela técnica através do brincar; e é em grande parte devido a ela que a compreensão psicanalítica de crianças tem contribuído para o desenvolvimento da educação na Inglaterra.

## 1955
## Sobre a identificação

Este é o segundo dos três artigos de Melanie Klein sobre material literário, os outros sendo "Situações de ansiedade infantil refletidas em uma obra de arte e no impulso criativo" (1929) e "Algumas reflexões sobre a *Oresteia*" (1963).

O presente trabalho trata de Fabian, o personagem principal de um romance de Julien Green – nas palavras de Melanie Klein –, "quase como se ele fosse um paciente", sendo o principal e considerável interesse deste artigo explorar novos aspectos da identificação projetiva. Formulado em "Notas sobre alguns mecanismos esquizoides" (1946), o conceito de identificação projetiva engloba vários processos distintos, mas relacionados entre si. Em 1946, Melanie Klein descreveu os tipos de relações de objeto formadas por identificação projetiva nas quais o objeto se torna igualado a partes excindidas do self. Aqui ela não estuda a mudança produzida no objeto pela identificação projetiva, mas sim a mudança na identidade do sujeito; pela intrusão no objeto, o sujeito toma posse e adquire a identidade do objeto. Melanie Klein usa a história de Fabian, que penetra em uma série de pessoas diferentes, nas quais se transforma, para discutir os motivos que levam, dessa maneira, à aquisição de uma pseudoidentidade. Ela também discute a questão da escolha de objeto para identificação projetiva, e dos resultantes estados do ego e ansiedades, inclusive o destino de partes da personalidade que são sentidas como permanecendo fora da nova identidade. Ela descreve também, sucintamente (pp. 193–94), a influência benéfica e orientadora que um bom objeto interno intato exerce sobre a cisão e a projeção.

## Introdução

Em "Luto e melancolia", Freud mostrou a conexão intrínseca entre identificação e introjeção.[1] Sua descoberta posterior do superego,[2] que ele atribuiu à introjeção do pai e identificação com ele, levou ao reconhecimento de que a identificação, como uma sequela da introjeção, faz parte do desenvolvimento normal. A partir dessa descoberta, introjeção e identificação desempenharam um papel central no pensamento e na pesquisa psicanalíticos.

Antes de entrarmos no assunto deste trabalho em si, acho que seria útil recapitular minhas principais conclusões sobre esse tema. O desenvolvimento do superego pode ser reportado à introjeção nos estágios mais iniciais da infância; os objetos primários internalizados formam a base de processos de identificação complexos; a ansiedade persecutória, surgida da experiência do nascimento, é a primeira forma de ansiedade, logo seguida por ansiedade depressiva; a introjeção e a projeção operam desde o início da vida pós-natal e interagem constantemente. Essa interação constrói o mundo interno e modela a imagem da realidade externa. O mundo interno consiste em objetos – sendo o primeiro de todos a mãe – internalizados em vários aspectos e situações emocionais. As relações entre essas figuras internalizadas, e entre elas e o ego, tendem a ser vivenciadas como essencialmente hostis e perigosas quando a ansiedade persecutória é dominante; são sentidas como sendo amorosas e boas quando o bebê é gratificado e prevalecem sentimentos positivos. Esse mundo interno, que pode ser descrito em termos de relações e acontecimentos internos, é o produto dos próprios impulsos, emoções e fantasias do bebê. Sem dúvida, esse mundo é profundamente influenciado pelas boas e más experiências do bebê, provindas de fontes externas.[3] Mas,

---

1  O trabalho de Karl Abraham sobre melancolia, já desde 1911 ("Notes on the Psycho-Analytical Investigation and Treatment of Manic-Depressive Insanity and Allied Conditions", in *Selected Papers on Psycho-Analysis*. London: Hogarth Press, 1927, pp. 137–56) e 1924 ("A Short Study of the Development of the Libido, Viewed in the Light of Mental Disorders", in *Selected Papers on Psycho--Analysis*, op. cit.), também foi de grande importância a esse respeito.

2  Cf. Sigmund Freud, *O Eu e o Id* [1923], in *Obras completas*, v. 16, trad. Paulo César de Souza. São Paulo: Companhia das Letras, 2011.

3  Entre elas, desde o começo da vida, a atitude da mãe é de importância vital, e continua sendo um dos principais fatores no desenvolvimento da criança. Cf., por exemplo, Paula Heimann, Susan Isaacs, Melanie Klein e Joan Riviere (orgs.), *Os progressos da psicanálise* [1952], trad. Álvaro Cabral. Rio de Janeiro: Guanabara Koogan, 1982.

ao mesmo tempo, o mundo interno influencia sua percepção do mundo externo de uma maneira não menos decisiva para seu desenvolvimento. A mãe – e antes de tudo seu seio – é o objeto primário tanto para os processos introjetivos como para os processos projetivos do bebê. Desde o começo, o amor e o ódio são projetados sobre ela e, simultaneamente, ela é internalizada com essas duas emoções primordiais contrastantes, o que fundamenta o sentimento do bebê de que existe uma mãe (seio) boa e outra má. Quanto mais a mãe e seu seio são investidos – e a extensão do investimento depende de uma combinação de fatores internos e externos, entre os quais a capacidade inerente de amar é da maior importância –, mais seguramente o seio bom internalizado, protótipo dos objetos internos bons, será estabelecido na mente do bebê. Isso, por sua vez, influencia tanto a força como a natureza das projeções; em particular, determina o que predominará nelas, se sentimentos de amor ou impulsos destrutivos.[4]

Já descrevi, em vários contextos, as fantasias sádicas do bebê dirigidas contra a mãe. Descobri que fantasias e impulsos agressivos, surgidos na relação mais arcaica com o seio da mãe, tais como mamar o seio até secá-lo e cavoucá-lo, logo levam a outras fantasias de entrar na mãe e despojá-la dos conteúdos de seu corpo. Simultaneamente, o bebê vivência impulsos e fantasias de atacar a mãe, colocando excrementos dentro dela. Em tais fantasias, produtos do corpo e partes do self são sentidos como tendo sido excindidos, projetados para dentro da mãe, e continuando sua existência dentro dela. Essas fantasias logo se estendem para o pai e para outras pessoas. Afirmei também que a ansiedade persecutória e o medo da retaliação, que resultam de impulsos orais, uretrais e sádico-anais, estão subjacentes no desenvolvimento da paranoia e da esquizofrenia.

Não são apenas as partes do self sentidas como destrutivas ou "más" que são excindidas e projetadas para dentro de outra pessoa, mas também partes que são sentidas como boas e valiosas. Eu já havia chamado a atenção para o fato de que, desde o começo da vida, o primeiro objeto do bebê, o seio da mãe (e a mãe), é investido de libido e de que isso influencia vitalmente a maneira pela qual a mãe é internalizada. Isso, por sua vez, é da maior importância para a relação com ela como um objeto externo e interno. O processo pelo qual a mãe é investida de libido está ligado ao mecanismo de projetar, para dentro dela, sentimentos bons e partes boas do self.

---

4  Colocando isso em termos das duas pulsões, a questão é saber se, na luta entre as pulsões de vida e de morte, prevalece a pulsão de vida.

Com o prosseguimento do meu trabalho, vim a reconhecer a grande importância, para a identificação, de certos mecanismos projetivos que são complementares aos introjetivos. O processo que está subjacente ao sentimento de identificação com outras pessoas, pelo fato de atribuirmos qualidades ou atitudes nossas a elas, já era amplamente aceito como certo antes mesmo que o conceito correspondente fosse incorporado à teoria psicanalítica. Por exemplo, o mecanismo projetivo subjacente à empatia é familiar na vida cotidiana. Fenômenos bem conhecidos em psiquiatria – como o sentimento de um paciente de que ele *realmente* é Cristo, Deus, um rei, uma pessoa famosa – estão ligados à projeção. Os mecanismos subjacentes a tais fenômenos, no entanto, não haviam sido investigados de forma detalhada quando, em meu artigo "Notas sobre alguns mecanismos esquizoides", sugeri o termo "identificação projetiva"[5] para aqueles processos que formam parte da posição esquizoparanoide. No entanto, as conclusões a que cheguei naquele artigo eram baseadas em algumas de minhas descobertas anteriores,[6] especialmente nas fantasias e impulsos sádico-orais, uretrais e anais de atacar o corpo da mãe de várias formas, incluindo a projeção de excrementos e partes do self para dentro dela.

A identificação projetiva está ligada a processos de desenvolvimento surgidos durante os três ou quatro primeiros meses de vida (a posição esquizoparanoide), quando a cisão está em seu auge e a ansiedade persecutória predomina. O ego ainda está muito pouco integrado e, portanto, passível de cindir a si próprio, suas emoções e seus objetos internos e externos; mas a cisão também é uma das defesas fundamentais contra a ansiedade persecutória. Outras defesas que surgem nesse estágio são idealização, recusa e controle onipotente de objetos internos e externos. A identificação por projeção implica uma combinação de excisão de partes do self e da projeção dessas em (ou, melhor, para dentro de) outra pessoa. Esses processos têm muitas ramificações e influenciam fundamentalmente as relações de objeto.

---

5 Em conexão com isso, ver os artigos de Herbert Rosenfeld, "Análise de um estado esquizofrênico com despersonalização" [1947] (in *Os estados psicóticos*. Rio de Janeiro: Zahar, 1968, pp. 17–40); "Remarks on the Relation of Male Homosexuality to Paranoia, Paranoid Anxiety, and Narcissism" (*The International Journal of Psychoanalysis*, v. 30, 1949, pp. 36–47); e "Note on the Psychopathology of Confusional States in Chronic Schizophrenias" (*The International Journal of Psychoanalysis*, v. 31, 1950, pp. 132–37), que são relevantes para esses problemas.

6 Cf. M. Klein, *The Psycho-Analysis of Children*. London: Hogarth Press, 1932 [ed. bras.: *A psicanálise de crianças*, trad. Liana Pinto Chaves. Rio de Janeiro: Imago, 1997]; por exemplo, da p. 128 em diante.

No desenvolvimento normal, no segundo trimestre de vida da criança, a ansiedade persecutória diminui e a ansiedade depressiva vem para o primeiro plano, como uma consequência da maior capacidade do ego para integrar-se e sintetizar seus objetos. Isso necessariamente acarreta sofrimento e culpa a respeito do dano causado (em fantasias onipotentes) a um objeto que é agora sentido como sendo, ao mesmo tempo, amado e odiado; essas ansiedades e as defesas contra elas representam a posição depressiva. Nesse momento crítico, pode ocorrer uma regressão à posição esquizoparanoide, na tentativa de escapar à depressão.

Sugeri também que a internalização é de grande importância para os processos projetivos, com destaque para o fato de que o seio bom internalizado age como um ponto focal no ego, a partir do qual sentimentos bons podem ser projetados em objetos externos. Esse seio bom internalizado fortalece o ego, contrapõe-se à cisão e à dispersão e aumenta a capacidade para integração e síntese. Portanto, o objeto bom internalizado é uma das precondições para um ego integrado e estável e para boas relações de objeto. Presumo que a tendência para a integração, que é concomitante à cisão, seja um traço dominante na vida mental desde a mais tenra infância. Um dos principais fatores subjacentes à necessidade de integração é o sentimento do indivíduo de que a integração implica estar vivo, amando e sendo amado pelo objeto bom interno e externo; o que quer dizer que há uma estreita relação entre integração e relações de objeto. Inversamente, suponho que o sentimento de caos, de desintegração, de falta de emoções, resultante da cisão, esteja estreitamente relacionado com o medo da morte. Afirmei (em "Notas sobre alguns mecanismos esquizoides") que o medo da aniquilação pelas forças destrutivas internas é o medo mais profundo de todos. A cisão, como uma defesa primária contra esse medo, é eficaz na medida em que efetua uma dispersão da ansiedade e uma desconexão das emoções. Mas ela falha, num outro sentido, porque resulta num sentimento muito semelhante à morte – pois é a isso que equivalem a desintegração e o sentimento de caos que acompanham a cisão. Acho que o sofrimento do esquizofrênico não é plenamente avaliado porque ele parece ser destituído de emoções.

Gostaria, aqui, de ir um pouco além do meu artigo sobre mecanismos esquizoides. Eu sugeriria que um objeto bom firmemente estabelecido, o que pressupõe um amor por ele também firmemente estabelecido, dá ao ego um sentimento de riqueza e abundância, que faculta um extravasamento de libido e a projeção de partes boas do self no mundo externo sem que surja uma sensação de esvaziamento.

O ego pode, então, sentir também que é capaz de reintrojetar o amor que distribuiu, assim como internalizar o "bom" de outras fontes e, dessa forma, ser enriquecido por todo o processo. Em outras palavras, em tais casos existe um equilíbrio entre dar e receber, entre projeção e introjeção.

Além disso, sempre que um seio não danificado é internalizado, em situações de gratificação e amor, isso afeta a maneira pela qual o ego cinde e projeta. Como eu sugeri, existe uma variedade de processos de cisão (sobre os quais temos ainda muito a descobrir) cuja natureza é de grande importância para o desenvolvimento do ego. O sentimento de conter um mamilo e um seio não danificados – embora coexistindo com fantasias de um seio devorado e, portanto, em pedaços – faz a cisão e a projeção não serem *predominantemente* relacionadas a partes fragmentadas da personalidade, e sim a partes mais coesas do self. Isso implica que o ego não é exposto a um enfraquecimento fatal por dispersão e, por essa razão, é mais capaz de desfazer repetidamente a cisão e de conseguir integração e síntese em sua relação com objetos.

Inversamente, o seio internalizado com ódio e, portanto, sentido como sendo destrutivo, torna-se o protótipo de todos os objetos internos maus, leva o ego a novas cisões e torna-se o representante interno da pulsão de morte.

Já mencionei que, concomitantemente com a internalização do seio bom, a mãe externa também é investida de libido. Freud, em vários contextos, descreveu esse processo e algumas de suas implicações: por exemplo, referindo-se à idealização numa relação de amor, ele afirma que

> [...] o objeto é tratado como o próprio ego, que então, no enamoramento, uma medida maior de libido narcísica transborda para o objeto. Em não poucas formas da escolha amorosa torna-se mesmo evidente que o objeto serve para substituir um ideal não alcançado do próprio ego. Ele é amado pelas perfeições a que o indivíduo aspirou para o próprio ego [...].[7]

---

7   S. Freud, "Psicologia das massas e análise do ego" [1921], in *Obras completas*, v. 15, trad. Paulo César de Souza. São Paulo: Companhia das Letras, 2010, p. 71 (trad. modif.). Anna Freud descreveu outro aspecto da projeção sobre um objeto amado e identificação com ele em seu conceito de "rendição altruística". Cf. seu livro *O ego e os mecanismos de defesa* [1937], trad. Francisco Settíneri. Porto Alegre: Artmed, 2006, cap. 10.

A meu ver, o processo descrito por Freud supõe que esse objeto amado seja sentido como contendo a parte do self excindida, amada e valorizada que, dessa forma, continua sua existência dentro do objeto. Desse modo, ele torna-se uma extensão do self.[8]

O que expus acima é um breve resumo de minhas descobertas, apresentadas em "Notas sobre alguns mecanismos esquizoides".[9] Não me limitei, no entanto, aos pontos lá discutidos; acrescentei algumas novas sugestões e ampliei outras, que estavam implícitas, mas não explicitamente afirmadas naquele artigo. Proponho-me agora exemplificar algumas dessas descobertas por meio da análise de uma história do romancista francês Julien Green.[10]

### Um romance que ilustra a identificação projetiva

O herói, um jovem funcionário chamado Fabian Especel, está infeliz e insatisfeito consigo mesmo, especialmente com sua aparência, sua falta de sucesso com as mulheres, sua pobreza e o trabalho inferior ao qual se sente condenado. Acha que suas crenças religiosas – que ele atribui às exigências da mãe – são muito penosas, mas não consegue livrar-se delas. Seu pai, que morreu quando Fabian ainda estava na escola, havia desperdiçado todo o dinheiro no jogo, havia levado uma vida "alegre" com mulheres e morrera de insuficiência cardíaca, considerada como o resultado de sua vida dissoluta. O ressentimento acentuado e a rebelião de Fabian contra o destino estão ligados ao seu ressentimento contra seu pai, cuja irresponsabilidade privou-o de dar continuidade à sua educação e cortou-lhe as perspectivas de um futuro melhor. Parece que esses sentimentos contribuem para o desejo insaciável de Fabian por riqueza e sucesso e para a intensa inveja e ódio que nutre por aqueles que possuem mais.

---

8 Relendo, recentemente, "Psicologia das massas e análise do ego", op. cit., de Freud, pareceu-me que ele estava ciente do processo de identificação por projeção, embora ele não o diferenciasse, por um termo especial, do processo de identificação por introjeção, no qual estava principalmente interessado. Elliott Jaques (1955) cita algumas passagens de "Psicologia das massas e análise do ego" como se referindo, implicitamente, à identificação por projeção.
9 Cf. também "Algumas conclusões teóricas relativas à vida emocional do bebê", neste volume.
10 Julien Green, *Si j'étais vous...* Paris: Plon, 1947. Lançado em inglês como *If I were you*, trad. J. H. E McEwen. London: Harper, 1950.

A essência da história é o poder mágico de transformar-se em outras pessoas, que é conferido a Fabian por meio de um pacto com o Diabo, que o seduz a aceitar esse dom sinistro com falsas promessas de felicidade. Ele ensina a Fabian uma fórmula secreta pela qual pode ser efetuada a transformação em outra pessoa. Essa fórmula inclui seu próprio nome, Fabian, e é muito importante que ele consiga – aconteça o que acontecer – lembrar-se da fórmula e de seu nome.

A primeira escolha de Fabian é o garçom que lhe vem trazer uma xícara de café, o único desjejum com o qual pode arcar. Essa tentativa de projeção acaba em nada, porque a essa altura ele ainda leva em consideração os sentimentos de suas futuras vítimas, e o garçom, indagado por Fabian sobre sua vontade de trocar de lugar com ele, recusa. A próxima escolha de Fabian é seu patrão, Poujars. Ele inveja enormemente esse homem, que é rico, que pode – segundo pensa Fabian – aproveitar plenamente a vida e que tem poder sobre outras pessoas, especialmente sobre Fabian. O autor descreve a inveja que Fabian tem de Poujars nesses termos: "Ah! o sol. Muitas vezes lhe parecia que o sr. Poujars o mantinha escondido em seu bolso". Fabian tem também muito ressentimento em relação a seu patrão porque se sente humilhado por ele e aprisionado em seu escritório.

Antes de sussurrar a fórmula no ouvido de Poujars, Fabian fala com Poujars da mesma maneira arrogante e humilhante como Poujars costumava falar com ele. A transformação tem o efeito de fazer sua vítima entrar no corpo de Fabian e desmaiar; Fabian (agora no corpo de Poujars) faz um vultoso cheque em nome de Fabian. Ele encontra no bolso de Fabian seu endereço, que anota cuidadosamente. (Esse pedaço de papel, com o nome e o endereço de Fabian, será carregado por ele em suas duas próximas transformações.) Também providencia para que Fabian, em cujo bolso ele colocou o cheque, seja levado para casa, onde seria cuidado pela mãe. O destino do corpo de Fabian ocupa muito a mente de Fabian-Poujars, porque ele sente que pode vir a desejar, um dia, retornar ao seu antigo self; ele, portanto, não quer ver Fabian recuperar a consciência porque teme os olhos assustados de Poujars (com quem trocou de lugar) olhando a partir do rosto que fora o seu. Ele pergunta-se, observando o ainda inconsciente Fabian, se alguém, alguma vez, já o havia amado e sente-se contente por haver se livrado daquela aparência sem atrativos e daquelas roupas miseráveis.

Fabian-Poujars logo descobre algumas desvantagens nessa transformação. Sente-se oprimido pela sua nova corpulência; perdeu o apetite e torna-se consciente do problema renal do qual sofre Poujars. Descobre, a contragosto, que se apossara não apenas da aparência de Poujars, mas também de sua personalidade. Já se sente afastado de seu antigo self e pouco se recorda a respeito da vida e das particularidades de Fabian. Decide, então, que não ficará na pele de Poujars nem um minuto a mais do que o necessário.

Ao sair do escritório, levando consigo a agenda de Poujars, ele gradualmente se dá conta de ter-se colocado numa situação extremamente grave. Porque, além de não gostar da personalidade, da aparência e das lembranças desagradáveis que adquiriu, começa a ficar muito preocupado com a falta de força de vontade e de iniciativa que é adequada à idade de Poujars. O pensamento de que ele possa não ser capaz de reunir a energia necessária para se transformar em outra pessoa o enche de horror. Decide que para seu próximo objeto deve escolher alguém jovem e saudável. Ao ver, num café, um rapaz atlético, com um rosto feio, aparência arrogante e briguenta, mas cuja postura demonstrava autoconfiança, vigor e saúde, Fabian-Poujars – sentindo-se cada vez mais preocupado com o fato de nunca mais poder se livrar de Poujars – decide aproximar-se do jovem, mesmo sentindo muito medo. Oferece-lhe dinheiro, um maço de notas que Fabian-Poujars quer ter após a transformação e, enquanto distrai dessa maneira a atenção do rapaz, consegue sussurrar a fórmula em seu ouvido e colocar o papelzinho com o nome e o endereço de Fabian em seu bolso. Dentro de alguns instantes, Poujars, cuja pessoa Fabian acabou de abandonar, cai desmaiado e Fabian transforma-se no rapaz, Paul Esménard. Está cheio da grande alegria de sentir-se jovem, saudável e forte. Ele perdeu muito mais de seu self original e transformou-se muito mais em sua nova personalidade do que em sua primeira transformação; espanta-se ao encontrar um maço de notas em sua mão e o pedacinho de papel em seu bolso, com o nome e o endereço de Fabian. Logo dirige seu pensamento para Berthe, a moça em cujas graças Paul Esménard vinha tentando cair, até então sem sucesso. Entre outras coisas desagradáveis, Berthe lhe dissera que ele tinha a cara de um assassino e que ela tinha medo dele. O dinheiro em seu bolso lhe dá confiança e ele vai direto à casa dela, determinado a fazê-la ceder aos seus desejos.

Embora Fabian tenha ficado submerso em Paul Esménard, ele sente-se cada vez mais perplexo a respeito do nome Fabian, que havia lido no pedaço de papel. "Aquele nome permanecia, de alguma forma, no âmago de seu ser." Um sentimento de estar aprisionado num corpo desconhecido, e oprimido por mãos enormes e um cérebro de funcionamento lento, começa a tomar posse dele. Não consegue decifrar o que é, lutando inutilmente contra sua própria estupidez; pergunta-se o que poderia significar seu desejo de se libertar. Tudo isso se passa em sua mente enquanto vai ao encontro de Berthe. Entra à força em seu quarto, apesar de ela tentar trancar a porta para impedi-lo. Berthe grita, ele silencia-a tapando-lhe a boca com a mão e, na luta que se segue, estrangula-a. Apenas gradualmente vai se dando conta do que havia feito; sente-se aterrorizado e não ousa sair do apartamento de Berthe, já que ouve o barulho de pessoas movimentando-se na casa. De repente, ouve uma batida na porta, abre-a e encontra o Diabo, que ele não reconhece. O Diabo tira-o de lá, ensina novamente a fórmula que Fabian-Esménard havia esquecido e o ajuda a lembrar-se de algo sobre seu self original. Também o adverte de que, no futuro, não deve entrar numa pessoa tão estúpida que seja incapaz de usar a fórmula e, portanto, incapaz de efetuar outras transformações.

O Diabo leva-o para uma biblioteca, à procura de uma pessoa na qual Fabian-Esménard possa se transformar, e escolhe Emmanuel Fruges; Fruges e o Diabo reconhecem-se imediatamente, pois Fruges estava em contínua luta contra o Diabo, que estava "tão frequente e pacientemente à espera daquela alma inquieta". O Diabo ordena a Fabian-Esménard que sussurre a fórmula no ouvido de Fruges, e a transformação é efetuada. Assim que Fabian penetra o corpo e a personalidade de Fruges, ele recupera sua capacidade de pensar. Questiona-se a respeito do destino de sua última vítima e fica um tanto preocupado a respeito de Fruges (agora no corpo de Esménard), que será condenado pelo crime de Fabian-Esménard. Ele sente-se parcialmente responsável por aquele crime, pois, como lhe mostra o Diabo, as mãos que cometeram o assassinato pertenciam a ele até alguns minutos atrás. Antes de separar-se do Diabo, ele também pergunta sobre o Fabian original e sobre Poujars. Ao recobrar algumas recordações de seus selves anteriores, percebe que está cada vez mais se transformando em Fruges e adquirindo sua personalidade. Ao mesmo tempo, torna-se consciente de que suas experiências haviam aumentado sua compreensão de outras pessoas, pois agora pode entender melhor o que se passava nas mentes de Poujars, Paul Esménard e Fruges. Também sente compaixão, uma emoção desconhecida por ele antigamente, e vai de novo ver o que Fruges – no corpo de Paul Esménard – está fazendo. E, no entanto, ele saboreia o pensamento não só de sua própria evasão, mas também daquilo que sua vítima sofrerá em seu lugar.

O autor nos conta que nessa transformação, mais do que em qualquer uma das anteriores, entram alguns elementos da natureza original de Fabian. Especialmente o lado inquisitivo do caráter de Fabian influencia Fabian-Fruges a descobrir mais e mais sobre a personalidade de Fruges. Entre outras coisas, descobre que ele é atraído por cartões postais obscenos, que compra de uma velha mulher numa pequena papelaria, onde os cartões são escondidos atrás de outros artigos. Fabian fica enojado com esse lado de sua nova natureza; odeia o barulho feito pelo suporte giratório no qual os cartões são arrumados e sente que esse barulho vai assombrá-lo para sempre. Decide livrar-se de Fruges, a quem ele agora é capaz de julgar, até certo ponto, com os olhos de Fabian.

Logo entra na loja um garoto com cerca de seis anos. George é a imagem da "inocência de faces coradas" e Fabian-Fruges sente-se imediatamente atraído por ele. George recorda-o de si próprio, nessa idade, e ele sente muita ternura em relação à criança. Fabian-Fruges segue George até fora da loja e o observa com grande interesse. De repente, é tentado a transformar-se no garoto. Ele luta contra essa tentação como acha que nunca lutara antes contra qualquer outra, porque sabe que seria criminoso roubar a vida e a personalidade dessa criança. Decide, assim mesmo, transformar-se em George; ajoelha-se a seu lado e sussurra a fórmula em seu ouvido, num estado de grande emoção e remorso. Mas nada acontece, e Fabian-Fruges se dá conta de que a mágica não funciona com a criança porque o Diabo não tem poder sobre ela.

Fabian-Fruges fica horrorizado com a ideia de não conseguir se separar de Fruges, de quem ele gosta cada vez menos. Sente-se prisioneiro de Fruges e luta para manter vivo seu aspecto Fabian, pois percebe que falta a Fruges a iniciativa que o ajudaria a escapar. Faz várias tentativas de se aproximar de pessoas, mas falha e entra logo em desespero, com medo de que o corpo de Fruges venha a ser seu túmulo, de que ele tenha que permanecer ali até sua morte. "Todo o tempo tinha a impressão de estar sendo vagarosa, mas firmemente encarcerado; que uma porta, que tinha estado aberta, agora gradualmente se fechava sobre ele." Finalmente, consegue se transformar num jovem bonito e saudável de vinte anos, chamado Camille. Nesse ponto, o autor nos apresenta, pela primeira vez, a um círculo familiar, constituído pela mulher de Camille, Stéphanie, Elise, prima de Stéphanie, o próprio Camille, seu jovem irmão e o velho tio que havia adotado a todos quando eram crianças.

Quando entra na casa, Fabian-Camille parece estar procurando por algo. Vai para o andar de cima, procurando em diversos quartos, até entrar no quarto de Elise. Quando vê seu reflexo num espelho, fica exultante ao perceber que é bonito e forte, mas no momento seguinte descobre que, na verdade, transformou-se numa pessoa infeliz, fraca e inútil, e decide livrar-se de Camille. Ao mesmo tempo, tornou-se consciente do amor apaixonado e não retribuído que Elise dedicava a Camille. Elise entra e ele diz a ela que a ama e que deveria ter se casado com ela em vez de com sua prima Stéphanie. Elise, atônita e amedrontada – já que Camille nunca havia dado sinal algum de que retribuía seu amor –, foge. Sozinho no quarto de Elise, Fabian-Camille pensa com compaixão nos sofrimentos da moça e acha que poderia fazê-la feliz se a amasse. Então, de repente, pensa que, se isso fosse verdade, ele poderia tornar-se feliz se se transformasse em Elise. No entanto, abre mão dessa possibilidade porque não pode ter certeza de que Camille, se Fabian se transformasse em Elise, iria amá-la. Ele sequer tem certeza de que ele próprio – Fabian – ama Elise. Enquanto vai pensando sobre isso, ocorre-lhe que aquilo que ele ama em Elise são seus olhos, que de alguma maneira lhe são familiares.

Antes de abandonar a casa, Fabian-Camille vinga-se do tio, que é um homem hipócrita e tirânico, por todo o dano que ele havia causado à família. Mais particularmente, vinga também Elise, punindo e humilhando sua rival, Stéphanie. Fabian-Camille, tendo insultado o velho, deixa-o num estado de ira impotente e vai embora, sabendo que havia tornado impossível para si mesmo retornar alguma vez àquela casa sob a forma de Camille. Mas, antes de ir-se, insiste para que Elise – que ainda está com medo dele – o escute uma vez mais. Diz a ela que não a ama de fato e que ela precisa desistir de sua paixão desventurada por Camille ou se tornará infeliz para sempre.

Da mesma maneira que das outras vezes, Fabian sente-se ressentido com a pessoa na qual se transformara, porque descobrira que ela não valia nada; regozija-se, portanto, ao imaginar como Camille, quando Fabian o abandonar, será recebido em sua casa pelo tio e pela esposa. A única pessoa que ele lamenta abandonar é Elise; e de repente lhe vem à cabeça com quem ela se parece. Os olhos dela têm "em si toda a tragédia de uma ânsia que nunca pôde ser satisfeita"; e, de imediato, ele fica sabendo que aqueles são os olhos de Fabian. Quando esse nome, que ele havia esquecido completamente, surge de novo e ele o pronuncia em voz alta, seu som lhe traz vagas lembranças de um "país distante", conhecido apenas no passado, por meio de sonhos. Pois sua real lembrança de Fabian havia desaparecido completamente e, em sua pressa de escapar de Fruges e se transformar em Camille, ele não havia levado consigo nem o nome e o endereço de Fabian, nem o dinheiro. Desse momento em diante, o anseio por Fabian toma conta dele e ele luta para recobrar suas antigas lembranças. É uma criança que o ajuda a perceber que ele próprio é Fabian, pois quando ela lhe pergunta seu nome ele responde "Fabian", sem hesitação. Agora

Fabian-Camille vai-se movendo cada vez mais, física e mentalmente, em direção ao lugar onde Fabian pode ser encontrado, pois, em suas próprias palavras, "Eu quero ser eu mesmo novamente". Andando pelas ruas, vai clamando esse nome, que personifica seu maior anseio, e espera ter uma resposta. A fórmula que ele havia esquecido ocorre-lhe e ele espera poder também lembrar-se do sobrenome de Fabian. Em seu caminho para casa, cada prédio, cada pedra, cada árvore adquire um significado especial; ele sente que eles estão "carregados de alguma mensagem para ele" e vai andando, movido por um impulso. Essa é a maneira pela qual acaba entrando na loja da velha mulher, que havia sido tão familiar a Fruges. Sente que, ao olhar a seu redor nesta loja escura, ele está também "explorando um canto secreto de sua própria memória, examinando sua própria mente, por assim dizer" e se sente tomado por uma "depressão abissal". Quando empurra o suporte giratório com seus cartões, o rangido o afeta de maneira estranha. Sai da loja às pressas. O próximo ponto de referência é a biblioteca onde, com a ajuda do Diabo, Fabian-Esménard foi transformado em Fruges. Ele grita por "Fabian", mas não obtém resposta. Em seguida, passa pela casa onde Fabian-Esménard matou Berthe e sente-se impelido a entrar e descobrir o que aconteceu atrás daquela janela para a qual algumas pessoas estão apontando; ele se pergunta se, por acaso, esse seria o quarto onde vive Fabian, mas fica amedrontado e escapole quando ouve as pessoas falando sobre o assassinato que havia sido cometido há três dias; o assassino ainda não havia sido encontrado. À medida que vai andando, as casas e lojas se tornam ainda mais familiares para ele, que fica profundamente emocionado ao chegar ao lugar onde o Diabo tentou conquistar Fabian pela primeira vez. Finalmente, chega à casa onde mora Fabian e a zeladora deixa Fabian-Camille entrar. Quando ele começa a subir as escadas, uma dor repentina aperta seu coração.

Durante os três dias em que todos esses fatos aconteceram, Fabian esteve inconsciente em sua cama, sendo cuidado por sua mãe. Ele começa a voltar a si e vai se tornando inquieto quando Fabian-Camille aproxima-se da casa e sobe as escadas. Fabian ouve Fabian-Camille chamar pelo seu nome atrás da porta, sai da cama e dirige-se para a porta, mas não consegue abri-la. Fabian-Camille fala a fórmula pelo buraco da fechadura e vai embora. Fabian é encontrado pela sua mãe, caído inconsciente ao lado da porta, mas prontamente volta a si e recupera alguma força. Ele quer desesperadamente descobrir o que aconteceu durante os dias em que esteve inconsciente e, especificamente, saber do encontro com Fabian-Camille, mas é informado de que ninguém havia vindo e de que ele estivera em coma por três dias, desde que desmaiara no escritório. Com sua mãe sentada ao lado de sua cama, ele é tomado pelo anseio de ser amado por ela e de ser capaz de expressar seu amor por ela. Tem vontade de tocar sua mão, jogar-se em seus braços, mas sente que ela não corresponderia. Apesar disso, percebe que, se seu amor por ela tivesse sido mais forte, ela o teria amado mais. A intensa afeição que ele vivencia em relação a ela estende-se, subitamente, para toda a humanidade e ele se sente transbordando de uma felicidade inexplicável. Sua mãe sugere que ele reze, mas ele só consegue lembrar-se das palavras "Pai nosso". Então, ele é novamente tomado por essa felicidade misteriosa e morre.

**Interpretações**

I

O autor dessa história tem um insight profundo sobre a mente inconsciente; isso pode ser visto tanto em sua descrição dos acontecimentos e personagens quanto – o que é de especial interesse aqui – na escolha das pessoas dentro das quais Fabian se projeta. Meu interesse pela personalidade e pelas aventuras de Fabian, que de fato ilustram alguns dos problemas complexos e ainda obscuros da identificação projetiva, levou-me a tentar uma análise desse rico material quase como se ele fosse um paciente.

Antes de discutir a identificação projetiva – que é, para mim, o tema principal do livro –, considerarei a interação entre processos introjetivos e projetivos, que é, a meu ver, também ilustrada no romance. Por exemplo: o autor descreve o intenso desejo do infeliz Fabian de contemplar as estrelas.

> Sempre que ele ficava assim contemplando a noite que tudo envolvia, tinha a sensação de ser, delicadamente, elevado acima do mundo... Era quase como se, pelo próprio esforço de ficar olhando fixamente para o espaço, houvesse sido aberta nele uma espécie de abismo, correspondente às profundezas vertiginosas dentro das quais sua imaginação espreitava.

Acho que isso significa que Fabian está, ao mesmo tempo, perscrutando a distância e dentro de si mesmo; internalizando o céu e as estrelas assim como projetando dentro do céu e das estrelas seus objetos internos amados e as partes boas de si mesmo. Interpretaria também seu olhar tão concentrado nas estrelas como uma tentativa de recuperar seus objetos bons, que ele sente como perdidos ou muito distantes.

Outros aspectos das identificações introjetivas de Fabian esclarecem seus processos projetivos. Numa ocasião – em que está em seu quarto, solitário, à noite – ele sente, como com frequência sente, que necessita "ouvir alguns sinais de vida provenientes dos outros habitantes do prédio, à volta dele". Fabian apoia sobre a mesa o relógio de ouro de seu pai; tem uma grande afeição por esse relógio e gosta dele principalmente por "sua opulência e brilho e pelos números claramente marcados em seu mostrador". De uma maneira vaga, esse relógio também lhe dá um sentimento de confiança. Enquanto o relógio está lá, na mesa, entre seus papéis, Fabian sente que todo o quarto adquire um ar de maior ordem e seriedade, talvez devido ao "som meticuloso e, no entanto, calmante de seu tique-taque reconfortante no meio do silêncio penetrante". Olhando o relógio e ouvindo seu tique-taque, ele divaga sobre as horas de alegria e de infelicidade que o relógio tiquetaqueara da vida de seu pai – e o relógio parece-lhe vivo e independente da morte de seu antigo dono. Numa passagem anterior, o autor diz que, desde a infância, Fabian "havia sido assombrado por um sentimento de alguma presença interna que, de uma maneira que ele não poderia descrever, estava sempre além do alcance de sua própria consciência [...]". Eu concluiria que o relógio possui algumas qualidades de natureza paternal, como ordem e seriedade, que ele confere ao quarto de Fabian e, num sentido mais profundo, ao próprio Fabian; em outras palavras, o relógio representa o pai bom internalizado, que ele gostaria de sentir sempre presente. Esse aspecto do superego, que se liga à atitude altamente moral e disciplinada de sua mãe, contrasta com as paixões de seu pai e sua vida "alegre", que o tique-taque do relógio também faz recordar a Fabian. Ele também se identifica com esse lado frívolo, como demonstra a grande importância que dá a suas conquistas femininas – embora tais sucessos não lhe proporcionem muita satisfação.

Outro aspecto ainda do pai internalizado surge sob a forma do Diabo. Pois lemos que, quando o Diabo está se aproximando dele, Fabian ouve passos ressoando nas escadas. "Ele começou a ouvir os golpes secos daquelas passadas como uma pulsação martelando suas têmporas." Um pouco depois, quando estava cara a cara com o Diabo, parece-lhe que "a figura à sua frente continuaria crescendo e crescendo até que se espalhasse como trevas por todo o quarto". Acredito que isso expresse a internalização do Diabo (o pai mau), sendo que as trevas também indicam o terror que ele sente por ter internalizado um objeto tão sinistro. Numa passagem mais à frente, quando Fabian está viajando numa carruagem com o Diabo, ele adormece e sonha "que seu companheiro se esgueirava no assento, em sua direção" e que sua voz "parecia envolvê-lo, imobilizando seus braços, sufocando-o com seu fluxo pegajoso". Vejo nisso o medo de Fabian da intrusão do objeto mau nele. Em meu artigo "Notas sobre alguns mecanismos esquizoides", descrevi esses medos como consequência do impulso de se introduzir à força em outra pessoa, isto é, da identificação projetiva. O objeto externo que se intromete no self e o objeto mau que foi introjetado têm muito em comum; essas duas ansiedades são estreitamente ligadas entre si e capazes de se reforçarem mutuamente. Penso que essa relação com o Diabo repete os sentimentos arcaicos de Fabian a respeito de um aspecto de seu pai – o pai sedutor sentido como sendo mau. No entanto, o componente moral de seus objetos internalizados pode ser visto no desprezo ascético do Diabo pelas "ânsias da carne".[11] Esse aspecto era influenciado pela identificação de Fabian com a mãe moral e ascética; o Diabo, portanto, representa simultaneamente ambos os pais.

Indiquei alguns aspectos do pai que Fabian havia internalizado. A incompatibilidade entre esses aspectos era uma fonte de conflito sem fim para ele, acrescido pelo conflito real entre seus pais e perpetuado pela internalização dos pais em sua relação infeliz um com o outro. As várias maneiras pelas quais ele se identificava com sua mãe não eram menos complexas, como espero demonstrar. A perseguição e a depressão que surgiam dessas relações internas contribuíam muito para a solidão de Fabian, seu estado de espírito inquieto e sua ânsia de escapar de seu self odiado.[12] O autor, em seu prefácio, cita os versos de Milton: "Tu te tornaste (ó pior dos aprisionamentos!) o Calabouço de ti mesmo".[13]

---

11 As várias e contraditórias características – tanto ideais como más – com as quais o pai e a mãe são dotados são um aspecto bem conhecido no desenvolvimento das relações de objeto da criança. Similarmente, tais atitudes conflitantes também são atribuídas às figuras internalizadas, algumas das quais formam o superego.

12 Sugeri (em "Notas sobre alguns mecanismos esquizoides", neste volume) que a identificação projetiva surge durante a posição esquizoparanoide, que é caracterizada por processos de cisão. Assinalei anteriormente que a depressão de Fabian e seu sentimento de falta de valor deram um ímpeto adicional à sua necessidade de escapar de seu self. A voracidade e a recusa aumentadas, que caracterizam as defesas maníacas contra a depressão, são também, junto à inveja, um fator importante nas identificações projetivas.

13 John Milton, *Samson Agonistes*, 1671. No original: "Thou art become (O worst imprisonment!) the Dungeon of thyself". [N. T.]

Uma noite, quando Fabian perambulava sem destino pelas ruas, a ideia de voltar para seu próprio quarto enche-o de horror. Sabe que tudo o que encontrará lá será ele mesmo; nem pode escapar para um novo caso amoroso, pois se dá conta de que outra vez, como sempre, se cansaria dele rapidamente. Pergunta-se por que era tão difícil de ser satisfeito e lembra-se de que alguém lhe havia dito que o que ele queria era uma "estátua de marfim e ouro"; ele acha que essa superexigência pode ser uma herança de seu pai (o tema de Don Juan). Anseia por escapar de si mesmo, nem que seja por uma hora, para afastar-se das "discussões infindáveis" que ocorrem dentro dele. Parecia que seus objetos internalizados estavam lhe fazendo exigências incompatíveis e que essas eram as "discussões infindáveis" pelas quais ele se sentia tão perseguido.[14] Ele não apenas odeia seus perseguidores internos como também se sente sem valor por conter tais objetos maus. Esse é um corolário do sentimento de culpa; pois ele sente que suas fantasias e seus impulsos agressivos transformaram os pais em perseguidores vingativos ou os destruíram. Dessa forma, o ódio contra si mesmo, embora dirigido contra os objetos maus internalizados, acaba focalizando-se, em última instância, nos próprios impulsos do indivíduo, que são sentidos como tendo sido – e sendo – destrutivos e perigosos para o ego e seus objetos bons.

Voracidade, inveja e ódio, os motores básicos das fantasias agressivas, são traços dominantes no caráter de Fabian, e o autor nos mostra que essas emoções impulsionam Fabian a se apoderar das posses de outras pessoas, tanto materiais como espirituais; elas o levam, irresistivelmente, para aquilo que eu descrevi como identificações projetivas. Num determinado ponto, quando Fabian já havia feito seu pacto com o Diabo e está prestes a experimentar seu novo poder, ele brada: "Humanidade, a enorme taça da qual, brevemente, beberei". Isso sugere o desejo voraz de beber de um seio inexaurível. Podemos supor que essas emoções – e as identificações vorazes por introjeção

---

14 Em *O Eu e o Id*, op. cit., Freud escreve: "Se estas predominam, tornam-se muito numerosas e fortes, incompatibilizando-se umas com as outras, um desfecho patológico é provável. Pode-se chegar a uma fragmentação do ego, quando as várias identificações se excluem umas às outras mediante resistências, e o segredo dos casos chamados de *múltipla personalidade* talvez esteja em que as várias identificações tomam alternadamente a consciência. Mesmo não indo tão longe, há a questão dos conflitos das diferentes identificações em que o ego se distribui, conflitos que, afinal, não podem ser claramente descritos como patológicos" (p. 38; trad. modif.).

e projeção – foram vivenciadas, inicialmente, nas relações de Fabian com seus objetos originários, mãe e pai. Minha experiência analítica mostrou-me que os processos de introjeção e projeção repetem, mais tarde na vida, em certa medida, o padrão das introjeções e projeções mais arcaicas; o mundo externo é repetidamente posto para dentro e posto para fora – reintrojetado e reprojetado. A voracidade de Fabian, pelo que pode ser depreendido da história, é reforçada pelo seu ódio a si mesmo e pela premência de escapar de sua própria personalidade.

## II

Minha interpretação do romance implica que o autor tenha apresentado aspectos fundamentais da vida emocional em dois planos: as experiências do bebê e sua influência na vida do adulto. Nas páginas anteriores, referi-me a algumas das emoções, ansiedades, introjeções e projeções infantis que suponho estarem subjacentes ao caráter e às experiências adultas de Fabian.

Substanciarei essas suposições por meio da discussão de alguns episódios adicionais, que não mencionei no relato do romance. Ao reunir os vários incidentes sob esse ângulo específico, não seguirei a ordem cronológica do livro nem a do desenvolvimento de Fabian. Em vez disso, irei considerá-los como expressões de certos aspectos do desenvolvimento infantil – e devemos lembrar-nos de que, especialmente na infância, as experiências emocionais não são apenas consecutivas mas, em grande parte, simultâneas.

Há um interlúdio, no romance, que me parece de importância fundamental para a compreensão do desenvolvimento inicial de Fabian. Fabian-Fruges havia ido dormir muito deprimido com sua pobreza, sua inadequação, e cheio de medo de que não pudesse ser capaz de se transformar em outra pessoa. Ao acordar, vê que é uma manhã ensolarada e luminosa, veste-se com mais cuidado que o habitual, sai e, sentado ao sol, torna-se eufórico. Todos os rostos à sua volta parecem ser lindos. Pensa também que, nessa admiração, não há "nada daquela cupidez lasciva que era capaz de envenenar até mesmo seus momentos de contemplação realmente séria; ao contrário, ele estava simplesmente admirando, e com um toque de respeito quase religioso". Contudo, ele logo sente fome, pois não havia comido nada, e atribui a isso uma ligeira vertigem que sente, juntamente à esperança e euforia. No entanto, percebe que esse estado de felicidade é também perigoso, porque ele precisa incitar-se a agir, a fim de transformar-se em outra pessoa; mas antes de mais nada ele é impulsionado, pela fome, a encontrar comida.¹⁵ Entra numa padaria para comprar um pãozinho. O cheiro de farinha e pão quente sempre lembra a Fruges as férias da infância, no campo, numa casa cheia de crianças. Acredito que, em sua mente, a loja toda transforma-se na mãe nutriz. Ele fica absorvido na contemplação de uma grande cesta de pãezinhos frescos e estica sua mão na direção deles; ouve então uma voz de mulher perguntando o que ele desejava. Nesse momento ele sobressalta-se "como um sonâmbulo que tenha sido acordado abruptamente". Ela também cheira bem – "como um campo de trigo" –, e ele anseia por tocá-la, mas fica surpreso ao se perceber com medo de fazê-lo. Está fascinado pela beleza dela e sente que, por ela, seria capaz de desistir de todas as suas crenças e esperanças. Observa, deliciado, todos os seus movimentos quando ela lhe entrega um pãozinho e focaliza seus seios, cujos contornos pode ver sob a roupa. A brancura de sua pele o inebria e ele fica tomado por um desejo irresistível de enlaçá-la pela cintura. Assim que sai da loja, é inundado por extremo sofrimento. De repente, tem um forte impulso de jogar o pãozinho no chão e pisoteá-lo com "seus brilhantes sapatos pretos [...] para insultar o próprio sentido sagrado do pão". Então, ele lembra-se de que a mulher havia tocado o pão e, "com a paixão do desejo frustrado, morde furiosamente a parte mais grossa do pãozinho". Ataca até suas sobras, esmagando-as em seu bolso, ao mesmo tempo que tem a impressão de que uma migalha ficara entalada, como uma pedra, em sua garganta. Ele está agoniado. "Alguma coisa estava pulsando e palpitando como um segundo coração, bem acima de seu estômago, mas algo grande e pesado." Ao pensar novamente na mulher, conclui com amargura que nunca havia sido amado. Todos os seus casos com moças haviam sido sórdidos e ele nunca havia encontrado antes, numa mulher, "aquela plenitude de seios da qual o mero pensamento estava agora torturando-o com sua imagem persistente". Decide retornar à loja para dar, pelo menos, uma nova olhada nela, pois seus desejos pareciam estar "incendiando-o". Ele a acha ainda mais desejável e sente que olhar para ela quase equivale a tocá-la. Vê então um homem falando com ela, com a mão afetuosamente apoiada em seu braço "branco-leite". A mulher sorri para o homem e eles fazem planos para a noite. Fabian-Fruges tem certeza de que nunca mais esquecerá essa cena, "cada detalhe sendo investido de trágica importância". As palavras que o homem dissera a ela ainda

---

15 Acho que esse estado de euforia é comparável com a realização alucinatória de desejos (Freud), que o bebê, sob a pressão da realidade – especialmente da fome –, não consegue manter por muito tempo.

ecoam em seus ouvidos. Ele não consegue "abafar o som daquela voz que, de algum lugar lá dentro, ainda continua falando". Desesperado, cobre os olhos com as mãos. Não consegue lembrar-se de nenhuma ocasião em que tenha sofrido tão agudamente por causa de seus desejos.

Nos pormenores desse episódio, vejo o desejo de Fabian pelo seio de sua mãe sendo poderosamente revivido, com resultante frustração e ódio; seu desejo de pisotear o pão com seus sapatos pretos expressa seus ataques sádico-anais; e o morder furiosamente o pão, seu canibalismo e seus impulsos sádico-orais. Toda a situação parece estar internalizada e todas as suas emoções, com os consequentes desapontamento e ataques, estendem-se também à mãe internalizada. Isso é mostrado quando Fabian-Fruges esmaga furiosamente os restos do pãozinho em seu bolso; por sua impressão de que uma migalha havia ficado entalada, como uma pedra, em sua garganta e (imediatamente depois) de que um segundo e maior coração, acima de seu estômago, estava palpitando dentro dele. Nesse mesmo episódio, a frustração vivenciada ao seio e na relação mais arcaica com a mãe parece estar intimamente relacionada à rivalidade com o pai. Isso representa uma situação muito arcaica, quando o bebê, privado do seio da mãe, sente que este lhe foi tirado por alguém, sobretudo o pai, que está desfrutando o seio – uma situação de inveja e ciúme que me parece parte dos estágios mais iniciais do complexo de Édipo. O violento ciúme que Fabian-Fruges sente do homem que ele acredita possuir a padeira à noite refere-se também a uma situação interna, pois ele sente que pode ouvir dentro de si mesmo a voz do homem falando à mulher. Eu concluiria que o incidente que ele observou com emoções tão fortes representa a cena primária que ele havia internalizado no passado. Quando, nesse estado emocional, cobre seus olhos com a mão, penso que ele está revivendo o desejo do bebê de que nunca tivesse visto e internalizado a cena primária.

A parte seguinte desse capítulo lida com o sentimento de culpa de Fabian-Fruges a respeito de seus desejos, os quais ele sente que deve destruir "como o lixo é consumido pelo fogo". Vai a uma igreja e lá verifica que não há água benta na pia, "inteiramente seca", e fica indignado com tamanha negligência nos deveres religiosos. Ajoelha-se, num estado de depressão, e pensa que seria necessário um milagre para aliviar sua culpa e sua tristeza e para resolver seus conflitos religiosos, que reapareciam nesse momento. Suas queixas e acusações logo se voltam contra Deus. Por que Ele o criara para ser "tão doente e sujo como um rato envenenado"? Lembra-se, então, de um antigo livro sobre as muitas almas que poderiam ter tido vida, mas que permaneceram sem nascer. Teria havido, então, a questão de ter sido escolhido por Deus, e esse pensamento o conforta. Ele até fica animado por estar vivo e "aperta seu lado com ambas as mãos, como que para assegurar-se das batidas de seu coração". Então reflete que essas são ideias infantis, mas conclui que "a verdade mesma" é "a concepção de uma criança". Imediatamente depois, ele coloca velas votivas em todos os lugares vagos da prateleira. Uma voz interna tenta-o novamente, dizendo como seria lindo ver a padeira à luz de todas essas velinhas.

Minha conclusão é que sua culpa e seu desespero se relacionam à destruição, em fantasia, da mãe externa e interna e de seus seios, e à rivalidade assassina com seu pai; em outras palavras, ao sentimento de que seus objetos bons, internos e externos, haviam sido destruídos por ele. Essa ansiedade depressiva estava ligada a uma ansiedade persecutória. Pois Deus, que representava o pai, era acusado de tê-lo feito uma criatura má e envenenada. Ele oscila entre essa acusação e o sentimento de satisfação por ter sido criado em preferência às almas que não chegaram a nascer e por estar vivo. Sugiro que as almas que não tiveram vida representam os irmãos e irmãs que não chegaram a nascer. O fato de ser filho único era, ao mesmo tempo, um motivo de culpa e – já que ele fora escolhido para nascer enquanto os outros não – um motivo de satisfação e gratidão em relação a seu pai. A ideia religiosa de que a verdade é "a concepção de uma criança" adquire, então, outro significado. O maior dos atos de criação é criar um filho, pois isso significa perpetuar a vida. Acho que pôr velas em todos os lugares vagos da prateleira e acendê-las significa engravidar a mãe e trazer à vida os bebês que não nasceram. O desejo de ver a padeira à luz das velas expressaria, assim, o desejo de vê-la grávida de todas as crianças que ele daria a ela. Encontramos aqui o desejo incestuoso "pecaminoso" pela mãe, bem como a tendência à reparação, mediante o dar a ela todos os bebês que ele havia destruído. Nesse contexto, sua indignação com a pia de água benta "inteiramente seca" não tem apenas uma base religiosa. Vejo aí a ansiedade da criança a respeito de uma mãe que é frustrada e negligenciada pelo pai, em vez de ser amada e engravidada por ele. Essa ansiedade é especialmente forte nos caçulas e nos filhos únicos, porque a realidade de que nenhuma outra criança tenha nascido parece confirmar o sentimento de culpa de que eles impediram a relação sexual dos pais, a gravidez da mãe e a chegada de outros bebês, por meio do ódio e do ciúme e por meio de ataques ao corpo da mãe.[16] Já que eu presumo que Fabian-Fruges tenha

---

16 Refiro-me aqui a uma das causas essenciais de culpa e infelicidade na mente infantil. A criança muito pequena sente que suas fantasias e impulsos

expressado sua destruição do seio da mãe pelo ataque ao pãozinho que a padeira lhe deu, concluo que a pia inteiramente seca também represente o seio sugado até secar e destruído por sua voracidade infantil.

## III

É significativo o fato de que o primeiro encontro de Fabian com o Diabo tenha se dado quando ele se sentia profundamente frustrado porque sua mãe, que insistira para que ele fosse à comunhão no dia seguinte, havia-o assim impedido de aventurar-se em um novo caso amoroso naquela noite; e quando Fabian rebela-se e vai, assim mesmo, encontrar a moça, ela não aparece. Nesse momento, o Diabo entra em cena; acho que ele representa, nesse contexto, os impulsos perigosos que são provocados no bebê pequeno quando sua mãe o frustra. Nesse sentido, o Diabo é a personificação dos impulsos destrutivos do bebê.

Mas isso refere-se apenas a um aspecto da complexa relação com a mãe, um aspecto ilustrado pela tentativa de Fabian de projetar-se no garçom que lhe traz seu desjejum frugal (no romance, sua primeira tentativa de assumir a personalidade de outro homem). Como comentei muitas vezes, processos projetivos dominados pela voracidade fazem parte da relação do bebê com a mãe, mas são especialmente fortes em casos em que a frustração é frequente.[17] A frustração reforça tanto o desejo voraz por gratificação ilimitada quanto os desejos de cavoucar o seio e entrar no corpo da mãe para obter, à força, a gratificação que ela retém. Nós vimos, na relação com a padeira, os desejos impetuosos de Fabian-Fruges pelo seio e o ódio que a frustração desperta nele. Todo o caráter de Fabian, seus fortes ressentimentos e sensações de privação fundamentam a suposição de que ele havia se sentido muito frustrado em sua relação mais arcaica de alimentação. Tais sentimentos seriam revividos em relação ao garçom, se ele representar um aspecto da mãe – a mãe que o alimentou mas não o satisfez realmente. A tentativa de Fabian de transformar-se no garçom representaria, então, uma revivescência do desejo de introduzir-se em sua mãe com a finalidade de roubá-la e, dessa forma, conseguir mais

---

sádicos são onipotentes e, portanto, tiveram, têm e terão efeito. Ela sente o mesmo em relação a suas fantasias e desejos reparadores, mas parece que, com frequência, a crença em seus poderes destrutivos ultrapassa em muito a confiança em suas capacidades construtivas.

17 Como enfatizei em vários contextos, a premência por identificação projetiva não deriva apenas da voracidade, mas de uma variedade de causas.

comida e satisfação. Também é significativo o fato de que o garçom – o primeiro objeto no qual Fabian pretende se transformar – seja a única pessoa cuja permissão ele pede (uma permissão que o garçom nega). Isso implicaria que a culpa, que é tão claramente expressa na relação com a padeira, esteja até mesmo presente em relação ao garçom.[18]

No episódio com a padeira, Fabian-Fruges vivencia toda a gama de emoções em relação à sua mãe, ou seja, desejos orais, frustração, ansiedades, culpa e a necessidade urgente de fazer reparação; ele também revive o desenvolvimento de seu complexo de Édipo. A combinação de ardentes desejos físicos, afeição e admiração indica que houve um tempo em que a mãe de Fabian representou, para ele, tanto a mãe por quem ele sentia desejos orais e genitais como a mãe ideal, a mulher que deveria ser vista à luz das velas votivas, isto é, que deveria ser venerada. É verdade que ele não consegue essa veneração na igreja, porque sente que não pode conter seus desejos. Apesar disso, ela representa, por vezes, a mãe ideal que não deveria ter vida sexual.

Contrastando com o aspecto da mãe que deveria ser venerada como a Madona, há outro. Tomo a transformação no assassino Esménard como uma expressão dos impulsos infantis de assassinar a mãe, cuja relação sexual com o pai não é apenas sentida como uma traição ao amor do bebê, mas é inteiramente sentida como má e torpe. Esse sentimento fundamenta a equação inconsciente entre a mãe e uma prostituta, que é característica da adolescência. Berthe, que é obviamente encarada como uma mulher promíscua, assemelha-se, na mente de Fabian-Esménard, ao tipo da prostituta. Outro exemplo da mãe como uma figura sexual má é a velha da loja escura, que vende cartões-postais obscenos, que são escondidos atrás de outros artigos. Fabian-Fruges vivencia tanto repugnância como prazer, ao olhar para as figuras obscenas, e também sente-se assombrado pelo barulho do suporte giratório. Acredito que isso seja a expressão do desejo do bebê de espiar e escutar a cena primária, assim como sua repulsa contra esses desejos. A culpa associada a essas observações – reais ou fantasiadas –, nas quais é frequente sons ouvidos por acaso desempenharem um papel, provém de impulsos sádicos contra os pais nessa situação, e também se relaciona com masturbação, que frequentemente acompanha tais fantasias sádicas.

---

18 Ao apresentar essa interpretação, estou consciente de que essa não é a única linha pela qual esse episódio poderia ser explicado. O garçom também poderia ser visto como o pai que não satisfez suas expectativas orais; e o episódio da padeira significaria, então, um passo atrás, um retorno à relação com a mãe, com todos os desejos e desapontamentos.

Outra figura que representa a mãe má é a empregada na casa de Camille, que é uma velha hipócrita, conspirando com o tio mau contra os jovens. A própria mãe de Fabian aparece sob uma luz semelhante quando insiste em que ele vá se confessar; isso porque Fabian sente hostilidade pelo padre-confessor e odeia confessar seus pecados a ele. Portanto, a exigência de sua mãe está fadada a representar para ele uma conspiração entre os pais, aliados contra os desejos agressivos e sexuais da criança. A relação de Fabian com sua mãe, representada por essas diferentes figuras, mostra desvalorização e ódio, juntamente à idealização.

## IV

Há apenas algumas referências sobre a relação inicial de Fabian com seu pai, mas elas são significativas. Ao falar sobre as identificações introjetivas de Fabian, sugeri que seu forte apego ao relógio de seu pai – com os pensamentos que o relógio fazia surgir nele sobre a vida do pai e seu final prematuro – indicava amor e compaixão por seu pai e tristeza em relação à sua morte. Em referência aos comentários do autor, de que Fabian teria sido, desde a infância, "assombrado por um sentimento de alguma presença interna [...]", concluí que essa presença interna representava o pai internalizado.

Acho que a necessidade premente de compensar a morte precoce do pai e, num certo sentido, mantê-lo vivo, contribuiu muito para o desejo arrebatado e voraz de Fabian de viver a vida ao máximo. Eu diria que ele era também voraz em nome de seu pai. No entanto, em sua agitada busca por mulheres e descuido com a saúde, Fabian também reencenava o destino de seu pai, que se supunha ter morrido prematuramente como resultado de sua vida dissoluta. Essa identificação era reforçada pela má saúde de Fabian, pois tinha a mesma doença cardíaca da qual seu pai havia sofrido, e ele fora várias vezes avisado para não se esforçar muito.[19] Pareceria, assim, que havia em Fabian um conflito entre um impulso para causar sua própria morte e uma necessidade voraz de prolongar sua vida – e desse modo a vida de seu pai internalizado – através da penetração em outras pessoas e de um real roubo de suas vidas. Essa luta interna entre a busca da morte e o combate a ela fazia parte de seu estado de espírito instável e agitado.

---

19 Esse é um exemplo da influência mútua de fatores físicos (possivelmente herdados) e emocionais.

A relação de Fabian com seu pai internalizado centrava-se, como acabamos de ver, na necessidade de prolongar a vida de seu pai ou revivê-lo. Gostaria de mencionar outro aspecto do pai interno morto. A culpa em relação à morte do pai – devido a desejos de morte contra ele – tende a transformar o pai internalizado morto em um perseguidor. Há um episódio, no romance de Green, que indica a relação de Fabian com morte e mortos. Antes de Fabian aceitar o pacto, o Diabo o leva, de noite, para um passeio a uma casa sinistra, onde um estranho grupo está reunido. Fabian percebe que é o centro de uma intensa atenção e inveja. Aquilo que invejam nele é indicado pelo murmúrio "É pela dádiva...". A "dádiva", como sabemos, é a fórmula mágica do Diabo, que dará a Fabian o poder de transformar-se em outras pessoas e, como lhe parece, prolongar sua vida indefinidamente. Fabian é recebido pelo "lacaio" do Diabo, um aspecto muito sedutor do Diabo, sucumbe a seu charme e se deixa ser persuadido a aceitar a "dádiva". Parece que as pessoas reunidas devem representar os espíritos dos mortos que não receberam a "dádiva", ou falharam em usá-la bem. O "lacaio" do Diabo fala com desprezo deles, dando a impressão de que foram incapazes de viver suas vidas ao máximo; talvez ele os menospreze porque se venderam ao Diabo, e em vão. Uma conclusão provável é a de que essas pessoas insatisfeitas e invejosas também representem o pai morto de Fabian, porque Fabian teria atribuído a seu pai – que, de fato, desperdiçou sua vida – tais sentimentos de inveja e voracidade. Sua correspondente ansiedade de que seu pai internalizado desejaria sugar-lhe a vida contribuiu tanto para a necessidade de Fabian de escapar de seu self como para seu desejo voraz (em identificação com o pai) de roubar as vidas de outras pessoas.

A perda precoce do pai contribuiu muito para sua depressão, mas as raízes dessas ansiedades podem, novamente, ser encontradas em sua infância. Pois, se partirmos do princípio que a intensa emoção de Fabian em relação ao amante da padeira seja uma repetição de seus sentimentos edípicos iniciais, concluiríamos que ele vivenciou intensos desejos de morte contra seu pai. Como sabemos, desejos de morte e ódio em relação ao pai, como um rival, levam não apenas a uma ansiedade persecutória como também, por serem conflitantes com amor e compaixão, a fortes sentimentos de culpa e depressão na criança pequena. É significativo o fato de que Fabian, que tem o poder de transformar-se em qualquer pessoa que quiser, nunca chega sequer a pensar em se transformar no amante invejado da mulher admirada. Parece que, se ele tivesse levado a cabo tal transformação, teria se sentido usurpando o lugar de seu pai e liberando seu ódio assassino em relação a ele. Tanto o medo do pai como o conflito entre amor e ódio – isto é, tanto ansiedade persecutória como ansiedade depressiva – fariam-no recuar de uma manifestação tão aberta de seus desejos edípicos. Também já descrevi suas atitudes conflituosas em relação à mãe – novamente um conflito entre amor e ódio – que contribuíam para seu afastamento dela enquanto objeto de amor e para a repressão de seus sentimentos edípicos.

As dificuldades de Fabian em relação a seu pai têm que ser consideradas juntamente a sua voracidade, inveja e ciúme. Sua transformação em Poujars é motivada por voracidade, inveja e ódio violentos, como os que o bebê vivência em relação ao pai, que é adulto, potente e que, na fantasia da criança, possui tudo porque possui a mãe. Referi-me à descrição que o autor faz da inveja de Fabian por Poujars com as palavras: "Ah! o sol. Muitas vezes lhe parecia que o sr. Poujars o mantinha escondido em seu bolso".[20]

Inveja e ciúme, reforçados por frustrações, contribuem para os sentimentos de queixa e ressentimento do bebê em relação a seus pais e estimulam o desejo de reverter os papéis e de privar *a eles*. Pela atitude de Fabian, quando ele trocou de lugar com Poujars e olha, num misto de desprezo e piedade, para seu antigo self pouco atraente, podemos perceber o quanto ele desfruta do fato de ter revertido os papéis. Outra situação na qual Fabian castiga uma figura paterna má surge quando ele é Fabian-Camille: insulta e enraivece o velho tio de Camille antes de deixar a casa.

Na relação de Fabian com seu pai, assim como na relação com sua mãe, podemos detectar o processo de idealização e seu corolário, o medo de objetos persecutórios. Isso se torna claro quando Fabian transforma-se em Fruges, cuja luta interior entre seu amor por Deus e sua atração pelo Diabo é muito intensa; Deus e o Diabo representam, claramente, o pai ideal e o pai totalmente mau. A atitude ambivalente em relação ao pai é também mostrada na acusação que Fabian-Fruges faz a Deus (pai) de havê-lo criado como uma criatura tão pobre, reconhecendo no entanto sua gratidão por Ele ter-lhe dado a vida. Por esses sinais, concluo que Fabian esteve sempre buscando seu pai ideal e que isso é um estímulo forte para suas identificações projetivas. Mas

---

20 Um dos significados do sol em seu bolso pode ser a mãe boa que o pai tomou para dentro de si. Pois o bebê pequeno, como já mostrei anteriormente, sente que, quando privado do seio da mãe, o foi pelo pai que recebeu o seio. O sentimento de que o pai contém a mãe boa, roubando-a assim do bebê, provoca inveja e voracidade, e é também um estímulo importante para a homossexualidade.

ele falha em sua busca pelo pai ideal: está fadado a falhar porque é impulsionado por voracidade e inveja. Todos os homens nos quais se transforma acabam sendo desprezíveis e fracos. Fabian os odeia por terem-no desapontado e se regozija com o destino de suas vítimas.

## V

Sugeri que algumas das experiências emocionais que ocorreram durante as transformações de Fabian podem esclarecer seu desenvolvimento inicial. Conseguimos obter um quadro de sua vida sexual adulta, ao longo do período que precede seu encontro com o Diabo, ou seja, quando ele ainda é o Fabian original. Já mencionei que os relacionamentos sexuais de Fabian tinham curta duração e acabavam em desapontamento. Ele não parecia capaz de amor genuíno por uma mulher. Interpretei o interlúdio com a padeira como sendo uma nova apresentação de seus sentimentos edípicos arcaicos. Seu insucesso em lidar com esses sentimentos e ansiedades forma a base de seu desenvolvimento sexual posterior. Sem se tornar impotente, desenvolveu a divisão em duas tendências, que Freud descreveu como "amor celestial e amor terreno (ou animal)".[21]

Até mesmo esse processo de cisão falhou na conquista de seus objetivos, pois ele nunca chegou a encontrar realmente uma mulher que ele conseguisse idealizar; mas a existência de tal pessoa em sua mente é demonstrada ao cogitar se a única mulher que conseguiria satisfazê-lo plenamente seria "uma estátua de mármore e ouro". Como vimos, no papel de Fabian-Fruges, ele vivenciou uma admiração apaixonada, chegando à idealização, pela padeira. Ele estava, eu diria, procurando inconscientemente, durante toda a sua vida, pela mãe ideal que havia perdido.

Os episódios nos quais Fabian transforma-se no rico Poujars, ou no fisicamente poderoso Esménard, ou, finalmente, no homem casado (Camille, que tem uma linda mulher), sugerem uma identificação com seu pai, baseada em seu desejo de ser como ele e de tomar seu lugar como homem. No romance não há indícios de que Fabian fosse homossexual. No entanto, pode-se achar uma indicação de homossexualidade em sua forte atração física pelo "lacaio" do Diabo – um homem jovem e bonito, cuja persuasão vence as dúvidas e ansieda-

---

21 S. Freud, "Sobre a mais comum depreciação na vida amorosa (Contribuições à psicologia do amor II)" [1912] in *Obras completas*, v. 9, trad. Paulo César de Souza. São Paulo: Companhia das Letras, 2013, p. 352.

des de Fabian quanto a entrar no pacto com o Diabo. Já me referi ao medo de Fabian daquilo que ele imagina serem os avanços sexuais do Diabo em relação a ele. Mas o desejo homossexual de ser o amante de seu pai se manifesta, mais diretamente, em relação a Elise. Sua atração por Elise – por seus olhos que anseiam – devia-se, como o autor indica, a uma identificação com ela. Por um momento, ele sente-se tentado a transformar-se nela, se ao menos ele pudesse estar seguro de que o bonito Camille a amaria. Mas ele se dá conta de que isso não poderia acontecer e decide não se tornar Elise.

Nesse contexto, o amor não correspondido de Elise parece expressar a situação edipiana invertida de Fabian. Colocar-se no papel de uma mulher amada pelo pai significaria desalojar ou destruir a mãe e despertaria uma culpa intensa; de fato, na história, Elise tem a mulher de Camille, desagradável mas linda, como sua rival odiada – outra figura materna, penso. É interessante que só perto do final é que Fabian sente o desejo de tornar-se mulher. Isso pode estar conectado com a emergência de desejos e ânsias reprimidas e, portanto, com um enfraquecimento das fortes defesas contra seus impulsos arcaicos femininos e homossexuais passivos.

A partir desse material, podemos extrair algumas conclusões sobre as sérias deficiências sofridas por Fabian. Sua relação com a mãe era fundamentalmente perturbada. Como sabemos, ela é descrita como uma mãe zelosa, preocupada sobretudo com o bem-estar físico e moral de seu filho, mas incapaz de afeto e ternura. É provável que ela tivesse a mesma atitude para com ele, quando ele era um bebê. Já mencionei que o caráter de Fabian, a natureza de sua voracidade, inveja e ressentimento indicam que seus ressentimentos orais tenham sido muito grandes e nunca foram superados. Podemos presumir que esses sentimentos de frustração se estenderam ao pai; isso porque, nas fantasias do bebê, o pai é o segundo objeto do qual são esperadas gratificações orais. Em outras palavras, o lado positivo da homossexualidade de Fabian também foi perturbado em sua raiz.

O fracasso na modificação dos desejos e ansiedades orais fundamentais tem várias consequências. Significa, em última instância, que a posição esquizoparanoide não foi elaborada com sucesso. No caso de Fabian, acho que isso era verdade e, portanto, ele também não havia lidado adequadamente com a posição depressiva. Por esses motivos, sua capacidade de fazer reparação havia sido prejudicada e, mais tarde, ele não foi capaz de enfrentar seus sentimentos de perseguição e depressão. Consequentemente, suas relações com seus pais e com as pessoas em geral eram bastante insatisfatórias. Tudo isso implica, como minha experiência tem mostrado, que ele foi incapaz de estabelecer firmemente o seio bom, a mãe boa, em seu mundo interno[22] – um fracasso inicial que, por sua vez, o impediu de desenvolver uma forte identificação com um pai bom. A voracidade excessiva de Fabian, derivada, em certa medida, de sua insegurança a respeito de seus objetos internos bons, influenciou tanto seus processos introjetivos e projetivos como – já que também estamos discutindo o Fabian adulto – os processos de reintrojeção e reprojeção. Todas essas dificuldades contribuíram para sua incapacidade de estabelecer uma relação de amor com uma mulher, ou seja, para a perturbação em seu desenvolvimento sexual. Do meu ponto de vista, ele flutuava entre uma homossexualidade fortemente reprimida e uma heterossexualidade instável.

Já mencionei uma série de fatores externos que desempenharam um papel importante no infeliz desenvolvimento de Fabian, tais como a morte prematura de seu pai, a falta de afeto de sua mãe, sua pobreza, a natureza insatisfatória de seu trabalho, seu conflito com a mãe a respeito de religião e – um ponto muito importante – sua doença física. A partir desses fatos, podemos tirar mais algumas conclusões. O casamento dos pais de Fabian era, obviamente, infeliz, como indica o fato de seu pai encontrar prazeres em outros lugares. Podemos presumir que a mãe era uma pessoa não apenas incapaz de demonstrar sentimentos calorosos mas também uma mulher infeliz que buscava consolo na religião. Fabian era um filho único e indubitavelmente solitário. Seu pai morrera quando ele ainda estava na escola e isso o privou de uma educação mais extensa e da perspectiva de uma carreira bem-sucedida; teve também o efeito de suscitar seus sentimentos de perseguição e depressão.

Sabemos que todos os acontecimentos, desde sua primeira transformação até seu retorno à sua casa, devem ter-se passado durante três dias. Durante esses três dias – como descobrimos ao final quando Fabian-Camille reúne-se a seu antigo self – Fabian esteve de cama, inconsciente, sendo cuidado por sua mãe. Conforme ela lhe conta, ele havia desmaiado no escritório de seu patrão após ter-se comportado mal lá, fora trazido para casa e permanecera inconsciente desde então. Ela acredita, quando ele se refere à visita de Camille, que ele esteve delirando. Será que o autor quer que nós tomemos a história toda como uma representação das fantasias de Fabian durante a doença que precede sua morte?

---

22 A firme internalização de uma mãe boa – um processo de importância fundamental – varia em grau e nunca é tão completa que não possa ser abalada por ansiedades de fontes internas ou externas.

Isso implicaria que todos os personagens fossem figuras de seu mundo interno, o que, mais uma vez, ilustraria que a introjeção e a projeção estavam nele operando na mais íntima interação.

## VI

Os processos subjacentes à identificação projetiva são descritos muito concretamente pelo autor. Uma parte de Fabian abandona, literalmente, seu self e entra em sua vítima, um acontecimento que, de ambos os lados, é acompanhado por fortes sensações físicas. Somos informados de que a parte excindida de Fabian submerge, em graus variados, dentro de seus objetos e perde as lembranças e características pertencentes ao Fabian original. Deveríamos, portanto, concluir (de acordo com a concepção muito concreta do autor sobre o processo projetivo) que as lembranças de Fabian e outros aspectos de sua personalidade são deixados no Fabian descartado, que deve ter retido uma boa parte do ego, quando a cisão ocorreu. Essa parte de Fabian, que hiberna até que os aspectos excindidos de sua personalidade voltem, representa, a meu ver, aquele componente do ego que os pacientes inconscientemente sentem que retiveram, enquanto outras partes são projetadas no mundo externo e perdidas.

Os termos espaciais e temporais que o autor usa para descrever esses acontecimentos são, de fato, aqueles em que nossos pacientes vivenciam tais processos. O sentimento de um paciente de que partes de seu self não estão mais disponíveis, estão muito distantes ou sumiram de vez, é obviamente uma fantasia subjacente aos processos de cisão. Mas tais fantasias têm consequências de longo alcance e influenciam vitalmente a estrutura do ego. Têm o efeito de tornar aquelas partes de seu self das quais ele se sente distanciado – com frequência incluindo suas emoções – inacessíveis, no momento, tanto para o analista como para o paciente.[23] O sentimento de que ele não sabe para onde foram as partes de si mesmo que ele dispersou no mundo externo é uma fonte de grande ansiedade e insegurança.[24]

---

23 Há outro lado dessas experiências. Como Paula Heimann descreve em seu artigo "A Contribution to the Re-evaluation of the Oedipus Complex: The Early Stages" (*The International Journal of Psycho-Analysis*, v. 33, n. 2, 1952, pp. 84–92), os sentimentos conscientes de um paciente também podem expressar seus processos de cisão.

24 Sugeri, em "Notas sobre alguns mecanismos esquizoides" (neste volume), que o medo de ficar aprisionado dentro da mãe, como uma consequência da

Considerarei, em seguida, as identificações projetivas de Fabian sob três ângulos: (I) a relação das partes excindidas e projetadas de sua personalidade com aquelas que ele abandonou; (II) os motivos subjacentes à escolha dos objetos dentro dos quais ele se projeta; e (III) o quanto, nesses processos, a parte projetada de seu self submerge no objeto ou ganha controle sobre ele.

(I) A ansiedade de Fabian de que ele possa esvaziar seu ego por meio da excisão de partes desse ego, e da projeção dessas partes para dentro de outras pessoas, é expressa, antes que ele dê início a suas transformações, pela maneira como olha para suas roupas, empilhadas desordenadamente sobre uma cadeira: "Ele teve uma horrível sensação, olhando para elas, de que estivesse vendo a si mesmo, mas vendo uma pessoa assassinada ou, de alguma forma, destruída. As mangas vazias de seu casaco, na medida em que pendiam flácidas para o chão, eram um indício desesperançado de tragédia".

Também somos informados de que Fabian, quando se transforma em Poujars (ou seja, quando os processos de cisão e projeção haviam acabado de acontecer), fica muito preocupado com sua antiga pessoa. Acha que pode desejar retornar ao seu self original e, portanto, ansioso para que Fabian seja levado para casa, lhe faz um cheque.

A importância dada ao nome de Fabian também denota que sua identidade estava ligada àquelas partes de si mesmo que foram abandonadas, e que elas representavam o núcleo de sua personalidade; o nome era uma parte essencial da fórmula mágica, e é significativo que a primeira coisa que lhe tenha ocorrido quando, sob a influência de Elise, ele sentiu a premência de retomar seu antigo self tenha sido o nome "Fabian". Acho que sentimentos de culpa por ter negligenciado e desertado um componente precioso de sua personalidade contribuíram para o anseio de Fabian de ser ele mesmo novamente – um anseio que o impulsionou irresistivelmente para casa, no fim do romance.

---

identificação projetiva, está na base de várias situações de ansiedade, entre elas a claustrofobia. Acrescentaria agora que a identificação projetiva pode resultar em medo de que a parte perdida do self nunca seja recuperada, por estar enterrada no objeto. Na história, Fabian sente – depois de duas transformações, em Poujars e em Fruges – que está sepultado e nunca mais escapará. Isso implica que ele morrerá dentro de seus objetos. Há outro ponto que eu gostaria de mencionar aqui: além do medo de ser aprisionado dentro da mãe, descobri que outro fator contribuinte para a claustrofobia é o medo relacionado ao interior do corpo da própria pessoa e os perigos que lá ameaçam. Cito novamente as linhas de Milton: "Tu te tornaste (ó pior dos aprisionamentos!) o Calabouço de ti mesmo".

(II) A escolha de sua primeira vítima pretendida, o garçom, torna-se facilmente compreensível se presumirmos – como sugeri anteriormente – que ele representava a mãe de Fabian; pois a mãe é o primeiro objeto de identificação do bebê, tanto por introjeção como por projeção.

Alguns dos motivos que impeliram Fabian a projetar-se dentro de Poujars já foram discutidos; sugeri que ele desejava transformar-se no pai rico e poderoso, dessa maneira roubando-o de todas as suas posses e punindo-o. Ao fazer isso, ele estava também sendo movido por um motivo que eu gostaria de enfatizar nesse contexto. Acho que as fantasias e os impulsos sádicos de Fabian (expressos no desejo de controlar e punir seu pai) eram algo que ele sentia ter em comum com Poujars. A crueldade de Poujars, da maneira como Fabian a definia, representava também a própria crueldade de Fabian e sua ânsia por poder.

O contraste entre Poujars (que se revelou enfermo e infeliz) e o jovem e viril Esménard foi apenas um fator que contribuiu para que Fabian escolhesse esse último como um objeto de identificação. Acredito que o principal motivo da decisão de Fabian de se transformar em Esménard, apesar de ele ser pouco atraente e desagradável, foi que Esménard representava uma parte do self de Fabian e que o ódio assassino que impele Fabian-Esménard a matar Berthe é uma revivescência das emoções que Fabian experimentou na infância, em relação à sua mãe, quando ela o frustrava – segundo seus sentimentos – oral e genitalmente. O ciúme de Esménard de qualquer homem a quem Berthe favorecesse renova, de uma maneira extremada, o complexo de Édipo de Fabian e a intensa rivalidade com seu pai. Essa parte de si mesmo, que era potencialmente assassina, foi personificada por Esménard. Fabian, ao se tornar Esménard, projetou desse modo dentro de outra pessoa e atuou algumas de suas próprias tendências destrutivas. A cumplicidade de Fabian no assassinato é assinalada pelo Diabo, que o faz recordar, após sua transformação em Fruges, que as mãos que estrangularam Berthe eram, apenas alguns minutos antes, as suas próprias.

Chegamos agora à escolha de Fruges. Fabian tem muito em comum com Fruges, em quem, no entanto, essas características são muito mais pronunciadas. Fabian tem tendência a negar o poder que a religião (e isso significa também Deus – o pai) tem sobre ele e atribui seus conflitos quanto à religião à influência de sua mãe. Os conflitos de Fruges quanto à religião são agudos e, como descreve o autor, ele tem perfeita noção de que a luta entre Deus e o Diabo domina sua vida. Fruges está constantemente lutando contra seus desejos de luxo e riqueza; sua consciência o conduz para uma austeridade extrema. Em Fabian, o desejo de ser tão rico quanto as pessoas que ele inveja também é muito pronunciado, mas ele não tenta refreá-lo. Ambos têm também em comum suas atividades intelectuais e uma curiosidade intelectual muito acentuada.

Essas características comuns predisporiam Fabian a escolher Fruges para a identificação projetiva. Acho, no entanto, que outro motivo entra nessa escolha. O Diabo, desempenhando aqui o papel de um superego orientador, ajudou Fabian a sair de Esménard e preveniu-o para que tomasse cuidado com a entrada numa pessoa na qual ele ficaria tão submerso que nunca poderia escapar novamente. Fabian está aterrorizado por ter se transformado num assassino – o que, penso, significa ter sucumbido à parte mais perigosa de si mesmo, aos seus impulsos destrutivos; ele, então, escapa mudando de lugar com alguém completamente diferente de sua escolha prévia. Minha experiência tem mostrado que a luta contra uma identificação avassaladora – seja por introjeção, seja por projeção – muitas vezes leva as pessoas a identificações com objetos que tenham características opostas. (Outra consequência de uma luta assim é uma fuga indiscriminada para uma variedade de outras identificações e com flutuações entre elas. Tais conflitos e ansiedades são frequentemente perpetuados e enfraquecem ainda mais o ego.)

A escolha seguinte de Fabian, Camille, quase nada tem em comum com ele. Mas, por meio de Camille, Fabian parece identificar-se com Elise, a moça que está, de uma maneira infeliz, enamorada de Camille. Como vimos, Elise representava a parte feminina de Fabian e seus sentimentos por Camille representavam o amor homossexual não satisfeito de Fabian por seu pai. Ao mesmo tempo, Elise também representava a parte boa de seu self, que era capaz de ansiar por alguém e de amar. A meu ver, o amor infantil de Fabian por seu pai, ligado como estava a seus desejos homossexuais e à sua posição feminina, havia sido perturbado em sua origem. Também mostrei que ele era incapaz de transformar-se numa mulher porque isso representaria a realização de seus desejos femininos profundamente reprimidos na relação edipiana invertida com seu pai. (Nesse contexto, não estou lidando com outros fatores que impedem a identificação feminina, sobretudo o medo da castração.) Com o despertar da capacidade de amar, Fabian pode identificar-se com a infeliz paixão de Elise por Camille; da maneira como vejo, ele também se torna capaz de vivenciar seu amor e desejos em relação a seu pai. Concluiria que Elise passou a representar uma parte boa de seu self.

Sugeriria ainda que Elise também representa uma irmã imaginária. É fato conhecido que as crianças têm companheiros imaginários. Eles representam – especialmente na vida de fantasia de filhos únicos – irmãos ou irmãs, mais velhos ou mais moços, ou um gêmeo, que nunca chegou a nascer. Pode-se supor que Fabian, que era filho único, teria ganho muito com o companheirismo de uma irmã. Tal relacionamento também o teria ajudado a enfrentar melhor seu complexo de Édipo e ganhar uma maior independência em relação à mãe. Na família de Camille existe de fato um relacionamento assim, entre Elise e o irmão de Camille, em idade escolar.

Devemos nos lembrar, aqui, de que os esmagadores sentimentos de culpa de Fabian-Fruges, na igreja, pareciam relacionar-se também ao fato de ele ter sido escolhido, ao passo que outras almas nunca chegaram à vida. Interpretei seu gesto de acender as velas votivas e visualizar a padeira rodeada por elas como, ao mesmo tempo, uma idealização dela (a mãe como santa) e uma expressão de seu desejo de fazer reparação e trazer à vida os irmãos e irmãs que não nasceram. Especialmente caçulas e filhos únicos têm, com frequência, um forte sentimento de culpa, porque sentem que seus impulsos agressivos e ciumentos impediram suas mães de darem à luz outras crianças. Tais sentimentos são também ligados a medos de retaliação e perseguição. Verifiquei, repetidas vezes, que o medo e a desconfiança de colegas de escola ou de outras crianças estavam ligados a fantasias de que os irmãos e irmãs não nascidos haviam, afinal, se tornado vivos e eram representados por quaisquer crianças que parecessem hostis. O anseio por irmãos e irmãs amistosos é fortemente influenciado por tais ansiedades.

Até aqui ainda não discuti por que Fabian escolheu, em primeiro lugar, identificar-se com o Diabo – um fato no qual o enredo é baseado. Salientei, anteriormente, que o Diabo representava o pai sedutor e perigoso; ele também representava partes da mente de Fabian, tanto o superego como o id. No romance, o Diabo não se preocupa com suas vítimas; extremamente voraz e cruel, ele aparece como o protótipo de identificações projetivas hostis e más que, no romance, são descritas como instruções violentas dentro das pessoas. Diria que ele mostra, de uma maneira extremada, aquele componente da vida emocional infantil que é dominado por onipotência, voracidade e sadismo; e que essas são as características que Fabian e o Diabo têm em comum. Portanto, Fabian identifica-se com o Diabo e executa todas as suas ordens.

É significativo – e eu acho que expressa um aspecto importante da identificação – que, ao transformar-se em outra pessoa, Fabian retenha, em certa medida, suas identificações projetivas anteriores. Isso é demonstrado pelo grande interesse – um interesse misturado com desprezo – que Fabian-Fruges tem pelo destino de suas vítimas anteriores; e também pelo seu sentimento de que ele é, afinal, responsável pelo assassinato que cometeu como Esménard. Isso aparece, muito claramente, ao final da história, pois suas experiências dentro das personagens nas quais ele havia se transformado estão todas presentes em sua mente, antes de sua morte, e ele está preocupado com seus destinos. Isso faz supor que ele introjeta seus objetos, bem como se projeta dentro deles – uma conclusão que está de acordo com minha concepção, reafirmada na introdução deste artigo, de que a projeção e a introjeção interagem desde o começo da vida.

Tentando destacar um motivo importante para a escolha de objetos de identificação, eu descrevi essa escolha, para fins de apresentação, como ocorrendo em duas etapas: (a) existe algum terreno comum; (b) a identificação acontece. Mas o processo, tal como o observamos em nosso trabalho analítico, não é tão dividido. Pois o indivíduo sentir que tem muito em comum com outra pessoa é simultâneo a projetar-se para dentro dessa pessoa (o mesmo aplica-se para a introjeção dela). Esses processos variam em intensidade e duração, e dessas variações é que dependem a força e a importância de tais identificações e suas vicissitudes. Nesse sentido, gostaria de chamar a atenção para o fato de que – embora muitas vezes os processos que descrevi pareçam vigorar ao mesmo tempo – temos que considerar cuidadosamente, em cada condição ou situação, se, por exemplo, a identificação projetiva predomina sobre os processos introjetivos ou vice-versa.[25]

Sugeri, em minhas "Notas sobre alguns mecanismos esquizoides", que o processo de reintrojetar uma parte projetada do self inclui internalizar uma parte do objeto para dentro do qual se deu a projeção, uma parte que o paciente pode sentir como hostil, perigosa e que ele absolutamente não deseja reintrojetar. Além disso, como a projeção de uma parte do self inclui a projeção de objetos internos, estes são também reintrojetados. Tudo isso tem influência no quanto, na mente

---

25 Isso é de muita importância para a técnica. Porque temos sempre que escolher, para a interpretação, o material que é o mais urgente no momento; e, nesse contexto, eu diria que há períodos de análise durante os quais alguns pacientes parecem completamente dominados pela projeção ou pela introjeção. No entanto, é essencial lembrar que o processo oposto permanece sempre, em alguma medida, operante e, portanto, mais cedo ou mais tarde, surge novamente em cena como o fator predominante.

do indivíduo, as partes projetadas do self são capazes de manter seu vigor dentro do objeto no qual se introduziram à força. Farei agora algumas sugestões sobre esse aspecto do problema, o que me leva ao terceiro ponto.

(III) Na história, como assinalei antes, Fabian sucumbe ao Diabo e se identifica com ele. Embora, antes disso, Fabian já parecesse ter uma deficiência da capacidade de amar e preocupar-se com o outro, assim que se deixa guiar pelo Diabo fica completamente dominado pela falta de piedade. Isso faz supor que, ao identificar-se com o Diabo, Fabian sucumbe totalmente à parte voraz, onipotente e destrutiva de seu self. Quando Fabian transforma-se em Poujars, ele retém algumas de suas próprias atitudes e, especialmente, uma opinião crítica da pessoa em que penetrou. Teme perder-se completamente dentro de Poujars, e é somente pelo fato de haver retido algo da iniciativa de Fabian que ele é capaz de efetuar a próxima transformação. Contudo, ele quase perde inteiramente seu antigo self quando se transforma no assassino Esménard. Porém, como o Diabo, que presumimos ser também parte de Fabian – aqui, seu superego –, adverte-o e o ajuda a escapar do assassino, deveríamos concluir que Fabian não esteve inteiramente submerso em Esménard.[26]

A situação com Fruges é diferente: nessa transformação, o Fabian original permanece muito mais ativo. Fabian é muito crítico em relação a Fruges, e é essa maior capacidade de manter algo de seu self original vivo dentro de Fruges que torna possível a ele reunir-se, gradualmente, a seu ego depauperado e tornar-se ele mesmo novamente. De modo geral, sustento que o quanto o indivíduo sente que seu ego está submerso nos objetos com os quais ele (ego) está identificado, por introjeção ou projeção, é da maior importância para o desenvolvimento de relações de objeto e também determina a força ou a fraqueza do ego.

Fabian recupera partes de sua personalidade depois de sua transformação em Fruges, e ao mesmo tempo acontece algo muito importante. Fabian-Fruges percebe que suas experiências haviam-lhe dado uma melhor compreensão de Poujars, de Esménard e até mesmo de Fruges,

---

26 Eu diria que, mesmo que a cisão e a projeção operem intensamente, a desintegração do ego nunca é completa enquanto a vida existir. Pois acredito que a urgência por integração, por mais perturbada que seja – até mesmo em suas raízes –, é, em algum grau, inerente ao ego. Isso está de acordo com meu ponto de vista de que nenhum bebê sobreviveria sem possuir, em algum grau, um objeto bom. São esses fatos que permitem à análise conseguir algum grau de integração, algumas vezes até mesmo em casos muito graves.

e que ele, agora, era capaz de sentir compaixão por suas vítimas. É também por meio de Fruges, que gosta de crianças, que a afeição de Fabian pelo pequeno George desperta. George, como o descreve o autor, é uma criança inocente, que gosta de sua mãe e anseia por voltar para junto dela. Ele desperta em Fabian-Fruges a lembrança da meninice de Fruges, e surge o desejo impetuoso de transformar-se em George. Acredito que ele esteja ansiando por recobrar a capacidade de amar – em outras palavras, recobrar um self infantil ideal.

Esse ressurgimento de sentimentos de amor se mostra de várias maneiras: ele vivência sentimentos apaixonados pela padeira, os quais, a meu ver, significam uma revivescência de sua vida amorosa arcaica. Outro passo nessa direção é sua transformação em um homem casado e, portanto, sua entrada num círculo familiar. Mas a única pessoa que Fabian acha digna de estima – e da qual passa a gostar – é Elise. Já descrevi os vários significados que Elise tem para ele. Mais especificamente, descobriu nela uma parte dele mesmo capaz de amar e fica profundamente atraído por esse lado de sua própria personalidade – o que significa que ele também descobriu algum amor por si mesmo. Retraçando os passos dados em suas transformações, ele se sente física e mentalmente impulsionado, com crescente urgência, a voltar cada vez mais perto de sua casa e do Fabian doente, que ele havia abandonado e que, agora, passara a representar a parte boa de sua personalidade. Vimos que a compaixão por suas vítimas, a ternura por George, a preocupação com Elise e a identificação com sua paixão infeliz por Camille, assim como o desejo de ter uma irmã – todos esses passos são um desdobramento de sua capacidade de amar. Sugiro que esse desenvolvimento foi uma precondição para a necessidade intensa de Fabian de encontrar novamente seu antigo self – ou seja, uma precondição para a integração. Até mesmo antes que suas transformações ocorressem, o anseio de recuperar a melhor parte de sua personalidade – que, por ter sido perdida, parecia ser ideal – contribuíra, como eu sugeri, para sua solidão e inquietação; era a força propulsora para suas identificações projetivas[27] e era complementar ao ódio que sentia por si mesmo, outro fato que o impelia a forçar-se para dentro de outras pessoas. A procura do self ideal perdido,[28] que é

---

27 O sentimento de haver dispersado aquilo que é bom e partes boas do self no mundo externo aumenta o ressentimento e a inveja por outras pessoas, que são sentidas como contendo a "bondade" perdida.
28 O conceito de Freud de ideal de ego era, como sabemos, o precursor de seu conceito de superego. Mas há algumas características do ideal de ego que

uma característica importante na vida mental, inclui, inevitavelmente, a procura de objetos ideais perdidos; porque o self bom é aquela parte da personalidade que é sentida como estando numa relação de amor com seus objetos bons. O protótipo de uma relação assim é a ligação entre o bebê e sua mãe. De fato, quando Fabian reúne-se a seu self perdido, ele também recupera seu amor pela mãe.

Em Fabian, notamos que ele parecia incapaz de uma identificação com um objeto bom ou admirado. Teríamos que discutir uma variedade de motivos em relação a isso, mas desejo isolar um como uma possível explicação. Já chamei a atenção para o fato de que, para haver uma forte identificação com outra pessoa, é essencial sentir que existe, dentro do self, suficiente terreno comum com aquele objeto. Já que Fabian havia perdido – assim parecia – seu self bom, ele não sentia haver dentro de si suficientes qualidades boas para a identificação com um objeto muito bom. Poderia também haver a ansiedade, característica de tais estados mentais, de que um objeto admirado fosse levado para dentro de um mundo interno tão destituído de coisas boas. O objeto bom é, assim, mantido fora (as estrelas distantes, creio, no caso de Fabian). Mas quando ele redescobriu seu self bom, nesse momento ele encontrou também seus objetos bons e pôde identificar-se com eles.

Na história, como vimos, a parte depauperada de Fabian também anseia por reunir-se com as partes projetadas de seu self. Quanto mais Fabian-Camille aproxima-se da casa, mais agitado fica Fabian em seu leito de doente. Ele recobra a consciência e anda até a porta, através da qual sua outra metade, Fabian-Camille, pronuncia a fórmula mágica. De acordo com a descrição do autor, as duas metades de Fabian anseiam por se reunir. Isso significa que Fabian ansiava por integrar seu self. Como vimos, essa urgência estava ligada a uma capacidade crescente de amar. Isso corresponde à teoria de Freud da síntese como uma função da libido – em última instância, da pulsão de vida.

Sugeri anteriormente que, apesar de Fabian estar buscando um pai bom, era incapaz de encontrá-lo, porque a inveja e a voracidade, aumentadas por ressentimento e ódio, é que determinavam sua escolha de figuras paternas. Quando ele se torna menos ressentido e mais tolerante, seus objetos aparecem para ele sob uma luz melhor; mas, nesse momento, ele também está menos exigente que no passado.

---

não foram completamente englobadas em seu conceito de superego. Minha descrição do self ideal que Fabian está tentando recuperar chega, a meu ver, muito mais perto dos pontos de vista originais de Freud sobre o ideal de ego do que de seus pontos de vista sobre o superego.

Parece que ele não reivindica mais que seus pais sejam ideais e, portanto, pode perdoá-los por suas deficiências. A essa maior capacidade de amar corresponde uma diminuição do ódio e isso, por sua vez, resulta numa diminuição dos sentimentos de perseguição – tendo tudo isso uma participação na diminuição da voracidade e da inveja. O ódio de si mesmo era uma das características marcantes de seu caráter; junto à maior capacidade de amar e de tolerância em relação aos outros, surgiu uma maior tolerância e amor em relação a seu próprio self.

No final, Fabian recupera seu amor pela mãe e faz as pazes com ela. É significativo que ele reconheça a falta de ternura dela, mas sinta que ela poderia ter sido melhor se ele tivesse sido um filho melhor. Ele obedece à ordem de sua mãe para que reze e parece ter recuperado, depois de todas as suas lutas, sua crença e confiança em Deus. As últimas palavras de Fabian são "Pai nosso", e pareceria que, naquele momento em que ele está cheio de amor pela humanidade, o amor por seu pai retorna. Aquelas ansiedades persecutórias e depressivas que estavam fadadas a serem suscitadas pela aproximação da morte teriam sido, em certa medida, contrabalançadas por idealização e euforia.

Como vimos, Fabian-Camille é conduzido para casa por um impulso irresistível. Parece provável que sua sensação de morte iminente dê ímpeto à sua premência de reunir-se à parte abandonada de seu self. Pois eu acredito que o medo da morte, que ele recusou, embora soubesse de sua grave doença, veio à tona com toda a força. Talvez ele o tenha recusado porque a natureza desse medo era intensamente persecutória. Sabemos quanto ressentimento ele abrigava contra o destino e contra seus pais; quão perseguido se sentia por sua própria personalidade, tão insatisfatória. Em minha experiência, o medo da morte é intensificado se a morte é sentida como um ataque de objetos hostis internos e externos, ou se ela suscita uma ansiedade depressiva de que os objetos bons sejam destruídos por essas figuras hostis. (Essas fantasias persecutórias e depressivas podem, naturalmente, coexistir.) Ansiedades de natureza psicótica são a causa desse medo excessivo da morte, do qual muitos indivíduos sofrem ao longo da vida; e os intensos sofrimentos mentais que – como me mostraram algumas observações – algumas pessoas experimentam em seu leito de morte se devem, a meu ver, à revivescência de ansiedades psicóticas infantis.

Considerando-se que o autor descreve Fabian como uma pessoa inquieta e infeliz, cheia de ressentimentos, seria de se esperar que sua morte fosse dolorosa e suscitasse as ansiedades persecutórias que eu acabei de mencionar. No entanto, não é isso o que acontece na história, pois Fabian morre feliz e em paz. Qualquer explicação para esse final imprevisto só poderia ser hipotética. Do ponto de vista artístico foi, provavelmente, a melhor solução do autor. Mas, de acordo com minha concepção das experiências de Fabian, que apresentei neste artigo, sinto-me inclinada a explicar o final inesperado pelo fato de a história nos apresentar dois lados de Fabian. Até o ponto em que as transformações começam, é o Fabian adulto que encontramos. No decurso de suas transformações, encontramos as emoções, as ansiedades persecutórias e depressivas que caracterizavam, como eu acredito, seu desenvolvimento inicial. Mas, se por um lado na infância ele não havia sido capaz de superar essas ansiedades e alcançar a integração, nos três dias contemplados pelo romance, ele percorre, com êxito, um mundo de experiências emocionais, o que, a meu ver, acarreta uma elaboração das posições esquizoparanoide e depressiva. Como consequência da superação das ansiedades psicóticas fundamentais da infância, a necessidade intrínseca de integração emerge com toda força. Ele concomitantemente alcança a integração e boas relações de objeto e, desse modo, repara o que havia fracassado em sua vida.

## 1957
**Inveja e gratidão**

Este é o último dos trabalhos teóricos de maior envergadura de Melanie Klein. Antes de seu aparecimento, a inveja era esporadicamente reconhecida por psicanalistas como uma emoção importante, mas apenas em situações de privação, e somente uma de suas formas, a inveja do pênis, havia sido estudada em pormenores. As referências anteriores da própria Melanie Klein à inveja começam com sua descrição do profundo efeito da inveja sobre o desenvolvimento de Erna, um de seus primeiros casos, relatado em um artigo não publicado, apresentado na I Conferência de Psicanalistas Alemães em 1924 e que se tornou a base do terceiro capítulo de *A psicanálise de crianças*. Entrementes, ela registrou a inveja como um fator importante; ela lista suas referências passadas na nota de rodapé 4, na página 236, esquecendo-se, contudo, de seu próprio predecessor ao presente trabalho em "Algumas conclusões teóricas relativas à vida emocional do bebê" (1952), onde diz: "A inveja parece ser inerente à voracidade oral [...] a inveja (em alternância com sentimentos de amor e gratificação) é primeiramente dirigida ao seio nutriz [...]" (p. 115).

Nesta monografia Melanie Klein mapeia uma área extensa da qual apenas um pequeno setor havia sido conhecido antes. Ela postula que a inveja e a gratidão são sentimentos opostos e interagentes, normalmente operantes desde o nascimento, e que o primeiro objeto da inveja, bem como da gratidão, é o seio nutriz. Descreve a influência da inveja e da gratidão nas relações de objeto mais arcaicas e estuda o funcionamento da inveja não apenas em situações de privação como também em situações de gratificação nas quais ela interfere na gratidão normal. São estudados os efeitos da inveja, em particular da inveja inconsciente, sobre a formação do caráter, incluindo – e estas são da maior importância – a natureza das defesas erigidas contra a inveja. A técnica de analisar os processos de cisão é também discutida; isso constitui um suplemento importante à discussão em "Notas sobre alguns mecanismos esquizoides" (1946).

Melanie Klein examina também a inveja anormalmente acentuada. Em "Notas sobre alguns mecanismos esquizoides", embora tenha registrado diversas anormalidades do funcionamento arcaico – por exemplo, a introjeção de objetos fragmentados pelo ódio, o uso excessivo de mecanismos de cisão e a persistência de estados narcisistas –, a psicopatologia da posição esquizoparanoide permaneceu em grande parte desconhecida. No presente trabalho, ela descreve em pormenores a formação anormal da posição esquizoparanoide resultante da inveja excessiva; descreve, entre outras coisas, a confusão oriunda de um fracasso na cisão e mostra a importância de uma ausência de idealização. Delineia também a estrutura normal da posição depressiva e do complexo de Édipo que daí resulta. Além disso, postula que o seio nutriz é percebido pelo bebê como uma fonte de criatividade e descreve os efeitos danosos da inveja indevida sobre a capacidade de criatividade. Do princípio ao fim, seus argumentos tanto teóricos como clínicos são ilustrados com casos de pacientes, o que é de particular interesse na medida em que mostra como ela trabalhava nesse último período.

Este trabalho lança nova luz sobre a reação terapêutica negativa, estudada como efeito da inveja. Melanie Klein considera que, embora a inveja possa em alguma medida ser analisada, ela estabelece um limite para o êxito analítico. Esse fato, portanto, coloca uma restrição final ao grande otimismo de seus artigos iniciais dos anos 1920.

Há muitos anos venho me interessando pelas fontes mais arcaicas de duas atitudes que sempre nos foram familiares: a inveja e a gratidão.[1] Cheguei à conclusão de que a inveja é um fator muito poderoso

---

[1] Desejo expressar minha profunda gratidão à minha amiga, Lola Brook, que trabalhou comigo ao longo da preparação deste livro [*Inveja e gratidão e outros ensaios (1946–63)*] e em muitos de meus escritos. Ela compreende minhas obras como poucos e me ajudou, em todas as etapas, com formulações e críticas ao conteúdo. Também agradeço ao dr. Elliott Jaques, que fez uma série de

no solapamento das raízes dos sentimentos de amor e de gratidão, pois ela afeta a relação mais antiga de todas: a relação com a mãe. A importância fundamental dessa relação para toda a vida emocional do indivíduo tem sido substanciada em vários trabalhos psicanalíticos; e penso que, ao investigar mais profundamente um fator específico que pode ser muito perturbador nesse estágio inicial, acrescentei algo de significativo aos meus achados referentes ao desenvolvimento infantil e à formação da personalidade.

Considero que a inveja é uma expressão sádico-oral e sádico-anal de impulsos destrutivos, em atividade desde o começo da vida, e que tem base constitucional. Essas conclusões têm certos elementos importantes em comum com a obra de Karl Abraham, apesar de implicar algumas diferenças com relação a ela. Abraham achava que a inveja é uma característica oral, mas – e é aqui que minhas concepções diferem das dele – presumia que inveja e hostilidade operassem num período posterior, o qual, de acordo com suas hipóteses, constituía um segundo estágio, o sádico-oral. Abraham não falou em gratidão, mas descreveu a generosidade como uma característica oral. Ele considerava os elementos anais como um componente importante da inveja e enfatizou a derivação desses elementos a partir dos impulsos sádico-orais.

Outro ponto fundamental de concordância com Abraham é sua suposição de um elemento constitucional na intensidade dos impulsos orais, que ele vinculou à etiologia da enfermidade maníaco-depressiva.

Sobretudo, tanto a obra de Abraham como a minha puseram em relevo, mais plena e profundamente, a importância dos impulsos destrutivos. Em "A Short Study of the Development of the Libido, Viewed in the Light of Mental Disorders", escrita em 1924, Abraham não mencionou as hipóteses de Freud sobre as pulsões de vida e de morte, embora *Além do princípio do prazer* tivesse sido publicado havia quatro anos. Em seu livro, porém, Abraham investigou as raízes dos impulsos destrutivos e aplicou essa compreensão à etiologia das perturbações mentais de um modo mais específico do que até então fora feito. Embora ele não tenha feito uso do conceito de Freud das pulsões de vida e de morte, parece-me que seu trabalho clínico, em particular a análise dos primeiros pacientes maníaco-depressivos que foram analisados, baseava-se em algum insight que o estava conduzindo nessa direção. Presumo que a morte prematura de Abraham o impediu de

---

sugestões valiosas quando o livro ainda era um manuscrito e me ajudou com a revisão das provas. Sou grata à srta. Judith Fay, que foi muito cuidadosa com a composição do índice.

se dar conta de todas as implicações de seus próprios achados e da essencial conexão destes com a descoberta, por Freud, das duas pulsões.

Neste momento da publicação de "Inveja e gratidão", três décadas após o falecimento de Abraham, é para mim motivo de grande satisfação que minha obra tenha contribuído para o crescente reconhecimento da plena significação das descobertas de Abraham.

I

Pretendo aqui fazer algumas sugestões adicionais relativas ao período mais arcaico da vida emocional do bebê e, também, chegar a algumas conclusões sobre a vida adulta e a saúde mental. É inerente às descobertas de Freud o fato de que a investigação do passado do paciente, de sua infância e de seu inconsciente é uma precondição para compreensão de sua personalidade adulta. Freud descobriu o complexo de Édipo no adulto e, de tal material, reconstruiu não apenas pormenores do complexo de Édipo, mas também sua cronologia. Os achados de Abraham ampliaram consideravelmente essa abordagem, que se tornou característica do método psicanalítico. Devemos também lembrar que, segundo Freud, a parte consciente da mente desenvolve-se a partir do inconsciente. Portanto, ao remontar à mais tenra infância o material que primeiramente encontrei na análise de crianças pequenas, e subsequentemente na de adultos, segui um procedimento hoje familiar à psicanálise. A observação de crianças pequenas logo confirmou os achados de Freud. Acredito que algumas das conclusões a que cheguei com referência a um estágio bem anterior, os primeiros anos de vida, podem, até certo ponto, ser confirmadas pela observação. O direito – e de fato, a necessidade – de reconstruir pormenores e dados a respeito dos estágios mais iniciais a partir do material que nos é apresentado pelos pacientes é descrito por Freud, de modo muito convincente, na seguinte passagem.

> O que buscamos é um quadro dos anos esquecidos da vida do paciente que seja confiável e completo nos elementos essenciais. [...] Seu trabalho de construção [do psicanalista] – ou, se preferirem, de reconstrução – mostra uma ampla coincidência com o do arqueólogo, que faz a escavação de uma localidade destruída e enterrada ou de uma edificação antiga. Eles seriam mesmo idênticos, não fosse o fato de o analista trabalhar em condições melhores e dispor de um material auxiliar mais extenso, porque se ocupa de algo ainda vivo, não de um objeto destruído, e talvez também por outro motivo. Mas, assim como

o arqueólogo ergue as divisões da construção sobre os restos dos muros, determina o número e a posição das colunas a partir das cavidades no terreno e reconstitui os ornamentos e pinturas das paredes com base nos restos encontrados nos escombros, assim também procede o analista quando tira suas conclusões de fragmentos de lembranças, associações e manifestações ativas do analisando. Os dois têm o direito inquestionável de reconstruir pela complementação e pela integração dos restos conservados. Várias dificuldades e fontes de erro são também as mesmas nos dois casos. [...] Dissemos que o analista trabalha em condições mais favoráveis do que o arqueólogo, porque dispõe de material que não tem contrapartida nas escavações, como, por exemplo, as repetições de reações oriundas dos primeiros anos de vida e tudo o que é indicado pela transferência no tocante a essas repetições. [...] Tudo de essencial está preservado, até mesmo o que parece inteiramente esquecido se acha presente em algum lugar e de algum modo, apenas soterrado, tornado indisponível para a pessoa. Como se sabe, é lícito duvidar que alguma formação psíquica sofra realmente uma destruição total. É apenas uma questão de técnica analítica se vamos conseguir trazer o que está oculto inteiramente à luz.[2]

A experiência tem me ensinado que a complexidade da personalidade plenamente desenvolvida só pode ser entendida se obtivermos insight sobre a mente do bebê e acompanharmos seu desenvolvimento no futuro. Isso equivale a dizer que a análise percorre o caminho que vai da vida adulta à infância e, por meio de estágios intermediários, retorna à vida adulta, num movimento recorrente, para a frente e para trás, de acordo com a situação transferencial predominante.

Ao longo de todo o meu trabalho, atribuí importância fundamental à primeira relação de objeto do bebê – a relação com o seio materno e com a mãe – e cheguei à conclusão de que se esse objeto primário, que é introjetado, fica enraizado no ego em relativa segurança, está assentada a base para um desenvolvimento satisfatório. Fatores inatos contribuem para essa ligação. Sob o predomínio dos impulsos orais, o seio é instintivamente sentido como sendo a fonte de nutrição e, portanto, num sentido mais profundo, da própria vida. Essa proximidade física e mental com o seio gratificante em certa medida restaura, se tudo corre bem, a perdida unidade pré-natal com a mãe e o sentimento de segurança que a acompanha. Isso depende em grande

---

2  Sigmund Freud "Construções na análise" [1937], in *Obras completas*, v. 19, trad. Paulo César de Souza. São Paulo: Companhia das Letras, 2018, pp. 329–32.

parte da capacidade do bebê de investir suficientemente o seio ou seu representante simbólico, a mamadeira; dessa maneira, a mãe é transformada em um objeto amado. Pode bem ser que o fato de ele ter sido parte da mãe no estado pré-natal contribua para o sentimento inato do bebê de que existe fora dele algo que lhe dará tudo que necessita e deseja. O seio bom é tomado para dentro e torna-se parte do ego, e o bebê, que antes estava dentro da mãe, tem agora a mãe dentro de si.

Embora o estado pré-natal indubitavelmente implique um sentimento de unidade e segurança, o quanto esse estado está livre de perturbações depende necessariamente das condições psicológicas e físicas da mãe, e, possivelmente, até mesmo de certos fatores, não investigados até o presente momento, no bebê ainda não nascido. Poderíamos, portanto, considerar o anseio universal pelo estado pré-natal como também, em parte, uma expressão da necessidade premente de idealização. Se investigamos esse anseio à luz da idealização, encontramos que uma de suas fontes é a forte ansiedade persecutória suscitada pelo nascimento. Poderíamos especular que essa primeira forma de ansiedade possivelmente abrange as experiências desagradáveis do bebê ainda não nascido, as quais, juntamente ao sentimento de segurança no útero, prenunciam a relação dupla com a mãe: o seio bom e o seio mau.

As circunstâncias externas desempenham um papel vital na relação inicial com o seio. Se o nascimento foi difícil, e se, em particular, resulta em complicações como falta de oxigênio, há uma perturbação na adaptação ao mundo externo e a relação com o seio inicia-se sob condições de grande desvantagem. Em tais casos, a capacidade do bebê de experimentar novas fontes de gratificação é prejudicada e, em consequência, ele não pode internalizar suficientemente um objeto primário realmente bom. Além disso, se a criança é ou não adequadamente alimentada e cercada de cuidados maternais, se a mãe desfruta plenamente ou não os cuidados com a criança, ou se ela é ansiosa e tem dificuldades psicológicas com a amamentação – todos esses fatores influenciam a capacidade do bebê de aceitar o leite com prazer e de internalizar o seio bom.

Um elemento de frustração por parte do seio está fadado a entrar na relação mais arcaica do bebê com o seio, porque até mesmo uma situação feliz de amamentação não pode substituir completamente a unidade pré-natal com a mãe. Além disso, o anseio do bebê por um seio inexaurível e sempre-presente não se origina, absolutamente, apenas de uma ânsia por alimento ou de desejos libidinais. Pois, mesmo nos estágios mais iniciais, a premência por obter constante evidência do amor da mãe está fundamentalmente enraizada na ansiedade. A luta entre as pulsões de vida e de morte e a resultante ameaça de aniquilamento do self e do objeto por impulsos destrutivos são fatores fundamentais na relação inicial do bebê com sua mãe. Isso porque seus desejos implicam querer que o seio, e em seguida a mãe, fizessem desaparecer esses impulsos destrutivos e a dor da ansiedade persecutória.

Concomitantemente a experiências felizes, ressentimentos inevitáveis reforçam o conflito inato entre o amor e o ódio, isto é, basicamente entre as pulsões de vida e de morte, o que resulta no sentimento de que existem um seio bom e um seio mau. Consequentemente, a vida emocional arcaica caracteriza-se por uma sensação de perda e de recuperação do objeto bom. Ao falar de um conflito inato entre amor e ódio, deixo implícito que a capacidade tanto para amor como para impulsos destrutivos é, até certo ponto, constitucional, embora varie individualmente em intensidade e interaja desde o início com as condições externas.

Lancei várias vezes a hipótese de que o objeto bom primário, o seio materno, forma o núcleo do ego e contribui de modo vital para seu crescimento, e descrevi muitas vezes como o bebê sente que concretamente internaliza o seio e o leite que ele dá. Já existe também em sua mente uma conexão indefinida entre o seio e outras partes e aspectos da mãe.

Não presumiria que, para ele, o seio seja simplesmente um objeto físico. A totalidade de seus desejos pulsionais e de suas fantasias inconscientes imbui o seio de qualidades que vão muito além da nutrição real que ele propicia.[3]

Vemos na análise de nossos pacientes que o seio em seu aspecto bom é o protótipo da "bondade" materna, de paciência e generosidade inexauríveis, bem como de criatividade. São essas fantasias e necessidades pulsionais que de tal modo enriquecem o objeto primário que ele permanece como a base da esperança, da confiança e da crença no bom.

---

3 Tudo isso é sentido pelo bebê de um modo muito mais primitivo do que a linguagem pode expressar. Quando essas emoções e fantasias pré-verbais são revividas na situação transferencial, aparecem como "lembranças em sentimento", como eu as chamaria, e são reconstruídas e postas em palavras com o auxílio do analista. Da mesma maneira, temos que utilizar palavras quando estamos reconstruindo e descrevendo outros fenômenos que pertencem aos estágios iniciais do desenvolvimento. De fato, não podemos traduzir a linguagem do inconsciente para a consciência sem emprestar-lhe palavras do nosso domínio consciente.

Este trabalho trata de um aspecto específico das mais arcaicas relações de objeto e processos de internalização, que tem raízes na oralidade. Refiro-me aos efeitos da inveja sobre o desenvolvimento da capacidade de gratidão e de felicidade. A inveja contribui para as dificuldades do bebê em construir seu objeto bom, pois ele sente que a gratificação de que foi privado foi guardada, para uso próprio, pelo seio que o frustrou.[4]

Deve-se fazer uma distinção entre inveja, ciúme e voracidade. A inveja é o sentimento raivoso de que outra pessoa possui e desfruta algo desejável – sendo o impulso invejoso o de tirar esse algo ou de estragá-lo. Além disso, a inveja pressupõe a relação do indivíduo com uma só pessoa e remonta à mais arcaica e exclusiva relação com a mãe. O ciúme é baseado na inveja, mas envolve uma relação com, pelo menos, duas pessoas; diz respeito principalmente ao amor que o indivíduo sente como lhe sendo devido e que lhe foi tirado, ou está em perigo de sê-lo, por seu rival. Na concepção corriqueira de ciúme, um homem ou uma mulher sente-se privado, por outrem, da pessoa amada.

A voracidade é uma ânsia impetuosa e insaciável, que excede aquilo que o sujeito necessita e o que o objeto é capaz e está disposto a dar. No nível inconsciente, a voracidade visa, primariamente, cavoucar completamente, sugar até deixar seco e devorar o seio; ou seja, seu objetivo é a introjeção destrutiva, ao passo que a inveja procura

---

4 Numa série de trabalhos meus, *A psicanálise de crianças* [1932] (trad. Liana Pinto Chaves. Rio de Janeiro: Imago, 1997), "Estágios iniciais do conflito edipiano" [1928] (in *Amor, culpa e reparação*, op. cit.) e "Algumas conclusões teóricas relativas à vida emocional do bebê" (neste volume), referi-me à inveja surgindo de fontes sádico-orais, sádico-uretrais e sádico-anais, durante os estágios mais iniciais do complexo de Édipo, e relacionei-a ao desejo de estragar os bens da mãe, em particular o pênis do pai, o qual, na fantasia da criança, a mãe contém. Já em meu artigo "An Obsessional Neurosis in a Six-Year-Old Girl" [Uma neurose obsessiva em uma menina de seis anos], apresentado em 1924, mas não publicado até aparecer em *A psicanálise de crianças*, a inveja ligada a ataques sádico-orais, sádico-uretrais e sádico-anais ao corpo da mãe desempenhava papel proeminente. Entretanto, não havia relacionado especificamente essa inveja ao desejo de tirar e estragar os seios da mãe, embora houvesse chegado muito perto dessas conclusões. Em meu artigo "Sobre a identificação" (neste volume), examinei a inveja como um fator muito importante na identificação projetiva. Já em *A psicanálise de crianças*, sugeri que não apenas tendências sádico-orais, como também sádico-uretrais e sádico-anais, estão em funcionamento em bebês muito pequenos.

não apenas despojar dessa maneira, mas também depositar maldade, sobretudo excrementos maus e partes más do self, dentro da mãe, acima de tudo dentro de seu seio, a fim de estragá-la e destruí-la. No sentido mais profundo, isso significa destruir a criatividade da mãe. Esse processo, que deriva de impulsos sádico-uretrais e sádico-anais, foi por mim definido em outro artigo como um aspecto destrutivo da identificação projetiva,[5] começando desde o início da vida.[6] Uma diferença essencial entre voracidade e inveja, embora nenhuma linha divisória rígida possa ser traçada por estarem tão estreitamente associadas, seria, então, que a voracidade está ligada principalmente à introjeção, e a inveja, à projeção.

Segundo o *Shorter Oxford Dictionary*, ciúme significa que uma outra pessoa tomou, ou a ela está sendo dado, o "bom" que por direito pertence ao indivíduo. Nesse contexto, eu interpretaria o "bom" basicamente como o seio bom, a mãe, uma pessoa amada, que outra pessoa tirou. De acordo com o *Crabb's English Synonyms*, "[...] o ciúme teme perder o que possui; a inveja sofre ao ver outro possuir o que ela quer para si. [...] O invejoso passa mal à vista da fruição. Sente-se à vontade apenas com o infortúnio dos outros. Assim, todos os esforços para satisfazer um invejoso são infrutíferos". O ciúme, segundo Crabb, é "uma paixão nobre ou ignóbil, de acordo com o objeto. No primeiro caso, é emulação aguçada pelo medo. No segundo, é voracidade estimulada pelo medo. A inveja é sempre uma paixão vil, arrastando consigo as piores paixões".[7]

A atitude geral para com o ciúme difere da que se tem para com a inveja. Inclusive, em certos países (em particular a França), o assassinato induzido pelo ciúme acarreta sentença menos severa. A razão para essa distinção encontra-se no sentimento universal de que o assassinato de um rival pode subentender amor pela pessoa infiel. Isso significa, nos termos discutidos acima, que existe amor pelo "bom" e que o objeto amado não é danificado e estragado como o seria pela inveja.

---

5 Cf. "Notas sobre alguns mecanismos esquizoides", neste volume.
6 O dr. Elliott Jaques chamou minha atenção para a raiz etimológica de "inveja" no latim "*invidia*", que provém do verbo "*invideo*" – olhar atravessado, olhar com malícia ou com despeito, lançar mau-olhado, invejar ou relutar mesquinhamente em dar ou reconhecer o que é do outro. Um uso antigo pode ser encontrado numa expressão de Cícero, cuja tradução é "causar infortúnio pelo mau-olhado". Isso confirma a diferenciação que fiz entre inveja e voracidade, pela ênfase dada ao caráter projetivo da inveja.
7 George Crabb, *Crabb's English Dictionary* [1816]. Abingdon: Routledge, 2017.

O Otelo de Shakespeare, em seu ciúme, destrói o objeto que ama e isso, em minha opinião, é característico do que George Crabb descreve como a "ignóbil paixão do ciúme", ou seja, a voracidade estimulada pelo medo. Uma referência significativa ao ciúme como qualidade inerente à mente aparece na mesma peça:

> Mas almas ciumentas não operam assim:
> O ciúme que sentem não tem motivação,
> O ciúme vem do ciúme. É um monstro
> Que a si mesmo gera e a si mesmo procria.[8]

Poderia ser dito que a pessoa muito invejosa é insaciável, que nunca pode ser satisfeita porque sua inveja brota de dentro e, portanto, sempre encontra um objeto sobre o qual focalizar-se. Isso mostra também a conexão íntima entre ciúme, voracidade e inveja.

Shakespeare nem sempre parece diferenciar inveja de ciúme; os versos seguintes de *Otelo* mostram plenamente a significação da inveja no sentido em que aqui a defini:

> Cuidado, senhor, com o ciúme. Ele é um monstro
> De olho verde que vive a escarnecer da carne
> Que o nutriu.[9]

Fazem-nos lembrar a expressão "morder a mão que alimenta", quase sinônima de morder, destruir e estragar o seio.

## II

Meu trabalho ensinou-me que o primeiro objeto a ser invejado é o seio nutriz,[10] pois o bebê sente que o seio possui tudo o que ele deseja

---

8   William Shakespeare, *Otelo*, ato III, cena IV, trad. Lawrence Flores Pereira. São Paulo: Companhia das Letras, 2017. No original: "But jealous souls will not be answer'd so;/They are not ever jealous for the cause,/But jealous for they are jealous; 'tis a monster/Begot upon itself, born on itself". [N. T.]
9   Ibid., ato III, cena III. No original: "Oh beware my Lord of jealousy;/It is the green-eyed monster which doth mock/The meat it feeds on [...]". [N. T.]
10  Joan Riviere, em seu artigo "Jealousy as a Mechanism of Defence" (*The International Journal of Psychoanalysis*, v. 13, 1932, pp. 414–24), remeteu a inveja nas mulheres ao desejo infantil de despojar a mãe de seus seios e estragá-los. De acordo com seus achados, o ciúme tem suas raízes nessa inveja primária. Seu artigo contém interessante material ilustrativo desses pontos de vista.

e que tem um fluxo ilimitado de leite e amor que guarda para sua própria gratificação. Esse sentimento soma-se a seu ressentimento e ódio, e o resultado é uma relação perturbada com a mãe. Se a inveja é excessiva, indica, em minha concepção, que traços paranoides e esquizoides são anormalmente intensos e que tal bebê pode ser considerado como doente.

Ao longo deste artigo, falo da inveja primária do seio materno. Essa inveja deve ser diferenciada de suas formas subsequentes (inerentes, na menina, ao desejo de tomar o lugar da mãe, e, no menino, à posição feminina), nas quais a inveja não mais se focaliza no seio, e sim na mãe que recebe o pênis do pai, que tem bebês dentro dela, que dá à luz esses bebês, e que é capaz de amamentá-los.

Descrevi muitas vezes os ataques sádicos ao seio materno como sendo determinados por impulsos destrutivos. Quero acrescentar aqui que a inveja confere um ímpeto especial a esses ataques. Isso significa que quando escrevi sobre a cavoucada voraz do seio e do corpo da mãe, sobre a destruição de seus bebês, bem como sobre a deposição de excrementos maus dentro da mãe,[11] já deixava entrever o que posteriormente vim a reconhecer como o estrago do objeto por inveja.

Se considerarmos que a privação intensifica a voracidade e a ansiedade persecutória, e que existe na mente do bebê a fantasia de um seio inexaurível, que é seu maior desejo, torna-se compreensível como a inveja surge mesmo se o bebê é inadequadamente amamentado. Os sentimentos do bebê parecem ser que, quando o seio o priva, este torna-se mau porque retém só para si o leite, o amor e os cuidados associados ao seio bom. Ele odeia e inveja aquilo que sente ser o seio mesquinho e malevolente.

É talvez mais compreensível que o seio satisfatório seja também invejado. A própria facilidade com que vem o leite origina também inveja, pois, embora o bebê sinta-se gratificado, essa facilidade fica parecendo um dom inatingível.

Encontramos essa inveja primitiva revivida na situação transferencial. Por exemplo: o analista acabou de dar uma interpretação que trouxe alívio ao paciente e que produziu uma mudança de estado de espírito, de desespero para esperança e confiança. Com certos pacientes, ou com o mesmo paciente em outros momentos, essa interpretação proveitosa pode logo tornar-se alvo de uma crítica destrutiva. Ela, então, não é mais sentida como algo bom que ele tenha

---

11 Cf. meu livro *A psicanálise de crianças*, op. cit., onde esses conceitos desempenham um papel importante em várias conexões.

recebido e vivenciado como enriquecimento. Sua crítica pode ater-se a pontos de menor importância: a interpretação deveria ter sido dada antes; foi longa demais e perturbou as associações do paciente; ou foi muito curta, e isso quer dizer que ele não foi suficientemente compreendido. O paciente invejoso reluta em atribuir sucesso ao trabalho do analista; e, se ele sente que o analista e o auxílio que este lhe dá ficaram estragados e desvalorizados por sua crítica invejosa, não poderá introjetá-lo suficientemente como um objeto bom, nem aceitar suas interpretações com convicção real e assimilá-las. A convicção verdadeira, como vemos com frequência em pacientes menos invejosos, implica gratidão por uma dádiva recebida. O paciente invejoso também pode sentir que é indigno de beneficiar-se pela análise, devido à culpa pela desvalorização do auxílio dado.

Não é preciso dizer que nossos pacientes nos criticam por uma variedade de razões, às vezes justificadamente. Mas a necessidade que tem um paciente de desvalorizar o trabalho analítico que experimentou como proveitoso é expressão de inveja. Na transferência, descobrimos as raízes da inveja se as situações emocionais que encontramos em estágios anteriores forem retraçadas até o estágio primário. A crítica destrutiva é em particular evidente em pacientes paranoides que se comprazem no prazer sádico de desmerecer o trabalho do analista, ainda que este lhes tenha proporcionado certo alívio. Nesses pacientes, a crítica invejosa é bastante aberta; noutros, pode desempenhar um papel igualmente importante, mas permanece não expressa e até mesmo inconsciente. Em minha experiência, o progresso lento que fazemos em tais casos está também relacionado à inveja. Vemos que suas dúvidas e incertezas sobre o valor da análise persistem. O que acontece é que a parte hostil e invejosa de seu self é excindida pelo paciente, e ele apresenta constantemente ao analista outros aspectos que sente como mais aceitáveis. Contudo, as partes excindidas influenciam essencialmente o curso da análise, a qual, em última instância, só pode ser eficaz se conseguir integração e se lidar com o todo da personalidade. Outros pacientes ficam confusos para evitar serem críticos. Essa confusão não é apenas uma defesa, mas também expressão de incerteza em relação a se o analista ainda permanece como uma figura boa ou se ele e o auxílio que está dando se tornaram maus em decorrência da crítica hostil do paciente. Eu remontaria essa incerteza aos sentimentos de confusão que são uma das consequências da perturbação da relação mais arcaica com o seio materno. O bebê que, devido à intensidade de mecanismos paranoides e esquizoides e ao ímpeto da inveja, não consegue de maneira bem-sucedida dividir e manter separados o amor e o ódio – e, portanto, o objeto bom e o objeto mau – está sujeito a sentir-se confuso entre o que é bom e o que é mau em outros contextos.

Desse modo, a inveja e as defesas contra ela desempenham um papel importante na reação terapêutica negativa, além dos fatores descobertos por Freud e mais amplamente desenvolvidos por Joan Riviere.[12] Pois a inveja e as atitudes a que dá origem interferem na construção gradual de um objeto bom na situação transferencial. Se, no estágio mais inicial, o bom alimento e o objeto bom primário não puderam ser aceitos e assimilados, isso repete-se na transferência e o curso da análise é prejudicado.

No contexto do material analítico é possível reconstruir, pela elaboração de situações anteriores, os sentimentos do paciente, quando bebê, para com o seio materno. Por exemplo, o bebê pode ter um ressentimento de que o leite chega muito rápido ou muito devagar;[13] ou de que não lhe tenham dado o seio quando mais ansiava por ele e, assim, quando lhe é oferecido, não o quer mais. Volta-lhe as costas e, em vez dele, chupa seus próprios dedos. Quando aceita o seio, pode não mamar o bastante ou a amamentação ficar perturbada. Alguns bebês têm claramente grande dificuldade em superar esses ressentimentos. Já outros superam logo tais sentimentos, ainda que sejam baseados em frustrações reais; tomam o seio e a amamentação é plenamente desfrutada. A análise de pacientes que, segundo lhes foi informado, haviam tomado seu alimento satisfatoriamente e não haviam mostrado sinais evidentes das atitudes que acabei de descrever revela que eles haviam excindido seu ressentimento, inveja e ódio, e que esses sentimentos são, não obstante, parte do desenvolvimento de seu caráter. Esses processos tornam-se bastante claros na situação transferencial. O desejo original de agradar a mãe, o anseio por ser amado, bem como a necessidade urgente de ser protegido das consequências de seus próprios impulsos destrutivos, podem ser

---

12 Cf. J. Riviere, "A Contribution to the Analysis of the Negative Therapeutic Reaction". *The International Journal of Psychoanalysis*, v. 17, 1936, pp. 304-20; também S. Freud, *O Eu e o Id* [1923], in *Obras completas*, v. 16, trad. Paulo César de Souza. São Paulo: Companhia das Letras, 2011.

13 O bebê pode de fato ter recebido muito pouco leite, não o ter recebido na ocasião em que mais o desejava, ou não o ter obtido do jeito certo; por exemplo, o leite pode ter vindo lento ou rápido demais. A maneira pela qual o bebê foi segurado (confortavelmente ou não), a atitude da mãe para com a amamentação, seu prazer ou ansiedade a respeito dela, se foi dado o seio ou a mamadeira, todos esses fatores são de grande importância em cada caso.

encontrados, na análise, como subjacentes à cooperação em pacientes cuja inveja e ódio foram excindidos, mas passaram a fazer parte de sua reação terapêutica negativa.

Muitas vezes me referi ao desejo do bebê pelo seio inexaurível e sempre presente. Mas, como foi sugerido anteriormente, não é apenas alimento que ele deseja; quer também ser libertado dos impulsos destrutivos e da ansiedade persecutória. Esse sentimento de que a mãe é onipotente e de que compete a ela evitar toda dor e males provindos de fontes internas e externas é também encontrado na análise de adultos. Eu diria, de passagem, que as modificações muito favoráveis, que se deram nos últimos anos, na amamentação das crianças, em contraste com o modo bastante rígido de alimentar segundo horários regulares, não podem evitar inteiramente as dificuldades do bebê, porque a mãe não pode eliminar os impulsos destrutivos e a ansiedade persecutória dele. Há outro quesito a ser considerado. Uma atitude demasiadamente ansiosa por parte da mãe que, sempre que o bebê chora, imediatamente lhe oferece alimento, não ajuda o bebê. Ele sente a ansiedade da mãe e isso aumenta a sua própria. Encontrei também, em adultos, ressentimento por não lhes ter sido permitido chorar bastante e que, por isso, perderam a possibilidade de expressar ansiedade e pesar (e assim obter alívio), de modo que nem os impulsos agressivos nem as ansiedades depressivas puderam encontrar escape suficiente. É interessante o fato de Abraham mencionar, entre os fatores que estão na base da enfermidade maníaco-depressiva, tanto a frustração excessiva como a indulgência em demasia.[14] Pois a frustração, se não excessiva, é também um estímulo à adaptação ao mundo externo e ao desenvolvimento do sentido de realidade. De fato, certa quantidade de frustração, seguida por gratificação, pode dar ao bebê a sensação de ter sido capaz de lidar com sua ansiedade. Verifiquei também que os desejos não satisfeitos do bebê – que são em certa medida impossíveis de serem realizados – contribuem como fator importante para suas sublimações e atividades criadoras. A ausência de conflito no bebê, se é que tal estado hipotético pudesse ser imaginado, acabaria privando-o de enriquecimento em sua personalidade e de um importante fator no fortalecimento de seu ego. Pois o conflito – e a necessidade de superá-lo – é um elemento fundamental na criatividade.

---

14 Cf. Karl Abraham, "A Short Study of the Development of the Libido, Viewed in the Light of Mental Disorders" [1924], in *Selected Papers on Psycho-Analysis*. London: Hogarth Press, 1927.

Da asserção de que a inveja estraga o objeto bom primário e dá ímpeto adicional aos ataques sádicos ao seio, surgem outras conclusões. O seio assim atacado perde seu valor, torna-se mau por ter sido mordido e envenenado por urina e fezes. A inveja excessiva aumenta a intensidade desses ataques e sua duração, tornando assim mais difícil para o bebê a recuperação do objeto bom perdido, ao passo que ataques sádicos ao seio menos determinados por inveja passam mais rapidamente e, portanto, na mente do bebê, não destroem de forma tão intensa e duradoura a qualidade boa do objeto; o seio que retorna e pode ser desfrutado é sentido como uma evidência de que não está danificado e de que ainda é bom.[15]

O fato de a inveja estragar a capacidade de fruição explica, até certo ponto, por que a inveja é tão persistente.[16] Pois é a *fruição* e a *gratidão* que o seio suscita que mitigam os impulsos destrutivos, a inveja e a voracidade. Considerando de outro ângulo: a voracidade, a inveja e a ansiedade persecutória, que são interligadas, intensificam-se inevitavelmente umas às outras. O sentimento de dano causado pela inveja, a grande ansiedade que disso se origina e a incerteza resultante quanto à "bondade" do objeto têm o efeito de aumentar a voracidade e os impulsos destrutivos. Sempre que o objeto é sentido como, afinal de contas, bom, ele é ainda mais vorazmente desejado e tomado para dentro. Isso também é pertinente ao alimento. Na análise, verificamos que, quando um paciente está com grandes dúvidas em relação a seu objeto e, portanto, também ao valor da análise e do analista, ele pode agarrar-se a qualquer interpretação que alivie sua ansiedade e tender a prolongar a sessão, por desejar tomar para dentro tanto quanto possível daquilo que, no momento, ele sente ser bom. (Certas pessoas têm tanto medo de sua voracidade que fazem especial questão de sair na hora.)

Dúvidas quanto à posse do objeto bom e a correspondente incerteza sobre os próprios sentimentos bons também contribuem para

---

15 As observações de bebês nos mostram algo dessas atitudes inconscientes subjacentes. Como disse acima, certos bebês que estiveram gritando de raiva mostram-se inteiramente felizes logo após começarem a mamar. Isso significa que temporariamente perderam, mas recuperaram, seu objeto bom. Em outros casos, o ressentimento e a ansiedade persistentes, ainda que momentaneamente diminuídos pela amamentação, podem ser depreendidos por observadores cuidadosos.

16 É claro que privação, amamentação insatisfatória e circunstâncias desfavoráveis intensificam a inveja por perturbarem a gratificação plena e, assim, um círculo vicioso é criado.

identificações vorazes e indiscriminadas; tais pessoas são facilmente influenciáveis porque não podem confiar no próprio juízo.

Em contraste com o bebê que, devido à sua inveja, foi incapaz de construir seguramente um objeto bom interno, uma criança com uma forte capacidade de amor e gratidão tem uma relação profundamente enraizada com um objeto bom e pode suportar, sem ficar profundamente danificada, estados temporários de inveja, ódio e ressentimento, que surgem mesmo em crianças que são amadas e recebem bons cuidados maternos. Assim, quando esses estados negativos são transitórios, o objeto bom é recuperado a cada vez. Esse é um fator essencial para estabelecê-lo e para assentar as bases da estabilidade e de um ego forte. No curso do desenvolvimento, a relação com o seio materno torna-se a base para a dedicação a pessoas, valores e causas e, assim, é absorvida certa parte do amor que era inicialmente sentido pelo objeto primário.

Um dos principais derivados da capacidade de amar é o sentimento de gratidão. A gratidão é essencial à construção da relação com o objeto bom e é também o fundamento da apreciação do que há de bom nos outros e em si mesmo. A gratidão tem suas raízes nas emoções e atitudes que surgem no estágio mais inicial da infância, quando para o bebê a mãe é o único e exclusivo objeto. Referi-me a essa ligação arcaica como a base para todas as relações subsequentes com uma pessoa amada.[17] Embora a relação de exclusividade com a mãe varie individualmente em duração e intensidade, acredito que, até certo ponto, ela exista na maioria das pessoas. Em que medida ela permanece livre de perturbações depende parcialmente das circunstâncias externas. Mas os fatores internos que a fundamentam – acima de tudo a capacidade de amar – parecem ser inatos. Os impulsos destrutivos, especialmente uma forte inveja, podem num estágio inicial perturbar essa ligação especial com a mãe. Se a inveja do seio nutriz é forte, a gratificação plena sofre interferência porque, como já descrevi, é característico da inveja despojar o objeto daquilo que ele possui e estragá-lo.

O bebê só pode sentir satisfação completa se a capacidade de amar é suficientemente desenvolvida; e é a satisfação que forma a base da gratidão. Freud descreveu o êxtase do bebê na amamentação como o protótipo da gratificação sexual.[18] A meu ver, essas experiências

---

17 Cf. "Algumas conclusões teóricas relativas à vida emocional do bebê", neste volume.
18 Cf. S. Freud, *Três ensaios sobre a teoria da sexualidade* [1905], in *Obras completas*, v. 6, trad. Paulo César de Souza. São Paulo: Companhia das Letras, 2016.

constituem não apenas a base da gratificação sexual, mas também de toda felicidade subsequente, e tornam possível o sentimento de unidade com outra pessoa; tal unidade significa ser plenamente compreendido, o que é essencial para toda relação amorosa ou amizade felizes. Nas condições mais favoráveis, tal compreensão não necessita de palavras para expressá-la, o que demonstra sua derivação da intimidade mais inicial com a mãe, no estágio pré-verbal. A capacidade de desfrutar plenamente a primeira relação com o seio forma a base para sentir prazer proveniente de diversas fontes.

Se há experiência frequente de ser alimentado sem que a satisfação seja perturbada, a introjeção do seio bom se dá com relativa segurança. Uma gratificação plena ao seio significa que o bebê sente ter recebido do objeto amado uma dádiva especial que ele deseja guardar. Essa é a base da gratidão. A gratidão está intimamente ligada à confiança em figuras boas. Isso inclui, em primeiro lugar, a capacidade de aceitar e assimilar o objeto primário amado (não apenas como fonte de alimento) sem que a voracidade e a inveja interfiram demais, pois a internalização voraz perturba a relação com o objeto. O indivíduo sente estar controlando, exaurindo e, portanto, danificando o objeto, ao passo que, numa boa relação com o objeto interno e externo, predomina o desejo de preservá-lo e poupá-lo. Descrevi, em outro contexto, o processo subjacente à crença no seio bom como sendo decorrente da capacidade do bebê em investir de libido o primeiro objeto externo.[19] Desse modo, estabelece-se um objeto bom que ama e protege o self e é amado e protegido pelo self.[20] Essa é a base da confiança em sua própria "bondade".

Quanto mais a experiência de gratificação proporcionada pelo seio é sentida e plenamente aceita, mais são sentidas a satisfação e a gratidão e, por conseguinte, o desejo de retribuir o prazer. Essa experiência recorrente torna possível a gratidão no nível mais profundo e desempenha um papel importante na capacidade de fazer reparação e em todas as sublimações. Por meio dos processos de projeção e introjeção, e da distribuição da riqueza interna e sua reintrojeção, há um enriquecimento e aprofundamento do ego. Desse modo, a posse de um objeto interno que ajuda é repetidamente restabelecida e a gratidão pode se manifestar plenamente.

---

19 Cf. "Sobre a observação do comportamento de bebês", neste volume.
20 Cf. também o conceito de "seio ilusório" de Donald Winnicott e sua concepção de que, no começo, os objetos são criados pelo self ("Psicoses e cuidados maternos" [1952], in *Da pediatria à psicanálise*, trad. Davy Bogomoletz. São Paulo: Ubu Editora, 2021).

A gratidão está intimamente ligada à generosidade. A riqueza interna deriva de se ter assimilado o objeto bom de maneira tal que o indivíduo se torna capaz de compartilhar com outros os dons do objeto. Isso torna possível introjetar um mundo externo mais amistoso, a que se segue um sentimento de enriquecimento. Mesmo o fato de a generosidade ser, com frequência, pouco reconhecida não solapa necessariamente a capacidade de dar. Em contraste, nas pessoas em que esse sentimento de riqueza e força internas não se acha suficientemente estabelecido, acessos de generosidade são muitas vezes seguidos por uma necessidade exagerada de reconhecimento e gratidão e, consequentemente, por ansiedades persecutórias de que elas foram empobrecidas e roubadas.

A inveja intensa do seio nutriz interfere na capacidade de satisfação completa e, assim, solapa o desenvolvimento da gratidão. Há razões psicológicas muito pertinentes para que a inveja figure entre os sete "pecados capitais". Diria mesmo que ela é inconscientemente sentida como o maior de todos os pecados, por estragar e danificar o objeto bom que é a fonte de vida. Essa concepção é consistente com a descrita por Geoffrey Chaucer no "Conto do pároco": "É certo que a inveja é o pior pecado que existe, porque todos os outros são pecados apenas contra uma só virtude, enquanto a inveja é contra toda a virtude e contra tudo o que é bom". O sentimento de haver danificado e destruído o objeto primário prejudica a confiança do indivíduo na sinceridade de suas relações subsequentes e o faz duvidar de que ele está capacitado para o amor e para o que é bom.

Com frequência encontramos expressões de gratidão que se revelam movidas muito mais por sentimento de culpa do que pela capacidade de amar. Acho que é importante a distinção entre tais sentimentos de culpa e a gratidão em nível mais profundo. Isso não quer dizer que certo elemento de culpa não conste nos sentimentos de gratidão mais genuínos.

Minhas observações mostraram-me que alterações significativas do caráter, as quais, a um exame mais atento, revelam-se como deterioração do caráter, têm muito mais probabilidade de acontecer em pessoas que não estabeleceram firmemente seu primeiro objeto e que não são capazes de manter gratidão para com ele. Quando a ansiedade persecutória aumenta nessas pessoas, por motivos internos ou externos, elas perdem completamente seu objeto bom primário ou, melhor dizendo, seus substitutos, sejam esses pessoas, sejam esses valores. Os processos subjacentes a essa mudança são um retorno regressivo a mecanismos arcaicos de cisão e à desintegração. Como isso é uma questão de grau, essa desintegração, embora em última análise afete intensamente o caráter, não leva necessariamente à doença manifesta. A ânsia por poder e prestígio, ou a necessidade de apaziguar perseguidores a qualquer custo, estão entre os aspectos de mudança de caráter que tenho em mente.

Observei em alguns casos que, quando surge inveja de uma pessoa, o sentimento de inveja é ativado em suas fontes mais arcaicas. O fato de serem esses sentimentos primários de natureza onipotente reflete-se no sentimento atual de inveja vivenciado em relação a uma figura substituta e, assim, contribui tanto para as emoções suscitadas pela inveja como para o desalento e a culpa. É provável que essa ativação da inveja mais arcaica por uma experiência atual seja comum a todas as pessoas, mas o grau e a intensidade dos sentimentos, bem como o sentimento de destruição onipotente, variam para cada indivíduo. Esse fator pode revelar-se de grande importância na análise da inveja, pois somente se for possível chegar às suas fontes mais profundas é que a análise tem probabilidade de se tornar plenamente operante.

Não há dúvida de que, em todas as pessoas, a frustração e as circunstâncias infelizes despertam certa inveja e ódio no decorrer da vida, mas a intensidade dessas emoções e a maneira pela qual o indivíduo as enfrenta variam consideravelmente. Essa é uma das muitas razões pelas quais a capacidade de fruição, ligada ao sentimento de gratidão pelo que foi recebido de bom, difere enormemente nas pessoas.

## III

Para tornar mais claro meu argumento, é necessário fazer alguma referência às minhas concepções sobre o ego arcaico. Acredito que ele existe desde o início da vida pós-natal, embora sob forma rudimentar e com grande falta de coesão. Já nesse estágio mais inicial, ele desempenha uma série de funções importantes. Pode bem ser que esse ego arcaico se assemelhe à parte inconsciente do ego postulada por Freud. Embora não afirmasse que existe um ego desde o começo, ele atribuía ao organismo uma função que, tal como a vejo, só pode ser desempenhada pelo ego. A ameaça de aniquilamento, pela pulsão de morte interna, é, em minha concepção – que nesse quesito difere da de Freud –,[21] a ansiedade primordial; e é o ego que, a serviço

---

21 Freud afirmou que "não existe, no inconsciente, um conteúdo que equivalha ao nosso conceito de aniquilação da vida". *Inibição, sintoma e angústia* [1926], in *Obras completas*, v. 17, trad. Paulo César de Souza. São Paulo: Companhia das Letras, 2014, pp. 69-70.

da pulsão de vida, e até possivelmente posto em funcionamento pela pulsão de vida, deflete em certa medida essa ameaça para fora. Essa defesa fundamental contra a pulsão de morte foi atribuída por Freud ao organismo, ao passo que eu considero esse processo como a atividade principal do ego.

Existem outras atividades primordiais do ego que, em minha concepção, derivam da necessidade imperiosa de lidar com a luta entre as pulsões de vida e de morte. Uma dessas funções é a integração gradual que advém da pulsão de vida e se expressa na capacidade de amar. A tendência oposta do ego, de cindir a si e a seus objetos, ocorre em parte devido à falta de coesão do ego no momento do nascimento e, em parte, porque ela constitui uma defesa contra a ansiedade primordial, sendo assim um meio de preservar o ego. Por muitos anos atribuí grande importância a um processo específico de cisão: a divisão do seio em um objeto bom e um objeto mau. Considerei isso como expressão do conflito inato entre o amor e o ódio e das ansiedades dele decorrentes. Contudo, coexistindo com essa divisão, parece haver diversos processos de cisão, e foi somente nos últimos anos que alguns deles foram mais claramente entendidos. Por exemplo, verifiquei que concomitantemente à internalização voraz e devoradora do objeto – o seio em primeiro lugar –, o ego fragmenta, em graus diversos, a si e a seus objetos e, dessa maneira, consegue uma dispersão dos impulsos destrutivos e das ansiedades persecutórias internas. Esse processo, variando em intensidade e determinando a maior ou menor normalidade do indivíduo, é uma das defesas utilizadas durante a posição esquizoparanoide, a qual acredito que se estenda normalmente pelos primeiros três ou quatro meses de vida.[22] Não estou sugerindo que, durante aquele período, o bebê não seja capaz de fruir plenamente sua amamentação, a relação com sua mãe e os frequentes estados de conforto físico ou bem-estar. Mas, sempre que a ansiedade surge, ela é principalmente de natureza paranoide, e as defesas contra ela, assim como os mecanismos utilizados, são predominantemente esquizoides. O mesmo acontece, *mutatis mutandis*, na vida emocional do bebê durante o período caracterizado pela posição depressiva.

Retornando ao processo de cisão, que considero ser precondição para a relativa estabilidade do bebê: durante os primeiros meses ele

---

22 Cf. meu trabalho "Notas sobre alguns mecanismos esquizoides", neste volume; e também Herbert Rosenfeld, "Análise de um estado esquizofrênico com despersonalização" [1947], in *Os estados psicóticos*. Rio de Janeiro: Zahar, 1968, pp. 17-40.

mantém predominantemente o objeto bom separado do mau e, desse modo, fundamentalmente o preserva – o que também significa que a segurança do ego é aumentada. Ao mesmo tempo, essa divisão fundamental só é bem-sucedida se existir uma capacidade adequada de amar e um ego relativamente forte. Minha hipótese, portanto, é que a capacidade de amar promove tanto as tendências integradoras como o sucesso da cisão fundamental entre o objeto amado e o odiado. Isso soa paradoxal. Mas, como já disse, uma vez que a integração se baseia em um objeto bom firmemente enraizado que forma o núcleo do ego, certo montante de cisão é essencial para a integração, pois isso preserva o objeto bom e, mais tarde, capacita o ego a sintetizar os dois aspectos do objeto. A inveja excessiva, uma expressão dos impulsos destrutivos, interfere na cisão fundamental entre o seio bom e o seio mau, e a estruturação de um objeto bom não pode ser suficientemente conseguida. Dessa maneira, não fica assentada a base para uma personalidade adulta plenamente desenvolvida e integrada, pois a diferenciação posterior entre bom e mau fica perturbada em vários sentidos. Na medida em que essa perturbação do desenvolvimento é devida à inveja excessiva, ela se origina da prevalência, em estágios mais iniciais, de mecanismos paranoides e esquizoides, os quais, segundo minhas hipóteses, formam a base da esquizofrenia.

Na investigação dos processos arcaicos de cisão, é essencial diferençar entre um objeto bom e um objeto idealizado, embora essa distinção não possa ser nitidamente traçada. Uma cisão muito profunda entre os dois aspectos do objeto indica que não são o objeto bom e o objeto mau que estão sendo mantidos separados, mas sim um objeto idealizado e um objeto extremamente mau. Uma divisão tão profunda e nítida revela que os impulsos destrutivos, a inveja e a ansiedade persecutória são muito intensos e que a idealização serve principalmente como defesa contra essas emoções.

Se o objeto bom está profundamente enraizado, a cisão é fundamentalmente de natureza diferente e permite que processos muito importantes de integração do ego e síntese do objeto atuem. Assim, uma mitigação do ódio pelo amor pode ocorrer em certa medida e a posição depressiva pode ser elaborada. Como resultado, a identificação com um objeto bom e total é ainda mais seguramente estabelecida; e isso também fortalece o ego e capacita-o a preservar sua identidade e a sentir que possui uma "bondade" própria. O ego fica menos sujeito a identificar-se indiscriminadamente com uma variedade de objetos, processo característico de um ego fraco. Além disso, a identificação plena com um objeto bom é acompanhada de uma sensação de que o self possui "bondade" própria. Quando as coisas vão mal, a identificação projetiva excessiva, pela qual as partes excindidas do self são projetadas dentro do objeto, leva a grande confusão entre o self e o objeto, o qual também passa a representar o self.[23] Isso é acompanhado de um enfraquecimento do ego e de uma grave perturbação das relações de objeto.

Os bebês cuja capacidade de amar é forte sentem menos necessidade de idealizar do que aqueles em quem os impulsos destrutivos e a ansiedade persecutória são predominantes. A idealização excessiva indica que a perseguição é a principal força propulsora. Como descobri há muitos anos em meu trabalho com crianças pequenas, a idealização é um corolário da ansiedade persecutória – uma defesa contra ela –, e o seio ideal é a contrapartida do seio devorador.

O objeto idealizado é muito menos integrado no ego que o objeto bom, pois se origina muito mais da ansiedade persecutória do que da capacidade de amar. Verifiquei também que a idealização deriva do sentimento inato de existir um seio extremamente bom, sentimento que leva ao anseio por um objeto bom e pela capacidade de amá-lo.[24] Isso parece ser uma condição para a própria vida, ou seja, uma expressão da pulsão de vida. Como a necessidade de um objeto bom é universal, a distinção entre objeto idealizado e objeto bom não pode ser considerada como absoluta.

Algumas pessoas lidam com sua incapacidade (derivada de inveja excessiva) de possuir um objeto bom por meio da idealização. Essa primeira idealização é precária porque a inveja do objeto bom está fadada a estender-se a seu aspecto idealizado. O mesmo é verdade quanto às idealizações de objetos posteriores e à identificação com eles, a qual em geral é instável e indiscriminada. A voracidade é um fator importante nessas identificações indiscriminadas, pois a necessidade de obter o melhor do que quer que seja interfere na capacidade de seleção e discriminação. Essa incapacidade está também ligada à confusão entre o bom e o mau que surge na relação com o objeto primário.

Enquanto as pessoas que puderam estabelecer com relativa segurança o objeto bom primário são capazes de conservar seu amor por

---

23 Tratei da importância desse processo em trabalhos anteriores e desejo apenas salientar aqui que ele me parece ser um mecanismo fundamental na posição esquizoparanoide.

24 Já me referi à necessidade inerente de idealizar a situação pré-natal. Outro terreno frequente para a idealização é a relação mãe-bebê. Aquelas pessoas que não foram capazes de vivenciar felicidade suficiente nessa relação são as que especialmente a idealizam retrospectivamente.

ele apesar das imperfeições, outras têm a idealização como uma característica de suas relações amorosas e amizades. Essa idealização tende a desmoronar, e, então, um objeto amado tem que ser constantemente trocado por outro, pois nenhum pode preencher integralmente as expectativas. A pessoa anteriormente idealizada é muitas vezes sentida como um perseguidor (o que revela a origem da idealização como contrapartida à perseguição) e dentro dela é projetada a atitude invejosa e crítica do sujeito. É de grande importância o fato de processos semelhantes operarem no mundo interno, o qual, desse modo, passa a conter objetos especialmente perigosos. Tudo isso leva à instabilidade nos relacionamentos. Esse é outro aspecto da fraqueza do ego, à qual me referi anteriormente, em conexão com identificações indiscriminadas.

Dúvidas quanto ao objeto bom surgem facilmente mesmo numa firme relação criança-mãe; isso se deve não apenas ao fato de o bebê ser muito dependente da mãe, mas também à ansiedade recorrente de que sua voracidade e impulsos destrutivos venham a preponderar – ansiedade que é um importante fator nos estados depressivos. No entanto, em qualquer estágio da vida, sob pressão da ansiedade, a crença e a confiança em objetos bons podem ser abaladas. Mas são a intensidade e a duração de tais estados de dúvida, desalento e perseguição que determinam se o ego é capaz de reintegrar-se e de restabelecer com segurança seus objetos bons.[25] A esperança e a confiança na existência da "bondade", como pode ser observado na vida cotidiana, auxiliam as pessoas em meio a grandes adversidades e contrabalançam com eficácia a perseguição.

## IV

Parece que uma das consequências da inveja excessiva é um aparecimento prematuro da culpa. Se a culpa prematura for experimentada por um ego ainda não capaz de tolerá-la, ela é sentida como perseguição e o objeto que a desperta transforma-se num perseguidor. O bebê, então, não pode elaborar nem a ansiedade depressiva nem a persecutória, porque elas se confundem uma com a outra. Alguns meses mais tarde, quando surge a posição depressiva, o ego mais integrado e fortalecido

---

25 A esse propósito, ver meu artigo "O luto e suas relações com os estados maníaco-depressivos" [1940] (in *Amor, culpa e reparação*, op. cit.), no qual defini a elaboração normal do luto como um processo durante o qual os objetos bons iniciais são restabelecidos. Sugeri que essa elaboração se efetua quando o bebê lida com sucesso com a posição depressiva.

tem maior capacidade de suportar a dor da culpa e de desenvolver defesas correspondentes, principalmente a tendência a fazer reparação.

O fato de que no estágio mais inicial (isto é, durante a posição esquizoparanoide) a culpa prematura aumenta a perseguição e a desintegração tem como consequência também o fracasso da elaboração da posição depressiva.[26]

Esse fracasso pode ser observado tanto em crianças como em adultos; logo que a culpa é sentida o analista torna-se persecutório e é acusado por diversas razões. Em tais casos, verificamos que, quando eram bebês, eles não puderam vivenciar a culpa sem que esta simultaneamente conduzisse à ansiedade persecutória com suas defesas correspondentes. Essas defesas aparecem mais tarde como projeção sobre o analista e recusa onipotente.

Minha hipótese é que uma das mais profundas fontes de culpa está sempre relacionada à inveja do seio nutriz e ao sentimento de haver estragado sua "bondade" por meio de ataques invejosos. Se o objeto primário foi estabelecido com relativa firmeza na mais tenra infância, a culpa despertada por tais sentimentos pode ser suportada com mais sucesso porque a inveja é, então, mais transitória e menos passível de pôr em perigo a relação com o objeto bom.

A inveja excessiva interfere na gratificação oral adequada, agindo assim como estímulo à intensificação dos desejos e tendências genitais. Isso leva o bebê a voltar-se cedo demais para a gratificação genital e,

---

26 Embora não tenha alterado meus conceitos quanto ao estabelecimento da posição depressiva por volta do quarto ao sexto mês de vida e a de seu clímax ser atingido aproximadamente aos seis meses, verifiquei que alguns bebês parecem vivenciar culpa transitoriamente nos primeiros meses de vida (Cf. "Sobre a teoria da ansiedade e da culpa", neste volume). Isso não implica que a posição depressiva já tenha surgido. Descrevi em outro lugar a variedade de processos e defesas que caracterizam a posição depressiva, tais como a relação com o objeto total, um reconhecimento maior da realidade interna e externa, defesas contra a depressão, em especial a necessidade premente de reparação e a ampliação das relações objetais que conduzem aos estágios iniciais do complexo de Édipo. Ao falar sobre a culpa transitoriamente vivenciada no primeiro estágio de vida, aproximei-me da concepção que sustentava à época em que escrevi *A psicanálise de crianças*, onde descrevi a culpa e a perseguição vivenciadas por bebês ainda muito pequenos. Quando mais tarde defini a posição depressiva, separei mais claramente – e talvez de modo excessivamente esquemático – de um lado a culpa, a depressão e as defesas correspondentes e de outro o estágio paranoide (que posteriormente chamei de posição esquizoparanoide).

como consequência, a relação oral torna-se genitalizada e as tendências genitais tornam-se demasiadamente coloridas por ressentimento e ansiedades orais. Sustentei muitas vezes que as sensações e desejos genitais operam possivelmente a partir do nascimento; por exemplo, é bem sabido que bebês do sexo masculino têm ereções desde muito cedo. Mas, ao falar que essas sensações surgem prematuramente, quero dizer que as tendências genitais interferem nas orais, num estágio em que os desejos orais são os predominantes.[27] Aqui, novamente, temos que levar em conta os efeitos da confusão arcaica, que se expressa pela não distinção entre os impulsos e fantasias orais, anais e genitais. Uma superposição entre essas várias fontes, tanto de libido como de agressividade, é normal. Porém, quando a superposição equivale a uma incapacidade de vivenciar suficientemente a predominância de qualquer dessas tendências em seu estágio adequado de desenvolvimento, tanto a vida sexual subsequente como as sublimações são, então, adversamente afetadas. A genitalidade baseada numa fuga da oralidade é insegura porque para ela são transportados os desapontamentos e as suspeitas ligadas à satisfação oral prejudicada. A interferência das tendências genitais na primazia oral solapa a gratificação na esfera genital, e muitas vezes é causa de masturbação obsessiva e de promiscuidade. Isso porque a ausência da satisfação básica introduz elementos compulsivos nos desejos genitais e, como já vi em alguns pacientes, pode assim fazer sensações sexuais entrarem em todas as atividades, processos de pensamento e interesses. Em certos bebês, a fuga para a genitalidade é também uma defesa contra odiar e danificar o primeiro objeto, em relação ao qual operam sentimentos ambivalentes. Verifiquei que o início prematuro da genitalidade pode estar ligado à ocorrência precoce da culpa, e é característico dos casos paranoides e esquizoides.[28]

Quando o bebê alcança a posição depressiva e torna-se mais capaz de enfrentar sua realidade psíquica, sente também que a "maldade" do

---

[27] Tenho razões para acreditar que essa genitalização prematura é característica frequente nos indivíduos com fortes traços esquizofrênicos, e na esquizofrenia declarada. Cf. Wilfred R. Bion em "Notas sobre a teoria da esquizofrenia" (in *Estudos psicanalíticos revisados*, trad. Wellington M. de Melo Dantas. Rio de Janeiro: Imago, 1994) e "Diferenciação entre a personagem psicótica e a não-psicótica" (in *Estudos psicanalíticos revisados*, op. cit.).

[28] Cf. M. Klein, "A importância da formação de símbolos no desenvolvimento do ego" [1930] e "Uma contribuição à psicogênese dos estados maníaco-depressivos" [1935] (in *Amor, culpa e reparação*, op. cit.), e também *A psicanálise de crianças*, op. cit.

objeto é devida em grande parte à sua própria agressividade e à projeção decorrente. Esse insight, como podemos ver na situação transferencial, dá origem a muita dor psíquica e culpa quando a posição depressiva está em seu ápice. Entretanto, o insight também acarreta sensações de alívio e esperança, as quais por sua vez tornam menos difícil reunir os dois aspectos do objeto e do self e elaborar a posição depressiva. Essa esperança baseia-se no crescente conhecimento inconsciente de que o objeto, interno e externo, não é tão mau quanto parecia ser em seus aspectos excindidos. Por meio da mitigação do ódio pelo amor, o objeto melhora na mente do bebê. Ele não é mais tão intensamente sentido como tendo sido destruído no passado, e diminui o perigo de que seja destruído no futuro; não havendo sido danificado, é também sentido como menos vulnerável no presente e no futuro. O objeto interno ganha uma função de comedimento e de autopreservação e o aumento de sua força é um aspecto importante de sua função de superego.

Ao descrever a superação da posição depressiva, ligada a maior confiança no objeto bom interno, não pretendo dar a impressão de que tais resultados não possam ser temporariamente desfeitos. Uma tensão, de natureza interna ou externa, é capaz de provocar depressão e desconfiança tanto do self como do objeto. Contudo, a capacidade de emergir de tais estados depressivos e reconquistar o sentimento de segurança interna é, em minha concepção, o critério para uma personalidade bem desenvolvida. Em contraste, a maneira frequente de lidar com a depressão endurecendo os próprios sentimentos e recusando a depressão é uma regressão às defesas maníacas utilizadas durante a posição depressiva infantil.

Há uma ligação direta entre a inveja vivenciada em relação ao seio da mãe e o desenvolvimento do ciúme. O ciúme baseia-se em suspeita e rivalidade com o pai, que é acusado de ter levado embora o seio materno e a mãe. Essa rivalidade marca os estágios iniciais do complexo de Édipo direto e invertido, que normalmente surgem concomitantemente à posição depressiva, entre o quarto e o sexto mês de vida.[29]

O desenvolvimento do complexo de Édipo é fortemente influenciado pelas vicissitudes da primeira e exclusiva relação com a mãe e, quando essa relação é perturbada cedo demais, a rivalidade com

---

29 Assinalei em outro lugar (por exemplo, em "Algumas conclusões teóricas relativas à vida emocional do bebê", neste volume) a íntima conexão entre a fase em que a posição depressiva se desenvolve e os estágios iniciais do complexo de Édipo.

o pai aparece prematuramente. As fantasias do pênis dentro da mãe ou dentro de seu seio transformam o pai num intruso hostil. Essa fantasia é em particular intensa quando o bebê não teve a satisfação plena e a felicidade que a relação inicial com a mãe pode proporcionar, e não internalizou o primeiro objeto bom com alguma segurança. Tal fracasso depende, em parte, da força da inveja.

Quando em trabalhos anteriores descrevi a posição depressiva, mostrei que nesse estágio o bebê progressivamente integra seus sentimentos de amor e ódio, sintetiza os aspectos bons e maus da mãe e passa por estados de luto ligados a sentimentos de culpa. Ele também começa a compreender melhor o mundo externo e entende que não pode manter a mãe para si, como posse exclusiva. A possibilidade de o bebê encontrar ou não ajuda para essa dor por meio de sua relação com o segundo objeto, o pai, ou outras pessoas de seu ambiente, depende muito das emoções que ele vivência com o objeto único perdido. Se essa relação foi bem fundamentada, o medo de perder a mãe é menos intenso e a capacidade de compartilhá-la é maior. Ele pode, então, sentir também mais amor por seus rivais. Tudo isso pressupõe que ele foi capaz de elaborar satisfatoriamente a posição depressiva, o que, por sua vez, depende de a inveja do objeto primário não ter sido excessiva.

Como sabemos, o ciúme é inerente à situação edipiana e é acompanhado de ódio e de desejos de morte. Normalmente, no entanto, a aquisição de novos objetos que podem ser amados – o pai e irmãos – e outras compensações que o ego em desenvolvimento tira do mundo externo mitigam, até certo ponto, o ciúme e o ressentimento. Se os mecanismos paranoides e esquizoides são fortes, o ciúme – e em última análise a inveja – permanece não mitigado. O desenvolvimento do complexo de Édipo é essencialmente influenciado por todos esses fatores.

As fantasias do seio da mãe e da mãe que contém o pênis do pai, ou do pai contendo a mãe, estão entre as características do estágio mais inicial do complexo de Édipo. Essa é a base da figura dos pais combinados, e a importância dessa fantasia foi desenvolvida em escritos anteriores.[30] A influência da figura dos pais combinados na capacidade

---

30 Cf. *A psicanálise de crianças*, op. cit., em particular o cap. 8, e "Algumas conclusões teóricas relativas à vida emocional do bebê", neste volume. Assinalei aí que, normalmente, essas fantasias fazem parte dos estágios iniciais do complexo de Édipo, mas eu agora acrescentaria que todo o desenvolvimento do complexo de Édipo é fortemente influenciado pela intensidade da inveja, a qual determina a força da figura dos pais combinados.

do bebê de diferençar o pai da mãe, e de estabelecer relações boas com cada um deles, é afetada pela força de sua inveja e pela intensidade de seu ciúme edipiano. Isso porque a suspeita de que os pais estejam sempre obtendo gratificação sexual um do outro reforça a fantasia – derivada de várias fontes – de que eles estão sempre combinados. Se essas ansiedades vigoram de maneira intensa e, portanto, prolongam-se demasiadamente, pode haver, como consequência, uma perturbação duradoura na relação com ambos os pais. Em pessoas muito doentes, a incapacidade de desemaranhar a relação com o pai da relação com a mãe – pelo fato de os dois se acharem inextricavelmente interligados na mente do paciente – desempenha um papel importante nos estados graves de confusão.

Se a inveja não é excessiva, o ciúme na situação edipiana torna-se um meio de elaborá-la. Quando o ciúme é vivenciado, os sentimentos hostis são dirigidos não tanto contra o objeto primário, mas sobretudo contra os rivais – pai ou irmãos –, o que introduz um elemento de distribuição. Ao mesmo tempo, quando essas relações se desenvolvem, dão origem a sentimentos de amor e tornam-se uma nova fonte de gratificação. Além disso, a mudança de desejos orais para desejos genitais reduz a importância da mãe como provedora de satisfação oral. (Como sabemos, o objeto da inveja é em grande parte oral.) No menino, boa parte do ódio é defletida para o pai que é invejado por ter a mãe; esse é o ciúme edipiano típico. Na menina, os desejos genitais pelo pai capacitam-na a encontrar outro objeto de amor. Assim, em certa medida, o ciúme suplanta a inveja; a mãe torna-se a principal rival. A menina deseja tomar o lugar de sua mãe e possuir e cuidar dos bebês que o pai amado dá à mãe. A identificação com a mãe nesse papel torna possível uma escolha mais ampla de sublimações. É essencial também levar em conta que a elaboração da inveja por meio do ciúme é, ao mesmo tempo, uma defesa importante contra a inveja. O ciúme é sentido como muito mais aceitável e origina menos culpa do que a inveja primária que destrói o primeiro objeto bom.

Na análise, é frequente vermos a conexão íntima entre ciúme e inveja. Por exemplo, um paciente sentiu muito ciúme de um homem com o qual pensava que eu mantivesse um contato pessoal íntimo. O passo seguinte foi um sentimento de que, de qualquer modo, eu era provavelmente desinteressante e tediosa na vida particular e, subitamente, toda a análise pareceu-lhe maçante. A interpretação – nesse caso dada pelo próprio paciente – de ser isso uma defesa levou ao reconhecimento de uma desvalorização da analista como resultado de uma erupção de inveja.

A ambição é um outro fator altamente instrumental na estimulação da inveja. Ela está muitas vezes relacionada, em primeiro lugar, à rivalidade e competição na situação edipiana; mas, se excessiva, mostra claramente suas raízes na inveja do objeto primário. O fracasso em satisfazer a própria ambição com frequência é resultado do conflito entre o ímpeto de reparar o objeto danificado pela inveja destrutiva e um renovado reaparecimento da inveja.

A descoberta por Freud da inveja do pênis nas mulheres, e da ligação dessa inveja com os impulsos agressivos, foi uma contribuição fundamental para a compreensão da inveja. Quando a inveja do pênis e os desejos de castrar são fortes, o objeto invejado, o pênis, deve ser destruído e ser dele privado o homem que o possui. Em "Análise terminável e interminável", Freud enfatizou a dificuldade que surge na análise de pacientes do sexo feminino pelo próprio fato de elas nunca poderem adquirir o pênis que desejam. Ele afirmou que a paciente do sexo feminino sente "certeza interior de que o tratamento analítico em nada servirá e que ninguém pode ajudá-la. E não lhe diremos que está errada, quando sabemos que o mais forte motivo que a levou ao tratamento era a esperança de ainda obter o órgão masculino, cuja ausência ela sentia dolorosamente".[31]

Já examinei, em relação a outros assuntos, vários fatores que contribuem para a inveja do pênis.[32] Neste contexto, desejo considerar a inveja do pênis na mulher principalmente na medida em que é de origem oral. Como sabemos, sob o predomínio dos desejos orais, o

---

31 S. Freud, "Análise terminável e interminável" [1937], in *Obras completas*, v. 19, op. cit., p. 325.
32 M. Klein, "O complexo de Édipo à luz das ansiedades arcaicas" [1945], in *Amor, culpa e reparação*, op. cit. pp. 510–11: "A inveja do pênis e o complexo de castração desempenham um papel importante no desenvolvimento da menina. Contudo, eles são reforçados pela frustração de seus desejos edipianos positivos. Apesar de em um determinado estágio a menina supor que a mãe possua um pênis como atributo masculino, essa ideia não desempenha um papel tão importante em seu desenvolvimento como sugere Freud. De acordo com minha experiência, a teoria inconsciente de que a mãe contém dentro de si o pênis admirado e desejado do pai está por trás de vários dos fenômenos que Freud descreve como a relação da menina com a mãe fálica. Os desejos orais da menina pelo pênis do pai se misturam aos seus primeiros desejos genitais de receber esse pênis. Esses desejos genitais implicam a vontade de receber filhos do pai, que também é corroborada pela equação 'pênis = criança'. O desejo feminino de internalizar o pênis e receber um filho do pai sempre precede o desejo de possuir o próprio pênis".

pênis é equacionado com o seio (Abraham) e, em minha experiência, a inveja do pênis na mulher pode ser remontada à inveja do seio da mãe. Verifiquei que, se a inveja do pênis nas mulheres é analisada desse ângulo, podemos ver que sua raiz está na relação mais arcaica com a mãe, na inveja fundamental do seio materno e nos sentimentos destrutivos a ela associados.

Freud mostrou o quanto a atitude da menina para com a mãe é vitalmente importante para suas relações subsequentes com os homens. Quando a inveja do seio materno foi intensamente transferida para o pênis do pai, o resultado pode ser um reforço de sua atitude homossexual. Outro resultado pode ser um afastamento súbito e abrupto do seio em direção ao pênis, devido às ansiedades excessivas e aos conflitos despertados pela relação oral. Esse é essencialmente um mecanismo de fuga e, portanto, não conduz a relações estáveis com o segundo objeto. Se o motivo principal para essa fuga é inveja e ódio vivenciados em relação à mãe, essas emoções são logo transferidas para o pai e, por conseguinte, não pode ser estabelecida com ele uma atitude amorosa e duradoura. Ao mesmo tempo, a relação invejosa com a mãe expressa-se na forma de uma rivalidade edípica excessiva. Essa rivalidade é devida muito menos ao amor pelo pai do que à inveja da mãe, que possui o pai e seu pênis. A inveja vivenciada em relação ao seio é, então, plenamente transportada para a situação edipiana. O pai (ou seu pênis) torna-se um apêndice da mãe, e é nesses termos que a menina quer despojá-la dele. Posteriormente na vida, cada sucesso em sua relação com os homens torna-se, por conseguinte, uma vitória sobre outra mulher. Isso é pertinente mesmo quando não há uma rival óbvia, pois a rivalidade é então dirigida contra a mãe do homem, como pode ser visto nas frequentes perturbações da relação entre nora e sogra. Se o homem é principalmente valorizado porque conquistá-lo é um triunfo sobre outra mulher, o interesse por ele pode ser perdido assim que o sucesso tenha sido alcançado. Na atitude em relação à mulher rival está então subentendido: "Você (representando a mãe) tinha aquele seio maravilhoso que eu não pude obter quando você o recusou a mim e do qual ainda quero despojá-la; portanto, tiro de você aquele pênis que lhe é tão caro". A necessidade de repetir esse triunfo sobre uma rival detestada contribui com frequência, e de maneira considerável, para a busca de um homem depois do outro.

Mesmo quando o ódio e a inveja da mãe não são tão fortes, o desapontamento e o ressentimento podem, ainda assim, levar a um afastamento dela; porém, uma idealização do segundo objeto, o pênis do pai e o pai, pode então ser mais bem-sucedida. Essa idealização deriva principalmente da busca por um objeto bom, uma busca que já não teve sucesso e, portanto, pode falhar novamente, mas que não precisa falhar se o amor pelo pai predomina na situação de ciúme; pois nesse caso a mulher pode combinar certo ódio contra a mãe com amor pelo pai e, mais tarde, por outros homens. Nesse caso, é possível haver sentimentos amistosos em relação a mulheres, contanto que elas não representem demasiadamente um substituto materno. Amizade com mulheres e homossexualidade podem então estar baseadas na necessidade de encontrar um objeto bom em lugar do objeto primário evitado. O fato de que tais pessoas – e isso aplica-se tanto a homens como a mulheres – possam ter boas relações de objeto é, portanto, muitas vezes enganoso. A inveja subjacente em relação ao objeto primário está excindida, mas permanece operante e é passível de perturbar quaisquer relações.

Em vários casos, verifiquei que a frigidez, em graus diferentes, era o resultado de atitudes instáveis em relação ao pênis, baseadas principalmente em uma fuga do objeto primário. A capacidade de obter gratificação oral plena, que está enraizada numa relação satisfatória com a mãe, é a base para sentir orgasmo genital pleno (Freud).

No homem, a inveja do seio da mãe é também um fator muito importante. Se é intensa e, desse modo, a gratificação oral é prejudicada, o ódio e as ansiedades são transferidos para a vagina. Embora normalmente o desenvolvimento genital possibilite ao menino manter sua mãe como um objeto de amor, uma perturbação profunda na relação oral abre caminho para dificuldades graves na atitude genital em relação às mulheres. As consequências de uma relação perturbada, primeiro com o seio e depois com a vagina, são múltiplas, tais como prejuízo da potência genital, necessidade compulsiva de gratificação genital, promiscuidade e homossexualidade.

Uma fonte de culpa quanto à homossexualidade parece ser a sensação de ter-se afastado da mãe cheio de ódio e de tê-la traído fazendo uma aliança com o pênis do pai e com o pai. Tanto durante o estágio edipiano como posteriormente na vida, esse elemento de traição de uma mulher amada pode ter repercussões, por exemplo perturbações na amizade com homens, mesmo que não sejam de natureza manifestamente homossexual. No entanto, observei que a culpa em relação a uma mulher amada e a ansiedade implícita naquela atitude com frequência reforçam a fuga para longe da mulher e aumentam as tendências homossexuais.

É provável que a inveja excessiva do seio se estenda a todos os atributos femininos, em particular à capacidade da mulher de ter filhos. Se o desenvolvimento é bem-sucedido, o homem compensa esses desejos femininos não realizados ao estabelecer uma relação boa com sua mulher ou amante e se tonar pai dos filhos que ela concebe dele. Essa relação propicia outras experiências, como a identificação com o filho, compensando assim, de muitas maneiras, a inveja e as frustrações arcaicas; além disso, o sentimento de ter criado o filho contrabalança a inveja arcaica que o homem tem da feminilidade da mãe.

Tanto em homens como em mulheres, a inveja desempenha um papel no desejo de tirar os atributos do sexo oposto, bem como de possuir ou estragar aqueles do genitor do mesmo sexo. Por conseguinte, em ambos os sexos, não importa quão divergentes seus desenvolvimentos, o ciúme paranoide e a rivalidade na situação edipiana direta e invertida são baseados na inveja excessiva em relação ao objeto primário: a mãe, ou melhor, seu seio.

O seio "bom" que nutre e inicia a relação de amor com a mãe é o representante da pulsão de vida[33] e é também sentido como a primeira manifestação da criatividade. Nessa relação fundamental, o bebê não apenas recebe a gratificação desejada, mas também sente que está sendo mantido vivo. Pois a fome, que suscita o medo de morrer de inanição, e possivelmente suscita até mesmo toda dor psíquica e física, é sentida como ameaça de morte. Se a identificação com um objeto internalizado bom e propiciador de vida puder ser mantida, ela torna-se uma força propulsora para a criatividade. Embora superficialmente isso possa manifestar-se como cobiça por prestígio, riqueza e poder que outros tenham alcançado,[34] seu objetivo real é a criatividade. A capacidade de dar e preservar vida é sentida como o dom máximo e, portanto, a criatividade torna-se a causa mais profunda de inveja. O estragar a criatividade, próprio da inveja, é ilustrado no *Paraíso perdido*, de John Milton, no qual Satã, invejoso de Deus, decide tornar-se o usurpador do Céu.[35] Ele trava guerra contra Deus na tentativa de estragar a vida celestial, e cai do Céu. Caído, ele e seus outros anjos caídos constroem o Inferno como rival do Céu e tornam-se a força destrutiva que tenta destruir o que Deus cria.[36] Essa ideia teológica

---

33 Ver "Algumas conclusões teóricas relativas à vida emocional do bebê" e "Sobre a observação do comportamento de bebês", neste volume.
34 Ver "Sobre a identificação", neste volume.
35 Cf. John Milton, *Paraíso perdido* [1667], livros I e II, trad. Daniel Jonas. São Paulo: Editora 34, 2015.
36 "Mas foi pela inveja do Diabo que a morte fez sua entrada no mundo e os que pertencem ao Diabo hão de provar dela" (Livro da Sabedoria II, 24).

parece provir de Santo Agostinho, que descreve a Vida como uma força criativa, em oposição à Inveja, uma força destrutiva. Nesse sentido, a primeira epístola aos Coríntios diz: "O amor não inveja".[37]

Minha experiência psicanalítica tem me mostrado que a inveja da criatividade é um elemento fundamental na perturbação do processo criativo. O ato de estragar e destruir a fonte inicial do "bom" logo conduz à destruição e ataque aos bebês que a mãe contém, e tem como resultado a modificação do objeto bom, que passa a ser hostil, crítico e invejoso. A figura do superego na qual muita inveja tenha sido projetada torna-se em particular persecutória e interfere nos processos de pensamento e em toda atividade produtiva, em última instância na criatividade.

A atitude invejosa e destrutiva para com o seio está na base da crítica destrutiva, a qual é muitas vezes descrita como "mordaz" e "perniciosa". É especialmente a criatividade que se torna objeto de tais ataques. Assim, Edmund Spenser, em "A rainha das fadas", descreve a inveja como um lobo voraz:

Ele odiava todas as boas práticas e ações virtuosas [...]
E também os versos inspirados de famosos Poetas
Ele calunia e verte veneno maligno[38]
Da boca leprosa sobre tudo quanto já foi escrito.[39]

---

37 Coríntios XIII, 4.
38 Também em Chaucer encontramos extensas referências a essa maledicência e crítica destrutiva que caracterizam a pessoa invejosa. Ele descreve o pecado de maledicência como tendo origem em uma mistura da infelicidade do invejoso, diante das qualidades boas e prosperidade de outros homens, com sua satisfação no prejuízo destes. O comportamento pecaminoso é caracterizado pelo "homem que louva seu vizinho, porém com intuito maldoso, pois ele sempre apõe um 'mas' no fim e a fala elogiosa é seguida por outra de uma reprovação maior do que a pessoa merece. Ou, se um homem é bom e faz ou diz coisas com boa intenção, o maledicente reverterá toda essa bondade a serviço de seus próprios intentos astuciosos. Ou, se outros homens falam bem de um homem, o maledicente então dirá que o homem é muito bom, mas mencionará alguém que é melhor e, assim, desmerecerá aquele que os outros homens louvam".
39 Edmund Spenser, *The Faerie Queene*, livro I, 1590. No original: "He hated all good workes and vertuous deeds/And eke the verse of famous Poets witt/He does backebite, and spightfull poison spue/From leprous mouth on all that ever writt". [N. T.]

A crítica construtiva tem fontes diferentes; visa ajudar a outra pessoa e aprimorar o trabalho dela. Algumas vezes, ela provém de uma forte identificação com a pessoa cujo trabalho está em discussão. Atitudes maternais ou paternais também podem estar presentes e, com frequência, uma confiança na própria criatividade contrabalança a inveja.

Uma causa especial de inveja é sua relativa ausência em outras pessoas. A pessoa invejada é sentida como possuidora daquilo que, no fundo, é o mais prezado e desejado – um objeto bom, que também implica bom caráter e sanidade. Além disso, a pessoa que pode, sem rancor e mesquinhez, regozijar-se com o trabalho criativo e com a felicidade dos outros é poupada dos tormentos da inveja, do ressentimento e da perseguição. Ao passo que a inveja é uma fonte de grande infelicidade, estar relativamente livre dela é sentido como um estado de espírito de contentamento e de paz – em última análise, sanidade. Essa é também, de fato, a base dos recursos internos e da capacidade de recuperação que podem ser observados em pessoas que recobram sua paz de espírito mesmo depois de grande adversidade e dor psíquica. Tal atitude, que inclui gratidão por prazeres do passado e satisfação com o que o presente pode oferecer, expressa-se em serenidade. Nas pessoas idosas, isso torna possível a adaptação ao conhecimento de que a juventude não pode ser recuperada e possibilita-as a terem prazer e interesse na vida dos jovens.

O fato, bem conhecido, de que os pais revivem suas próprias vidas nas de seus filhos e netos, quando não é expressão de excessiva possessividade e de ambição defletida, ilustra o que estou querendo dizer. Aqueles que sentem que tiveram sua parcela da experiência e dos prazeres da vida são muito mais capazes de acreditar na continuidade da vida.[40] Tal capacidade de resignação, sem amargura indevida e ainda mantendo viva a capacidade de fruição, tem suas raízes na infância inicial e depende do quanto o bebê foi capaz de desfrutar o seio sem invejar excessivamente a mãe pelo fato de ela possuir o seio. Eu sugiro que a felicidade experimentada na infância inicial e o amor pelo objeto bom que enriquecem a personalidade estão na base da capacidade de fruição e de sublimação, e ainda se fazem sentir na velhice. Quando Goethe disse "O mais feliz dos homens é aquele que

---

40 A crença na continuidade da vida foi expressa de maneira significativa no comentário de um menino de cinco anos cuja mãe estava grávida. Ele manifestou a esperança de que o bebê esperado fosse uma menina, e acrescentou: "E então ela terá bebês, e seus bebês terão bebês, e assim por diante para sempre".

pode harmonizar o fim e o começo de sua vida", eu interpretaria "o começo" como a relação inicial e feliz com a mãe, que ao longo da vida mitiga o ódio e a ansiedade e ainda dá apoio e contentamento à pessoa idosa. Um bebê que tiver estabelecido com segurança o objeto bom pode igualmente encontrar compensação para perdas e privações na vida adulta. Tudo isso é sentido pela pessoa invejosa como algo que ela nunca pode alcançar, porque nunca pode ficar satisfeita, e, portanto, sua inveja é reforçada.

## V

Em seguida, ilustrarei com material clínico algumas de minhas conclusões.[41] Meu primeiro exemplo é tirado da análise de uma mulher. Ela tinha sido amamentada ao seio, mas outras circunstâncias não foram favoráveis e ela estava convencida de que sua tenra infância e sua amamentação haviam sido totalmente insatisfatórias. Seu ressentimento relativo ao passado ligava-se à desesperança quanto ao presente e ao futuro. A inveja do seio nutriz e as consequentes dificuldades nas relações de objeto já haviam sido extensivamente analisadas antes do material ao qual vou me referir.

A paciente telefonou e disse que não poderia vir à sessão por causa de uma dor no ombro. No dia seguinte, telefonou para dizer que ainda não estava bem, mas que esperava ver-me no dia seguinte. Quando, no terceiro dia, ela realmente veio, estava cheia de queixas. Sua empregada cuidara dela, mas ninguém mais havia se interessado por ela. Descreveu-me como num dado momento sua dor havia aumentado subitamente, acompanhada de uma sensação de frio intenso. Ela havia sentido uma necessidade imperiosa de que alguém viesse imediatamente e cobrisse seu ombro, de maneira que ele ficasse quentinho, e fosse embora de novo assim que fizesse isso. Naquele instante, ocorreu-lhe que devia ter sido assim que ela se sentira quando bebê, ao querer ser cuidada e ninguém vir atendê-la.

Era característico da atitude dessa paciente para com as pessoas, e esclarecia sua relação mais arcaica com o seio, desejar ser cuidada e, ao mesmo tempo, repelir o próprio objeto que a gratificaria. A suspeita

---

41 Estou ciente de que, no material clínico que se segue, seriam valiosos os pormenores importantes da história da paciente, de sua personalidade, idade e circunstâncias externas. Razões de discrição tornam impossível entrar em tais pormenores e posso apenas tentar ilustrar meus temas principais com trechos de material clínico.

da dádiva recebida, junto a sua necessidade imperiosa de ser cuidada, o que em última instância significava um desejo de ser amamentada, expressava sua atitude ambivalente para com o seio. Já mencionei o caso de bebês cuja resposta à frustração é fazer insuficiente uso da gratificação que a amamentação, mesmo se retardada, poderia lhes dar. Eu presumiria que, apesar de não desistirem de seu desejo por um seio gratificante, eles não podem desfrutá-lo e, por conseguinte, o repelem. O caso em discussão ilustra algumas das razões para tal atitude: há suspeita da dádiva que ela desejava receber, pois o objeto já estava estragado por inveja e ódio, e ao mesmo tempo ressentimento profundo face a qualquer frustração. Temos também que nos lembrar – e isto aplica-se a outros adultos nos quais a inveja é acentuada – de que muitas experiências decepcionantes, certamente resultantes em parte de sua própria atitude, haviam contribuído para seu sentimento de que os cuidados desejados não seriam satisfatórios.

Durante essa sessão, a paciente relatou um sonho: ela estava num restaurante, sentada à mesa; entretanto, ninguém veio servi-la. Decidiu entrar numa fila e pegar, ela mesma, alguma coisa para comer. Em sua frente havia uma mulher que pegou dois ou três bolinhos e foi embora com eles. A paciente também pegou dois ou três bolinhos. Dentre suas associações, seleciono as seguintes: a mulher parecia muito decidida, e sua silhueta lembrava-lhe a minha. Havia uma dúvida repentina quanto ao nome dos bolinhos (na realidade *petits fours*), que a princípio ela pensou que eram "*petit fru*", que lhe lembrava "*petit frau*" e daí "*Frau Klein*".[42] O cerne de minha interpretação foi que seu ressentimento quanto às sessões de análise perdidas relacionava-se com as amamentações insatisfatórias e com a infelicidade na tenra infância. Os dois bolinhos dentre "dois ou três" representavam o seio do qual ela sentia ter sido privada duas vezes ao faltar às sessões. Havia "dois ou três" porque ela não sabia bem se poderia vir no terceiro dia. O fato de a mulher ser "decidida", e de a paciente ter seguido seu exemplo ao pegar os bolinhos, indica tanto sua identificação com a analista como a projeção de sua própria voracidade nela. No presente contexto, um aspecto do sonho é da maior relevância. A analista que foi embora com dois ou três *petits*

---

42 "*Frau Klein*", que pode ser traduzido livremente como "sra. Klein", é composto dos termos alemães "*Frau*", "senhora" ou "mulher", e "*Klein*", que, além de ser o sobrenome da psicanalista, significa "pequeno". Daí a correspondência com "*petit frau*", expressão que combina o termo francês para "pequeno", "*petit*", com "*Frau*". [N. T.]

*fours* representava não apenas o seio que era retirado, mas também o seio que ia *alimentar a si próprio*. (Considerada em conjunto com outro material, a analista "decidida" representava não apenas um seio mas também uma pessoa com cujas qualidades, boas e más, a paciente identificava-se.)

À frustração tinha sido assim acrescentada a inveja do seio. Essa inveja tinha dado origem a um ressentimento amargo, pois a mãe havia sido sentida como egoísta e mesquinha, alimentando e amando a si própria em vez de seu bebê. Na situação analítica, eu era suspeita de ter desfrutado o tempo em que ela estivera ausente, ou de ter dado o tempo a outros pacientes preferidos por mim. A fila em que a paciente decidira entrar referia-se a outros rivais mais favorecidos.

A resposta à análise do sonho foi uma marcante mudança na situação emocional. A paciente vivenciava agora um sentimento de felicidade e gratidão, muito mais vividamente do que em sessões anteriores. Ela ficou com lágrimas nos olhos, o que não era comum, e disse que se sentia como se agora tivesse tido uma alimentação inteiramente satisfatória.[43] Também lhe ocorreu que sua amamentação e sua infância inicial possivelmente haviam sido mais felizes do que presumira. Sentiu-se também mais esperançosa quanto ao futuro e quanto ao resultado de sua análise. A paciente se deu conta mais inteiramente de uma parte de si mesma que não era de modo algum desconhecida para ela em outras circunstâncias. Ela estava ciente de que era ciumenta e invejosa de várias pessoas, porém não tinha sido capaz de reconhecer isso suficientemente na relação com a analista, porque era demasiado doloroso sentir que ela estava invejando e estragando a analista e também o sucesso da análise. Nessa sessão, depois das interpretações mencionadas, sua inveja havia diminuído; a capacidade de desfrutar e a gratidão haviam passado para primeiro plano, e ela foi capaz de vivenciar a sessão de análise como uma alimentação feliz. Essa situação emocional teve que ser elaborada repetidamente,

---

43 Não é unicamente em crianças, mas também em adultos, que as emoções sentidas durante as primeiras experiências de amamentação podem ser plenamente revividas na situação transferencial. Por exemplo, uma sensação de fome ou de sede surge intensamente durante a sessão e desaparece depois da interpretação que foi sentida como se a tivesse satisfeito. Um de meus pacientes, tomado por tais sentimentos, levantou-se do divã e pôs seus braços em volta de uma parte do arco que separava uma área de meu consultório da outra. Várias vezes ouvi no fim de tais sessões a expressão: "Fui bem nutrido". O objeto bom – em sua forma primitiva mais antiga, a mãe que cuida do bebê e o nutre – foi recuperado.

tanto na transferência positiva como na negativa, até ser alcançado um resultado mais estável.

Foi por torná-la gradualmente capacitada a reunir as partes excindidas de seu self em relação à analista, e a reconhecer o quanto me invejava e, portanto, suspeitava de mim, e em primeiro lugar de sua mãe, que se deu a experiência daquela alimentação feliz. Essa experiência estava ligada a sentimentos de gratidão. No decurso da análise, a inveja diminuiu e sentimentos de gratidão tornaram-se mais frequentes e duradouros.

Meu segundo exemplo é tirado da análise de uma paciente com fortes traços depressivos e esquizoides. Por muito tempo, ela esteve sujeita a estados depressivos. A análise prosseguia e fazia algum progresso, embora a paciente repetidamente expressasse suas dúvidas quanto ao trabalho. Eu havia interpretado os impulsos destrutivos contra a analista, os pais, os irmãos, e a análise havia conseguido fazer com que ela reconhecesse fantasias específicas de ataques destrutivos ao corpo da mãe. Tal insight costumava ser seguido por depressão, porém de natureza controlável.

Chama a atenção que a profundidade e a gravidade das dificuldades da paciente não puderam ser notadas durante o período inicial de seu tratamento. Socialmente, ela dava a impressão de ser uma pessoa agradável, embora propensa a ficar deprimida. Suas tendências reparatórias e sua atitude prestativa para com os amigos eram bastante genuínas. Contudo, a gravidade de sua doença tornou-se aparente num dado momento, devido parcialmente ao trabalho analítico prévio e parcialmente a algumas experiências externas. Ocorreram vários desapontamentos, mas foi um sucesso inesperado em sua carreira profissional que trouxe mais para primeiro plano aquilo que eu vinha analisando por alguns anos, isto é, a intensa rivalidade comigo e o sentimento de que em seu próprio campo ela poderia tornar-se igual ou mesmo superior a mim. Tanto ela como eu viemos a reconhecer a importância de sua inveja destrutiva dirigida contra mim; e, como sempre acontece quando atingimos esses estratos profundos, parecia que quaisquer impulsos destrutivos existentes eram sentidos como sendo onipotentes e, portanto, irrevogáveis e irremediáveis. Eu tinha, até então, analisado extensamente seus desejos sádico-orais, e foi assim também que chegamos a uma tomada de consciência parcial de seus impulsos destrutivos dirigidos a sua mãe e a mim. A análise também havia lidado com desejos sádico-uretrais e sádico-anais; porém, a esse respeito, senti que eu não havia feito muito progresso e que sua compreensão desses impulsos e fantasias era de natureza mais intelectual.

Durante o período específico que eu quero discutir agora, materiais de natureza uretral apareceram com maior intensidade.

Um sentimento de grande euforia em relação a seu sucesso logo se desenvolveu, e foi introduzido por um sonho que mostrava o triunfo sobre mim e, subjacentemente, a inveja destrutiva de mim, representando sua mãe. No sonho, ela estava no ar, sobre um tapete mágico que a sustentava, e estava acima da copa de uma árvore. Ela estava num plano suficientemente alto para olhar, através de uma janela, para dentro de um quarto onde uma vaca mastigava algo que parecia ser uma infindável tira de cobertor. Na mesma noite, ela também teve um trecho de sonho no qual suas calças estavam molhadas.

As associações a esse sonho tornaram claro que estar por cima da copa da árvore significava ter-me sobrepujado, pois a vaca representava a mim, a quem ela olhava com desprezo. Logo no início de sua análise, ela tinha tido um sonho no qual eu era representada por uma mulher apática com aspecto de vaca, enquanto ela era uma menininha que fazia um discurso brilhante e bem-sucedido. Minhas interpretações, naquela época, de que ela havia transformado a analista numa pessoa desprezível, enquanto ela mostrava um desempenho tão bom apesar de ser tão mais jovem, foram só parcialmente aceitas, apesar de ela perceber plenamente que a menininha era ela e a mulher-vaca, a analista. Esse sonho levou-a gradualmente a se dar conta, de maneira mais firme, de seus ataques destrutivos e invejosos a mim e à mãe. Desde então, a mulher-vaca, representando a mim, ficou sendo um elemento bem estabelecido no material e, por conseguinte, era bastante claro que no novo sonho a vaca no quarto para dentro do qual ela estava olhando era a analista. Ela associou que a infindável tira de cobertor representava um infindável fluxo de palavras, e ocorreu-lhe que eram todas as palavras que eu dissera na análise, as quais, agora, eu deveria engolir. A tira de cobertor era uma alusão sarcástica à falta de clareza[44] e de valor de minhas interpretações. Aqui, vemos a total desvalorização do objeto primário, significativamente representado pela vaca, bem como o ressentimento contra a mãe que não a amamentara satisfatoriamente. Meu castigo, ter que engolir todas as minhas palavras, mostra a desconfiança profunda e as dúvidas que repetidamente a assaltavam no curso da análise. Tornou-se bem claro depois de minhas interpretações que a analista maltratada não era confiável, e que ela também não podia confiar na análise desvalorizada. A paciente ficou surpresa e chocada

---

44 Em inglês, "*wooliness*": falta de clareza, confusão, pensamento enrolado, representado no sonho pela alusão a lã (*wool*) do cobertor. [N. T.]

com sua atitude em relação a mim, cujo impacto, antes do sonho, ela havia por muito tempo se recusado a reconhecer em sua totalidade.

No sonho, as calças molhadas e as associações a elas expressavam (entre outros significados) ataques uretrais venenosos à analista, os quais deveriam destruir suas capacidades mentais e transformá-la na mulher-vaca. Pouco depois, ela teve outro sonho ilustrando especificamente isso. Ela estava em pé, na base de uma escada, olhando para cima, onde havia um jovem casal com o qual havia algo de errado. Ela atirou uma bola de lã para eles, o que descreveu como "mágica boa". Suas associações mostraram que a mágica má e mais especialmente o veneno devem ter dado origem à necessidade de usar mágica boa depois. As associações com o casal permitiram-me interpretar uma situação atual de ciúmes que era fortemente recusada, e levou-nos do presente a experiências mais antigas e, naturalmente e em última instância, aos pais. Os sentimentos destrutivos e invejosos dirigidos à analista, e no passado dirigidos à sua mãe, apareceram como subjacentes aos ciúmes e à inveja dirigidos ao casal no sonho. O fato de que essa leve bola não alcançara o casal indicava que sua reparação não havia sido bem-sucedida, e a ansiedade quanto a esse fracasso era um importante elemento em sua depressão.

Isso é apenas um extrato do material que demonstrou convincentemente à paciente sua venenosa inveja da analista e de seu objeto primário. Ela sucumbiu a uma depressão tão profunda como jamais tivera. A causa principal dessa depressão, que se seguiu a seu estado de euforia, foi que ela havia sido levada a tomar consciência de uma parte completamente excindida dela mesma, a qual até então não fora capaz de reconhecer. Como eu disse anteriormente, era muito difícil ajudá-la a se dar conta de seu ódio e agressividade. Porém, quando nós chegamos a essa fonte de destrutividade em particular – isto é, à sua inveja como força propulsora levando-a a danificar e humilhar a analista (que era altamente valorizada em outra parte de sua mente) – ela não pôde suportar ver-se sob essa luz. Não aparentava ser em particular fanfarrona ou presunçosa, porém tinha se agarrado a um retrato idealizado de si própria, usando uma variedade de processos de excisão e defesas maníacas. Como consequência da tomada de consciência de que se sentia má e desprezível, o que nesse estágio da análise já não podia mais negar, a idealização caiu por terra e veio à tona desconfiança de si mesma, bem como culpa pelo irrevogável dano feito no passado e no presente. Sua culpa e depressão focalizavam-se em seu sentimento de ingratidão em relação à analista, que, ela o sabia, a havia ajudado e a estava ajudando, e em relação a quem ela sentia desprezo e ódio;

em última análise, focalizavam-se na ingratidão em relação à mãe, a quem ela inconscientemente via como estragada e danificada por sua inveja e impulsos destrutivos.

A análise de sua depressão levou a uma melhora que, após alguns meses, foi seguida novamente por uma depressão profunda. Isso foi causado pelo fato de a paciente ter reconhecido mais amplamente seus virulentos ataques sádico-anais à analista e, no passado, à sua família, o que confirmava seus sentimentos tanto de maldade como de doença. Foi a primeira vez que ela foi capaz de ver a intensidade com a qual os traços sádico-orais e sádico-uretrais tinham sido excindidos. Cada um desses traços envolvia partes importantes da personalidade e interesses da paciente. Os passos em direção à integração, que tiveram lugar após a análise da depressão, implicavam a recuperação dessas partes perdidas, e a necessidade de encará-las era a causa de sua depressão.

O próximo exemplo é o de uma paciente que eu descreveria como consideravelmente normal. Com o correr do tempo, ela tinha se tornado gradativamente mais ciente da inveja que sentia tanto em relação a uma irmã mais velha como em relação à sua mãe. A inveja da irmã havia sido contrabalançada por um sentimento de grande superioridade intelectual, que tinha base real, e por um sentimento inconsciente de que a irmã era extremamente neurótica. A inveja da mãe foi contrabalançada por sentimentos muito fortes de amor e apreciação por suas qualidades boas.

A paciente relatou um sonho no qual estava em um vagão de trem, sozinha com uma mulher, da qual ela podia ver apenas as costas e que estava inclinando-se em direção à porta do compartimento do trem, com grande perigo de cair para fora. A paciente segurou-a firmemente, agarrando-a pelo cinto com uma mão; com a outra mão, ela escreveu um aviso que dizia que um médico estava ocupado com um paciente neste compartimento e não deveria ser perturbado, e pendurou esse aviso na janela.

Seleciono as seguintes associações ao sonho: a paciente tinha um sentimento muito vivo de que a figura que ela agarrava firmemente era parte dela mesma, e uma parte louca. No sonho, ela tinha a convicção de que não deveria deixá-la cair para fora pelo vão da porta, e sim mantê-la no vagão e lidar com ela. A análise do sonho revelou que o compartimento do trem representava ela mesma. As associações com o cabelo, que era visto apenas por trás, eram com sua irmã mais velha. Outras associações levaram ao reconhecimento de rivalidade e inveja em relação à irmã, e aludiam ao tempo em que a paciente era ainda uma criança, enquanto sua irmã já estava sendo cortejada.

Ela então falou de um vestido que sua mãe usava, o qual a paciente, quando criança, admirava e cobiçava. Esse vestido mostrava claramente a forma dos seios, e, embora isso não fosse inteiramente novo, tornou-se mais evidente do que antes que aquilo que a paciente originariamente invejara e estragara, em sua fantasia, era o seio da mãe.

Esse reconhecimento fez surgir sentimentos intensificados de culpa, tanto em relação à irmã como à mãe, e levou a uma nova revisão de suas mais antigas relações. Ela chegou a uma compreensão muito mais solidária com as deficiências dessa irmã e sentiu que não a havia amado suficientemente. Também descobriu que, em sua primeira infância, havia amado a irmã mais do que até então se lembrara.

Interpretei que a paciente sentia que ela tinha que manter sob seu controle uma parte louca e excindida dela mesma, o que também estava ligado à internalização da irmã neurótica. A paciente, que tinha razões para considerar-se razoavelmente normal, teve um sentimento de grande surpresa e choque depois da interpretação do sonho. Esse caso ilustra a conclusão, que está se tornando cada vez mais familiar, de que mesmo em pessoas normais existe um resíduo de sentimentos e mecanismos paranoides e esquizoides, em geral excindidos de outras partes do self.[45]

O sentimento da paciente, de que ela tinha que manter um firme controle sobre aquela figura, indicava que ela deveria também ter ajudado mais sua irmã, impedindo-a, por assim dizer, de cair; e esse sentimento era agora vivenciado em relação à irmã como um objeto internalizado. A revisão de suas relações mais antigas estava ligada a mudanças nos sentimentos para com seus objetos primários introjetados. O fato de que sua irmã também representava sua parte louca mostrou-se como sendo parcialmente uma projeção de seus próprios sentimentos esquizoides e paranoides na irmã. Foi com essa tomada de consciência que a cisão em seu ego diminuiu.

Quero agora me referir a um paciente do sexo masculino e relatar um sonho que teve um papel importante em fazê-lo reconhecer não apenas impulsos destrutivos para com sua mãe e para com a analista, mas também a inveja como um fator bem específico em sua relação com elas. Até aquele momento, e com fortes sentimentos de culpa, ele já havia reconhecido em alguma medida seus impulsos destrutivos,

---

45 Em *A interpretação dos sonhos* [1900] (in *Obras completas*, v. 4, trad. Paulo César de Souza. São Paulo: Companhia das Letras, 2019), Freud mostra claramente que alguns desses resíduos de loucura encontram expressão em sonhos, e que estes são, portanto, uma salvaguarda muito valiosa da sanidade.

mas ainda não se havia dado conta de sentimentos invejosos e hostis dirigidos contra a criatividade da analista e contra a de sua mãe no passado. Ele estava ciente, contudo, de que sentia inveja de outras pessoas e que, juntamente a uma boa relação com seu pai, ele tinha também sentimentos de rivalidade e ciúme. O seguinte sonho trouxe um insight muito mais forte quanto à sua inveja da analista e iluminou seus desejos arcaicos de possuir todos os atributos femininos de sua mãe.

No sonho, o paciente estava pescando; ele se perguntava se deveria matar o peixe que apanhara a fim de comê-lo, mas decidiu pô-lo numa cesta e deixá-lo morrer. O cesto no qual estava carregando o peixe era do tipo usado pelas mulheres para levar roupa para a lavanderia. O peixe transformou-se repentinamente num lindo bebê e a roupa do bebê tinha um aspecto verde. Então ele notou – e naquele momento ficou muito preocupado – que os intestinos do bebê estavam saindo, pois o bebê havia sido ferido pelo anzol que havia engolido em seu estado de peixe. A associação com o verde foi com a capa dos livros da série *International Psycho-Analytical Library* [Biblioteca Internacional de Psicanálise], e o paciente comentou que o peixe na cesta representava um de meus livros que ele havia obviamente roubado. Outras associações mostraram, entretanto, que o peixe era não apenas meu trabalho e meu bebê, mas que também representava a mim. O fato de eu ter engolido o anzol, que significava ter engolido a isca, expressava seu sentimento de que eu havia formado uma opinião melhor a seu respeito do que ele merecia e que não havia reconhecido que havia também partes muito destrutivas de seu self agindo contra mim. Embora o paciente ainda não pudesse reconhecer plenamente que o modo como ele tratava o peixe, o bebê e a mim significava destruir-me e a meu trabalho por inveja, ele inconscientemente se dava conta disso. Eu também interpretei que a cesta de lavanderia expressava, neste caso, seu desejo de ser uma mulher, de ter bebês e de privar sua mãe deles. O efeito desse passo em direção à integração foi um forte ataque de depressão por ter que encarar os componentes agressivos de sua personalidade. Embora isso tivesse sido antevisto na parte inicial de sua análise, ele agora o vivenciava como um choque e como horror a si mesmo.

Na noite seguinte, o paciente sonhou com um lúcio, com o qual associou baleias e tubarões; porém, no sonho, ele não sentia que o lúcio fosse um ser perigoso. Era um peixe velho e parecia cansado e muito gasto. Sobre o lúcio havia uma rêmora,[46] e o paciente imediatamente

---

46 Em inglês, "*suckerfish*", sendo que "*suck*" quer dizer também "sugar", "chupar" e, em alguns casos, "mamar". [N. T.]

mencionou que a rêmora não suga o lúcio ou a baleia, mas adere por sucção à superfície deles, e assim fica protegido de ataques de outros peixes. O paciente reconheceu que essa explicação era uma defesa contra seu sentimento de ser a rêmora e de eu ser o velho e desgastado lúcio, tendo eu ficado nesse estado por ter sido tão maltratada no sonho da noite anterior e por ele sentir que havia me sugado até me exaurir. Isso tinha me tornado um objeto não só danificado, mas também perigoso. Em outras palavras, ansiedade persecutória e ansiedade depressiva tinham passado para o primeiro plano; o lúcio, associado a baleias e tubarões, mostrava os aspectos persecutórios, enquanto sua aparência velha e gasta expressava o sentimento de culpa do paciente pelo mal que ele achava que vinha me fazendo e continuava a fazer.

A forte depressão que sucedeu a esse insight durou várias semanas, mais ou menos sem interrupção, mas não interferiu no trabalho do paciente e em sua vida familiar. Ele descreveu essa depressão como diferente e mais profunda que qualquer outra que até então experimentara. A urgência de fazer reparação, que se exprimiu por meio de trabalho físico e mental, foi aumentada pela depressão e abriu caminho para sua superação. O resultado dessa fase na análise foi muito evidente. Mesmo após a depressão ter se dissipado depois de ter sido elaborada, o paciente ficou convencido de que nunca mais se veria do modo como se via antes, embora isso não implicasse mais um sentimento de desalento, mas sim um conhecimento mais amplo de si mesmo e também uma maior tolerância para com as outras pessoas. A análise conseguira um passo importante na integração, ligado ao fato de o paciente ter se tornado capaz de encarar sua realidade psíquica. No decurso de sua análise, entretanto, havia ocasiões em que essa atitude não podia ser mantida. Isso quer dizer que, como em todos os casos, a elaboração foi um processo gradual.

Embora sua observação e seu juízo sobre as pessoas tivessem sido até então razoavelmente normais, houve uma melhora indiscutível como resultado dessa etapa de seu tratamento. Uma outra consequência foi que lembranças da infância e de sua atitude em relação aos irmãos emergiram com mais força e reconduziram-no à relação arcaica com a mãe. Durante o estado de depressão a que me referi, ele havia perdido em grande parte, como ele mesmo reconheceu, o prazer e o interesse na análise; mas recuperou-os totalmente quando a depressão se dissipou. Trouxe, então, um sonho que ele próprio viu como ligeiramente depreciativo para com a analista, mas que na análise revelou-se como expressando uma intensa desvalorização. No sonho, ele tinha que lidar com um menino delinquente, mas não estava satisfeito com a maneira pela qual havia manejado a situação. O pai do menino sugeriu levar o paciente de carro a seu destino. O paciente notou que estava sendo levado cada vez para mais longe de onde queria ir. Depois de algum tempo, ele agradeceu ao pai e saiu do carro; mas não estava perdido, pois manteve, como de costume, um sentido geral de direção. De passagem, olhou para um edifício bastante fora do comum que, pensou, parecia interessante e adequado para uma exposição, mas que não seria agradável como moradia. Suas associações ao edifício ligavam-se a certo aspecto de minha aparência. Ele então falou que o edifício tinha duas alas e lembrou-se da expressão "pôr alguém sob suas asas".[47] Reconheceu que o menino delinquente, pelo qual ele havia se interessado, representava a si mesmo, e a continuação do sonho mostrava por que ele era delinquente: com o pai, representando a analista, levando-o cada vez para mais longe de sua destinação, exprimia dúvidas que parcialmente usava a fim de me desvalorizar; ele questionava se eu o estaria levando na direção certa, se seria necessário ir tão fundo, e se eu o estaria prejudicando. A referência a manter seu senso de direção e não se sentir perdido implicava o contrário das acusações contra o pai do menino (a analista): ele sabia que a análise era muito valiosa para ele e que era sua inveja de mim que aumentava suas dúvidas.

Ele também compreendeu que o edifício interessante, no qual não gostaria de viver, representava a analista. No entanto, sentia que eu, ao analisá-lo, o tinha tomado sob minhas asas e o estava protegendo de seus conflitos e ansiedades. As dúvidas e acusações contra mim, no sonho, eram usadas como desvalorização e relacionavam-se não apenas com a inveja, mas também com seu desânimo face à inveja e com seus sentimentos de culpa por sua ingratidão.

Houve outra interpretação desse sonho, a qual foi também confirmada por sonhos subsequentes, e que foi baseada no fato de que, na situação analítica, eu representava amiúde o pai, rapidamente passando a representar a mãe, e às vezes representava ambos simultaneamente. Essa interpretação foi de que a acusação contra o pai, por tê-lo levado na direção contrária, estava ligada a sua antiga atração homossexual pelo pai. Durante a análise, comprovara-se que essa atração estava ligada a intensos sentimentos de culpa, pois foi-me possível mostrar ao paciente que a inveja e o ódio de sua mãe e do seio dela, fortemente excindidos, tinham contribuído para ele se voltar para o pai, e que seus desejos homossexuais eram sentidos como sendo uma aliança hostil contra a mãe. A acusação de que o pai o levara na

---

47 Em inglês, *"wings"* significa tanto "alas" como "asas". [N. T.]

direção contrária estava ligada ao sentimento geral, que com frequência encontramos nos pacientes, de que ele tinha sido seduzido para a homossexualidade. Aqui nós temos a projeção dos próprios desejos do indivíduo no progenitor.

A análise de seu sentimento de culpa teve vários efeitos; ele sentiu um amor mais profundo por seus pais; também se deu conta – e estes dois fatos estão intimamente ligados – de que havia um elemento compulsivo em sua necessidade de fazer reparação. Uma identificação exagerada com o objeto danificado em fantasia – originalmente a mãe – tinha prejudicado sua capacidade de desfrutar plenamente as coisas e, portanto, em certa medida, empobrecera sua vida. Tornou-se claro que mesmo em sua relação mais antiga com a mãe, embora não houvesse nenhuma razão para duvidarmos de que ele tivesse sido feliz na amamentação, ele não tinha sido capaz de desfrutá-la completamente, por causa de seu medo de exaurir ou despojar o seio. Em contrapartida, a interferência em sua fruição deu ensejo a ressentimento e aumentou seus sentimentos de perseguição. Esse é um exemplo do processo, que eu descrevi num artigo anterior, pelo qual nos estágios mais iniciais de desenvolvimento a culpa – em particular a culpa quanto à inveja destrutiva da mãe e da analista – é passível de transformar-se em perseguição. Suas capacidades de fruição e de gratidão em um nível profundo aumentaram por meio da análise da inveja primária e da correspondente diminuição das ansiedades depressiva e persecutória.

Mencionarei agora o caso de outro paciente, no qual uma tendência à depressão era também acompanhada de uma necessidade compulsiva de reparação; sua ambição, rivalidade e inveja, que coexistiam com vários outros traços de caráter bons, tinham sido gradualmente analisadas. Não obstante, só depois de alguns anos[48] foi que o paciente vivenciou plenamente, por estarem muito excindidos, a inveja do seio e de sua criatividade e o desejo de estragá-lo. No início de sua análise, teve um sonho que descreveu como "ridículo": ele estava fumando seu cachimbo, que estava cheio de artigos meus que haviam sido arrancados de um de meus livros. Inicialmente, expressou grande

---

48  A experiência mostrou-me que, quando o analista fica plenamente convencido da importância de um novo aspecto da vida emocional, ele torna-se capaz de interpretá-lo mais cedo na análise. Dando-lhe assim suficiente ênfase, sempre que o material o permita, ele pode propiciar que o paciente se conscientize de tais processos muito mais cedo e, assim, a eficácia da análise pode ser aumentada.

surpresa com relação a isso, porque "não se fumam artigos impressos". Interpretei que isso era apenas uma característica menor do sonho; o principal significado era que ele tinha rasgado meu trabalho e o estava destruindo. Eu também mostrei que a destruição de meus artigos era de natureza sádico-anal, implícita no fumá-los. Ele havia recusado esses ataques agressivos – pois, associada à força de seus processos de cisão, tinha uma grande capacidade de recusa. Outro aspecto desse sonho foi que emergiram sentimentos persecutórios em relação à análise. Ele havia se ressentido de interpretações anteriores e as havia sentido como algo que tinha que "pôr em seu cachimbo e fumar". A análise de seu sonho ajudou o paciente a reconhecer seus impulsos destrutivos contra a analista, e também que esses tinham sido estimulados por uma situação de ciúmes que havia surgido no dia anterior, situação que girava em torno do sentimento de que outra pessoa era mais valorizada por mim do que ele. Mas o insight obtido não levou a uma compreensão de sua inveja da analista, embora isso tivesse sido interpretado para ele. Não tenho dúvida, contudo, de que isso tenha facilitado o aparecimento de material em que impulsos destrutivos e inveja tornaram-se gradativamente mais claros.

Em um estágio posterior de sua análise, um clímax foi alcançado quando todos esses sentimentos em relação à analista vieram à tona no paciente, com plena força. O paciente relatou um sonho que uma vez mais ele descreveu como "ridículo": ele movimentava-se com grande velocidade, como se estivesse num automóvel. Estava de pé num dispositivo semicircular feito ou de arame ou de uma "coisa atômica". Como ele disse, "isso me mantinha em movimento".[49] Subitamente, ele notou que a coisa sobre a qual ele estava de pé estava caindo aos pedaços, e ficou muito aflito. Associou o objeto semicircular ao seio e à ereção do pênis, ficando subentendida sua potência. Nesse sonho entrava seu sentimento de culpa por não estar fazendo bom uso de sua análise e por seus impulsos destrutivos para comigo. Em sua depressão, sentiu que eu não podia ser preservada; e havia muitos elos com ansiedades semelhantes, em parte até conscientes, de que ele não tinha sido capaz de proteger sua mãe quando seu pai estava longe, durante a guerra e subsequentemente. Seu sentimento de culpa em relação à sua mãe e a mim já havia sido, a essa altura, extensamente analisado.

---

49 Em inglês, "this kept me going" é uma expressão mais coloquial e mais precisa, sem correspondente em português. Tende mais para um sentido de algo que sustentava o paciente, dando-lhe força para "seguir em frente". [N. T.]

Recentemente, porém, ele viera a sentir mais especificamente que era sua inveja que me destruía. Os sentimentos de culpa e infelicidade eram ainda maiores porque, em uma parte de sua mente, ele era grato à analista. A frase "isso me mantinha em movimento" sugeria como a análise era essencial para ele, e que ela era uma precondição para sua potência em seu sentido mais amplo, ou seja, para o sucesso de todas as suas aspirações.

A tomada de consciência de sua inveja e ódio de mim veio-lhe como um choque e foi seguida por forte depressão e um sentimento de desvalia. Acredito que essa espécie de choque, que já relatei em vários casos, é resultado de um passo importante na restauração da cisão entre partes do self e, assim, uma etapa de progresso na integração do ego.

Uma conscientização ainda mais plena de sua ambição e inveja se deu numa sessão subsequente ao segundo sonho. Ele falou do conhecimento que tinha de suas limitações e, como ele disse, não esperava que viesse a cobrir de glória a si mesmo e à sua profissão. Nesse momento, e ainda sob a influência do sonho, entendeu que esse modo de se expressar mostrava a força de sua ambição e sua comparação invejosa comigo. Depois de um sentimento inicial de surpresa, esse reconhecimento veio com plena convicção.

## VI

Descrevi muitas vezes minha abordagem da ansiedade como um ponto focal de minha técnica. Contudo, desde o início, as ansiedades não podem ser enfrentadas sem as defesas contra elas. Como assinalei anteriormente, a primeira e principal função do ego é lidar com a ansiedade. Penso mesmo ser provável que a ansiedade primordial, engendrada pela ameaça interna da pulsão de morte, possa ser a explicação de por que o ego é posto em atividade a partir do nascimento. O ego está constantemente protegendo-se da dor e da tensão que a ansiedade faz surgir e, portanto, faz uso de defesas desde o início da vida pós-natal. Mantenho há anos a concepção de que a maior ou menor capacidade de tolerar a ansiedade é um fator constitucional que influencia fortemente o desenvolvimento de defesas. Se sua capacidade de aguentar a ansiedade é inadequada, o ego pode voltar regressivamente a usar defesas mais arcaicas ou mesmo ser levado ao uso excessivo de defesas próprias a seu respectivo estágio. Como resultado, a ansiedade persecutória e os métodos de lidar com ela podem ser tão fortes que, subsequentemente, a elaboração da posição depressiva seja prejudicada. Em alguns casos, em particular do tipo psicótico, somos confrontados desde o início com defesas de natureza tão manifestamente impenetráveis que, por algum tempo, pode parecer impossível analisá-las.

Enumerarei agora algumas das defesas contra a inveja que encontrei no decorrer de meu trabalho. Algumas das defesas mais arcaicas, já muitas vezes descritas, tais como a onipotência, a recusa e a cisão, são reforçadas pela inveja. Anteriormente, sugeri que a *idealização* serve não apenas como uma defesa contra a perseguição, mas também contra a inveja. Nos bebês, se a cisão normal entre o objeto bom e o mau não for inicialmente bem-sucedida, esse fracasso, ligado à inveja excessiva, com frequência resulta em cisão entre um objeto primário onipotentemente idealizado e um objeto primário muito mau. A excessiva exaltação do objeto e de seus dons é uma tentativa de diminuir a inveja. Contudo, se a inveja é muito forte, é provável que, cedo ou tarde, ela se volte contra o objeto primário idealizado e contra outras pessoas que venham a representá-lo ao longo do desenvolvimento.

Como foi sugerido anteriormente, quando a cisão normal fundamental entre o amor e o ódio, e entre o objeto bom e o mau, não é bem-sucedida, pode surgir confusão entre o objeto bom e o mau.[50] Acredito ser essa a base de toda confusão, quer em estados confusionais graves, quer em formas mais brandas, tais como a indecisão – a saber, uma dificuldade de chegar a conclusões e uma perturbação na capacidade de pensar claramente. Porém, a confusão é também usada defensivamente: isso pode ser visto em todos os níveis de desenvolvimento. Tanto a perseguição como a culpa por estragar e atacar por inveja o objeto primário são, até certo ponto, contrabalançadas pelo uso da confusão sobre se um substituto da figura original é bom ou mau. A luta contra a inveja assume outro caráter quando, junto à posição depressiva, estabelecem-se fortes sentimentos de culpa. Mesmo em pessoas nas quais a inveja não é excessiva, a preocupação pelo objeto, a identificação com ele e o temor por sua perda e pelo dano causado à sua criatividade são fatores importantes na dificuldade em elaborar a posição depressiva.

A *fuga da mãe para outras pessoas* admiradas e idealizadas a fim de evitar sentimentos hostis para com aquele mais importante objeto invejado (e, portanto, odiado) – o seio – torna-se um meio de preser-

---

50 Cf. H. Rosenfeld, "Note on the Psychopathology of Confusional States in Chronic Schizophrenias". *The International Journal of Psychoanalysis*, v. 31, 1950, pp. 132–37.

var o seio, o que significa também preservar a mãe.[51] Assinalei várias vezes que é da maior importância o modo como é feita a passagem do primeiro objeto para o segundo (o pai). Se a inveja e o ódio são predominantes, essas emoções são transferidas, em certo grau, para o pai ou para os irmãos, e mais tarde para outras pessoas, e daí por diante o mecanismo de fuga fracassa.

Em conexão com o repúdio ao objeto primário, há uma dispersão do sentimento para com ele, que pode levar à promiscuidade num estágio posterior do desenvolvimento. A ampliação das relações de objetos na primeira infância é um processo normal. Na medida em que o relacionamento com novos objetos substitui, em parte, o amor pela mãe, e não é predominantemente uma fuga do ódio por ela, os novos objetos podem ajudar e ser uma compensação para o inevitável sentimento de perda do primeiro objeto singular – uma perda que surge com a posição depressiva. O amor e a gratidão são, então, em graus variáveis, preservados nas novas relações, embora essas emoções fiquem, em alguma medida, distanciadas dos sentimentos para com a mãe. Contudo, se a dispersão de emoções é usada predominantemente como uma defesa contra a inveja e o ódio, tais defesas não constituem uma base para relações de objeto estáveis, porque são influenciadas pela persistente hostilidade para com o primeiro objeto.

Muitas vezes, a defesa contra a inveja toma a forma de *desvalorização do objeto*. Já sugeri que os atos de estragar e desvalorizar são inerentes à inveja. O objeto que foi desvalorizado não precisa mais ser invejado. Isso logo se estende ao objeto idealizado, que é desvalorizado e, desse modo, não mais idealizado. A rapidez com a qual essa idealização desmorona vai depender da força da inveja. Mas em todos os níveis de desenvolvimento recorre-se à desvalorização e à ingratidão como defesas contra a inveja, e, em algumas pessoas, elas permanecem como características de suas relações de objeto. Mencionei pacientes que, na situação transferencial, depois de terem sido inegavelmente ajudados por uma interpretação, criticam-na até que nada de bom sobre dela. Por exemplo: um paciente, que durante uma sessão havia chegado a uma solução satisfatória de um problema externo, começou a sessão seguinte dizendo que estava muito aborrecido comigo; no dia anterior, eu havia despertado nele uma grande ansiedade ao fazê-lo encarar esse problema específico. Viu-se também que ele se sentia acusado e desvalorizado por mim porque, até que o problema tivesse sido analisado,

---

51 Cf. "Algumas conclusões teóricas relativas à vida emocional do bebê", neste volume.

a solução não lhe havia ocorrido. Foi somente depois de reconsiderar a questão que ele reconheceu que a análise havia, de fato, sido útil.

Uma defesa própria a tipos mais depressivos é a *desvalorização do self*. Algumas pessoas podem ser incapazes de desenvolver seus dons e de usá-los com sucesso. Em outros casos, essa atitude surge apenas em certas ocasiões, sempre que houver perigo de rivalidade com uma figura importante. Desvalorizando seus próprios dons, elas tanto recusam a inveja como punem-se por ela. Contudo, pode ser visto em análise que a desvalorização do self incita novamente a inveja do analista, que é sentido como superior, em particular porque o paciente desvalorizou-se intensamente. Privar a si mesmo de sucesso tem, é claro, muitos determinantes, e isso se aplica a todas as atitudes a que me refiro.[52] Mas uma das raízes mais profundas que encontrei para essa defesa foi a culpa e a infelicidade por não ter sido capaz de preservar o objeto bom devido à inveja. As pessoas que estabeleceram seu objeto bom de modo um tanto precário sofrem pela ansiedade de que ele possa vir a ser estragado e perdido devido a sentimentos invejosos e competitivos e, assim, têm que evitar sucesso e competição.

Outra defesa contra a inveja está intimamente associada à voracidade. Ao *internalizar o seio tão vorazmente* que na mente do bebê o seio torna-se inteiramente posse sua e por ele controlado, o bebê sente que tudo de bom que ele atribui ao seio será dele próprio. Isso é usado para contrabalançar a inveja. É a própria voracidade com que essa internalização é efetuada que contém o germe do fracasso. Como eu disse antes, um objeto bom que é bem estabelecido, e por conseguinte assimilado, não apenas ama o sujeito como é amado por ele. Acredito que isso seja característico da relação com um objeto bom, mas não se aplica – ou se aplica somente num grau mínimo – a um objeto idealizado. Devido à possessividade poderosa e violenta, o objeto bom é sentido como transformando-se num perseguidor destruído, e as consequências da inveja não são suficientemente impedidas. Em contraste, quando se tem tolerância em relação a uma pessoa amada, essa tolerância é também projetada em outros, que, assim, tornam-se figuras amistosas.

Um método frequente de defesa é *suscitar inveja nos outros*, por meio dos próprios sucessos, posses e boa sorte, revertendo desse modo a situação em que a inveja é sentida. A ineficácia desse método deriva da ansiedade persecutória a que dá origem. As pessoas invejosas, e

---

52 Cf. S. Freud, "Alguns tipos de caráter encontrados na prática psicanalítica" [1915], in *Obras completas*, v. 12, trad. Paulo César de Souza. São Paulo: Companhia das Letras, 2010.

em particular o objeto interno invejoso, são sentidos como os piores perseguidores. Outra razão pela qual essa defesa é precária provém, em última instância, da posição depressiva. O desejo de deixar outras pessoas invejosas, em particular as pessoas amadas, e de triunfar sobre elas desperta culpa e medo de danificá-las. A ansiedade suscitada prejudica a fruição das próprias posses e mais uma vez aumenta a inveja.

Há outra defesa, não rara: *o abafamento de sentimentos de amor e a correspondente intensificação do ódio*, porque isso é menos doloroso do que suportar a culpa que surge da combinação de amor, ódio e inveja. Isso pode não se expressar como ódio, mas tomar a forma de indiferença. Uma defesa afim é a de retirar-se do contato com as pessoas. A necessidade de independência que, como sabemos, é um fenômeno normal do desenvolvimento, pode ser reforçada para evitar gratidão ou culpa pela ingratidão e inveja. Na análise, verificamos que, inconscientemente, essa independência é, de fato, bastante espúria: o indivíduo permanece dependente de seu objeto interno.

Herbert Rosenfeld descreveu um método específico de lidar com a situação, no qual partes excindidas da personalidade, inclusive as partes mais invejosas e destrutivas, juntam-se, e ocorrem passos em direção à integração.[53] Ele mostrou que a atuação tem o fim de evitar que a cisão se desfaça; a meu ver a atuação, na medida em que é usada para evitar a integração, torna-se uma defesa contra as ansiedades despertadas pela aceitação da parte invejosa do self.

Não descrevi de modo algum todas as defesas contra a inveja, pois sua variedade é infinita. Elas estão intimamente associadas às defesas contra os impulsos destrutivos e as ansiedades persecutória e depressiva. Seu êxito depende de muitos fatores externos e internos. Como foi mencionado, quando a inveja é forte, e por conseguinte provável seu reaparecimento em todas as relações de objeto, as defesas contra ela parecem ser precárias; as defesas contra os impulsos destrutivos não dominados pela inveja parecem ser muito mais eficazes, embora possam implicar inibições e limitações da personalidade.

Quando predominam traços esquizoides e paranoides, as defesas contra a inveja não podem ser bem-sucedidas, pois os ataques ao sujeito levam a um sentimento aumentado de perseguição, com o qual ele só pode lidar por meio de ataques renovados, ou seja, reforçando

---

53 Cf. H. Rosenfeld, "An Investigation into the Need of Neurotic and Psychotic Patients to Act out during Analysis" [1964], in *Psychotic States: A Psychoanalytic Approach*. London: Routledge, 1965.

os impulsos destrutivos. Desse modo, é estabelecido um círculo vicioso que prejudica a capacidade de contrabalançar a inveja. Isso aplica-se em particular a casos de esquizofrênicos e explica, até certo ponto, as dificuldades que se interpõem à sua cura.[54]

O resultado é mais favorável quando existe, em certa medida, uma relação com um objeto bom, pois isso também significa que a posição depressiva foi parcialmente elaborada. A experiência de depressão e culpa implica o desejo de poupar o objeto amado e de restringir a inveja.

As defesas que enumerei, e muitas outras, fazem parte da reação terapêutica negativa porque são um obstáculo poderoso à capacidade de internalizar o que o analista tem a dar. Referi-me anteriormente a algumas das formas que toma a inveja ao analista. Quando o paciente é capaz de experimentar gratidão – e isso significa que em tais momentos ele está menos invejoso –, ele está numa posição muito melhor para se beneficiar da análise e para consolidar os ganhos já adquiridos. Em outras palavras: quanto mais os traços depressivos predominarem sobre os traços esquizoides e paranoides, melhores são as perspectivas de cura.

A ânsia por fazer reparação e a necessidade de ajudar o objeto invejado são também meios muito importantes de contrabalançar a inveja. Em última instância, isso pressupõe contrabalançar os impulsos destrutivos pela mobilização de sentimentos de amor.

Como me referi várias vezes à confusão, pode ser útil resumir alguns dos mais importantes estados de confusão tal como normalmente surgem em diferentes estágios de desenvolvimento e em várias conexões. Assinalei muitas vezes que, desde o início da vida pós-natal, desejos libidinais e agressivos de natureza anal e uretral (e mesmo genital) estão em atividade – embora sob o domínio da oralidade –, e que dentro de poucos meses a relação com objetos parciais vem a ser concomitante à relação com pessoas totais.[55]

Já examinei os fatores – principalmente fortes traços esquizoparanoides e inveja excessiva – que desde o início obscurecem a distinção entre o seio bom e o seio mau, e prejudicam a cisão bem-sucedida; nessas condições, a confusão no bebê é reforçada. Acredito que na análise é essencial reportar todos os estados de confusão em nossos pacientes,

---

54 Alguns de meus colegas que analisam casos de esquizofrenia disseram-me que a ênfase que eles estão dando agora à inveja como um fator destrutivo e que causa estragos mostra-se como de grande importância tanto na compreensão como no tratamento desses pacientes.

55 Cf. *A psicanálise de crianças*, op. cit., cap. 8.

mesmo nos casos mais graves de esquizofrenia, a essa inabilidade inicial em distinguir entre objeto primário bom e mau, apesar de precisarmos considerar também o uso defensivo da confusão contra a inveja e contra os impulsos destrutivos.

Enumeremos algumas das consequências dessa dificuldade inicial: o aparecimento prematuro de culpa, a incapacidade do bebê de vivenciar separadamente a culpa e a perseguição, e o resultante aumento da ansiedade persecutória já foram mencionados acima; também chamei atenção para a importância da confusão entre os pais, resultante da intensificação pela inveja da figura dos pais combinados. Relacionei o aparecimento prematuro da genitalidade à fuga da oralidade, levando a um aumento da confusão entre tendências e fantasias orais, anais e genitais.

Outros fatores que contribuem, bem no começo, para a confusão e estados mentais de perplexidade, são as identificações projetiva e introjetiva, porque elas podem, temporariamente, ter o efeito de obscurecer a distinção entre o self e os objetos, e entre mundo interno e mundo externo. Tal confusão interfere no reconhecimento da realidade psíquica, o qual contribui para a compreensão e para a percepção realista da realidade externa. A desconfiança e o medo de internalizar o alimento psíquico remontam à desconfiança daquilo que o seio invejado e estragado oferecera. Se, primordialmente, o alimento bom é confundido com o mau, posteriormente a habilidade para pensar claramente e para desenvolver padrões de valores é prejudicada. Todas essas perturbações, que em minha concepção estão também ligadas à defesa contra a ansiedade e a culpa, e que são despertadas pelo ódio e pela inveja, expressam-se em inibições do aprendizado e do desenvolvimento do intelecto. Não levo em conta aqui os outros vários fatores que contribuem para tais dificuldades.

Os estados de confusão que resumi brevemente, para os quais contribuem o intenso conflito entre tendências destrutivas (ódio) e integradoras (amor), são até certo ponto normais. É com a crescente integração e por meio da elaboração bem-sucedida da posição depressiva, o que inclui mais elucidação da realidade interna, que a percepção do mundo externo se torna mais realista – um resultado que está normalmente em curso na segunda metade do primeiro ano e início do segundo ano.[56] Essas mudanças estão essencialmente ligadas a uma

---

56 Sugeri (cf. meus artigos de 1952, neste volume) que, no segundo ano de vida, mecanismos obsessivos passam para o primeiro plano e a organização do ego ocorre sob o predomínio de impulsos e fantasias anais.

diminuição da identificação projetiva, que forma parte das ansiedades e mecanismos esquizoparanoides.

## VII

Vou agora tentar uma breve descrição das dificuldades que caracterizam o progresso durante uma análise. Só depois de um trabalho longo e laborioso é que se torna possível capacitar o paciente a fazer face à inveja primária e ao ódio. Embora sentimentos de competição e inveja sejam familiares à maioria das pessoas, suas implicações mais profundas e arcaicas, vivenciadas na situação transferencial, são extremamente dolorosas e, por isso, difíceis de serem aceitas pelo paciente. A resistência que encontramos, em pacientes de ambos os sexos, ao analisar seus ciúmes e hostilidade edipianos, apesar de muito forte, não é tão intensa quanto aquela que encontramos ao analisar a inveja e o ódio ao seio. Ajudar um paciente a atravessar esses profundos conflitos e sofrimentos é a maneira mais eficaz de promover sua estabilidade e integração, porque o torna capaz, por meio da transferência, de estabelecer mais seguramente seu objeto bom e seu amor por ele, e de ganhar alguma confiança em si mesmo. É desnecessário dizer que a análise dessa relação mais arcaica envolve a investigação de suas relações posteriores e possibilita ao analista compreender mais plenamente a personalidade adulta do paciente.

No decurso da análise, nós temos que estar preparados para encontrar flutuações entre melhoras e retrocessos. Isso pode se manifestar de vários modos. Por exemplo: o paciente sentiu gratidão e apreciação pela capacidade do analista. Essa mesma capacidade, causa de admiração, logo dá lugar à inveja; a inveja pode ser contrabalançada pelo orgulho em ter um bom analista. Se o orgulho incita a possessividade, pode haver uma revivescência da voracidade infantil, que poderia ser expressa nos seguintes termos: "Eu tenho tudo que quero; tenho a mãe boa toda só para mim". Tal atitude voraz e controladora é capaz de estragar a relação com o objeto bom e dá origem à culpa, que logo pode levar a outra defesa, por exemplo: não quero ferir a analista-mãe, prefiro abster-me de aceitar suas dádivas. Nessa situação, a culpa arcaica em relação à rejeição do leite e do amor oferecidos pela mãe é revivida porque a ajuda do analista não é aceita. O paciente também vivência culpa porque está privando a si mesmo (a parte boa de seu self) de ajuda e melhora, e reprova-se por colocar uma carga grande demais no analista ao não cooperar suficientemente; desse modo, sente que está explorando o analista. Tais atitudes alternam-se com a ansiedade persecutória de ser roubado de suas defesas e emoções, de seus pensamentos e de todos os seus ideais. Em estados de grande ansiedade, parece não existir na mente do paciente outra alternativa que a de que ele esteja roubando ou sendo roubado.

Como sugeri, as defesas continuam operantes mesmo quando mais insight se faz presente. Cada passo em direção à integração, e a correspondente mobilização de ansiedade, pode fazer defesas arcaicas aparecerem com maior força, e mesmo que apareçam defesas novas. Nós também devemos prever que a inveja primária reaparecerá regularmente e, assim, somos defrontados com repetidas flutuações na situação emocional. Por exemplo: quando o paciente se sente desprezível e, portanto, inferior ao analista, a quem naquele momento atribui benevolência e paciência, logo reaparece a inveja ao analista. Sua própria infelicidade e a dor e o conflito que sofre são contrastados com o que ele sente ser a paz de espírito do analista – de fato, sua sanidade –, e essa é uma causa particular de inveja.

A incapacidade do paciente de aceitar com gratidão uma interpretação, que em algumas partes de sua mente ele reconhece como proveitosa, é um dos aspectos da reação terapêutica negativa. Sob a mesma denominação há muitas outras dificuldades, algumas das quais mencionarei agora. Sempre que um paciente faz progressos na integração, isto é, quando a parte invejosa da personalidade, que odeia e é odiada, aproxima-se mais das outras partes do self, devemos estar preparados para verificar ansiedades intensas que podem vir para o primeiro plano e aumentar a desconfiança que ele tem de seus impulsos amorosos. O abafamento do amor, que descrevi como uma defesa maníaca durante a posição depressiva, tem suas raízes no perigo que advém da ameaça dos impulsos destrutivos e da ansiedade persecutória. Num adulto, depender de uma pessoa amada revive o desamparo do bebê e é sentido como humilhante. Mas há mais do que desamparo infantil nessa questão: a criança pode ser excessivamente dependente de sua mãe, se a ansiedade de que seus impulsos destrutivos transformem a mãe num objeto danificado ou persecutório for grande demais; e essa dependência excessiva pode ser revivida na situação transferencial. A ansiedade de que, em se dando lugar ao amor, a voracidade pode vir a destruir o objeto é outra causa de abafamento dos impulsos amorosos. Há também o medo de que o amor conduza à responsabilidade excessiva e que o objeto faça exigências demais. O conhecimento inconsciente de que o ódio e os impulsos destrutivos estão em atividade pode fazer o paciente sentir-se mais sincero ao não admitir amor, seja para si mesmo, seja para os outros.

Uma vez que nenhuma ansiedade pode surgir sem que o ego use todas as defesas que possa produzir, os processos de cisão desempenham um papel importante como métodos contra a experiência de ansiedade persecutória e depressiva. Quando interpretamos tais processos de cisão, o paciente torna-se mais consciente de uma parte de si mesmo, que o aterroriza porque a sente como a representante dos impulsos destrutivos. Com pacientes nos quais os processos arcaicos de cisão (sempre ligados a traços esquizoides e paranoides) são menos dominantes, a *repressão* de impulsos é mais forte e, portanto, o quadro clínico é diferente. Em outras palavras, estamos lidando então com o tipo mais neurótico de paciente, que conseguiu, em alguma medida, superar a cisão arcaica e no qual a repressão tornou-se a principal defesa contra perturbações emocionais.

Outra dificuldade que obstrui a análise por longos períodos é a tenacidade com que o paciente se apega a uma forte transferência positiva; isso pode ser, até certo ponto, enganador, porque se baseia em idealização e encobre o ódio e a inveja que estão excindidos. É característico o fato de as ansiedades orais serem então constantemente evitadas e de os elementos genitais estarem em primeiro plano.

Procurei mostrar, em vários contextos, que os impulsos destrutivos, expressão da pulsão de morte, são sentidos primeiramente como sendo dirigidos contra o ego. Defrontando-se com eles, mesmo que gradualmente, o paciente sente-se exposto à destruição enquanto está no processo de aceitar esses impulsos como aspectos de si mesmo e integrá-los. Em outras palavras, como resultado da integração, o paciente em certos períodos enfrenta vários grandes perigos: seu ego pode ser avassalado; a parte ideal de seu self pode ser perdida quando a existência da parte excindida, destrutiva e odiada de sua personalidade é reconhecida; o analista pode tornar-se hostil e retaliar, em função dos impulsos destrutivos do paciente, que não estão mais reprimidos, tornando-se assim também uma figura superegoica perigosa; o analista, na medida em que representa um objeto bom, é ameaçado de destruição. O perigo para o analista, o que contribui para a forte resistência que encontramos quando tentamos desfazer a cisão e promover passos no sentido da integração, torna-se compreensível se nos lembrarmos de que o bebê sente seu objeto primário como a fonte do "bom" e da vida e, portanto, insubstituível. Sua ansiedade de que o tenha destruído é causa de dificuldades emocionais importantes e participa proeminentemente nos conflitos que surgem na posição depressiva. O sentimento de culpa resultante da tomada de consciência da inveja destrutiva pode levar temporariamente a uma inibição das capacidades do paciente.

Encontramos uma situação muito diferente quando, como uma defesa contra a integração, as fantasias onipotentes e mesmo megalomaníacas aumentam. Essa pode ser uma etapa crítica, porque o paciente pode, como refúgio, reforçar suas projeções e atitudes hostis. Assim, ele considera-se superior ao analista, a quem acusa de não o valorizar devidamente e a quem, desse modo, encontra alguma justificativa para odiar. Ele se atribui o mérito por tudo até então conseguido na análise. Na situação arcaica – quando bebê –, o paciente pode ter tido fantasias de ser mais poderoso do que seus pais e mesmo de ter, por assim dizer, criado a mãe, ou tê-la parido, e de que o seio materno lhe pertencia. Consequentemente, seria a mãe quem o teria despojado do seio e não o paciente quem a teria despojado dele. A projeção, a onipotência e a perseguição acham-se então em seu auge. Algumas dessas fantasias estão em atividade sempre que sejam muito fortes os sentimentos relativos à prioridade no trabalho científico ou em outros tipos de trabalho. Há outros fatores que podem igualmente suscitar a ânsia por prioridade, tais como a ambição proveniente de várias fontes, e em particular o sentimento de culpa, basicamente ligado à inveja e destruição do objeto primário e de seus substitutos posteriores. Isso porque essa culpa de ter despojado o objeto primário pode levar à recusa, que assume a forma de reivindicação de total originalidade, excluindo-se assim a possibilidade de ter tirado ou aceitado qualquer coisa do objeto.

No último parágrafo, salientei as dificuldades que surgem em certos momentos da análise de pacientes cuja inveja é constitucionalmente forte. No entanto, a análise dessas perturbações graves e profundas é, em muitos casos, uma salvaguarda contra o perigo potencial de psicose, resultante de atitudes excessivamente onipotentes e invejosas. Mas é essencial não tentar apressar esses passos em direção à integração; pois, se a noção da divisão em sua personalidade surgisse repentinamente, o paciente teria grandes dificuldades em lidar com ela.[57] Quando o paciente toma consciência de seus impulsos invejosos e destrutivos, ele os sente tão mais perigosos quanto mais fortemente eles tenham sido excindidos. Em análise, devemos caminhar lenta e gradativamente em direção ao doloroso insight referente às divisões do self do paciente. Isso significa que os lados destrutivos são repetidamente excindidos e

---

57 É muito possível que uma pessoa que inesperadamente comete um crime ou tem um surto psicótico tenha tomado consciência repentina das partes perigosas excindidas do self. Há casos conhecidos de pessoas que tentam ser presas para impedir a si mesmas de cometer um assassinato.

recuperados, até que se efetue uma maior integração. Como resultado, o sentimento de responsabilidade torna-se mais forte, e a culpa e a depressão são mais plenamente vivenciadas. Quando isso acontece, o ego é fortalecido, a onipotência dos impulsos destrutivos fica diminuída juntamente com a inveja, e é liberada a capacidade de amor e gratidão que estivera abafada no decurso dos processos de cisão. Portanto, os aspectos excindidos tornam-se gradualmente mais aceitáveis, e o paciente é cada vez mais capaz de reprimir impulsos destrutivos em relação aos objetos amados em vez de cindir o self. Isso implica também a diminuição da projeção no analista (a qual o transforma em uma figura perigosa e retaliadora), e para o analista, por sua vez, fica mais fácil ajudar o paciente em direção a uma maior integração. Isso equivale a dizer que a reação terapêutica negativa perde força.

Analisar processos de cisão e o ódio e a inveja subjacentes, tanto na transferência positiva como na negativa, exige muito do analista e do paciente. Uma consequência dessa dificuldade é a tendência de alguns analistas a reforçar a transferência positiva e a evitar a negativa, e a tentar fortalecer sentimentos de amor assumindo o papel do objeto bom que o paciente não fora capaz de estabelecer firmemente no passado. Esse procedimento difere essencialmente da técnica que, ao ajudar o paciente a conseguir uma melhor integração de seu self, visa uma mitigação do ódio pelo amor. Minhas observações mostraram-me que as técnicas baseadas em reconfortar raramente são bem-sucedidas; mais especificamente, seus resultados não são duradouros. Há de fato em todas as pessoas uma arraigada necessidade de ser reconfortada, a qual remonta à relação mais arcaica com a mãe. O bebê tem a expectativa de que ela o atenda não apenas em todas as suas necessidades, mas também anseia por sinais de seu amor sempre que experimenta ansiedade. Esse anseio por reconforto é um fator vital na situação analítica, e nós não devemos subestimar sua importância em nossos pacientes, tanto adultos como crianças. Descobrimos que embora seu propósito consciente, e muitas vezes inconsciente, é ser analisado, o paciente nunca abandona por completo seu forte desejo de receber provas de amor e apreciação do analista, e de assim ser reconfortado. Mesmo a cooperação do paciente, que faculta a análise de camadas profundas da mente, de impulsos destrutivos e de ansiedades persecutórias, pode até certo ponto ser influenciada pela necessidade premente de satisfazer o analista e de ser amado por ele. O analista que estiver ciente disso analisará as raízes infantis de tais desejos; do contrário, em identificação com seu paciente, a necessidade arcaica de reconforto pode influenciar intensamente sua contratransferência e, consequentemente, sua técnica. Essa identificação pode também facilmente levar o analista à tentação de assumir o lugar da mãe e a ceder à necessidade premente de aliviar imediatamente as ansiedades de seu filho (o paciente).

Uma das dificuldades em promover passos em direção à integração surge quando o paciente diz: "Entendo o que está me dizendo, mas não *sinto*". Estamos cientes de que estamos nos referindo a uma parte da personalidade que, para todos os efeitos, não é suficientemente acessível na ocasião nem ao paciente, nem ao analista. Nossas tentativas de ajudar o paciente a integrar só são convincentes se podemos mostrar a ele, tanto no material presente quanto no passado, como e por que ele está repetidamente excindindo partes de seu self. Tal evidência é também muitas vezes fornecida por um sonho antecedente à sessão e pode ser depreendida do contexto total da situação analítica. Se uma interpretação de cisão é suficientemente fundamentada no modo que descrevi, ela pode ser confirmada na sessão seguinte, quando o paciente traz um trecho de um sonho ou mais algum material. O resultado cumulativo de tais interpretações possibilita gradualmente o paciente a progredir no sentido da integração e do insight.

A ansiedade que impede a integração tem que ser plenamente compreendida e interpretada na situação transferencial. Assinalei anteriormente a ameaça, tanto para o self como para o analista, que surge na mente do paciente se partes excindidas do self são recuperadas na análise. Ao lidar com essa ansiedade, não se deve subestimar os impulsos amorosos quando eles podem ser detectados no material. Pois são eles que, em última instância, possibilitam ao paciente mitigar seu ódio e inveja.

Por mais que o paciente possa, num dado momento, sentir que a interpretação não o toca, isso pode, com frequência, ser uma expressão de resistência. Se, desde o início da análise, houvermos prestado suficiente atenção às sempre repetidas tentativas de excindir as partes destrutivas da personalidade, em particular o ódio e a inveja, teremos de fato, ao menos na maioria dos casos, habilitado o paciente a dar alguns passos no sentido da integração. É somente após um trabalho laborioso, cuidadoso e constante por parte do analista que podemos esperar uma integração mais estável no paciente.

Ilustrarei agora essa fase da análise com dois sonhos.

O segundo paciente a que me referi, num estágio posterior de sua análise, quando de vários modos tinham ocorrido uma maior integração e progresso, relatou o seguinte sonho, que mostra as flutuações nos processos de integração, causadas pela dor dos sentimentos depressivos. Ele estava em um apartamento no andar de cima e X, um amigo de um amigo do paciente, o estava chamando da rua, propondo que fossem caminhar juntos. O paciente não se juntou a X porque um cachorro preto que havia no apartamento poderia sair e ser atropelado. Ele afagou o cachorro. Quando olhou pela janela, verificou que X tinha "recuado".

Algumas das associações relacionaram o apartamento com o meu e o cachorro preto com meu gato preto, que ele descreveu como "ela". O paciente nunca tinha gostado de X, que era um antigo colega de escola. Descreveu-o como melífluo e insincero; X também pedia dinheiro emprestado com frequência (embora ele o devolvesse mais tarde), e o fazia de maneira tal que sugeria que tinha todo o direito de pedir tais favores. No entanto, X veio a ser muito bom em sua profissão.

O paciente reconheceu que "um amigo de seu amigo" era um aspecto dele mesmo. A essência de minhas interpretações foi que ele chegara perto de tomar consciência de uma parte desagradável e assustadora de sua personalidade; o perigo para o cachorro--gato – a analista – era de que ela seria atropelada (isto é, ferida) por X. X convidando-o para uma caminhada simbolizava um passo na direção da integração. Nesse ponto, um elemento de esperança entrou no sonho por meio da associação de que X, a despeito de seus defeitos, viera a ser bom em sua profissão. É também uma característica de progresso o fato de que o aspecto dele mesmo do qual chegara mais perto no sonho não era tão destrutivo nem tão invejoso quanto em materiais anteriores.

A preocupação do paciente com a segurança do cachorro-gato exprimia o desejo de proteger a analista contra suas tendências hostis e vorazes, representadas por X, e levava a uma ampliação temporária da cisão que já havia sido parcialmente sanada. Contudo, quando X, a parte rejeitada dele mesmo, "recuou", isso mostrava que não havia desaparecido de vez e que o processo de integração estava apenas temporariamente perturbado. O estado de espírito do paciente na ocasião tinha características depressivas; a culpa em relação à analista e o desejo de preservá-la eram proeminentes. Nesse contexto, o medo da integração era causado pelo sentimento de que a analista devia ser protegida dos impulsos reprimidos, vorazes e perigosos do paciente. Eu não tinha dúvida de que ele ainda estava excindindo uma parte de sua personalidade, mas a *repressão* dos impulsos vorazes e destrutivos havia se tornado mais visível. A interpretação, portanto, tinha que lidar tanto com a cisão quanto com a repressão.

O primeiro paciente mencionado anteriormente, numa etapa posterior de sua análise, trouxe um sonho que mostrava passos bem mais avançados no sentido da integração. Ele sonhou que tinha um irmão delinquente, o qual havia cometido um crime grave. Fora recebido numa casa e matara os moradores e os roubara. O paciente ficou profundamente perturbado por isso, mas sentiu que precisava ser leal a seu irmão e salvá-lo. Eles fugiram juntos e, a seguir, estavam num barco. Nesse ponto o paciente fez uma associação com *Os miseráveis*, de Victor Hugo, e mencionou Javert, que havia perseguido um inocente durante toda a sua vida, e até mesmo o seguira pelos esgotos de Paris, onde ele havia se escondido. Mas Javert acabou cometendo suicídio porque reconheceu que havia consumido toda a sua vida em uma direção errônea.

O paciente prosseguiu então com seu relato do sonho. Seu irmão e ele foram presos por um policial que o olhou bondosamente, e assim o paciente teve a esperança de que, afinal, não seria executado; parecia que deixara seu irmão entregue à própria sorte.

O paciente deu-se conta imediatamente de que o irmão delinquente era parte dele mesmo. Havia recentemente usado a expressão "delinquente" referindo-se a questões de pouca importância em sua própria conduta. Lembraremos aqui também que, num sonho anterior, ele havia se referido a um menino delinquente com quem não podia lidar.

O passo em direção à integração a que estou me referindo foi mostrado quando o paciente assume responsabilidade pelo irmão delinquente e por estar com ele "no mesmo barco". Interpretei o crime de assassinato e roubo das pessoas que o haviam bondosamente acolhido como sendo seus ataques fantasiados à analista, e me referi à sua ansiedade, tantas vezes expressa, de que seu desejo voraz de obter de mim tanto quanto possível pudesse danificar-me. Relacionei isso com sua culpa arcaica em relação à sua mãe. O policial bondoso representava a analista que não o julgaria severamente e que o ajudaria a livrar-se de sua parte má. Assinalei, além disso, que no processo de integração havia reaparecido o uso de cisão, tanto do self como do objeto. Isso ficou ilustrado por a analista figurar em um papel duplo: como policial bondoso e como Javert perseguidor, o qual no fim suicidou-se, e em quem a "maldade" do paciente havia sido projetada. Embora o paciente tivesse compreendido sua responsabilidade pela parte "delinquente" de sua personalidade, ele estava ainda cindindo seu self. Isso porque estava representado pelo homem "inocente", enquanto os esgotos em que era perseguido significavam as profundezas de sua destrutividade anal e oral.

A recorrência da cisão era causada não apenas por ansiedade persecutória mas também por ansiedade depressiva, pois o paciente sentia que não podia confrontar a analista (quando ela aparecia em um papel bondoso) com a parte má de si mesmo sem danificá-la. Essa foi uma das razões pela qual ele recorreu à união com o policial contra a parte má de si mesmo, a qual desejava aniquilar naquele momento.

Freud, desde o início, admitiu que algumas variações individuais do desenvolvimento se devem a fatores constitucionais: por exemplo, em "Caráter e erotismo anal" (1908), ele expressou a concepção de que um erotismo anal acentuado é constitucional em muitas pessoas.[58] Abraham descobriu um elemento inato na força dos impulsos orais que relacionou com a etiologia da enfermidade maníaco-depressiva. Ele disse que "[...] o que é realmente constitucional e herdado é uma acentuação excessiva do erotismo oral, do mesmo modo que em certas famílias o erotismo anal parece ser um fator preponderante já desde o começo".[59]

Sugeri anteriormente que a voracidade, o ódio e as ansiedades persecutórias em relação ao objeto primário, o seio da mãe, têm uma base inata. Neste trabalho, acrescentei que também a inveja, como expressão poderosa de impulsos sádico-orais e sádico-anais, é constitucional. As variações na intensidade desses fatores constitucionais são, em minha concepção, ligadas à preponderância de uma ou outra das pulsões na fusão das pulsões de vida e de morte postulada por Freud. Acredito que há uma correlação entre a preponderância de uma ou outra dessas pulsões e a força ou fraqueza do ego. Referi-me muitas vezes à força do ego face às ansiedades com as quais tem que lidar como um fator constitucional. Dificuldades em suportar ansiedade, tensão e frustração são expressão de um ego que, desde o início da vida pós-natal, é fraco em proporção aos intensos impulsos destrutivos e sentimentos persecutórios que ele vivencia. Essas fortes ansiedades, impostas a um ego fraco, conduzem a um uso excessivo de defesas, tais como recusa, cisão e onipotência, que, em certa medida, são sempre características do desenvolvimento mais inicial. De acordo com minha

---

58 "Esses indícios nos levam a concluir que há, em sua constituição sexual, um nítido acento erógeno da região anal" (S. Freud, "Caráter e erotismo anal" [1908], in *Obras completas*, v. 8, trad. Paulo César de Souza. São Paulo: Companhia das Letras, 2015, p. 352).
59 K. Abraham, "A Short Study of the Development of the Libido, Viewed in the Light of Mental Disorders", op. cit.

tese, eu acrescentaria que um ego constitucionalmente forte não se torna presa fácil da inveja, e é mais capaz de efetuar a cisão entre bom e mau, que suponho ser uma precondição para o estabelecimento do objeto bom. O ego é, então, menos sujeito àqueles processos de cisão que levam à fragmentação e que fazem parte de características esquizoparanoides acentuadas.

Outro fator que, desde o início, influencia o desenvolvimento é a diversidade de experiências externas pelas quais o bebê passa. Isso explica, em certa medida, o desenvolvimento de suas ansiedades arcaicas, que seriam em particular grandes em um bebê que teve um nascimento difícil e amamentação insatisfatória. No entanto, o montante de minhas observações convenceu-me de que o impacto dessas experiências externas é proporcional à força constitucional dos impulsos destrutivos inatos e das ansiedades paranoides decorrentes. Muitos bebês não tiveram experiências muito desfavoráveis e, ainda assim, têm sérias dificuldades com a amamentação e com o sono, e podemos ver neles todos os sinais de grande ansiedade, os quais as circunstâncias externas não explicam suficientemente.

É também sabido que alguns bebês são expostos a grandes privações e circunstâncias desfavoráveis e, ainda assim, não desenvolvem ansiedades excessivas, o que sugeriria que seus traços paranoides e invejosos não são predominantes; isso é amiúde confirmado por sua história posterior.

Em meu trabalho analítico, tive muitas oportunidades de conectar a origem da formação do caráter a variações nos fatores inatos. Há muito mais a ser aprendido a respeito das influências pré-natais; mas, mesmo um conhecimento mais amplo a respeito delas não diminuiria a importância dos elementos inatos na determinação da força do ego e das moções pulsionais.

A existência dos fatores inatos, referidos acima, aponta para as limitações da terapia psicanalítica. Embora eu perceba isso plenamente, minha experiência ensinou-me que, não obstante, podemos produzir mudanças fundamentais e positivas em vários casos, mesmo com uma base constitucional desfavorável.

## Conclusão

Por muitos anos, a inveja do seio nutriz como um fator que aumenta a intensidade dos ataques ao objeto primário tem sido parte de minhas análises. No entanto, apenas recentemente passei a dar ênfase particular à qualidade de destruição e estrago da inveja, na medida em que ela interfere na construção de uma relação segura com o objeto bom interno e externo, solapa o sentimento de gratidão e, de muitas maneiras, obscurece a distinção entre bom e mau.

Em todos os casos que descrevi, a relação com o analista como um objeto interno foi de importância fundamental. Verifiquei que isso era verdade de maneira geral. Quando a ansiedade a respeito da inveja e suas consequências atinge o clímax, o paciente sente-se, em graus variáveis, perseguido pelo analista como um objeto interno invejoso e malevolente, que perturba seu trabalho, sua vida e suas atividades. Quando isso ocorre, o objeto bom é sentido como perdido e, com ele, a segurança interna. Minhas observações mostraram-me que, em qualquer estágio da vida, quando a relação com o objeto bom está seriamente perturbada – uma perturbação na qual a inveja desempenha um papel proeminente –, não apenas a segurança e a paz interna sofrem interferência, como também se estabelece uma deterioração do caráter. A prevalência de objetos internos persecutórios reforça impulsos destrutivos, ao passo que, se o objeto bom estiver bem estabelecido, a identificação com ele fortalece a capacidade de amar, os impulsos construtivos e a gratidão. Isso se coaduna com a hipótese que apresentei no início deste trabalho: se o objeto bom está profundamente enraizado, perturbações temporárias podem ser suportadas e estão assentados os alicerces da saúde mental, da formação do caráter e do desenvolvimento bem-sucedido do ego.

Descrevi, em outros contextos, a importância do objeto persecutório internalizado mais arcaico: o seio retaliativo, devorador e venenoso. Eu diria agora que a projeção da inveja do bebê confere uma feição particular à sua ansiedade quanto à perseguição interna, tanto primária como posterior. O "superego invejoso" é sentido como perturbando e aniquilando todas as tentativas de reparar e de criar. É também sentido como fazendo exigências constantes e exorbitantes à gratidão do indivíduo. Pois à perseguição acrescentam-se os sentimentos de culpa de que os objetos internos persecutórios são resultantes dos próprios impulsos invejosos e destrutivos que estragaram primariamente o objeto bom. A necessidade de punição, que encontra satisfação no aumento da desvalorização do self, leva a um círculo vicioso.

Como sabemos, o objetivo final da psicanálise é a integração da personalidade do paciente. A conclusão de Freud de que "onde era id, ego será" é um indicador nessa direção. Os processos de cisão surgem nos estágios mais iniciais de desenvolvimento. Se são excessivos, fazem parte integrante de graves traços paranoides e esquizoides que podem ser a base da esquizofrenia. No desenvolvimento normal, essas tendências esquizoides e paranoides (posição esquizoparanoide) são, em grande parte, superadas durante o período que é caracterizado pela posição depressiva, e a integração desenvolve-se com êxito. Os passos importantes em direção à integração, surgidos durante esse período, preparam o ego para sua capacidade de operar a repressão, a qual, acredito, funcionará cada vez mais no segundo ano de vida.

Em "Algumas conclusões teóricas relativas à vida emocional do bebê", sugeri que a criança pequena é capaz de usar a repressão para lidar com dificuldades emocionais se, nos estágios iniciais, os processos de cisão não houverem sido poderosos demais e, portanto, tenha sido possível uma consolidação das partes conscientes e inconscientes da mente. Nos estágios mais iniciais, a cisão e outros mecanismos de defesa são sempre predominantes. Em *Inibição, sintoma e angústia*, Freud já havia sugerido que pode haver métodos de defesa anteriores à repressão. No presente trabalho, não tratei da importância vital da repressão para o desenvolvimento normal, porque o efeito da inveja primária e sua conexão íntima com os processos de cisão foram meu tema principal.

Com relação à técnica, procurei mostrar que um progresso na integração pode ser conseguido analisando-se repetidas vezes as ansiedades e defesas vinculadas à inveja e aos impulsos destrutivos. Sempre estive convencida da importância da descoberta de Freud de que a "elaboração" é uma das tarefas principais do procedimento analítico, e minha experiência em lidar com os processos de cisão e em fazê--los remontar à sua origem tornou essa convicção ainda mais forte. Quanto mais profundas e mais complexas forem as dificuldades que estivermos analisando, maior será a resistência que teremos probabilidade de encontrar, e isso tem relação com a necessidade de dar uma importância adequada à "elaboração".

Essa necessidade surge em particular em relação à inveja do objeto primário. Os pacientes podem reconhecer sua inveja, ciúmes e atitudes competitivas em relação a outras pessoas, e até mesmo o desejo de danificar suas faculdades, mas o que pode conduzir à diminuição da cisão dentro do self é somente a perseverança do analista em analisar esses sentimentos hostis na transferência, possibilitando desse modo ao paciente revivê-los em sua relação mais arcaica.

Minha experiência me mostrou que, quando a análise desses impulsos, fantasias e emoções fundamentais falha, isso é parcialmente devido ao fato de que a dor e a ansiedade depressiva, tornadas manifestas, sobrepujam em algumas pessoas o desejo da verdade e, em última análise, o desejo de ser ajudado. Acredito que a cooperação de um paciente tem que ser baseada numa forte determinação de descobrir a verdade a respeito de si próprio, para que ele venha a aceitar e assimilar as interpretações do analista relacionadas com essas camadas mais arcaicas da mente. Pois essas interpretações, se suficientemente profundas, mobilizam uma parte do self que é sentida como inimiga tanto do ego como do objeto amado, e que fora, portanto, excindida e aniquilada. Verifiquei que as ansiedades despertadas pelas interpretações de ódio e inveja em relação ao objeto primário e o sentimento de ser perseguido pelo analista cujo trabalho suscita essas emoções são mais dolorosas do que qualquer outro material que interpretamos.

Essas dificuldades estão em particular presentes em pacientes com fortes ansiedades paranoides e mecanismos esquizoides, pois eles são menos capazes de vivenciar, ao mesmo tempo, uma transferência positiva com confiança no analista e a ansiedade persecutória suscitada pelas interpretações; em última instância, eles são menos capazes de manter o sentimento de amor. No presente estágio de nosso conhecimento, estou propensa à opinião de que esses são os pacientes, não necessariamente de um tipo psicótico manifesto, com os quais o sucesso é limitado ou pode não ser alcançado.

Quando a análise pode ser levada a esse nível de profundidade, a inveja e o medo da inveja diminuem, levando a uma maior confiança nas forças construtivas e reparadoras – em realidade na capacidade de amar. O resultado é também uma maior tolerância com as próprias limitações, bem como melhores relações de objeto e uma percepção mais clara da realidade interna e externa.

O insight obtido no processo de integração torna possível ao paciente, no decurso da análise, reconhecer que existem partes de seu self potencialmente perigosas. Mas quando o amor pode ser suficientemente reunido ao ódio e à inveja que estavam excindidos, essas emoções tornam-se toleráveis e diminuem, pois são mitigadas pelo amor. Os vários conteúdos de ansiedade mencionados anteriormente também decrescem, tal como o perigo de ser dominado por uma parte destrutiva e excindida do self. Esse perigo parece ser maior na medida em que, como uma consequência da onipotência arcaica excessiva, o dano feito em fantasia parece irrevogável. A ansiedade de que os sentimentos hostis possam destruir os objetos amados diminui quando esses sentimentos se tornam mais conhecidos e são integrados na personalidade. A dor que o paciente sente durante a análise também decresce gradualmente devido às melhoras ligadas aos progressos na integração, tais como recuperar alguma iniciativa, tornar-se capaz de tomar decisões de que previamente se sentia incapaz e, em geral, usar suas dádivas mais livremente. Isso está ligado a um decréscimo na inibição de sua capacidade de fazer reparação. Sua capacidade de fruição aumenta de vários modos, e a esperança reaparece, embora possa ainda alternar-se com depressão. Venho observando que a criatividade cresce em proporção à capacidade de estabelecer mais seguramente o objeto bom, sendo isso, nos casos bem-sucedidos, o resultado da análise da inveja e destrutividade.

Assim como, na infância inicial, as repetidas experiências felizes de ser nutrido e amado são instrumentais para o estabelecimento seguro do objeto bom, também durante uma análise, experiências repetidas da eficácia e verdade das interpretações dadas fazem com que o analista e, retrospectivamente, o objeto primário sejam erigidos como figuras boas.

Todas essas mudanças correspondem a um enriquecimento da personalidade. Junto ao ódio, à inveja e à destrutividade, outras partes importantes do self que haviam sido perdidas são recuperadas no decurso da análise. Há também um alívio considerável em sentir-se como uma pessoa mais inteira, em ganhar controle sobre o próprio self e em ter um sentimento mais profundo de segurança em relação ao mundo em geral. Em "Notas sobre alguns mecanismos esquizoides", sugeri que o sofrimento do esquizofrênico, devido a seus sentimentos de estar cindido em fragmentos, é muito intenso. Esse sofrimento é subestimado porque suas ansiedades aparecem sob forma diferente daquela do neurótico. Mesmo quando não estamos lidando com psicóticos, mas sim analisando pessoas cuja integração foi perturbada e que se sentem inseguras tanto em relação a si mesmas como a outros, ansiedades semelhantes são vivenciadas e aliviadas quando uma integração mais plena é conseguida. A meu ver, uma integração completa e permanente nunca é possível; isso porque, sob pressão de fontes externas ou internas, até mesmo pessoas bem integradas podem ser levadas a processos de cisão mais intensos, embora isso possa ser uma fase passageira.

No artigo "Sobre a identificação", mostrei como é importante para o desenvolvimento da saúde mental e da personalidade que não haja predomínio da fragmentação nos processos arcaicos de cisão. Escrevi então:

> O sentimento de conter um mamilo e um seio não danificados – embora coexistindo com fantasias de um seio devorado e, portanto, em pedaços – faz a cisão e a projeção não serem *predominantemente* relacionadas a partes fragmentadas da personalidade e sim a partes mais coesas do self. Isso implica que o ego não é exposto a um enfraquecimento fatal por

dispersão e, por essa razão, é mais capaz de desfazer repetidamente a cisão e de conseguir integração e síntese em sua relação com objetos.[60]

Acredito que essa capacidade de recuperar as partes excindidas da personalidade seja uma precondição para o desenvolvimento normal. Isso pressupõe que a cisão é até certo ponto superada durante a posição depressiva e que seu lugar seja tomado gradualmente pela repressão de impulsos e fantasias.

A análise do caráter sempre foi uma parte importante e muito difícil da terapia analítica.[61] Acredito que é conectando certos aspectos da formação do caráter aos processos arcaicos por mim descritos que, em certo número de casos, podemos efetuar mudanças de grande alcance no caráter e na personalidade.

Podemos considerar por outro ângulo os aspectos de técnica que procurei transmitir aqui. Desde o início, todas as emoções ligam-se ao primeiro objeto. Se os impulsos destrutivos, a inveja e a ansiedade paranoides são excessivos, o bebê distorce e amplia grosseiramente todas as frustrações de fontes externas, e o seio materno transforma-se predominantemente em um objeto persecutório, interna e externamente. Então, nem mesmo as gratificações reais podem contrabalançar suficientemente a ansiedade persecutória. Levando a análise até a mais remota infância, possibilitamos ao paciente reviver situações fundamentais – uma revivescência a que me referi muitas vezes como "lembranças em sentimento". Ao longo dessa revivescência, torna-se possível ao paciente desenvolver uma atitude diferente para com suas frustrações arcaicas. Não há dúvida de que, se o bebê foi de fato exposto a condições muito desfavoráveis, o retrospectivo estabelecimento de um objeto bom não pode desfazer as más experiências iniciais. Contudo, a introjeção do analista como um objeto bom, se não está baseada em idealização, tem em certa medida o efeito de

---

60 "Sobre a identificação", p. 194 deste volume.
61 As contribuições mais fundamentais a esse tópico foram feitas por Freud, Jones e Abraham. Cf., por exemplo, S. Freud, "Caráter e erotismo anal", op. cit.; Ernest Jones, "Hate and Anal-Erotism in the Obsessional Neuroses" [1913] (in *Papers on Psycho-Analysis*. London: Baillière, 1918, pp. 540–48) e "Anal-Erotic Character Traits" (*The Journal of Abnormal Psychology*, v. 13, n. 5, 1918, pp. 261–84); e K. Abraham, "Contributions to the Theory of the Anal Character" (*The International Journal of Psychoanalysis*, v. 4, 1921, pp. 400–18), "The Influence of Oral Erotism on Character Formation" (*The International Journal of Psychoanalysis*, v. 6, 1925, pp. 247–58) e "Character-Formation on the Genital Level of the Libido Development" (*The International Journal of Psychoanalysis*, v. 7, 1926, pp. 214–22).

prover um objeto bom interno, lá onde ele estava faltando. Além disso, o enfraquecimento das projeções e, portanto, a aquisição de maior tolerância, ligada a um menor ressentimento, torna possível ao paciente encontrar alguns aspectos do passado e reviver lembranças agradáveis, mesmo quando a situação inicial foi muito desfavorável. O meio pelo qual isso é conseguido é a análise da transferência negativa e positiva, que nos remete às relações de objeto mais arcaicas. Tudo isso torna-se possível porque a integração resultante da análise reforça o ego, que era fraco no início da vida. É segundo essa linha que a análise de psicóticos pode também ser bem-sucedida. O ego mais integrado torna-se capaz de vivenciar culpa e sentimentos de responsabilidade, os quais fora incapaz de enfrentar na infância inicial; a síntese do objeto se faz – levando, portanto, a uma mitigação do ódio pelo amor –, e a voracidade e a inveja, corolários dos impulsos destrutivos, perdem em força.

Para expressar de outro modo, a ansiedade persecutória e os mecanismos esquizoides diminuem, e o paciente pode elaborar a posição depressiva. Quando ele supera, até certo ponto, sua incapacidade inicial de estabelecer um objeto bom, a inveja diminui e sua capacidade de fruição e gratidão aumenta passo a passo. Essas mudanças estendem-se a muitos aspectos da personalidade do paciente e vão desde a vida emocional mais arcaica até as experiências e relações adultas. Eu acredito que é na análise dos efeitos das perturbações arcaicas no desenvolvimento em seu todo que reside nossa maior esperança de ajudar nossos pacientes.

## 1958
## Sobre o desenvolvimento do funcionamento mental

Melanie Klein discute dois princípios metapsicológicos básicos, que ela aceitou de Freud: a teoria estrutural e a teoria das pulsões de vida e de morte. Ela expõe seus adendos à teoria das pulsões de vida e de morte e também sua discordância de Freud a respeito de alguns pontos. Klein enfatiza seu emprego das pulsões de vida e de morte não como conceitos gerais do comportamento do organismo biológico, mas sim como a base do amor e do ódio, que são fenômenos mentais mais que biológicos. Sua ênfase no mental, no entanto, não é apenas uma visão particular da teoria das pulsões. É sua orientação característica em psicanálise. Sua abordagem geral (e sua teoria das posições esquizoparanoide e depressiva) forma uma teoria de funcionamento *mental*. Note, por exemplo, o título deste artigo.

Embora sua reflexão sobre as pulsões de vida e de morte reúna concepções suas há muito sustentadas, não se dá o mesmo na discussão sobre estrutura mental, mais especificamente sobre o superego. Neste artigo, Melanie Klein mostra uma súbita mudança de visão. Contrastando enfáticos pontos de vista anteriores de que a característica do superego primitivo normal é sua natureza extrema e aterrorizante (ver nota explicativa de "O desenvolvimento inicial da consciência na criança", de 1933), ela sugere neste artigo que o superego se desenvolve com as duas pulsões predominantemente num estado de fusão e que as figuras internas aterrorizantes, que resultam de uma intensa destrutividade, não fazem parte do superego. Elas existem numa área separada da mente, no inconsciente profundo, excindidas tanto do ego como do superego, mantendo--se lá, não integradas e não modificadas pelo processo normal do crescimento; se surge uma situação anormal e há um fracasso na manutenção da cisão, esses objetos aterrorizantes tornam-se uma fonte de ansiedade aguda e uma ameaça à estabilidade mental. Ela também sugere, contrariando opiniões anteriores, que há uma estreita inter-relação entre ego e superego desde o começo.

Embora sua argumentação de que as figuras mais aterrorizantes da psique permanecem inalteradas esteja em desacordo com várias passagens anteriores – por exemplo, em "Algumas conclusões teóricas relativas à vida emocional do bebê" (1952), p. 124, ela descreve os efeitos modificadores e integradores da posição depressiva sobre a extrema severidade das figuras arcaicas do superego –, não deixa de ser também um retorno a uma antiga ideia. Em "Simpósio sobre a análise de crianças" (1927), Melanie Klein escreveu: "a análise de crianças me convenceu [...] de que seu superego é um produto altamente resistente, no fundo inalterável" e, novamente no mesmo artigo, refere-se ao superego "cuja natureza é imutável".[1]

Como era, com frequência, seu hábito em tais questões, Melanie Klein não comentou nem desenvolveu formalmente, com mais pormenores, as implicações que teria sua mudança de concepção. Será que sua reclassificação radical, excluindo as figuras mais aterrorizantes do superego, altera sua visão do impacto que elas têm sobre o bebê na posição esquizoparanoide? O presente artigo e relatos subsequentes das experiências do bebê nos primeiros meses de vida, em "Nosso mundo adulto e suas raízes na infância inicial" (1959) e "Algumas reflexões sobre a *Oresteia*" (1963), parecem indicar que sua concepção do impacto dessas figuras sobre o bebê continua a mesma, já que a excisão (p. 307) dessas figuras aterrorizantes, no início, falharia regularmente. Em contrapartida, sua versão do desenvolvimento do superego na esquizofrenia, por exemplo, parecia agora diferente; antes (ver, por exemplo, "A personificação no brincar das crianças", de 1929), ela considerava que a esquizofrenia fosse caracterizada pela persistência e predominância anormais do severo superego primitivo normal; agora (p. 309), sua opinião é que parte do processo esquizofrênico é um desenvolvimento anormal do próprio superego, no qual ele se torna indistinguível da maioria dos objetos aterrorizantes.

---

1 M. Klein, "Simpósio sobre a análise de crianças" [1927], in *Amor, culpa e reparação*, op. cit., pp. 204–05.

O artigo que agora apresento é uma contribuição à metapsicologia, uma tentativa de levar adiante as teorias fundamentais de Freud a respeito desse assunto à luz das conclusões decorrentes do progresso na prática psicanalítica.

A formulação de Freud da estrutura mental, em termos de id, ego e superego, tornou-se a base de todo o pensamento psicanalítico. Ele deixou claro que essas partes do self não estão nitidamente separadas umas das outras, e que o id é o alicerce de todo o funcionamento mental. O ego desenvolve-se a partir do id, mas Freud não deu uma indicação consistente do estágio em que isso acontece; ao longo da vida, o ego estabelece contato com o id, aprofundando-se nele, e está, portanto, sob a constante influência de processos inconscientes.

Além disso, a descoberta de Freud das pulsões de vida e de morte, com sua polaridade e fusão ativas desde o nascimento, foi um enorme avanço na compreensão da mente. Observando a luta constante presente nos processos mentais do bebê, entre uma necessidade irrefreável para se destruir, assim como para se salvar, para atacar seus objetos e para preservá-los, reconheci a ação de forças primordiais lutando entre si. Isso me deu um insight mais profundo sobre a vital importância *clínica* do conceito de Freud de pulsões de vida e de morte. Quando escrevi A *psicanálise de crianças*,[2] já havia chegado à conclusão de que, sob o impacto da luta entre as duas pulsões, é ativada, desde os primeiros momentos da vida, uma das principais funções do ego: o domínio da ansiedade.[3]

Freud presumiu que o organismo se protege do perigo suscitado pelo trabalho interno da pulsão de morte por meio de sua deflexão para o exterior, ao passo que aquela porção dela que não pode ser defletida é ligada pela libido. Em *Além do princípio do prazer* ele considerou a operação das pulsões de vida e de morte como processos biológicos. Mas não tem sido suficientemente reconhecido que Freud, em alguns de seus trabalhos, baseou suas considerações *clínicas* no conceito das duas pulsões, como em "O problema econômico

---

2 Cf. id., *The Psycho-Analysis of Children*. London: Hogarth Press, 1932, pp. 126–28 [ed. bras.: *A psicanálise de crianças*, trad. Liana Pinto Chaves. Rio de Janeiro: Imago, 1997].

3 Em "Notas sobre alguns mecanismos esquizoides" (neste volume), sugeri que algumas das funções que conhecemos do ego mais evoluído – em especial, a de lidar com a ansiedade – já estão operando no começo da vida. A ansiedade despertada pela atividade da pulsão de morte dentro do organismo, e sentida como medo de aniquilamento (morte), assume a forma de perseguição.

do masoquismo". Permitam-me lembrar as últimas frases daquele artigo. Ele disse:

> Desse modo, o masoquismo moral vem a ser testemunha clássica da existência da mistura de pulsões. Seu caráter perigoso se deve ao fato de proceder da pulsão de morte, correspondendo à parte desta que escapou de ser voltada para fora como pulsão de destruição. Por outro lado, tendo ele a significação de um componente erótico, também a autodestruição do indivíduo não pode ocorrer sem satisfação libidinal.[4]

Nas *Novas conferências introdutórias à psicanálise*, ele colocou o aspecto psicológico de sua nova descoberta em termos ainda mais fortes. Disse:

> Essa hipótese nos abre a perspectiva de investigações que podem vir a ter grande importância para o entendimento dos processos patológicos. Pois as misturas podem também se decompor, e de tais separações das pulsões podemos esperar graves consequências para a função. Mas essas concepções ainda são muito novas; até agora ninguém procurou utilizá-las no trabalho.[5]

Na medida em que Freud entendeu a fusão e defusão das duas pulsões como subjacentes ao conflito psicológico entre os impulsos agressivos e os impulsos libidinais, eu diria que seria o ego, e não o organismo, que deflete a pulsão de morte.

Freud afirmou que não existe no inconsciente o medo da morte, mas isso não parece ser compatível com sua descoberta dos perigos suscitados pelo trabalho interno da pulsão de morte. Em minha maneira de ver, a ansiedade primordial contra a qual o ego luta é a ameaça que surge da pulsão de morte. Em "Sobre a teoria da ansiedade e da culpa",[6] assinalei que não concordo com a visão de Freud de que "não existe, no inconsciente, um conteúdo que equivalha ao nosso conceito de aniquilação da vida" e que, portanto, "o medo da morte

---

4  Sigmund Freud, "O problema econômico do masoquismo" [1924], in *Obras completas*, v. 16, trad. Paulo César de Souza. São Paulo: Companhia das Letras, 2011, p. 202 (trad. modif.).
5  Id., *Novas conferências introdutórias à psicanálise* [1933], in *Obras completas*, v. 18, trad. Paulo César de Souza. São Paulo: Companhia das Letras, 2010, p. 254 (trad. modif.).
6  Cf. "Sobre a teoria da ansiedade e da culpa", neste volume.

deve ser compreendido como algo análogo ao medo da castração".[7] Em "O desenvolvimento inicial da consciência na criança", fiz referência à teoria de Freud das duas pulsões, segundo a qual, no início da vida, a pulsão de agressão, ou a pulsão de morte, sofre oposição pela libido ou pulsão de vida – Eros – e é por ela ligada, e disse:

> [...] o perigo de ser destruído por essa pulsão de agressão estabelece, na minha opinião, uma tensão excessiva dentro do ego, percebida como ansiedade. Desse modo, o ego enfrenta desde o início de seu desenvolvimento a tarefa de mobilizar a libido contra sua pulsão de morte.[8]

Conclui que o perigo de ser destruído pela pulsão de morte dá origem assim à ansiedade primordial no ego.[9]

Se o mecanismo de projeção não pudesse operar, o bebê correria o risco de ser inundado pelos seus impulsos autodestrutivos. E, em parte, para desempenhar essa função que o ego é posto em ação pela pulsão de vida, na época do nascimento. O processo primário de projeção é a maneira de defletir a pulsão de morte para o exterior.[10] A projeção também impregna de libido o primeiro objeto. O outro processo primário é a introjeção, que também está em grande medida a serviço da pulsão de vida; ela combate a pulsão de morte porque leva o ego a

---

7   S. Freud, *Inibição, sintoma e angústia* [1926], in *Obras completas*, v. 17, trad. Paulo César de Souza. São Paulo: Companhia das Letras, 2010, pp. 69-70.
8   M. Klein, "O desenvolvimento inicial da consciência na criança" [1933], in *Amor, culpa e reparação*, op. cit., p. 318.
9   Joan Riviere refere-se à "firme rejeição de Freud da possibilidade de um medo inconsciente da morte"; ela chega à conclusão de que "o desamparo e a dependência das crianças humanas, conjuntamente à sua vida de fantasia, fazem pressupor que o medo da morte é até mesmo parte de sua experiência" ("A fantasia inconsciente de um mundo interno refletida em exemplos da literatura" [1952], in *Novas tendências na psicanálise*, trad. Álvaro Cabral. Rio de Janeiro: Zahar, 1969).
10   Aqui eu difiro de Freud, na medida em que parece que Freud compreendia por deflexão apenas o processo pelo qual a pulsão de morte dirigida contra o self é transformada em agressividade contra o objeto. Do meu ponto de vista, há dois processos envolvidos neste mecanismo específico de deflexão. Parte da pulsão de morte é projetada dentro do objeto, tornando--se este, portanto, um perseguidor; ao passo que aquela parte da pulsão de morte que é retida no ego faz a agressividade se voltar contra aquele objeto persecutório.

receber algo vitalizador (comida, em primeiro lugar) e, com isso, leva-o a ligar o trabalho interno da pulsão de morte.

Desde o início da vida, as duas pulsões se prendem a objetos, o seio da mãe em primeiro lugar.[11] Acredito, portanto, que alguma elucidação sobre o desenvolvimento do ego, em conexão com o funcionamento das duas pulsões, possa partir de minha hipótese de que a introjeção do seio nutriz da mãe assenta os alicerces para todos os processos de internalização. Dependendo de se predominam os impulsos destrutivos ou os sentimentos amorosos, o seio (que a mamadeira, simbolicamente, pode chegar a representar) é sentido por vezes como sendo bom, por vezes como sendo mau. O investimento libidinal do seio, juntamente a experiências gratificantes, constrói, na mente do bebê, o objeto bom primário; a projeção de impulsos destrutivos no seio constrói o objeto mau primário. Esses dois aspectos são introjetados e, assim, as pulsões de vida e de morte que haviam sido projetadas operam novamente no interior do ego. A necessidade de dominar a ansiedade persecutória é a força propulsora para cindir o seio e a mãe, externa e internamente, num objeto protetor e amado, por um lado, e num objeto amedrontador e odiado, por outro. Esses são os protótipos de todos os objetos internalizados subsequentes.

A força do ego – refletindo o estado de fusão entre as duas pulsões – é, creio, constitucionalmente determinada. Quando, na fusão, predomina a pulsão de vida – o que faz supor uma ascendência da capacidade de amar –, o ego é relativamente forte e mais capaz de suportar a ansiedade suscitada pela pulsão de morte e de contrabalançá-la.

Na medida em que a força do ego pode ser mantida e incrementada é, em parte, afetada por fatores externos, especialmente a atitude da mãe em relação ao bebê. No entanto, mesmo quando predominam a pulsão de vida e a capacidade de amar, impulsos destrutivos continuam a ser defletidos para o exterior e contribuem para a criação de objetos persecutórios e perigosos, que são reintrojetados. Além disso, os processos primários de introjeção e projeção levam a constantes mudanças na relação do ego com seus objetos, com flutuações entre objetos

---

11 Em "Notas sobre alguns mecanismos esquizoides", pp. 26–27 deste volume, eu disse: "O medo do impulso destrutivo parece ligar-se imediatamente a um objeto, ou melhor: é vivenciado como medo de um incontrolável objeto dominador. Outras fontes importantes de ansiedade primária são o trauma do nascimento (ansiedade de separação) e a frustração de necessidades corporais; e essas experiências são sentidas desde o início como sendo causadas por objetos".

internos e externos, bons e maus, segundo as fantasias e emoções do bebê, e segundo o impacto de suas experiências reais. A complexidade dessas flutuações, engendradas pela atividade permanente das duas pulsões, está na base do desenvolvimento do ego em sua relação com o mundo externo como também na construção do mundo interno.

O objeto bom internalizado vem a constituir o núcleo do ego, em torno do qual o ego expande-se e desenvolve-se. Isso porque, quando o ego é sustentado pelo objeto bom internalizado, ele é mais capaz de dominar a ansiedade e preservar a vida, o que ocorre ligando-se com libido algumas porções da pulsão de morte operantes internamente.

No entanto, como Freud descreveu nas *Novas conferências introdutórias à psicanálise*, uma parte do ego passa a "vigiar" a outra parte, como resultado de o ego cindir-se a si próprio. Ele deixou claro que essa parte cindida, que desempenha várias funções, é o superego. Também afirmou que o superego consiste em certos aspectos dos pais introjetados e é em grande parte inconsciente.

Com essas concepções eu concordo. Discordo quando situo no nascimento os processos de introjeção que são a base do superego. O superego antecede de alguns meses o início do complexo de Édipo,[12] início que eu situo no segundo trimestre do primeiro ano de vida, junto ao começo da posição depressiva. Portanto, as primeiras introjeções do seio bom e do seio mau formam o alicerce do superego e influenciam o desenvolvimento do complexo de Édipo. Essa concepção da formação do superego contrasta com as afirmações explícitas de Freud de que as identificações com os pais são os herdeiros do complexo de Édipo e só têm êxito se o complexo de Édipo for superado com sucesso.

Em minha concepção, a cisão do ego, pela qual o superego é formado, se dá como consequência de um conflito no ego, engendrado pela polaridade das duas pulsões.[13] Esse conflito é aumentado pela projeção delas, bem como pela resultante introjeção de objetos bons e maus. O ego, sustentado pelo objeto bom internalizado e fortificado pela identificação com ele, projeta uma porção da pulsão de morte dentro daquela parte de si mesmo que ele havia excindido – uma parte

---

12 Para um quadro mais detalhado de como minhas concepções sobre o complexo de Édipo arcaico se desenvolveram, ver meus trabalhos *A psicanálise de crianças*, op. cit. (em particular o cap. 8), "Estágios iniciais do conflito edipiano" [1928] e "O complexo de Édipo à luz das ansiedades arcaicas" [1945] (in *Amor, culpa e reparação*, op. cit.), e "Algumas conclusões teóricas relativas à vida emocional do bebê", neste volume.

13 Cf., por exemplo, "Sobre a teoria da ansiedade e da culpa", neste volume.

que, dessa forma, passa a estar em oposição ao resto do ego e forma a base do superego. Concomitantemente a essa deflexão de uma porção da pulsão de morte, há uma deflexão daquela porção de pulsão de vida que está fundida com ela. Juntamente a essas deflexões, partes dos objetos bons e maus são excindidas do ego para dentro do superego. Dessa maneira, o superego adquire qualidades tanto protetoras como ameaçadoras. À medida que o processo de integração – presente desde o início, tanto no ego como no superego – vai-se desenvolvendo, a pulsão de morte é ligada, até certo ponto, pelo superego. No processo de ligação, a pulsão de morte influencia os aspectos dos objetos bons, contidos no superego, de maneira que o âmbito de ação do superego vai desde o refrear do ódio e de impulsos destrutivos e a proteção do objeto bom e autocrítica até ameaças, queixas inibitórias e perseguição. O superego – estando vinculado ao objeto bom e até empenhando-se por sua preservação – aproxima-se da mãe boa real, que alimenta a criança e cuida dela; mas como o superego também está sob a influência da pulsão de morte, ele parcialmente se torna o representante da mãe que frustra a criança, e suas proibições e acusações suscitam ansiedade. Em certa medida, quando o desenvolvimento vai bem, o superego é em grande parte sentido como auxiliador e não opera como uma consciência tão severa. Há uma necessidade inerente à criança pequena – e, suponho, até mesmo ao bebê bem pequeno – de ser, ao mesmo tempo, protegida e submetida a certas proibições, o que equivale a um controle dos impulsos destrutivos. Sugeri, em "Inveja e gratidão" (pp. 234–35), que o desejo infantil por um seio sempre-presente e inesgotável inclui o desejo de que o seio possa liquidar ou controlar os impulsos destrutivos do bebê e, dessa maneira, proteger seu objeto bom, bem como salvaguardar o bebê contra ansiedades persecutórias. Essa função pertence ao superego. No entanto, assim que os impulsos destrutivos do bebê e sua ansiedade são despertados, o superego é sentido como rigoroso e despótico e o ego, então, como Freud o descreveu, "serve a três senhores severos":[14] o id, o superego e a realidade externa.

No começo dos anos 1920, quando eu tomei o risco de analisar, pela técnica do brincar, crianças a partir de três anos de idade, um dos fenômenos inesperados com o qual me deparei foi um superego muito primitivo e selvagem. Descobri também que crianças pequenas introjetam em fantasia seus pais – em primeiro lugar a mãe e seu seio –, e cheguei a essa conclusão por meio da observação do caráter aterrorizante de alguns de seus objetos internalizados. Esses objetos

---

14 S. Freud, *Novas conferências introdutórias à psicanálise*, op. cit., p. 220.

extremamente perigosos fazem surgir conflito e ansiedade dentro do ego no início da infância; mas, sob a pressão de ansiedade aguda, eles e outras figuras aterrorizantes são excindidos de uma maneira diferente daquela pela qual o superego é formado, sendo relegados às camadas mais profundas do inconsciente. A diferença entre essas duas formas de cisão – e isso pode, talvez, esclarecer as muitas outras maneiras, ainda obscuras, pelas quais se dão os processos de cisão – é que, na excisão de figuras aterrorizantes, a defusão parece preponderar; ao passo que, na formação do superego, há uma predominância da fusão das duas pulsões. Portanto, o superego é normalmente estabelecido numa íntima relação com o ego e compartilha de aspectos diferentes do mesmo objeto bom. Isso possibilita ao ego integrar e aceitar o superego, em maior ou menor medida. Mas, em contrapartida, as figuras extremamente más não são aceitas pelo ego dessa forma, sendo por ele constantemente rejeitadas.

Com bebês, no entanto – e eu suponho que isso seja mais forte quanto mais novo for o bebê –, as fronteiras entre figuras excindidas e aquelas menos aterrorizantes e mais toleráveis pelo ego são fluidas. A cisão, normalmente, tem um êxito apenas temporário ou parcial. Quando ela falha, a ansiedade persecutória do bebê é intensa, e esse é especificamente o caso no primeiro estágio do desenvolvimento, caracterizado pela posição esquizoparanoide, que eu presumo esteja em seu ápice nos primeiros três ou quatro meses de vida. Na mente do bebê muito pequeno, o seio bom e o seio mau devorador alternam-se com muita rapidez; possivelmente, são sentidos como seios que existem ao mesmo tempo.

A excisão de figuras persecutórias, que vão fazer parte do inconsciente, está vinculada com a excisão de figuras idealizadas também. As figuras idealizadas são desenvolvidas para proteger o ego contra as aterrorizantes. Nesses processos, a pulsão de vida aparece novamente e se afirma. O contraste entre objetos persecutórios e idealizados, entre objetos bons e maus – sendo uma expressão das pulsões de vida e de morte e constituindo a base da vida de fantasia –, verifica-se em todas as camadas do self. Entre os objetos odiados e ameaçadores, que o ego arcaico tenta manter afastados, estão também aqueles que são sentidos como tendo sido danificados ou mortos e que, por isso, transformam-se em perseguidores perigosos. Com o fortalecimento do ego, e sua capacidade crescente para a integração e a síntese, é alcançado o estágio da posição depressiva. Nesse estágio, o objeto danificado não é mais sentido, predominantemente, como um perseguidor, mas como um objeto amado em relação ao qual são vivenciados sentimentos de culpa e premência a fazer reparação.[15] Essa relação com o objeto amado danificado vai formar um elemento importante no superego. De acordo com minha hipótese, a posição depressiva está em seu auge por volta da metade do primeiro ano. Daí em diante, se a ansiedade persecutória não for excessiva e a capacidade de amar for suficientemente forte, o ego torna-se progressivamente mais consciente de sua realidade psíquica e cada vez mais sente que são seus próprios impulsos destrutivos que contribuem para o estrago de seus objetos. Dessa forma, os objetos danificados, que eram sentidos como maus, melhoram na mente da criança e se aproximam mais dos pais reais; o ego desenvolve, gradualmente, sua função essencial de lidar com o mundo externo.

O êxito desses processos fundamentais – e a integração e o fortalecimento subsequentes do ego – depende, no que diz respeito aos fatores internos, da predominância da pulsão de vida na interação das duas pulsões. Mas os processos de cisão continuam; ao longo do estágio da neurose infantil (que é a forma de expressar, bem como de elaborar, ansiedades psicóticas arcaicas) a polaridade entre as pulsões de vida e de morte se faz sentir fortemente sob a forma de ansiedade suscitada por objetos persecutórios, que o ego tenta enfrentar por meio da cisão e, mais tarde, da repressão.

Com o início do período de latência, a parte organizada do superego, apesar de bastante severa, está muito mais desligada de sua parte inconsciente. Esse é o estágio no qual a criança lida com seu superego rigoroso projetando-o em seu ambiente – em outras palavras, externalizando-o – e tentando chegar a um acordo com aqueles que detêm a autoridade. No entanto, embora na criança mais velha e no adulto essas ansiedades sejam modificadas, tomem outra forma, sejam evitadas por defesas mais fortes e, portanto, sejam também menos acessíveis à análise do que na criança pequena, quando nós penetramos em camadas mais profundas do inconsciente, descobrimos que figuras perigosas e persecutórias ainda coexistem com figuras idealizadas.

Voltando ao meu conceito de processos primários de cisão, propus, recentemente, que se considerasse a hipótese de que é essencial para o desenvolvimento normal que ocorra uma divisão entre o objeto bom e o objeto mau, entre amor e ódio, na mais tenra infância. Quando tal divisão não é muito rígida, sendo, porém, suficiente para diferenciar o

---

15 Para material clínico ilustrativo deste ponto específico, ver M. Klein, "Uma contribuição à psicogênese dos estados maníaco-depressivos" [1935] (in *Amor, culpa e reparação*, op. cit.), pp. 346-47.

bom do mau, ela é, a meu ver, um dos elementos básicos para a estabilidade e a saúde mental. Isso significa que o ego é suficientemente forte para não ser dominado pela ansiedade e que, lado a lado com a cisão, alguma integração está em curso (embora numa forma rudimentar), o que só é possível se, na fusão, a pulsão de vida predominar sobre a pulsão de morte. Como consequência, a integração e a síntese de objetos podem vir a ser mais bem alcançadas. No entanto, suponho que, mesmo sob tais condições favoráveis, as figuras aterrorizantes das camadas profundas do inconsciente irão se fazer presentes quando a pressão interna ou externa for extrema. Pessoas que são, de maneira geral, estáveis – e isso significa que elas estabeleceram firmemente seu objeto bom e, portanto, estão intimamente identificadas com ele – conseguem superar essa intrusão do inconsciente mais profundo em seu ego e recuperar sua estabilidade. Em indivíduos neuróticos – e mais ainda em psicóticos – a luta contra tais perigos, que ameaçam a partir das camadas profundas do inconsciente, é, até certo ponto, constante e faz parte de sua instabilidade ou de sua doença.

Desde que os desenvolvimentos clínicos dos últimos anos nos tornaram mais conscientes dos processos psicopatológicos em esquizofrênicos, podemos ver mais claramente que, neles, o superego torna-se quase que indistinguível de seus impulsos destrutivos e de seus perseguidores internos. Herbert Rosenfeld, em seu artigo sobre o superego do esquizofrênico, descreveu o papel que desempenha, na esquizofrenia, um superego tão esmagador.[16] Encontrei também, nas raízes da hipocondria, as ansiedades persecutórias que esses sentimentos engendram.[17] Acho que a luta, e seu resultado, é diferente nas doenças maníaco-depressivas, mas devo satisfazer-me aqui com essas indicações.

---

16 Cf. "Notes on the Psycho-Analysis of the Super-Ego Conflict of an Acute Schizophrenic Patient". *The International Journal of Psycho-Analysis*, v. 33, n. 2, 1952, pp. 111–31.

17 Como mencionei, por exemplo, no capítulo 6, na nota de rodapé 7 da p. 98 deste volume, "a ansiedade relacionada a ataques por parte de objetos internalizados – primeiramente objetos parciais – é, a meu ver, a base da hipocondria. Coloco essa hipótese em discussão nas pp. 144, 264 e 273 de meu livro *The Psycho-Analysis of Children*, op. cit.". Da mesma forma, em "Uma contribuição à teoria da inibição intelectual" [1931] (in *Amor, culpa e reparação*, op. cit.,) assinalei, na p. 303, que "o medo das próprias fezes como um perseguidor está baseado em fantasias sádicas [...]. Esses medos dão origem ao pavor de possuir vários perseguidores dentro do próprio corpo e de ser envenenado, além de temores hipocondríacos".

Se, devido a uma predominância dos impulsos destrutivos junto a uma excessiva fraqueza do ego, os processos primários de cisão forem muito violentos, ficam impedidas, num estágio posterior, a integração e a síntese de objetos, e a posição depressiva não pode ser suficientemente elaborada.

Enfatizei que a dinâmica da mente é o resultado do trabalho das pulsões de vida e de morte e que, juntamente a essas forças, o inconsciente consiste no ego inconsciente e, em seguida, no superego inconsciente. Faz parte desse conceito o fato de eu considerar o id como idêntico às duas pulsões. Freud falou em vários lugares sobre o id, mas há algumas incoerências em suas definições. No entanto, em pelo menos uma passagem ele define o id exclusivamente em termos de pulsões; nas *Novas conferências introdutórias à psicanálise*, ele diz: "Investimentos pulsionais que exigem descarga, isso é tudo o que há no id, acreditamos nós. Parece até que a energia desses investimentos pulsionais se encontra num estado diferente daquele de outras regiões psíquicas [...]".[18]

Meu conceito de id, desde que escrevi *A psicanálise de crianças*, tem estado de acordo com a definição contida na citação acima; é verdade que usei ocasionalmente o termo "id" de uma maneira mais imprecisa, no sentido de representar apenas a pulsão de morte ou o inconsciente.

Freud afirmou que o ego se diferencia do id através da barreira repressão–resistência. Eu descobri que a cisão é uma das defesas iniciais e precede a repressão, a qual suponho que comece a operar por volta do segundo ano. Normalmente, nenhuma cisão é absoluta, assim como nenhuma repressão é absoluta. As partes consciente e inconsciente do ego, portanto, não são separadas por uma barreira rígida; segundo a descrição de Freud, ao falar sobre as diferentes áreas da mente, elas se imbricam uma na outra.

Quando, no entanto, há uma barreira muito rígida produzida pela cisão, isso indica que o desenvolvimento não se processou normalmente. A conclusão seria a de que a pulsão de morte é dominante. No entanto, quando há o predomínio da pulsão de vida, a integração e a síntese podem progredir com sucesso. A natureza da cisão determina a natureza da repressão.[19] Se os processos de cisão não são excessivos,

---

18 S. Freud, *Novas conferências introdutórias à psicanálise*, op. cit., pp. 216–17 (trad. modif.).

19 Cf. meu artigo "Algumas conclusões teóricas relativas à vida emocional do bebê", p. 124 deste volume, onde eu disse: "O mecanismo de cisão está subjacente à repressão (como está implícito no conceito de Freud), mas, em contraste com as formas mais arcaicas da cisão, que conduzem a estados de

o consciente e o inconsciente permanecem permeáveis um ao outro. No entanto, ao passo que a cisão efetuada por um ego que ainda esteja em grande medida não organizado não pode levar adequadamente a uma modificação da ansiedade, a repressão é um meio muito mais efetivo na criança mais velha e no adulto, tanto para manter as ansiedades afastadas como para modificá-las. Na repressão, o ego mais bem organizado divide-se de uma forma mais eficaz contra os pensamentos inconscientes, os impulsos e as figuras aterrorizantes.

Embora minhas conclusões sejam baseadas na descoberta de Freud das pulsões e suas influências sobre as diversas partes da mente, os acréscimos por mim sugeridos neste artigo envolveram várias diferenças, sobre as quais eu gostaria de fazer agora alguns comentários finais.

O leitor deve estar lembrado de que a ênfase de Freud sobre a libido era muito maior que a ênfase sobre a agressividade. Apesar de já ter percebido a importância do componente destrutivo da sexualidade, na forma do sadismo, muito antes de descobrir as pulsões de vida e de morte, ele não deu um peso suficiente à agressividade no que se refere a seu impacto sobre a vida emocional. Talvez, por isso, ele nunca desenvolveu plenamente sua descoberta das duas pulsões e parecesse relutante em estendê-la à totalidade do funcionamento mental. Mesmo assim, como salientei anteriormente, ele aplicou essa descoberta a materiais clínicos num grau muito maior do que se supõe. Se, no entanto, a concepção de Freud das duas pulsões for levada às últimas consequências, a interação das pulsões de vida e de morte será vista como governando a totalidade da vida mental.

Já sugeri que a formação do superego precede o complexo de Édipo e é iniciada pela introjeção do objeto primário. O superego mantém sua conexão com as outras partes do ego por ter internalizado aspectos diferentes do mesmo objeto bom, um processo de internalização que é também da maior importância na organização do ego. Atribuo ao ego, desde o começo da vida, uma necessidade e uma capacidade não apenas de cindir, mas também de integrar a si mesmo. A integração,

---

desintegração, a repressão normalmente não resulta numa desintegração do self. Como nesse estágio há maior integração dentro tanto da parte consciente como da parte inconsciente da mente, e como na repressão a cisão efetua predominantemente uma divisão entre consciente e inconsciente, nenhuma das partes do self fica exposta ao grau de desintegração que pode ocorrer em estágios anteriores. No entanto, a extensão em que se recorre a processos de cisão nos primeiros meses de vida influencia vitalmente o uso da repressão em um estágio posterior".

que vai gradualmente chegar ao ápice na posição depressiva, depende da preponderância da pulsão de vida e implica em certa medida a aceitação, pelo ego, do trabalho da pulsão de morte. Vejo a formação do ego como uma entidade a ser em grande parte determinada pela alternância entre cisão e repressão, de um lado, e integração em relação a objetos, do outro.

Freud afirmou que o ego se enriquece constantemente a partir do id. Eu disse anteriormente que, do meu ponto de vista, o ego é posto em atividade e se desenvolve pela pulsão de vida. Isso é conseguido por meio de suas relações de objeto mais arcaicas. O seio, no qual são projetadas as pulsões de vida e de morte, é o primeiro objeto que é internalizado por introjeção. Dessa forma, ambas as pulsões encontram um objeto ao qual se ligam, e assim, por meio de projeção e reintrojeção, o ego é ao mesmo tempo enriquecido e fortalecido.

Quanto mais o ego for capaz de integrar seus impulsos destrutivos e sintetizar os diferentes aspectos de seus objetos, mais rico ele se torna – pois as partes excindidas do self e de impulsos, que são rejeitadas porque suscitam ansiedade e provocam dor, possuem também aspectos valiosos da personalidade e da vida de fantasia, que ficam empobrecidas com essa excisão. Apesar de os aspectos rejeitados do self e de objetos internalizados contribuírem para a instabilidade, eles também são parte da fonte de inspiração de produções artísticas e de diversas atividades intelectuais.

Minha concepção das relações de objetos mais arcaicas e do desenvolvimento do superego está em acordo com minhas hipóteses de que o ego opera pelo menos desde o nascimento e do poder onipresente das pulsões de vida e de morte.

# 1959
# Nosso mundo adulto e suas raízes na infância inicial

> Este é o último dos artigos de Melanie Klein dirigido a um público mais genérico em vez de um público especificamente psicanalítico. Os outros são "O desmame" (1936) e "Amor, culpa e reparação" (1937).[1] Com um mínimo de termos técnicos, ela oferece uma ampla descrição de seus achados e teorias, enfatizando a permanente influência do desenvolvimento inicial sobre a vida adulta, tanto no âmbito individual como no social.

Ao considerar do ponto de vista psicanalítico o comportamento de pessoas em seus respectivos ambientes sociais, é necessário investigar como o indivíduo desenvolve-se da infância à maturidade. Um grupo – seja ele grande, seja ele pequeno – consiste em indivíduos em relação uns com os outros. Portanto, a compreensão da personalidade é a base para a compreensão da vida social. A exploração do desenvolvimento do indivíduo remete o psicanalista, passando por estágios graduais, à infância. Portanto, discorrerei primeiro sobre tendências fundamentais na criança pequena.

Os diversos sinais de dificuldades do bebê – estados de raiva, falta de interesse em seu ambiente, incapacidade de suportar frustração e expressões fugazes de tristeza – não encontravam anteriormente qualquer explicação, a não ser em termos de fatores físicos. Pois, até Freud fazer suas grandes descobertas, havia uma tendência geral a considerar a infância como um período de felicidade perfeita e a não levar a sério as diversas perturbações apresentadas pelas crianças.

---

1 Ambos em M. Klein, *Amor, culpa e reparação*, op. cit.

As descobertas de Freud têm-nos ajudado, no decorrer do tempo, a entender a complexidade das emoções da criança e têm-nos revelado que as crianças passam por sérios conflitos. Isso levou a uma melhor compreensão da mente infantil e de suas conexões com os processos mentais do adulto.

A técnica do brincar que desenvolvi na psicanálise de crianças muito pequenas e outros avanços na técnica resultante do meu trabalho permitiram-me tirar novas conclusões sobre estágios muito iniciais da infância e camadas mais profundas do inconsciente. Tal compreensão retrospectiva está baseada em uma das descobertas cruciais de Freud: a situação transferencial, isto é, o fato de que em uma psicanálise o paciente revive em relação ao psicanalista situações e emoções mais arcaicas – e, eu acrescentaria, muito arcaicas. Portanto, a relação com o psicanalista de vez em quando encerra, mesmo em adultos, aspectos muito infantis, tais como dependência excessiva e necessidade de ser guiado, acompanhados de uma desconfiança bastante irracional. Faz parte da técnica do psicanalista deduzir o passado a partir de tais manifestações. Sabemos que Freud descobriu o complexo de Édipo primeiramente no adulto e pôde então fazê-lo remontar à infância. Como eu tive a oportunidade de analisar crianças muito pequenas, pude obter uma compreensão ainda mais íntima de sua vida mental, o que me levou a compreender a vida mental do bebê. Isso porque a meticulosa atenção que dei à transferência na técnica do brincar permitiu-me chegar a uma compreensão mais profunda dos modos pelos quais – na criança e posteriormente também no adulto – a vida mental é influenciada pelas mais arcaicas emoções e fantasias inconscientes. É a partir desse ângulo que descreverei, com tão poucos termos técnicos quanto me seja possível, o que concluí sobre a vida emocional do bebê.

Apresentei a hipótese de que o bebê recém-nascido vivencia, tanto no processo de nascimento como no ajustamento à situação pós-natal, ansiedade de natureza persecutória. Isso pode ser explicado pelo fato de que o bebê, sem ser capaz de apreendê-lo intelectualmente, sente inconscientemente todo desconforto como tendo sido infligido a ele por forças hostis. Se lhe é oferecido conforto prontamente – em especial calor, o modo amoroso de segurá-lo e a gratificação de ser alimentado –, isso dá origem a emoções mais felizes. Tal conforto é sentido como vindo de forças boas e, acredito, torna possível a primeira relação de amor do bebê com uma pessoa ou, como um psicanalista diria, com um objeto. Minha hipótese é de que o bebê tem um conhecimento inconsciente inato da existência da mãe. Sabemos que os animais, ao nascerem, imediatamente voltam-se para a mãe e obtêm dela seu alimento. O animal humano não é diferente nesse aspecto, e esse conhecimento instintivo é a base da relação primordial do bebê com a mãe. Podemos também observar que com apenas poucas semanas o bebê já olha para o rosto de sua mãe, reconhece seus passos, o toque de suas mãos, o cheiro e a sensação de seu seio ou da mamadeira que ela lhe dá – tudo isso sugere que alguma relação com a mãe, ainda que primitiva, foi estabelecida.

O bebê não espera da mãe apenas o alimento, mas deseja também amor e compreensão. Nos estágios mais iniciais, o amor e a compreensão são expressos pela mãe no modo como ela lida com o bebê e levam a um sentimento inconsciente de unicidade que se baseia no fato de o inconsciente da mãe e o inconsciente da criança estarem em íntima relação um com o outro. O sentimento resultante que o bebê tem de ser compreendido subjaz à primeira e fundamental relação em sua vida – a relação com a mãe. Ao mesmo tempo, a frustração, o desconforto e a dor, que conforme sugeri são vivenciados como perseguição, também entram em seus sentimentos para com sua mãe, porque nos primeiros meses de vida ela representa para a criança todo o mundo externo; assim, tanto o que é bom como o que é mau vêm à sua mente como provindos dela, o que leva a uma dupla atitude em relação à mãe mesmo sob as melhores condições possíveis.

Tanto a capacidade de amar como o sentimento de perseguição têm raízes profundas nos processos mentais mais arcaicos do bebê. Eles são focalizados primeiramente na mãe. Os impulsos destrutivos e seus correlatos – tais como o ressentimento devido à frustração, o ódio provocado por ela, a incapacidade de reconciliar-se e a inveja do objeto todo-poderoso, a mãe, de quem dependem sua vida e seu bem-estar – despertam ansiedade persecutória no bebê. *Mutatis mutandis*, essas emoções ainda operam posteriormente na vida: impulsos destrutivos dirigidos a qualquer pessoa estão sempre fadados a dar origem ao sentimento de que essa pessoa também se tornará hostil e retaliadora.

A agressividade inata está destinada a ser incrementada por circunstâncias externas desfavoráveis e, de modo inverso, é mitigada pelo amor e pela compreensão que a criança pequena recebe. Esses fatores continuam a operar ao longo de todo o desenvolvimento. No entanto, embora a importância das circunstâncias externas seja agora cada vez mais reconhecida, a importância dos fatores internos ainda tem sido subestimada. Os impulsos destrutivos, variáveis de indivíduo para indivíduo, são parte integrante da vida mental mesmo em circunstâncias favoráveis. Temos, portanto, que considerar o desenvolvimento da criança e as atitudes dos adultos como resultantes da interação entre influências internas e externas. A luta entre amor e ódio – agora que nossa capacidade de compreender os bebês aumentou – pode ser em alguma medida reconhecida por meio da observação cuidadosa. Alguns bebês vivenciam um intenso ressentimento diante de qualquer frustração e o demonstram sendo incapazes de aceitar gratificação quando essa se segue à privação. Eu sugeriria que tais crianças têm uma agressividade inata e uma voracidade mais fortes do que aqueles bebês cujas explosões ocasionais de raiva logo cessam. Se um bebê mostra que é capaz de aceitar alimento e amor, isso significa que ele pode, relativamente rápido, superar o ressentimento em relação à frustração e, quando a gratificação é novamente proporcionada, recuperar seus sentimentos de amor.

Antes de continuar minha descrição do desenvolvimento da criança, sinto que deveria definir sucintamente os termos self e ego a partir do ponto de vista psicanalítico. O ego, de acordo com Freud, é a parte organizada do self, constantemente influenciada por impulsos pulsionais, porém mantendo-os sob controle pela repressão. Além disso, o ego dirige todas as atividades e estabelece e mantém a relação com o mundo externo. O termo "self" é utilizado para abranger toda a personalidade, o que inclui não apenas o ego mas também a vida pulsional, que Freud nomeou id.

Meu trabalho levou-me a supor que o ego existe e opera desde o nascimento e que, além das funções mencionadas acima, tem a importante tarefa de defender-se contra a ansiedade suscitada pela luta interna e por influências externas. Mais ainda, ele inicia uma série de processos dos quais selecionarei primeiramente a *introjeção* e a *projeção*. Voltarei mais tarde ao não menos importante processo de *cisão*, isto é, a divisão de impulsos e objetos.

Devemos a Freud e Abraham a grande descoberta de que a introjeção e a projeção são da maior importância tanto nas perturbações mentais graves como na vida mental normal. Tenho que me abster aqui de qualquer intento de descrever como Freud, em particular, foi levado, a partir do estudo da enfermidade maníaco-depressiva, à descoberta da introjeção que fundamenta o superego. Ele também expôs a relação vital do superego e do ego com o id. No decorrer do tempo, esses conceitos básicos sofreram desenvolvimentos adicionais. Como vim a reconhecer à luz de meu trabalho psicanalítico com crianças, a introjeção e a projeção funcionam desde o início da vida pós-natal como algumas das primeiras atividades do ego, o qual em minha concepção opera desde o nascimento. Considerada a partir desse ângulo, a introjeção significa que o mundo externo, seu impacto, as situações que o bebê atravessa e os objetos que ele encontra não são vivenciados apenas como externos, mas são levados para dentro do self, vindo a fazer parte de sua vida interior. Essa vida interior, mesmo no adulto, não pode ser avaliada sem esses acréscimos à personalidade derivados da introjeção contínua. A projeção, que ocorre simultaneamente, implica que há uma capacidade na criança de atribuir a outras pessoas à sua volta sentimentos de diversos tipos, predominantemente o amor e o ódio.

Formei a concepção de que o amor e o ódio dirigidos à mãe estão intimamente ligados à capacidade do bebê muito pequeno de projetar todas as suas emoções nela, convertendo-a desse modo em um objeto bom, assim como em um objeto perigoso. No entanto, a introjeção e a projeção, embora enraizadas na infância, não são apenas processos infantis. Elas fazem parte das fantasias do bebê, que a meu ver também operam desde o princípio e ajudam a moldar sua impressão do ambiente. Por meio da introjeção, essa imagem transformada do mundo externo influencia o que ocorre em sua mente. Assim é construído um mundo interno que é parcialmente um reflexo do externo. Isto é, o duplo processo de introjeção e projeção contribui para a interação entre fatores externos e internos. Essa interação prossegue ao longo de cada estágio da vida. Da mesma forma, a introjeção e a projeção continuam no curso da vida e transformam-se no decorrer da maturação, sem nunca perder sua importância na relação do indivíduo com o mundo à sua volta. Mesmo no adulto, portanto, o julgamento da realidade nunca é completamente livre da influência de seu mundo interno.

Já sugeri que, de certo ponto de vista, os processos de projeção e introjeção que vim descrevendo têm que ser considerados como fantasias inconscientes. Como minha amiga já falecida, Susan Isaacs, disse em seu artigo sobre este assunto:

> [...] fantasia é (em primeira instância) o corolário mental, o representante psíquico da pulsão. Não há impulso, necessidade ou resposta pulsionais que não sejam vivenciados como fantasia inconsciente [...]. Uma fantasia representa o conteúdo particular dos ímpetos ou sentimentos (por exemplo, desejos, medos, ansiedades, triunfos, amor ou tristeza) que dominam a mente no momento.[2]

---

2 Susan Isaacs, "A natureza e a função da fantasia" [1943], in P. Heimann, S. Isaacs, M. Klein e J. Riviere (orgs.), *Os progressos da psicanálise*, trad. Álvaro Cabral. Rio de Janeiro: Guanabara Koogan, 1982.

Fantasias inconscientes não são o mesmo que devaneios (embora estejam ligadas a eles), mas sim uma atividade da mente que ocorre em níveis inconscientes profundos e que acompanha todo impulso vivenciado pelo bebê. Assim, por exemplo, um bebê faminto pode lidar temporariamente com sua fome alucinando a satisfação de lhe ser dado o seio, com todos os prazeres que normalmente obtém dele, tais como o gosto do leite, o calor do seio e ser segurado e amado pela mãe. Mas a fantasia inconsciente também toma a forma oposta de sentir-se privado e perseguido pelo seio que se recusa a dar essa satisfação. As fantasias – ao se tornarem mais elaboradas e referirem-se a uma variedade mais ampla de objetos e situações – continuam ao longo de todo o desenvolvimento e acompanham todas as atividades. Elas nunca deixam de desempenhar um papel importante na vida mental. A influência da fantasia inconsciente na arte, no trabalho científico e nas atividades da vida cotidiana nunca será exageradamente estimada.

Já mencionei que a mãe é introjetada e que esse é um fator fundamental no desenvolvimento. Conforme eu as vejo, as relações de objeto iniciam-se por assim dizer, com o nascimento. A mãe em seus bons aspectos – amando, ajudando e alimentando a criança – é o primeiro objeto bom que o bebê torna parte de seu mundo interno. Eu sugeriria que sua capacidade de o fazer é, até certo ponto, inata. A possibilidade de o objeto bom vir a ser parte relevante do self depende, em alguma medida, de não serem demasiado intensos a ansiedade persecutória e o ressentimento consequente. Ao mesmo tempo, uma atitude amorosa por parte da mãe contribui muito para o sucesso desse processo. Se a mãe é assimilada ao mundo interno da criança como um objeto bom do qual esta pode depender, um elemento de força é agregado ao ego. Pois eu suponho que o ego em grande parte se desenvolve em torno desse objeto bom e que a identificação com as características boas da mãe torna-se a base para identificações benéficas posteriores. A identificação com o objeto bom aparece exteriormente na criança pequena que copia as atividades e atitudes da mãe, o que pode ser visto em seu brincar e também em seu comportamento regular em relação a crianças menores. Uma forte identificação com a mãe boa torna fácil para a criança identificar-se também com um pai bom e, mais tarde, com outras figuras amistosas. Como resultado, seu mundo interno vem a conter predominantemente objetos e sentimentos bons, e o bebê sente que esses objetos bons respondem ao seu amor. Tudo isso contribui para uma personalidade estável e torna possível estender compreensão e sentimentos amistosos a outras pessoas. Fica claro que uma relação boa dos pais entre si e com a criança e uma atmosfera feliz em casa desempenham um papel vital no êxito desse processo.

No entanto, por mais que sejam bons os sentimentos da criança em relação a ambos os pais, a agressividade e o ódio também se mantêm em atividade. Uma expressão disso é a rivalidade com o pai resultante dos desejos do menino dirigidos à mãe e todas as fantasias ligadas a eles. Tal rivalidade encontra expressão no complexo de Édipo, que pode ser claramente observado em crianças de três, quatro ou cinco anos de idade. Esse complexo existe, no entanto, muito mais cedo, e está enraizado nas primeiras suspeitas que o bebê tem de que o pai tira dele o amor e a atenção da mãe. Há grandes diferenças entre o complexo de Édipo da menina e o do menino, que eu caracterizarei da seguinte forma: o menino, em seu desenvolvimento genital, retorna ao seu objeto original, a mãe, e como consequência busca objetos femininos e desenvolve ciúmes em relação ao pai e aos homens em geral, ao passo que a menina se vê obrigada, em alguma medida, a afastar-se da mãe e encontrar o objeto de seus desejos no pai e, mais tarde, em outros homens. Fiz essa exposição, no entanto, em uma forma demasiado simplificada, porque o menino sente-se também atraído pelo pai e identifica-se com ele e, portanto, um elemento de homossexualidade faz parte do desenvolvimento normal. Isso também se aplica à menina, para quem a relação com a mãe e com as mulheres em geral nunca perde a importância. O complexo de Édipo, assim, não é apenas uma questão de sentimentos de ódio e rivalidade dirigidos a um dos pais e amor dirigido ao outro: sentimentos de amor e o sentimento de culpa também entram em conexão com o progenitor rival. Portanto, muitas emoções conflitantes centram-se no complexo de Édipo.

Voltemos agora novamente à projeção. Através da projeção de si mesmo ou de parte dos próprios impulsos e sentimentos para dentro de outra pessoa, ocorre uma identificação com esta, embora diferente da identificação advinda da introjeção. Pois, se um objeto é tomado para dentro do self (introjetado), a ênfase recai sobre a aquisição de algumas das características desse objeto e em ser influenciado por elas. No entanto, quando se coloca parte de si mesmo dentro de outra pessoa (projetar), a identificação se baseia na atribuição a essa outra pessoa de algumas das próprias qualidades. A projeção tem muitas repercussões. Somos inclinados a atribuir a outras pessoas – em certo sentido colocar dentro delas – algumas de nossas próprias emoções e pensamentos, e é óbvio que a natureza amistosa ou hostil dessa projeção dependerá do quanto estivermos equilibrados ou perseguidos. Por meio da atribuição de parte de nossos sentimentos a outra pessoa, compreendemos seus sentimentos, necessidades e satisfações. Em outras palavras, estamos nos colocando em sua pele. Há pessoas que vão tão longe nessa direção que se perdem inteiramente nos outros e se tornam incapazes de julgamento objetivo. Da mesma forma, a introjeção excessiva ameaça a força do ego porque esse fica completamente dominado pelo objeto introjetado. Se a projeção é predominantemente hostil, ficam prejudicadas a empatia verdadeira e a capacidade de compreender os outros. O caráter da projeção é, portanto, de grande importância em nossas relações com outras pessoas. Se a interação entre introjeção e projeção não for dominada por hostilidade ou dependência excessiva e for bem equilibrada, o mundo interno torna-se enriquecido e melhoram as relações com o mundo externo.

Referi-me anteriormente à tendência do ego infantil para cindir impulsos e objetos. Considero esta como mais uma das atividades primordiais do ego. Essa tendência para cindir resulta em parte do fato de faltar em grande medida coesão ao ego arcaico. Mas – e aqui tenho de me referir novamente aos meus próprios conceitos – a ansiedade persecutória reforça a necessidade de manter o objeto amado separado do objeto perigoso e, portanto, a necessidade de cindir o amor do ódio. Isso porque a autopreservação do bebê depende de sua confiança em uma mãe boa. Por meio da cisão de dois aspectos e de agarrar-se ao bom, ele preserva sua crença em um objeto bom e em sua capacidade de amá-lo, sendo essa uma condição essencial para manter-se vivo. Pois, sem ao menos um tanto desse sentimento, o bebê estaria exposto a um mundo inteiramente hostil que, ele teme, o destruiria. Esse mundo hostil também seria construído dentro dele. Como sabemos, há bebês nos quais falta vitalidade e que não podem ser mantidos vivos, provavelmente porque não foram capazes de desenvolver uma relação confiante com uma mãe boa. Em contraste, há outros bebês que passam por grandes dificuldades, mas conservam vitalidade suficiente para fazer uso da ajuda e do alimento oferecidos pela mãe. Conheço um bebê que teve um nascimento prolongado e difícil e ficou machucado no processo, mas que, quando colocado ao seio, tomou-o avidamente. Isso também foi relatado acerca de bebês que passaram por sérias operações logo após o nascimento. Outros bebês, em tais circunstâncias, não são capazes de sobreviver porque têm dificuldades em aceitar o alimento e o amor, o que implica que não foram capazes de estabelecer confiança e amor em relação à mãe.

O processo de cisão muda em forma e conteúdo à medida que prossegue o desenvolvimento, mas de certa forma nunca é inteiramente abandonado. A meu ver, os impulsos destrutivos onipotentes, a ansiedade persecutória e a cisão predominam nos primeiros três ou quatro meses de vida. Descrevi essa combinação de mecanismos e ansiedades como a posição esquizoparanoide, que em casos extremos torna-se a base da paranoia e da doença esquizofrênica. Os correlatos dos sentimentos destrutivos são de grande importância nesse estágio inicial. Destacarei a voracidade e a inveja como fatores muito perturbadores, primeiramente na relação com a mãe e mais tarde com outros membros da família e, na realidade, ao longo de toda a vida.

A voracidade varia consideravelmente de um bebê para outro. Há bebês que nunca podem estar satisfeitos porque sua voracidade excede tudo o que possam receber. Junto à voracidade, vem a necessidade premente de esvaziar o seio da mãe e explorar todas as fontes de satisfação sem consideração por ninguém. O bebê muito voraz pode usufruir tudo o que recebe momentaneamente; mas, assim que a gratificação termina, ele torna-se insatisfeito e é impelido a explorar primeiramente a mãe e logo mais todos na família que possam dar-lhe atenção, alimento ou qualquer outra gratificação. Não há dúvida de que a voracidade é incrementada pela ansiedade – a ansiedade de ser privado, roubado e de não ser suficientemente bom para ser amado. O bebê que é tão voraz por amor e atenção é também inseguro sobre sua própria capacidade de amar, e todas essas ansiedades reforçam a voracidade. Essa situação permanece inalterada em seus aspectos fundamentais na voracidade da criança mais velha e do adulto.

Em relação à inveja, não é fácil explicar como a mãe que alimenta o bebê e cuida dele pode ser também objeto de inveja. Mas sempre que a criança está faminta ou se sente negligenciada, sua frustração leva à fantasia de que o leite e o amor são deliberadamente recusados a ela ou retidos pela mãe em benefício próprio dela. Tais suspeitas constituem a base da inveja. É inerente ao sentimento de inveja não apenas o desejo da posse mas também uma forte necessidade de estragar o prazer que as outras pessoas têm com o objeto cobiçado – necessidade essa que tende a estragar o próprio objeto. Se a inveja é muito intensa, essa característica de estragar resulta em uma relação perturbada com a mãe assim como, mais tarde, com outras pessoas. Também significa que nada pode ser plenamente desfrutado, porque a coisa desejada já foi estragada pela inveja. Além disso, se a inveja é intensa, aquilo que é bom não pode ser assimilado, não pode se tornar parte da vida interior e, desse modo, dar origem à gratidão. Em contraste, a capacidade de desfrutar plenamente o que foi recebido e a experiência de gratidão em relação à pessoa que dá influenciam intensamente tanto o caráter como as relações com outras pessoas. Não é à toa que, ao dar graças antes das refeições, os cristãos usam as palavras "Pelo que vamos receber agora, que o Senhor nos torne verdadeiramente agradecidos". Essas palavras implicam que se pede por uma qualidade – a gratidão – que fará a pessoa feliz e livre de ressentimento e inveja. Ouvi uma menina pequena dizer que ela amava sua mãe mais do que todas as pessoas, pois o que faria ela se sua mãe não a tivesse dado à luz e alimentado? Esse forte sentimento de gratidão estava ligado à sua capacidade de fruição e mostrava-se em seu caráter e em suas relações com outras pessoas em particular pela generosidade e consideração. Ao longo da vida, essa capacidade de fruição e de gratidão torna possível uma diversidade de interesses e prazeres.

No desenvolvimento normal, com a integração crescente do ego, os processos de cisão diminuem e a maior capacidade para entender a realidade externa e para, em alguma medida, conciliar os impulsos contraditórios do bebê leva também a uma síntese maior dos aspectos bons e maus do objeto. Isso significa que pessoas podem ser amadas apesar de suas falhas e que o mundo não é visto apenas em termos de preto no branco.

O superego – a parte do ego que critica e controla os impulsos perigosos e que Freud primeiro situou aproximadamente no quinto ano de vida – opera, de acordo com minhas concepções, muito mais cedo. É minha hipótese que, no quinto ou sexto mês de vida, o bebê começa a temer pelo estrago que seus impulsos destrutivos e sua voracidade podem causar, ou podem ter causado, aos seus objetos amados. Isso porque ele não pode ainda distinguir entre seus desejos e impulsos e os efeitos reais deles. Ele vivencia sentimentos de culpa e a necessidade premente de preservar esses objetos e de repará-los pelo dano feito. A ansiedade agora vivenciada é de natureza predominantemente depressiva. Reconheci as emoções que a acompanham, assim como as defesas desenvolvidas contra elas, como fazendo parte do desenvolvimento normal, e cunhei o termo "posição depressiva". Os sentimentos de culpa, que ocasionalmente surgem em todos nós, têm raízes muito profundas na infância, e a tendência a fazer reparação desempenha um papel importante em nossas sublimações e relações de objeto.

Quando observamos bebês a partir desse ângulo, podemos ver que às vezes, sem qualquer causa externa particular, eles parecem deprimidos. Nesse estágio, eles tentam agradar as pessoas ao redor de todas as maneiras que lhe são possíveis – sorrisos, gestos divertidos e até mesmo tentativas de alimentar a mãe pondo-lhe uma colher de comida na boca. Ao mesmo tempo, esse também é um período no qual se manifestam inibições frequentes em relação à alimentação e pesadelos, e todos esses sintomas atingem o ápice na época do desmame. Em crianças mais velhas, a necessidade de lidar com sentimentos de culpa expressa-se mais claramente. Várias atividades construtivas são utilizadas com esse propósito e, na relação com os pais ou irmãos, há uma necessidade excessiva de agradar e ser prestativo, e tudo isso expressa não apenas amor, mas também necessidade de reparar.

Freud postulou o processo de *elaboração* como parte essencial do procedimento psicanalítico. Resumidamente, isso significa capacitar o paciente a vivenciar reiteradamente suas emoções, ansiedades e situações passadas, tanto na relação com o analista como com diferentes pessoas e situações na vida presente e passada do paciente. Entretanto, um trabalho de elaboração ocorre em alguma medida no desenvolvimento individual normal. A adaptação à realidade externa aumenta, e com isso o bebê adquire uma imagem menos fantasiosa do mundo ao seu redor. A experiência recorrente da mãe indo embora e voltando para ele torna a ausência dela menos atemorizadora e, portanto, diminui a suspeita do bebê de que ela o deixe. Dessa forma, ele gradualmente elabora seus medos arcaicos e chega a uma aceitação de seus impulsos e emoções conflitantes. Nesse estágio, a ansiedade depressiva predomina e a ansiedade persecutória diminui. Sustento que muitas manifestações aparentemente estranhas, fobias inexplicáveis e idiossincrasias observáveis em crianças pequenas são indicações, assim como modos de elaboração, da posição depressiva. Se os sentimentos de culpa que surgem na criança não são excessivos, a necessidade de fazer reparação e outros processos que fazem parte do crescimento trazem alívio. Ainda assim, as ansiedades depressivas e persecutórias nunca são totalmente superadas. Elas podem reaparecer temporariamente sob pressão interna ou externa, embora uma pessoa relativamente normal possa suportar essa recorrência e recuperar seu equilíbrio. Se, no entanto, a pressão é muito grande, o desenvolvimento de uma personalidade forte e bem equilibrada pode ficar impedido.

Tendo tratado – embora eu tema que de maneira muito simplificada – das ansiedades paranoides e depressivas e suas implicações, gostaria agora de considerar a influência dos processos que descrevi nas relações sociais. Falei da introjeção do mundo externo e sugeri que esse processo continua por toda a vida. Sempre que admiramos e amamos alguém – ou odiamos e desprezamos –, também assimilamos algo dessa pessoa em nós mesmos, e nossas atitudes mais profundas são modeladas por tais experiências. No primeiro caso, isso nos enriquece e torna-se a base para lembranças preciosas. No outro caso, às vezes sentimos que o mundo externo está estragado para nós e o mundo interno, portanto, empobrecido.

A importância das experiências reais favoráveis e desfavoráveis às quais o bebê é submetido desde o início, primeiramente por seus pais e mais tarde por outras pessoas, pode ser aqui apenas mencionada. As experiências externas são de importância suprema ao longo de toda a vida. No entanto, muito depende, mesmo no bebê, das formas pelas quais as influências externas são interpretadas e assimiladas pela criança, o que por sua vez depende enormemente da intensidade com que operam os impulsos destrutivos e as ansiedades persecutórias e depressivas. Da mesma forma, nossas experiências adultas são influenciadas por nossas atitudes básicas, que ou nos ajudam a lidar melhor com os infortúnios ou, se somos demasiadamente dominados pela suspeita ou autopiedade, transformam até mesmo os desapontamentos menores em desastres.

As descobertas de Freud a respeito da infância ampliaram a compreensão dos problemas da educação das crianças, mas esses achados foram com frequência mal interpretados. Embora seja verdade que uma criação excessivamente disciplinadora reforça a tendência da criança para a repressão, devemos nos lembrar de que uma indulgência excessiva pode ser quase tão prejudicial para a criança quanto uma restrição demasiada. A assim chamada "total livre expressão" pode trazer grandes desvantagens tanto para os pais como para a criança. Enquanto em tempos passados a criança era vítima constante da atitude disciplinadora dos pais, atualmente os pais podem tornar-se vítimas de sua prole. Há uma velha piada sobre um homem que nunca chegou a provar peito de frango porque, quando era criança, seus pais comiam o peito e, quando se tornou adulto, esse prato era dado aos seus filhos. Ao lidarmos com nossas crianças, é essencial manter um equilíbrio entre o excesso e a falta de disciplina. Fechar os olhos para alguns dos pequenos malfeitos é uma atitude muito saudável. Mas se elas se desenvolvem em uma persistente falta de consideração, é necessário mostrar desaprovação e fazer exigências à criança.

Há outro ângulo a partir do qual a indulgência excessiva dos pais deve ser considerada: embora a criança possa tirar vantagem dessa atitude dos pais, ela também sente culpa por explorá-los e tem necessidade de alguma restrição que lhe dê segurança. Isso também a tornaria capaz de sentir respeito por seus pais, o que é essencial para uma boa relação com eles e para desenvolver respeito por outras pessoas. Além disso, devemos também considerar que pais que estão sofrendo muito sob a livre expressão ilimitada das crianças – por mais que tentem submeter-se a isso – estão certamente fadados a sentir algum ressentimento que entrará em sua atitude em relação à criança.

Já descrevi a criança pequena que reage intensamente contra qualquer frustração – e não há criação possível sem algum tipo de frustração – e que está sempre pronta a ressentir-se amargamente de qualquer falta ou insuficiência em seu ambiente e a menosprezar as boas coisas recebidas. Consequentemente, ela projetará suas queixas sobre as pessoas à sua volta, de forma intensa. Atitudes similares são bem conhecidas em adultos. Se compararmos os indivíduos que são capazes de suportar frustração sem grande ressentimento e de recuperar prontamente seu equilíbrio após um desapontamento com aqueles que se sentem inclinados a colocar toda a responsabilidade no mundo externo, poderemos ver o efeito prejudicial da projeção hostil. Isso porque a projeção do ressentimento evoca nas outras pessoas, em contrapartida, um sentimento de hostilidade. Poucos de nós temos tolerância suficiente para suportar a acusação, mesmo se não expressa em palavras, de que de alguma forma somos a parte culpada. De fato, isso com frequência nos faz desgostar dessas pessoas, e lhes parecemos ainda mais inimigos. Em consequência, eles nos olham com suspeitas e sentimentos persecutórios cada vez maiores e as relações tornam-se cada vez mais perturbadas.

Uma maneira de lidar com a suspeita excessiva é tentar pacificar os inimigos supostos ou reais. Isso raramente tem sucesso. É claro que algumas pessoas podem ser conquistadas por adulação e aplacamento, em particular se seus próprios sentimentos de perseguição dão origem à necessidade de serem aplacadas. Mas uma relação assim facilmente entra em colapso e transforma-se em hostilidade mútua. Eu mencionaria de passagem as dificuldades que tais flutuações nas atitudes de chefes de estado podem produzir em questões internacionais.

Quando a ansiedade persecutória é menos intensa e a projeção, que atribui majoritariamente bons sentimentos aos outros, torna-se assim a base da empatia, a resposta do mundo externo é muito diferente. Todos nós conhecemos pessoas que têm a capacidade de serem queridas. Temos a impressão de que elas têm alguma confiança em nós, e isso evoca um sentimento amistoso de nossa parte. Não estou falando de pessoas que tentam fazer-se populares de maneira insincera. Ao contrário: acredito que são as pessoas genuínas e corajosas por suas convicções que são, a longo prazo, respeitadas e mesmo queridas.

Uma demonstração interessante da influência das primeiras atitudes ao longo de toda a vida é o fato de que a relação com as figuras arcaicas reaparece com frequência e que problemas não resolvidos na infância são revividos, ainda que de maneira modificada. Assim, por exemplo, a atitude em relação a um subordinado ou a um superior repete até certo ponto a relação com um irmão mais novo ou com um dos pais. Se encontramos uma pessoa mais velha amistosa e solícita, inconscientemente revivemos a relação com um dos pais ou avós amados, ao passo que um indivíduo mais velho altivo e desagradável provoca uma vez mais as atitudes rebeldes da criança em relação a seus pais. Não é necessário que tais pessoas sejam física ou mentalmente, ou mesmo em termos de idade, semelhantes às figuras originais; algo em comum em suas atitudes é suficiente. Quando uma pessoa está totalmente sob o domínio de situações e relações arcaicas, seu julgamento sobre pessoas e eventos está destinado a ser perturbado. Normalmente, tal revivescência de situações arcaicas é limitada e retificada pelo julgamento objetivo. Isso quer dizer que todos nós podemos ser influenciados por fatores irracionais, mas que, na vida normal, não somos dominados por eles.

A capacidade para o amor e a devoção, primeiramente em relação à mãe, desenvolve-se de muitas formas em devoção a várias causas sentidas como boas e valiosas. Isso significa que o prazer que o bebê foi capaz de vivenciar no passado, por sentir-se amado e amoroso, transfere-se mais tarde na vida não somente às suas relações com pessoas, o que é muito importante, mas também ao seu trabalho e a tudo pelo que ele sente que vale a pena lutar. O que significa também um enriquecimento da personalidade e a capacidade de usufruir de seu trabalho, e abre uma variedade de fontes de satisfação.

Nesse empenho por aprofundar nossos objetivos, assim como em nossas relações com outras pessoas, o desejo arcaico de reparar é acrescido à capacidade de amar. Eu já disse que em nossas sublimações, que se originam dos primeiríssimos interesses da criança, as atividades construtivas ganham mais ímpeto porque a criança inconscientemente sente que desse modo está restaurando as pessoas amadas que havia danificado. Esse ímpeto nunca perde sua força, embora quase não seja reconhecido na vida normal. O fato irrevogável de que nenhum de nós está jamais completamente livre de culpa tem aspectos muito valiosos, porque implica o desejo nunca totalmente satisfeito de reparar e criar de qualquer forma que nos seja possível.

Todas as formas de serviço social são beneficiadas por essa ânsia. Em casos extremos, sentimentos de culpa levam pessoas a sacrificar-se inteiramente por uma causa ou por seus companheiros, podendo levar ao fanatismo. Sabemos, no entanto, que algumas pessoas arriscam a própria vida para salvar outras, o que não é necessariamente da mesma ordem. Não é tanto culpa o que pode estar operando em tais casos, e sim a capacidade de amar, a generosidade e uma identificação com o companheiro ameaçado.

Enfatizei a importância da identificação com os pais, e subsequentemente com outras pessoas, para o desenvolvimento da criança pequena, e agora desejo acentuar um aspecto particular da identificação bem-sucedida que chega até a idade adulta. Quando a inveja e a rivalidade não são muito grandes, torna-se possível desfrutar por extensão dos prazeres de outros. Na infância, a hostilidade e a rivalidade do complexo de Édipo são contrabalançadas pela capacidade de usufruir vicariamente da felicidade dos pais. Na vida adulta, os pais podem compartilhar os prazeres da infância e evitar interferir neles porque são capazes de identificar-se com seus filhos. Eles tornam-se capazes de acompanhar sem inveja o crescimento de seus filhos.

Essa atitude torna-se em particular importante quando as pessoas ficam mais velhas e os prazeres da juventude ficam cada vez menos disponíveis. Se não desapareceu a gratidão por satisfações passadas, as pessoas idosas podem usufruir do que quer que esteja ainda ao seu alcance. Além do mais, com tal atitude, que dá origem à serenidade, elas podem identificar-se com os jovens. Por exemplo: qualquer um que esteja procurando por jovens talentos e que ajude a desenvolvê-los – seja na função de professor ou crítico, seja, em tempos passados, como patrono das artes e da cultura –, só é capaz de fazê-lo porque pode identificar-se com os outros. Em certo sentido, está reproduzindo sua própria vida, até mesmo algumas vezes alcançando vicariamente a satisfação de metas não satisfeitas em sua própria vida.

Em cada estágio, a capacidade de identificar-se propicia a felicidade de ser capaz de admirar o caráter ou as conquistas dos outros. Se nós não podemos nos permitir apreciar as conquistas e qualidades de outras pessoas – e isso significa que não somos capazes de suportar a ideia de que nunca poderemos iguala-las ou superá-las –, ficamos privados de fontes de grande felicidade e enriquecimento. O mundo seria um lugar muito mais pobre aos nossos olhos se não tivéssemos oportunidades de perceber que existe grandeza e que continuará existindo no futuro. Tal admiração também estimula algo em nós e aumenta indiretamente nossa crença em nós mesmos. Essa é uma das muitas maneiras pelas quais as identificações que vêm da infância tornam-se uma parte importante de nossa personalidade.

A capacidade de admirar as conquistas de outra pessoa é um dos fatores que tornam possível um trabalho de equipe bem-sucedido. Se a inveja não é muito grande, podemos ter prazer e orgulho no trabalho com pessoas que algumas vezes superam nossas capacidades, já que nos identificamos com esses membros exemplares da equipe.

O problema da identificação é, contudo, muito complexo. Quando Freud descobriu o superego, ele o concebeu como uma parte da estrutura mental oriunda da influência dos pais sobre a criança – uma influência que se torna parte das atitudes fundamentais da criança. Meu trabalho com crianças pequenas tem-me mostrado que desde a tenra infância a mãe e logo outras pessoas no ambiente da criança são incorporadas ao self, e esta é a base de uma diversidade de identificações favoráveis e desfavoráveis. Citei acima exemplos de identificações que são úteis tanto para a criança como para o adulto. Mas a influência vital do ambiente inicial pode também resultar em que aspectos desfavoráveis das atitudes do adulto em relação à criança sejam prejudiciais ao seu desenvolvimento, porque estimulam nela o ódio e a rebeldia ou uma submissão excessiva. Ao mesmo tempo, ela internaliza essa atitude adulta hostil e raivosa. Como resultado de tais experiências, um pai ou uma mãe excessivamente disciplinador ou desprovido de compreensão e amor influencia por identificação a formação do caráter da criança e pode levá-la a repetir mais tarde na vida o que ela mesma sofreu. Assim, um pai algumas vezes usa com seus filhos os mesmos métodos errados que seu pai usou com ele. No entanto, a revolta contra os erros vivenciados na infância pode conduzir à reação oposta de fazer tudo de forma diferente da que os pais fizeram. Isso levaria ao outro extremo, por exemplo à excessiva indulgência com a criança, a que me referi anteriormente. Ter aprendido a partir de nossas experiências na infância e, portanto, ser mais compreensivo e tolerante com nossos próprios filhos, assim como com pessoas fora do círculo familiar, é um sinal de maturidade e de desenvolvimento bem-sucedido. Mas tolerância não significa ficar cego às faltas dos outros. Significa reconhecer essas faltas e, no entanto, não perder a capacidade de cooperar com as pessoas, ou mesmo sentir amor por algumas delas.

Ao descrever o desenvolvimento da criança, venho enfatizando em particular a importância da voracidade. Consideremos agora o papel que a voracidade desempenha na formação do caráter e como ela influencia as atitudes do adulto. O papel da voracidade pode ser facilmente observado como um elemento muito destrutivo na vida social. A pessoa voraz quer cada vez mais, ainda que à custa de todos os demais. Ela não é realmente capaz de consideração e generosidade para com os outros. Não estou falando aqui apenas de posses materiais, mas também de status e de prestígio.

O indivíduo muito voraz tende a ser ambicioso. O papel da ambição, tanto em seus aspectos úteis como nos perturbadores, mostra-se onde quer que observemos o comportamento humano. Não há dúvida de que a ambição dá ímpeto à conquista, mas, se ela se torna a principal força propulsora, a cooperação com outros fica ameaçada. A pessoa extremamente ambiciosa, apesar de todos os seus sucessos, sempre permanece insatisfeita, do mesmo modo que um bebê voraz nunca está satisfeito. Conhecemos bem o tipo de figura pública que, faminta por mais e mais sucesso, parece nunca estar contente com o que conquistou. Um aspecto dessa atitude – na qual a inveja também desempenha um papel importante – é a incapacidade de permitir que os outros apareçam mais em primeiro plano. A esses é permitido desempenhar um papel subsidiário, desde que não desafiem a supremacia da pessoa ambiciosa. Vemos também que tais pessoas são indispostas e incapazes de estimular e encorajar os mais jovens, já que alguns deles poderiam vir a ser seus sucessores. Um motivo para a falta de satisfação com um sucesso aparentemente grande resulta do fato de que seu interesse não está tão devotado ao campo no qual trabalham, mas sim a seu prestígio pessoal. Essa descrição implica a conexão entre a voracidade e a inveja. O rival é visto não apenas como alguém que nos roubou e destituiu de nossa própria posição ou bens, mas também como o portador de qualidades valiosas que provocam a inveja e o desejo de estragá-las.

Quando a voracidade e a inveja não são excessivas, mesmo uma pessoa ambiciosa encontra satisfação em ajudar os outros a dar sua contribuição. Temos aqui uma das atitudes subjacentes à liderança bem-sucedida. Novamente, isso já pode ser observado em alguma medida entre as crianças. Uma criança mais velha pode ter orgulho pelas conquistas de irmãos ou irmãs mais novos e fazer de tudo para ajudá-los. Algumas crianças têm até mesmo um efeito integrador sobre toda a vida familiar. Sendo predominantemente amistosas e solícitas, elas melhoram a atmosfera familiar. Observei que mães muito impacientes e intolerantes em relação a dificuldades melhoram pela influência de uma criança assim. Isso também se aplica à vida escolar, na qual algumas vezes apenas uma ou duas crianças exercem um efeito benéfico sobre a atitude de todos os outros por meio de um tipo de liderança moral baseada em uma relação amistosa e cooperativa com outras crianças, sem qualquer tentativa de fazê-las se sentir inferiorizadas.

Voltando à liderança: se o líder – e isso pode aplicar-se também a qualquer membro do grupo – suspeita ser objeto de ódio, todas as suas atitudes antissociais são intensificadas por esse sentimento. Vemos que a pessoa que é incapaz de suportar uma crítica, porque esta imediatamente mobiliza sua ansiedade persecutória, não é apenas prisioneira do sofrimento, mas tem também dificuldades na relação com outras pessoas e pode até mesmo colocar em perigo a causa pela qual está trabalhando, seja qual for seu campo de atividades. Ela mostrará uma incapacidade de corrigir erros e aprender com os outros.

Se olhamos para o nosso mundo adulto do ponto de vista de suas raízes na infância inicial, obtemos um insight sobre o modo pelo qual nossa mente, nossos hábitos e nossas concepções foram construídos desde as fantasias e emoções infantis mais arcaicas até as mais complexas e sofisticadas manifestações adultas. Há mais uma conclusão a ser tirada: aquilo que já existiu no inconsciente nunca perde completamente sua influência sobre a personalidade.

Um aspecto adicional do desenvolvimento da criança a ser discutido é sua formação de caráter. Dei alguns exemplos de como os impulsos destrutivos, a inveja e a voracidade, e as ansiedade persecutórias resultantes, perturbam o equilíbrio emocional da criança e suas relações sociais. Referi-me também aos aspectos benéficos de um desenvolvimento oposto e tentei mostrar como eles surgem. Tentei transmitir a importância da interação entre fatores inatos e a influência do ambiente. Ao dar plena importância a essa interação, adquirimos uma compreensão mais profunda de como o caráter da criança desenvolve-se. Sempre foi um aspecto da maior importância do trabalho psicanalítico que, no curso de uma análise bem-sucedida, o caráter do paciente passe por mudanças favoráveis.

Um resultado de um desenvolvimento equilibrado é a integridade e a força de caráter. Tais qualidades têm um efeito de longo alcance tanto na autoconfiança do indivíduo como em suas relações com o mundo externo. A influência de um caráter verdadeiramente sincero e genuíno sobre outras pessoas é facilmente observável. Até as pessoas que não possuem as mesmas qualidades ficam impressionadas e não podem deixar de sentir algum respeito pela integridade e pela sinceridade, pois essas qualidades despertam nelas a imagem do que elas próprias poderiam ter sido ou mesmo possam ainda vir a ser. Tais personalidades lhes dão alguma esperança sobre o mundo em geral e maior confiança naquilo que é bom.

Concluí este artigo discutindo a importância do caráter porque, a meu ver, o caráter é a base para toda conquista humana. O efeito de um bom caráter em outros está na raiz do desenvolvimento social saudável.

## Pós-escrito

Quando discuti minhas concepções sobre o desenvolvimento do caráter com um antropólogo, ele fez objeções à suposição de uma base geral para o desenvolvimento do caráter. Citou sua experiência de que em seu campo de trabalho ele havia se defrontado com uma avaliação de caráter inteiramente diferente. Por exemplo, trabalhara em uma comunidade onde era considerado admirável enganar outras pessoas. Descreveu também, em resposta a algumas de minhas questões, que naquela comunidade era considerado uma fraqueza ter clemência por um adversário. Perguntei se não havia circunstâncias nas quais a clemência pudesse ser demonstrada. Respondeu que, se uma pessoa pudesse se colocar atrás de uma mulher de tal forma que ficasse até certo ponto coberta por sua saia, sua vida seria poupada. Em resposta a outras perguntas, contou-me que, se o inimigo conseguisse entrar na tenda de um homem, ele não seria morto. E havia também segurança dentro de um santuário.

O antropólogo concordou quando sugeri que a tenda, a saia da mulher e o santuário eram símbolos da mãe boa e protetora. Ele também aceitou minha interpretação de que a proteção da mãe era extensiva a um irmão odiado – o homem escondido atrás da saia da mulher – e que a proibição de matar dentro da própria tenda ligava-se às regras da hospitalidade. Minha conclusão sobre o último caso é que fundamentalmente a hospitalidade liga-se à vida familiar, à relação das crianças umas com as outras e em particular com a mãe. Pois, como sugeri anteriormente, a tenda representa a mãe que protege a família.

Cito esse exemplo para sugerir possíveis elos entre culturas que parecem ser completamente diferentes e para indicar que esses elos são encontrados na relação com o objeto bom originário, a mãe, quaisquer que sejam as formas pelas quais distorções de caráter sejam aceitas e mesmo admiradas.

## 1960
**Uma nota sobre a depressão no esquizofrênico**

O último Congresso Internacional de Psicanálise ao qual Melanie Klein compareceu foi o XXI Congresso, em Copenhague, em 1959. Ela deu duas contribuições: este artigo curto e "Sobre o sentimento de solidão" (1963). Este artigo fez parte de um simpósio sobre a doença depressiva e trata da depressão na esquizofrenia. Melanie Klein modifica aqui alguns de seus pontos de vista anteriores.

Antes de descrever o artigo, talvez seja útil agrupar seu trabalho sobre o assunto, já que a esquizofrenia – na verdade, as psicoses – a interessou durante toda sua vida profissional. Várias ideias estavam presentes desde o começo. Ela achava que processos psicóticos ocorriam a uma idade muito mais tenra do que geralmente se supunha, e de duas formas distintas: em bebês normais, como parte do desenvolvimento normal; e, numa forma proliferada e anormal, em psicoses até mesmo na infância. Pensava ainda que processos psicóticos estão ligados ao sadismo e que eles surgem a partir de uma ansiedade aguda, o que resulta num uso excessivo e prejudicial de certas defesas que, de outro modo, seriam normais.

Essas ideias foram inicialmente esboçadas de forma grosseira num grupo de artigos publicados entre 1927 e 1929. Em "Tendências criminosas em crianças normais" (1927), Melanie Klein chamou a atenção para o fato de que uma fuga da realidade é tanto uma das defesas normais da infância como também, se ela impregna a personalidade, a base da psicose infantil. Em "Estágios iniciais do conflito edipiano" (1928), descreveu o mundo interior de horror e psicose que resulta de ataques em fantasia ao interior da mãe. Em "A personificação no brincar das crianças" (1929), apontou os sinais de esquizofrenia infantil, especificando o tipo característico de brincar, e concluiu, a partir de seu trabalho sobre o superego primitivo, no qual estava envolvida na época, que um fator central na psicose é a ansiedade aguda causada pelo superego primitivo, formado à imagem das fantasias sádicas da criança. O artigo seguinte, "A importância da formação de símbolos no desenvolvimento do ego" (1930), registra, ao mesmo tempo, a primeira análise de uma criança psicótica e a existência de um mecanismo de defesa anterior à repressão e distinto dela. Melanie Klein descreve como o ego usa esse mecanismo arcaico para expelir seu próprio sadismo e atacar objetos hostis; e o efeito devastador sobre o desenvolvimento, se esse mecanismo (que até então não tinha nome) for usado excessivamente para eliminar todo o sadismo e ansiedade – o ego, então, fica desprovido de meios para um futuro desenvolvimento e permanece numa condição psicótica. Nessas ideias estão os precursores do conceito de identificação projetiva, formulado em "Notas sobre alguns mecanismos esquizoides" (1946).

Por volta de 1930, resumidas num curto artigo ("A psicoterapia das psicoses"), as características da realidade do psicótico como um reflexo de sua vida pulsional hostil haviam sido delineadas, assim como a natureza geral de suas ansiedades e defesas. Em *A psicanálise de crianças*, Melanie Klein expõe esses pontos de vista de uma maneira mais completa. Sua descoberta de que as ansiedades mais arcaicas são mais exatamente psicóticas do que neuróticas conduziu-a, nesse trabalho, a redefinir a neurose infantil como um composto de tendências psicóticas e neuróticas, uma afirmação que não fica muito longe de sua definição final da neurose infantil, dada em "Algumas conclusões teóricas relativas à vida emocional do bebê" (1952): "A neurose infantil pode ser considerada como uma combinação de processos pelos quais ansiedades de natureza psicótica são ligadas, elaboradas e modificadas" (p. 117).

Essas ideias iniciais tornaram-se, numa forma mais desenvolvida e mais exata, parte de sua teoria das posições esquizoparanoide e depressiva, exposta em três artigos principais: "Uma contribuição à psicogênese dos estados maníaco-depressivos" (1935), "O luto e suas relações com os estados maníaco-depressivos" (1940) e "Notas sobre alguns mecanismos esquizoides" (1946). Em 1935, ela distinguiu, pela primeira vez, as duas formas de ansiedade, persecutória e depressiva, uma distinção fundamental que, em si mesma, esclarece a natureza da ansiedade psicótica. No mesmo artigo, faz uma conexão entre a esquizofrenia e as ansiedades persecutórias psicóticas dos três primeiros meses de vida, e dá também um relato detalhado – completado em seu artigo de 1940 – da conexão entre a doença maníaco-depressiva e as ansiedades persecutórias e depressivas não resolvidas da posição depressiva infantil, que começa ao redor do quarto ou quinto mês de vida. Em 1946, descreveu detalhadamente os vários mecanismos de cisão por meio dos quais o ego defende a ansiedade persecutória e que formam a base da condição dissociada e desintegrada do esquizofrênico. A conexão entre o sadismo oral e a fragmentação da mente do esquizofrênico é explicada: quando o objeto é introjetado sadicamente, o ego tem a seu dispor não um objeto intacto, mas um objeto reduzido a pedaços no processo de incorporação e, portanto, o próprio ego ficaria em pedaços. Ela postulou como sendo o mecanismo dominante desse período a identificação projetiva, um novo conceito, que, como foi observado antes, formalizou e ampliou suas ideias sobre a existência de um mecanismo de defesa arcaico, distinto da repressão e anterior a ela. Outros aspectos das psicoses foram esclarecidos nesses artigos de 1935, 1940 e 1946, incluindo o bem conhecido fato clínico da existência de combinações de esquizofrenia, mania e depressão, que Melanie Klein explicou em termos da interação – tanto por meio de desenvolvimento como de regressão – entre as posições infantis esquizoparanoide e depressiva.

A técnica de analisar estados dissociados foi discutida em 1946 e novamente em "Inveja e gratidão" (1957). A principal contribuição de "Inveja e gratidão", no entanto, para a compreensão da psicose foi a revelação da inveja excessiva como um determinante de patologia grave na posição esquizoparanoide. Finalmente, em "Sobre o desenvolvimento do funcionamento mental" (1958), houve uma reclassificação. Até então, Melanie Klein havia sempre atribuído ao superego as figuras aterrorizantes cujo domínio sobre a psique é característico da psicose. Em 1958, no entanto, sugeriu que as figuras mais primitivas e mais aterrorizantes não pertencem ao superego, mas são excindidas para dentro de uma área no inconsciente profundo, que permanece à margem dos processos de desenvolvimento normal e que, em situações de tensão, pode infiltrar-se no ego e dominá-lo.

Voltemos agora aos antecedentes do presente artigo. Em 1935, Melanie Klein caracterizou a diferença entre as ansiedades e os sentimentos do esquizofrênico e do depressivo da seguinte maneira: o esquizofrênico sofre de ansiedade persecutória em relação à preservação de seu ego, ao passo que o depressivo sofre de uma mistura de ansiedades, perseguição, depressão e culpa, em relação não apenas à preservação do self, mas também à do objeto bom com o qual está identificado. Isso estava de acordo com o ponto de vista que ela sustentava na época, de que a culpa começa em relação a objetos inteiros, na posição depressiva. Em "Sobre a teoria da ansiedade e da culpa" (1948), suas ideias sobre culpa modificaram-se; ela considerou que a culpa ocorre, de forma passageira, antes da posição depressiva, em relação a objetos parciais. No presente breve artigo, ela modifica seu relato da diferença entre esquizofrenia e depressão. Afirma que o esquizofrênico paranoide, além de ansiedade persecutória, sofre também de depressão e culpa em relação à destruição das partes boas de seu ego e do objeto bom que ele sente que contém, e ela descreve a natureza específica de sua depressão, que difere em conteúdo, forma e manifestação da depressão do maníaco-depressivo.

Em seu último artigo, "Sobre o sentimento de solidão", Melanie Klein chama a atenção para a solidão do doente mental. Esse é um outro aspecto do sofrimento do esquizofrênico, que ela já havia comentado em "Notas sobre alguns mecanismos esquizoides".

Nesta contribuição, vou me concentrar principalmente na depressão tal como ela é vivenciada pelo esquizofrênico paranoide. Meu primeiro ponto surge de minha asserção, expressa em 1935, de que a posição paranoide (que eu mais tarde denominei posição esquizoparanoide) está ligada a processos de cisão e contém os pontos de fixação para o grupo das esquizofrenias, ao passo que a posição depressiva contém os pontos de fixação para a doença maníaco-depressiva. Eu também sustentava, e ainda sustento, o ponto de vista de que as ansiedades paranoides e esquizoides e os sentimentos depressivos, tais como podem ocorrer em pessoas mais normais, sob pressão externa ou interna, remontam a essas posições iniciais, que são revividas em tais situações.

A conexão observada amiúde entre os grupos de enfermidades esquizofrênicas e maníaco-depressivas pode, a meu ver, ser explicada pelo elo de desenvolvimento existente na infância entre as posições esquizoparanoide e depressiva. As ansiedades persecutórias e os processos de cisão característicos da posição esquizoparanoide continuam, embora modificados na força e na forma, na posição depressiva. As emoções de depressão e culpa, que se desenvolvem mais plenamente no estágio em que surge a posição depressiva, já são (de acordo com meus conceitos mais recentes) operantes, em alguma medida, durante a fase esquizoparanoide. O elo entre essas duas posições – com todas as mudanças no ego que elas implicam – é que ambas são o resultado da luta entre as pulsões de vida e de morte. No estágio mais anterior (que se estende pelos primeiros três ou quatro meses de vida), as ansiedades que surgem dessa luta tomam uma forma paranoide, e o ego, ainda incoerente, é levado a reforçar processos de cisão. Com a força crescente do ego, surge a posição depressiva. Durante esse estágio, as ansiedades paranoides e os mecanismos esquizoides diminuem e a ansiedade depressiva ganha força. Aqui também podemos ver o trabalho do conflito entre as pulsões de vida e de morte. As mudanças ocorridas são o resultado de alterações nos estados de fusão entre as duas pulsões.

Já na primeira fase, o objeto primário – a mãe – é internalizado em seus aspectos bons e maus. Afirmei várias vezes que a vida não pode continuar sem que, ao menos em alguma medida, o objeto bom tenha se tornado parte do ego. A relação com o objeto, no entanto, muda no segundo trimestre do primeiro ano, e a preservação desse objeto bom constitui a essência das ansiedades depressivas. Os processos de cisão também mudam. Considerando que no começo há uma cisão entre objeto bom e objeto mau, isso ocorre simultaneamente a uma forte fragmentação, tanto do ego como do objeto. Na medida em que os processos de fragmentação diminuem, a divisão entre o objeto morto ou ferido e o objeto vivo vai aparecendo mais em primeiro plano. A diminuição da fragmentação e a centralização no objeto acompanham os passos em direção à integração, o que supõe uma fusão crescente das duas pulsões, na qual predomina a pulsão de vida.

Em seguida, apresentarei algumas indicações da razão pela qual características depressivas em esquizofrênicos paranoides não são vivenciadas de uma maneira tão facilmente reconhecível como em estados maníaco-depressivos, e vou sugerir algumas explicações para a diferença na natureza da depressão tal como ela é vivenciada nesses dois grupos de doenças. No passado, enfatizei a distinção entre a ansiedade paranoide, que defini como centrada na preservação do ego, e a ansiedade depressiva, que focaliza a preservação do objeto bom, internalizado e externo. Na maneira como vejo agora, essa distinção é esquemática demais. Isso porque, durante muitos anos, eu propus o ponto de vista de que, desde o começo da vida pós-natal, a internalização do objeto bom também ocorre no esquizofrênico paranoide. No entanto, do nascimento em diante, num ego carente de força e submetido a violentos processos de cisão, a internalização do objeto bom difere, em natureza e força, daquela do maníaco-depressivo. Ela é menos permanente, menos estável, e não permite uma identificação suficiente com o objeto. De qualquer maneira, já que realmente ocorre alguma internalização do objeto, a ansiedade em relação ao ego – ou seja, ansiedade paranoide – inclui necessariamente também alguma preocupação com o objeto.

Há outro novo ponto a acrescentar: na medida em que a ansiedade depressiva e a culpa (definidas por mim como vivenciadas em relação ao objeto bom internalizado) já ocorrem na posição esquizoparanoide, elas se referem também a uma parte do ego, a saber, àquela parte que é sentida como portadora do objeto bom e, portanto, como sendo a parte boa. Isso quer dizer que a culpa do esquizofrênico se refere à destruição de algo bom nele mesmo e também ao enfraquecimento de seu ego pelos processos de cisão.

Há um segundo motivo para que o sentimento de culpa seja vivenciado pelo esquizofrênico de uma forma muito particular e seja, portanto, difícil de ser detectado. Devido a processos de fragmentação – e devo lembrá-los aqui da capacidade de Schreber de dividir-se em sessenta almas – e à violência com que se dá essa cisão no esquizofrênico, a ansiedade depressiva e a culpa são muito fortemente excindidas. Ao passo que a ansiedade paranoide é vivenciada na maioria das partes do ego cindido e, portanto, predomina, a culpa e a depressão são vivenciadas apenas em algumas partes, sentidas pelo esquizofrênico como inalcançáveis, até que a análise as traga para dentro da consciência.

Além disso, uma vez que a depressão é principalmente um resultado da síntese entre objeto bom e objeto mau e é acompanhada por uma integração mais forte do ego, a natureza da depressão no esquizofrênico deve necessariamente diferir daquela do maníaco-depressivo.

Uma terceira razão pela qual a depressão é tão difícil de ser detectada no esquizofrênico é que a identificação projetiva, que é muito forte nele, é usada para projetar depressão e culpa para dentro de um objeto – durante o processo analítico, principalmente para dentro do analista. Já que a reintrojeção se segue à identificação projetiva, a tentativa de uma projeção duradoura da depressão não tem êxito.

Exemplos interessantes de como nos esquizofrênicos a identificação projetiva lida com a depressão foram dados por Hanna Segal em um artigo recente.[1] Nesse artigo, a autora exemplifica o processo de melhora em esquizofrênicos ao serem ajudados, por meio da análise de camadas profundas, a diminuir a cisão e a projeção e, assim, a se

---

1 Hanna Segal, "Depression in the Schizophrenic". *The International Journal of Psychoanalysis*, v. 37, 1956, pp. 339–43.

aproximar da experiência da posição depressiva com a culpa e a premência para reparação daí resultantes.

É apenas na análise das camadas profundas da mente que nos deparamos com os sentimentos de desespero do esquizofrênico por estar confuso e aos pedaços. O trabalho subsequente nos permite, em alguns casos, ter acesso ao sentimento de culpa e depressão, causados por estar dominado por impulsos destrutivos e por ter destruído a si mesmo e a seu objeto bom mediante processos de cisão. Como uma defesa contra tal dor, poderemos perceber que a fragmentação ocorre novamente; o progresso só pode ser alcançado por meio de repetidas experiências dessa dor e de sua análise.

Gostaria aqui de me referir brevemente à análise de um menino de nove anos, muito doente, incapaz de aprender e profundamente perturbado em suas relações de objeto. Numa sessão, ele vivenciou fortemente um sentimento de desespero e culpa por ter fragmentado a si mesmo e destruído o que havia de bom nele, e surgiram, ao mesmo tempo, a afeição por sua mãe e a incapacidade de expressá-la. Naquele momento, ele tirou seu querido relógio do bolso, jogou-o no chão e pisoteou-o, até reduzi-lo a pedacinhos. Aquilo significou que ele, ao mesmo tempo, expressou e repetiu a fragmentação de seu self. Eu concluiria, agora, que essa fragmentação apareceu também como uma defesa contra a dor da integração. Tive experiências semelhantes na análise de adultos, exceto pela diferença de que não se expressavam pela destruição de algo de que gostavam.

Se o impulso para fazer reparação é mobilizado pela análise dos impulsos destrutivos e processos de cisão, torna-se possível dar passos em direção à melhora – e, algumas vezes, na direção de uma cura. Os meios para fortalecer o ego, para capacitar o esquizofrênico a vivenciar a bondade excindida, tanto dele mesmo como do objeto, baseiam-se em alguma medida na cura dos processos de cisão, diminuindo desse modo a fragmentação, o que significa que as partes perdidas do self se tornam mais acessíveis a ele. Por comparação, acredito que, embora os métodos terapêuticos de ajuda ao esquizofrênico baseados em possibilitá-lo a executar atividades construtivas sejam úteis, eles não são tão duradouros como a análise das camadas profundas da mente e dos processos de cisão.

## 1960
**Sobre a saúde mental**

> Melanie Klein morreu em Londres em 22 de setembro de 1960, no momento em que este artigo ia para o prelo, e um pequeno obituário foi publicado no fim. Melanie Klein escrevera o artigo não muito antes, e talvez por esta razão, embora ela dê uma ideia geral do tópico, falte a ele seu vigor habitual.

Uma personalidade bem integrada é a base da saúde mental. Começarei enumerando alguns elementos de uma personalidade bem integrada: maturidade emocional, força de caráter, capacidade de lidar com emoções conflitantes, equilíbrio entre vida interna e adaptação à realidade e uma bem-sucedida fusão das diferentes partes da personalidade em um todo.

Mesmo numa pessoa emocionalmente madura, fantasias e desejos infantis persistem em alguma medida. Se as fantasias e os desejos foram livremente vivenciados e elaborados com êxito – antes de tudo no brincar da criança –, eles constituem uma fonte de interesses e de atividades e, desse modo, enriquecem a personalidade. Porém, se o ressentimento em relação aos desejos irrealizados tiver se mantido muito potente e a elaboração deles ficar desse modo impedida, as relações pessoais e o prazer proveniente de diversas origens ficam perturbados, torna-se difícil aceitar os substitutos que seriam mais apropriados em estágios posteriores do desenvolvimento e o sentido de realidade fica prejudicado.

Mesmo se o desenvolvimento for satisfatório e levar ao prazer proveniente de diversas origens, algum sentimento de luto por prazeres irrecuperavelmente perdidos e possibilidades irrealizadas ainda pode ser encontrado nas camadas mais profundas da mente. Embora o pesar de que a infância e a juventude já não mais voltarão seja com frequência vivenciado de forma consciente por pessoas que se aproximam da meia-idade, descobrimos na psicanálise a persistência de anseios até pela infância inicial e seus prazeres. A maturidade emocional significa que esses sentimentos de perda podem ser contrabalançados até certo ponto pela capacidade de aceitar substitutos, e assim as fantasias infantis não perturbam a vida emocional adulta. A capacidade de desfrutar prazeres que estão acessíveis está ligada, em qualquer idade, a uma relativa liberdade do controle da inveja e de ressentimentos. Uma maneira pela qual a satisfação em um estágio posterior da vida pode, portanto, ser encontrada é desfrutar vicariamente os prazeres dos jovens, em particular de nossos filhos e netos. Outra fonte de gratificação, mesmo antes da velhice, é a riqueza de lembranças que mantêm vivo o passado.

A força de caráter baseia-se em alguns processos muito antigos. A primeira e fundamental relação na qual a criança experimenta sentimentos tanto de amor quanto de ódio é a relação com a mãe. A mãe não apenas se apresenta como objeto externo, mas também o bebê toma para dentro de si (introjeta, segundo Freud) aspectos de sua personalidade. Se os aspectos bons da mãe introjetada são sentidos como predominando sobre os aspectos frustrantes, essa mãe internalizada torna-se um alicerce para a força de caráter, pois o ego pode desenvolver suas potencialidades sobre tal base. Isso porque, se ela puder ser mantida como alguém que guia e protege, mas que não domina, a identificação com ela torna possível a paz interior. O êxito dessa primeira relação estende-se às relações com outros membros da família, em primeiro lugar com o pai, e se reflete nas atitudes adultas, tanto no círculo familiar como em relação às pessoas em geral.

A internalização dos pais bons e a identificação com eles subjaz à lealdade para com as pessoas e causas e à capacidade de fazer sacrifícios por nossas convicções. A lealdade com relação ao que é amado ou tido como certo implica que os impulsos hostis ligados a ansiedades (que nunca são inteiramente eliminados) passam a ser dirigidos àqueles objetos que colocam em perigo o que é sentido como bom. Esse processo nunca é plenamente bem-sucedido e permanece a ansiedade de que a destrutividade pode também pôr em perigo tanto o objeto interno como o externo.

Muitas pessoas aparentemente bem equilibradas não têm força de caráter. Elas facilitam a vida para si próprias evitando conflitos internos e externos. Como consequência, visam aquilo que é garantido ou conveniente, e não podem desenvolver convicções profundamente arraigadas.

Um caráter forte, no entanto, se não for mitigado pela consideração pelos outros, não é característico de uma personalidade equilibrada. A compreensão para com outras pessoas, a compaixão, a simpatia e a tolerância enriquecem nossa experiência do mundo e fazem-nos sentir mais confiantes em nós mesmos e menos sós.

O equilíbrio depende de certo insight sobre a variedade de nossos impulsos e sentimentos contraditórios e da capacidade de fazer face a esses conflitos internos. Um aspecto do equilíbrio é a adaptação ao mundo externo, uma adaptação que não interfere com a liberdade das nossas próprias emoções e pensamentos. Isso implica uma interação: a vida interna sempre influencia as atitudes em relação à realidade externa e, por sua vez, é influenciada pelo ajustamento ao mundo da realidade. No instante em que o bebê internaliza suas primeiras experiências e as pessoas que o rodeiam, essas internalizações passam a influenciar sua vida interior. Se a bondade do objeto predomina nesses processos e se torna parte da personalidade, sua atitude em relação às experiências oriundas do mundo externo é, por sua vez, favoravelmente influenciada. Não é necessariamente um mundo perfeito que esse bebê percebe, mas certamente é um mundo que vale mais a pena, uma vez que sua situação interna é de maior felicidade. Uma interação bem-sucedida desse tipo contribui para o equilíbrio e para uma boa relação com o mundo externo.

Equilíbrio não significa evitar conflitos; supõe a força para atravessar emoções penosas e poder lidar com elas. A excessiva excisão das emoções penosas restringe a personalidade e leva a inibições de vários tipos. A repressão da vida de fantasia, em particular, tem fortes repercussões sobre o desenvolvimento, pois resulta na inibição de talentos e do intelecto, e impede também o apreço pelas conquistas das outras pessoas e o prazer que delas poderia ser obtido. A falta de prazer no trabalho, no lazer e no contato com as outras pessoas deixa a personalidade estéril e desperta ansiedades e insatisfações. Essas ansiedades, de natureza tanto persecutória como depressiva, são, quando excessivas, a base para a doença mental.

O fato de algumas pessoas atravessarem a vida de um modo razoavelmente suave, em particular quando são bem-sucedidas, não exclui o risco de doença mental se elas nunca tiverem se defrontado com seus conflitos mais profundos. Esses conflitos não resolvidos podem fazer-se sentir em particular em certas fases críticas, tais como a adolescência, a meia-idade ou a velhice, ao passo que as pessoas que são mentalmente sadias têm muito mais probabilidade de permanecerem equilibradas em qualquer etapa da vida e de serem menos dependentes do sucesso externo.

Fica evidente a partir de minha descrição que saúde mental não é compatível com superficialidade. Isso porque a superficialidade liga-se à recusa do conflito interno e das dificuldades externas. Lançar mão em excesso da recusa deve-se ao fato de o ego não ser forte o suficiente para lidar com a dor. Embora em algumas situações a recusa pareça fazer parte de uma personalidade normal, se ela for predominante, levará a uma falta de profundidade, pois impedirá o insight sobre a vida interior e, assim, uma real compreensão dos outros. Uma das satisfações que se perdem é a capacidade de dar e receber – vivenciar a gratidão e a generosidade.

A insegurança subjacente a uma recusa intensa é também uma causa da falta de confiança em nós mesmos, pois, inconscientemente, um insight insuficiente resulta em que partes da personalidade permanecem desconhecidas. Para escapar dessa insegurança, ocorre um voltar-se para o mundo externo. Contudo, em caso de má sorte ou de fracasso nas conquistas ou nas relações com as pessoas, tais indivíduos são incapazes de lidar com essas situações.

Em contraste, uma pessoa que pode vivenciar a tristeza profundamente quando ela ocorre é também capaz de partilhar o pesar e infortúnio das outras pessoas. Ao mesmo tempo, não se sentir totalmente assoberbado pelo pesar ou infelicidade dos outros e recuperar e manter um equilíbrio fazem parte da saúde mental. A primeira experiência de estar em sintonia com as tristezas dos outros se dá na relação com aqueles mais próximos à criança pequena – pais e irmãos. Na vida adulta, pais que podem compreender os conflitos de seus filhos e compartilhar suas tristezas ocasionais têm um insight mais profundo sobre as complexidades da vida interna da criança. Isso significa que eles também são capazes de partilhar plenamente os prazeres da criança e que obtêm felicidade dessa ligação tão íntima.

Certo esforço pelo êxito externo é inteiramente compatível com um caráter forte, desde que não se torne o foco sobre o qual repousa a satisfação na vida. Segundo minha observação, se esse for o objetivo principal e as outras atitudes por mim mencionadas anteriormente não se desenvolverem, o equilíbrio mental será inseguro. As satisfações externas não compensam a falta de paz de espírito. Isso só pode acontecer se os conflitos internos forem reduzidos, e, portanto, a confiança em si mesmo e nos outros for estabelecida. Na falta da paz de espírito, o indivíduo fica propenso a responder a qualquer revés externo com intensos sentimentos de perseguição e privação.

A descrição de saúde mental que dei mostra sua natureza complexa e multifacetada, pois, como procurei indicar, ela se baseia numa interação entre as fontes fundamentais da vida mental – os impulsos de amor e de ódio –, interação na qual a capacidade de amor é predominante.

A fim de esclarecer a origem da saúde mental, darei um breve esboço da vida emocional do bebê e da criança pequena. A boa relação do bebê com a mãe e com a comida, com o amor e com o cuidado que ela o provê é a base para um desenvolvimento emocional estável. Contudo, mesmo nesse estágio tão inicial, e mesmo em condições muito favoráveis, o conflito entre amor e ódio (ou, nos termos de Freud, entre impulsos destrutivos e libido) desempenha um papel importante nessa relação. As frustrações, inevitáveis em algum grau, fortalecem o ódio e a agressividade. Por frustração não me refiro apenas ao bebê não ser sempre alimentado na hora em que deseja; descobrimos retrospectivamente, na análise, que existem desejos inconscientes – nem sempre perceptíveis no comportamento do bebê – que tem como foco a presença contínua da mãe e de seu amor exclusivo. Faz parte da vida emocional do bebê que ele seja voraz e deseje mais do que até mesmo a melhor situação externa pode propiciar. Juntamente aos impulsos destrutivos, o bebê vivencia também sentimentos de inveja que reforçam sua voracidade e interferem em sua capacidade de desfrutar das satisfações disponíveis. Os sentimentos destrutivos dão origem ao medo de retaliação e de perseguição, e essa é a primeira forma que a ansiedade assume no bebê.

Como consequência dessa luta, na medida em que o bebê deseja preservar os aspectos amados da mãe boa, interna e externa, ele precisa continuar fazendo uma cisão entre amor e ódio, mantendo assim a divisão da mãe em uma mãe boa e outra má. Isso lhe permite obter certa segurança de sua relação com a mãe amada e, desse modo, desenvolver sua capacidade de amar. Uma precondição para uma boa relação com a mãe e para o desenvolvimento normal é que a cisão não seja muito profunda e a integração e a síntese num estágio posterior não sejam impedidas.

Mencionei os sentimentos persecutórios como sendo a primeira forma de ansiedade. Contudo, os sentimentos de natureza depressiva também são esporadicamente experimentados desde o início da vida. Eles ganham força com o crescimento do ego e com um crescente sentido de realidade e chegam ao auge aproximadamente na segunda metade do primeiro ano (posição depressiva). Nesse estágio, o bebê vivencia mais plenamente a ansiedade depressiva e um sentimento de culpa quanto aos seus impulsos agressivos em relação à mãe amada. Muitos problemas que surgem em crianças pequenas em graus variados de gravidade – tais como perturbações do sono, dificuldades na alimentação, incapacidade de estarem bem por si próprias e exigências constantes de atenção e da presença da mãe – são fundamentalmente um resultado desse conflito. Em um estágio posterior, outro resultado aumenta as dificuldades na adaptação às exigências da educação.

Junto a um sentimento de culpa mais desenvolvido, é vivenciado um desejo de fazer reparação, e essa tendência traz alívio ao bebê, pois agradando a mãe ele sente que desfaz o dano que está infligindo a ela em suas fantasias agressivas. Por mais primitiva que seja, na criança muito pequena, a capacidade de realizar essa necessidade, ela constitui um dos principais fatores que a ajudam, em alguma medida, a superar sua depressão e culpa. Se o bebê não for capaz de sentir e expressar seu desejo de reparação – o que significaria que sua capacidade de amar não é suficientemente forte –, poderá recorrer a processos intensificados de cisão. Como consequência, ele pode parecer excessivamente bom e submisso. Porém, essa cisão pode prejudicar dons e talentos, porque eles tendem a ser reprimidos junto com os sentimentos dolorosos subjacentes aos conflitos da criança. Assim, não poder, enquanto bebê, vivenciar conflitos dolorosos implica também perder muito de outras maneiras, como o desenvolvimento de interesses e a capacidade de apreciar pessoas e de experimentar prazeres de vários tipos.

Apesar de todas essas dificuldades internas e externas, o bebê normalmente encontra um meio de lidar com seus conflitos fundamentais, o que lhe permite, em outros momentos, sentir prazer e gratidão pela felicidade recebida. Se ele tiver a sorte de ter pais compreensivos, seus problemas podem ser reduzidos; no entanto, uma educação excessivamente severa ou excessivamente indulgente pode aumentá-los. A capacidade da criança de lidar com seus conflitos continua pela adolescência e vida adulta e constitui a base da saúde mental. Assim, a saúde mental não é apenas um produto da personalidade madura, mas diz respeito, de algum modo, a cada etapa do desenvolvimento do indivíduo.

Mencionei a importância do ambiente da criança, mas esse é apenas um aspecto de uma interação muito complexa entre fatores internos e externos. O que quero dizer com fatores internos é que algumas crianças, desde o início, têm uma capacidade de amar maior que outras – o que está ligado a um ego mais forte –, e que sua vida de fantasia é mais rica e permite que interesses e dons se desenvolvam. Podemos, assim, encontrar crianças que em circunstâncias favoráveis não adquirem o equilíbrio que eu vejo como a base da saúde mental, ao passo que, algumas vezes, crianças em condições desfavoráveis são capazes disso.

Determinadas atitudes que são proeminentes nos estágios iniciais continuam em grau variável pela vida adulta. A saúde mental só será possível se elas forem suficientemente modificadas. Por exemplo, existe um sentimento de onipotência no bebê que faz tanto seus impulsos de ódio como os de amor lhe parecerem extremamente poderosos. Resquícios dessa atitude podem também ser facilmente observados no adulto, embora normalmente a melhor adaptação à realidade diminua o sentimento de que aquilo que foi desejado aconteceu.

Outro fator no desenvolvimento inicial é a recusa daquilo que é doloroso, e aqui, mais uma vez, sabemos que essa atitude não desaparece inteiramente na vida adulta. A premência para idealizar o self e o objeto é um resultado da necessidade do bebê de fazer uma cisão entre bom e mau, tanto em si como em seus objetos. Existe uma correlação estreita entre a necessidade de idealizar e a ansiedade persecutória. A idealização é reconfortante e, na medida em que esse processo permanece operando no adulto, ainda serve ao propósito de se contrapor às ansiedades persecutórias. O medo de inimigos e de ataques hostis é mitigado pela intensificação do poder da bondade das outras pessoas.

Quanto mais todas essas atitudes tiverem sido modificadas na infância e na vida adulta, maior será o equilíbrio mental. Quando o julgamento não é nublado pela ansiedade persecutória e pela idealização, torna-se possível uma perspectiva madura.

As atitudes que enumerei, uma vez que nunca são completamente superadas, desempenham um papel nas múltiplas defesas que o ego utiliza a fim de combater a ansiedade. Por exemplo, a cisão é um modo de preservar o objeto bom e os bons impulsos contra os impulsos destrutivos perigosos e assustadores que criam objetos retaliativos; sempre que a ansiedade aumenta, esse mecanismo é reforçado. Analisando crianças pequenas, descobri também com que intensidade elas reforçam a onipotência quando estão com medo. A projeção e a introjeção, que são processos fundamentais, são outros mecanismos que podem ser usados de forma defensiva. A criança sente que é má e tenta escapar da culpa atribuindo sua própria maldade a outros, o que significa que ela reforça suas ansiedades persecutórias. Uma maneira pela qual a introjeção é usada como defesa é colocando para dentro do self objetos que, espera-se, sejam uma proteção contra os objetos maus. Um corolário da ansiedade persecutória é a idealização, pois, quanto maior for a ansiedade persecutória, maior será a necessidade de idealizar. A mãe idealizada torna-se, desse modo, um auxílio contra a mãe persecutória. Algum elemento de recusa está ligado a todas essas defesas, pois a recusa é o meio de lidar com toda situação assustadora ou dolorosa.

Quanto mais o ego se desenvolve, mais as defesas empregadas se tornam intricadas e mais elas se ajustam, embora fiquem menos rígidas. Quando o insight não é sufocado pelas defesas, a saúde mental torna-se possível. Uma pessoa mentalmente sadia pode se dar conta de sua necessidade de ver toda situação desagradável sob uma luz mais agradável e pode corrigir sua tendência a embelezá-la. Desse modo, ela fica menos exposta à experiência dolorosa de a idealização se romper e as ansiedades persecutória e depressiva tomarem o controle, da mesma forma que se torna mais apta a lidar com as experiências dolorosas que provêm do mundo externo.

Um elemento importante na saúde mental de que não tratei até o momento é a integração, que encontra sua expressão na fusão das diferentes partes do self. A necessidade de integração se origina do sentimento inconsciente de que partes do self são desconhecidas, e há uma sensação de empobrecimento pelo fato de o self estar privado de algumas de suas partes. O sentimento inconsciente de que partes do self são desconhecidas aumenta a premência por integração. A necessidade de integração origina-se, além disso, do conhecimento inconsciente de que o ódio só pode ser mitigado pelo amor e, se os dois forem mantidos separados, essa mitigação não pode se dar. Apesar dessa necessidade premente, a integração sempre implica dor, pois é extremamente doloroso encarar o ódio excindido e suas consequências. A incapacidade de suportar essa dor desperta novamente uma tendência a excindir as partes ameaçadoras e perturbadoras dos impulsos. Apesar desses conflitos, numa pessoa normal pode ocorrer um considerável grau de integração e, quando esta é perturbada por razões externas ou internas, a pessoa normal é capaz de encontrar seu caminho de volta para ela. A integração tem também por efeito a tolerância em relação a nossos próprios impulsos e, portanto, também em relação aos defeitos das outras pessoas. Minha experiência tem-me mostrado que nunca há uma integração completa, mas que quanto mais o indivíduo se esforçar nessa direção, mais insight terá sobre suas ansiedades e impulsos, mais forte será seu caráter e maior seu equilíbrio mental.

## 1963
**Algumas reflexões sobre a *Oresteia***

> Este trabalho foi publicado postumamente, a partir de um manuscrito que era um primeiro rascunho ainda não corrigido. Seus dois outros trabalhos sobre obras literárias haviam sido escritos sob a impressão de novas ideias: "Situações de ansiedade infantil refletidas em uma obra de arte e no impulso criativo" (1929) expôs sua nova visão de ansiedades arcaicas, e "Sobre a identificação" (1955) ilustrou seu novo conceito de identificação projetiva. Aqui, seu propósito é diferente. Ela se propõe discutir os papéis simbólicos das personagens na *Oresteia*, mas o trabalho, em sua forma ainda não revisada, deixa uma impressão confusa.

A discussão que se segue baseia-se na famosa tradução da *Oresteia* realizada por Gilbert Murray. O principal ângulo do qual pretendo considerar essa trilogia é a variedade de papéis simbólicos em que as personagens aparecem.

Primeiramente, desejo fazer um breve resumo das três peças. Na primeira, *Agamenon*, o herói retorna triunfantemente, depois do saque a Troia. Ele é recebido por Clitemnestra, sua esposa, com falsos elogios e admiração, e ela persuade-o a entrar em casa pisando numa preciosa tapeçaria. Há alguns indícios de que ela usa a mesma tapeçaria, mais tarde, para envolver Agamenon em seu banho e torná-lo indefeso. Ela o mata com seu machado de batalha e aparece diante dos Anciãos num estado de grande triunfo. Justifica o assassinato como uma vingança pelo sacrifício de Ifigênia, pois esta havia sido morta a mando de Agamenon com o propósito de tornar os ventos favoráveis para a viagem a Troia.

No entanto, a vingança de Clitemnestra que recai sobre Agamenon não é somente causada pela dor da perda de sua filha. Durante a ausência de Agamenon, ela tornara-se amante de seu arqui-inimigo e, por isso, defronta-se com o medo da vingança de Agamenon. Torna-se claro que ou Clitemnestra e seu amante serão mortos ou ela terá que matar o marido. Sobretudo, além desses motivos, ela transmite a impressão de odiá-lo profundamente, o que aparece claramente quando fala aos Anciãos e proclama seu triunfo sobre a morte dele. Esses sentimentos são logo seguidos por depressão. Ela contém Egisto, que quer imediatamente suprimir a oposição entre os Anciãos pela violência, e implora-lhe: "Não vamos manchar-nos com sangue".

A próxima parte da trilogia, *Coéforas*, trata de Orestes, que havia sido mandado embora por sua mãe quando ainda uma criança pequena. Ele encontra Electra no túmulo do pai deles. Electra, que está queimando de hostilidade contra a mãe, veio com as escravas mandadas por Clitemnestra, depois de um sonho apavorante, para trazer libações à tumba de Agamenon. É a líder dessas portadoras de libações que sugere a Electra e Orestes que uma vingança completa implicaria a morte de Clitemnestra, bem como a de Egisto. Suas palavras confirmam, para Orestes, a ordem dada a ele pelo Oráculo de Delfos – uma ordem que, em última instância, viera do próprio Apolo.

Orestes disfarça-se de mercador ambulante, e acompanhado de seu amigo Pílades vai ao palácio, onde, fiando-se em não ser reconhecido, conta a Clitemnestra que Orestes morrera. Clitemnestra expressa sua dor. Entretanto, o fato de não estar totalmente convencida é demonstrado quando ela manda chamar Egisto com a mensagem de que ele venha com seus lanceiros. A líder das escravas suprime essa mensagem; Egisto chega sozinho e desarmado, e Orestes mata-o. Uma escrava informa Clitemnestra da morte de Egisto, e ela se sente em perigo e pede seu machado. Orestes de fato ameaça matá-la; mas, ao invés de lutar com ele, ela implora-lhe que poupe sua vida. Também o adverte de que as Erínias o puniriam. Apesar de suas advertências, ele mata sua mãe, e as Erínias imediatamente aparecem diante dele.

Haviam-se passado anos, quando a terceira peça (*Eumênides*) tem início – anos em que Orestes foi perseguido pelas Erínias e mantido afastado de sua casa e do trono de seu pai. Ele tenta chegar a Delfos, onde espera ser perdoado. Apolo aconselha-o a apelar para Atena, que representa a justiça e a sabedoria. Atena organiza um tribunal ao qual chama os homens mais sábios de Atenas, e diante do qual Apolo, Orestes e as Erínias depõem. Os votos dados a favor e contra Orestes são iguais e Atena, que tem o voto decisivo, favorece o perdão para

Orestes. No decurso do processo, as Erínias sustentam teimosamente que Orestes deve ser punido e que elas não vão desistir de sua presa. Entretanto, Atena promete-lhes repartir com elas seu poder sobre a cidade de Atenas e também que elas permanecerão as guardiãs da lei e da ordem para sempre, e como tal serão honradas e amadas. Suas promessas e argumentos produzem uma mudança nas Erínias, que se tornam as Eumênides, as "bondosas". Elas concordam que Orestes seja perdoado, e ele retorna à sua cidade natal para tornar-se o sucessor de seu pai.

Antes de tentar discutir aqueles aspectos da *Oresteia* que têm para mim um interesse particular, desejo reafirmar algumas de minhas descobertas sobre o desenvolvimento inicial. Na análise de crianças pequenas, descobri um superego impiedoso e persecutório, coexistindo com a relação com os pais amados e mesmo idealizados. Retrospectivamente, descobri que durante os três primeiros meses, quando os impulsos destrutivos, a projeção e a cisão estão em seu ponto mais alto, figuras aterradoras e persecutórias fazem parte da vida emocional do bebê. Elas representam os aspectos aterradores da mãe e ameaçam o bebê, com todos os males que ele, em estados de ódio e raiva, dirige contra seu objeto primário. Embora essas figuras sejam contrabalançadas pelo amor à mãe, são, no entanto, a causa de grandes ansiedades.[1] Desde o início, a introjeção e a projeção estão em atividade e formam a base para a internalização do primeiro e fundamental objeto, o seio materno e a mãe, tanto em seus aspectos aterradores como em seus aspectos bons. É essa internalização que é o alicerce do superego. Tentei demonstrar que mesmo a criança que tem uma relação amorosa com sua mãe tem também, inconscientemente, um terror de ser devorada, dilacerada e destruída por ela.[2] Essas ansiedades, embora modificadas por um crescente sentido de realidade, continuam a existir, num grau maior ou menor, ao longo da primeira infância.

Ansiedades persecutórias dessa natureza fazem parte da posição esquizoparanoide que caracteriza os primeiros meses de vida. Ela inclui certo grau de retraimento esquizoide; também fortes impulsos destrutivos (cuja projeção cria objetos persecutórios) e uma cisão da

---

1 Minhas primeiras descrições dessas ansiedades estão contidas em meu artigo intitulado "Estágios iniciais do conflito edipiano" [1928] (in *Amor, culpa e reparação*, op. cit.).

2 Tratei desse assunto de maneira mais completa e dei exemplos dessas ansiedades em meu livro *A psicanálise de crianças* [1932] (trad. Liana Pinto Chaves. Rio de Janeiro: Imago, 1997).

figura materna numa parte muito má e numa parte boa idealizada. Existem muitos outros processos de cisão, tais como fragmentação e um forte movimento para afastar as figuras aterradoras para as camadas profundas do inconsciente.[3] Entre os mecanismos que estão em seu ponto máximo durante essa fase, está a recusa de todas as situações aterradoras; isso está ligado à idealização. A partir do estágio mais remoto, esses processos são reforçados por repetidas experiências de frustração, que nunca podem ser completamente evitadas.

Faz parte da situação de ansiedade do bebê as figuras aterradoras não poderem ser completamente excindidas. Além do mais, a projeção do ódio e dos impulsos destrutivos pode ter êxito somente até certo ponto, e a divisão entre a mãe amada e a odiada não pode ser totalmente mantida. Portanto, o bebê é incapaz de escapar de todo aos sentimentos de culpa, embora nos estágios iniciais eles sejam somente fugazes.

Todos esses processos estão ligados ao impulso do bebê para a formação de símbolos e fazem parte de sua vida de fantasia. Sob o impacto da ansiedade, da frustração e de sua insuficiente capacidade de expressar emoções para com seus objetos amados, ele é levado a transferir suas emoções e ansiedades para os objetos que o cercam. Essa transferência ocorre primeiramente para partes de seu próprio corpo, bem como para partes do corpo de sua mãe.

Os conflitos que a criança vivencia desde o nascimento têm sua origem na luta entre as pulsões de vida e de morte que se expressam no conflito entre impulsos amorosos e destrutivos. Ambos assumem múltiplas formas e têm muitas ramificações. Dessa forma, por exemplo, o ressentimento aumenta os sentimentos de privação que nunca estão ausentes na vida de qualquer bebê. Embora a capacidade nutriz da mãe seja uma fonte de admiração, a inveja dessa capacidade é um forte estímulo para os impulsos destrutivos. É próprio da inveja visar estragar e destruir a criatividade da mãe, da qual, ao mesmo tempo, o bebê depende, e essa dependência reforça o ódio e a inveja. Assim que a relação com o pai entra em cena, há admiração pela potência e poder do pai, o que novamente leva à inveja. Fantasias de reverter a situação arcaica e triunfar sobre os pais são elementos da vida emocional do bebê. Impulsos sádicos de fontes orais, uretrais e anais acham vazão nesses sentimentos hostis dirigidos contra os pais, e por sua vez dão origem a maior perseguição e medo de retaliação por parte deles.

---

3 Ver meu trabalho intitulado "Sobre o desenvolvimento do funcionamento mental", neste volume.

Descobri que os frequentes pesadelos e fobias de crianças pequenas têm origem no terror de pais persecutórios que, por meio da internalização, formam a base do superego implacável. É um fato impressionante que as crianças, a despeito do amor e afeição por parte de seus pais, produzam figuras internalizadas ameaçadoras; como já assinalei, encontrei a explicação para esse fenômeno na projeção do próprio ódio da criança nos pais, aumentado pelo ressentimento por se encontrar sob o poder deles. Essa visão, em certa época, parecia em contradição com o conceito de superego de Freud, como sendo principalmente devido à introjeção de pais punitivos e repressivos. Freud, mais tarde, concordou com meu conceito de que o ódio e a agressividade da criança, projetados nos pais, desempenham papel importante no desenvolvimento do superego.

No decurso de meu trabalho, vim a perceber mais claramente que um corolário para os aspectos persecutórios dos pais internalizados é sua idealização. Desde o início, sob a influência da pulsão de vida, o bebê também introjeta um objeto bom, e a pressão da ansiedade leva à tendência a idealizar esse objeto. Isso repercute no desenvolvimento do superego. Lembramo-nos aqui da visão de Freud, expressa em seu trabalho "O humor", de que a atitude bondosa dos pais faz parte do superego da criança.[4]

Quando a ansiedade persecutória ainda está predominante, sentimentos arcaicos de culpa e depressão são vivenciados, até certo ponto, como perseguição. Gradualmente, com a força crescente do ego e maior integração e progresso na relação com objetos totais, a ansiedade persecutória perde em força e a ansiedade depressiva predomina. Uma maior integração faz supor que o ódio, em alguma medida, fica mitigado pelo amor, que a capacidade de amar ganha força, e que diminui a cisão entre os objetos odiados (e, por isso, aterrorizantes) e os objetos amados. Sentimentos fugazes de culpa, ligados a um sentimento de incapacidade para evitar que os impulsos destrutivos danifiquem os objetos amados, aumentam e tornam-se mais pungentes. Descrevi esse estágio como posição depressiva, e minha experiência psicanalítica com crianças e adultos confirmou minhas descobertas de que atravessar a posição depressiva resulta em sentimentos muito dolorosos. Não posso discutir aqui as múltiplas defesas que o ego mais forte desenvolve para lidar com a depressão e a culpa.

Nesse estágio, o superego faz-se sentir como consciência; ele proíbe tendências assassinas e destrutivas, e liga-se à necessidade da criança

---

4 Sigmund Freud, "O humor" [1928], in *Obras completas*, v. 17, trad. Paulo César de Souza. São Paulo: Companhia das Letras, 2014, p. 330.

de orientação e de alguma limitação por seus pais reais. O superego é a base para a lei moral que é onipresente na humanidade. Entretanto, mesmo em adultos normais, sob forte pressão interna e externa, os impulsos excindidos e as figuras perigosas e persecutórias excindidas reaparecem temporariamente e exercem uma influência sobre o superego. As ansiedades então vivenciadas assemelham-se aos terrores do bebê, embora de forma diferente.

Quanto mais grave for a neurose da criança, menos ela é capaz de efetuar a transição para a posição depressiva, e sua elaboração é dificultada por uma oscilação entre ansiedade persecutória e ansiedade depressiva. Ao longo desse desenvolvimento inicial, pode ocorrer uma regressão ao estágio esquizoparanoide, ao passo que um ego mais forte e uma maior capacidade de tolerar sofrimento resultam num insight maior sobre sua realidade psíquica e possibilitam-lhe elaborar a posição depressiva. Isso não significa, conforme já disse, que nesse estágio ela não tenha ansiedade persecutória. Na verdade, embora os sentimentos depressivos predominem, a ansiedade persecutória faz parte da posição depressiva.

As experiências de sofrimento, depressão e culpa, ligadas a um amor maior pelo objeto, mobilizam a necessidade premente de fazer reparação. Essa premência diminui a ansiedade persecutória em relação ao objeto e torna-o, portanto, mais confiável. Todas essas mudanças, que se manifestam em esperança, estão ligadas à diminuição da severidade do superego.

Se a posição depressiva está sendo bem elaborada – não somente durante seu clímax na infância inicial, mas também durante a infância e a vida adulta –, o superego é principalmente sentido como um guia e limitador dos impulsos destrutivos, e um pouco de sua severidade terá sido mitigada. Quando o superego não é excessivamente rigoroso, o indivíduo é apoiado e ajudado por sua influência, pois ele fortalece os impulsos amorosos e incrementa a tendência à reparação. O equivalente desse processo interno é o encorajamento pelos pais, quando a criança revela tendências mais criativas e construtivas e sua relação com o ambiente melhora.

Antes de voltar à *Oresteia* e às conclusões que extrairei dela, no que se refere à vida mental, gostaria de tratar do conceito helênico de *húbris*. De acordo com a definição de Gilbert Murray,

> o pecado típico que todas as coisas, na medida em que têm vida, cometem é, em poesia, *húbris*, uma palavra geralmente traduzida como "insolência" ou "orgulho" [...] o *húbris* procura alcançar mais, rompe limites

e viola a ordem; é seguida por *dice*, Justiça, que os restabelece. Esse ritmo – *húbris-dice*, orgulho e sua queda, pecado e castigo – é o refrão mais comum daqueles versos filosóficos que são característicos da tragédia grega [...].[5]

A meu ver, a razão pela qual o *húbris* parece ser tão pecaminoso é que se baseia em certas emoções que são sentidas como perigosas para os outros e para o self. Uma das mais importantes dessas emoções é a voracidade, sentida primeiramente em relação à mãe; é acompanhada pela expectativa de punição pela mãe que foi explorada. A voracidade está ligada ao conceito de *moira*, exposto na introdução por Gilbert Murray. A *moira* representa a porção designada a cada homem pelos deuses. Quando a *moira* é transgredida, segue-se o castigo dos deuses. O medo de tal punição remonta ao fato de que a voracidade e a inveja são, em primeiro lugar, vivenciadas em relação à mãe, que é sentida como sendo danificada por essas emoções e que, por projeção, transforma-se, na mente da criança, numa figura voraz e ressentida. Desse modo, ela é temida como uma fonte de punição, o protótipo de Deus. Qualquer transgressão da *moira* é também sentida como estando intimamente ligada à inveja dos bens de outros; como consequência, por projeção, surge o medo persecutório de que outros invejem e destruam nossas próprias realizações ou posses.

> [...] Pois não muitos homens, diz o provérbio,
> Conseguem amar um amigo que prospera
> Sem sentir inveja; e à mente invejosa
> O veneno frio agarra-se e duplica toda a dor
> Que a vida lhe traz. Ele deve cuidar de suas próprias feridas
> E sente a alegria de outrem como uma maldição.[6]

O triunfo sobre todos os demais, o ódio, o desejo de destruir os outros, de humilhá-los, o prazer com sua destruição porque eles foram invejados – todas essas emoções arcaicas que são primeiramente vivenciadas em relação aos pais e irmãos fazem parte do *húbris*. Toda criança às

---

5   Gilbert Murray, "Introduction", in Ésquilo, *The Oresteia* [458 AEC], trad. Gilbert Murray. London: George Allen & Unwin, 1946.
6   Ésquilo, *The Oresteia*, op. cit.: "[...] For not many men, the proverb saith,/Can love a friend who fortune prospereth/Unenvying; and about the envious brain/Cold poison clings and doubles all the pain/Life brings him. His own woundings he must nurse,/And feels another's gladness like a curse". [N. T.]

vezes tem um tanto de inveja e quer possuir os atributos e capacidades da mãe, em primeiro lugar, e depois do pai. A inveja é primeiramente dirigida ao seio da mãe e ao alimento que ela pode produzir; na verdade, essa inveja é dirigida à sua criatividade. Um dos efeitos de uma inveja muito forte é o desejo de reverter a situação: tornar os pais desamparados e infantis, e obter prazer sádico dessa inversão. Quando o bebê se sente dominado por esses impulsos hostis, e em sua mente destrói a bondade e o amor da mãe, ele sente-se não só perseguido por ela, mas também culpado e privado de objetos bons. Uma das razões pelas quais essas fantasias têm tal impacto sobre a vida emocional é que elas são vivenciadas de um modo onipotente. Em outras palavras, na mente do bebê, elas se realizaram, ou podem se realizar, e ele se torna responsável por todos os problemas ou doenças que recaem sobre seus pais. Isso leva a um constante medo de perda que aumenta a ansiedade persecutória e forma a base do medo de punição por *húbris*.

Mais tarde, a competitividade e a ambição, que são componentes do *húbris*, podem se tornar causas profundas de culpa, se a inveja e a destrutividade predominarem nelas. Essa culpa pode ser encoberta pela recusa, mas as reprovações que se originam no superego permanecem em atividade por detrás da recusa. Eu diria que os processos que descrevi são a razão pela qual o *húbris* é sentido como tão fortemente proibido e punido, de acordo com a crença helênica.

A ansiedade infantil de que o triunfo sobre os outros e a destruição das capacidades deles os tornem invejosos e perigosos tem consequências futuras importantes. Algumas pessoas lidam com essa ansiedade inibindo seus próprios dons. Freud descreveu um tipo de indivíduo que não suporta o sucesso porque este lhe traz culpa, e relacionou essa culpa em particular com o complexo de Édipo.[7] A meu ver, tais pessoas originalmente pretendiam suplantar e destruir a fertilidade da mãe. Alguns desses sentimentos são transferidos ao pai e aos irmãos, e mais tarde a outras pessoas, cuja inveja e ódio são então temidos. A culpa relacionada a isso pode levar a fortes inibições de talento e potencialidades. Há uma afirmação pertinente de Clitemnestra que resume esse medo: "Quem teme a inveja, teme ser grande".

Fundamentarei agora minhas conclusões, por meio de alguns exemplos da análise de crianças pequenas. Quando uma criança, em seu brincar, expressa sua rivalidade com o pai, fazendo um trem pequeno

---

7  Cf. S. Freud, "Alguns tipos de caráter encontrados na prática psicanalítica" [1916], in *Obras completas*, v. 12, trad. Paulo César de Souza. São Paulo: Companhia das Letras, 2010.

mover-se mais rapidamente que um maior, ou fazendo o trem pequeno atacar o maior, a consequência é com frequência um sentimento de perseguição e culpa. Em *Narrativa da análise de uma criança*, descrevo como cada sessão, durante algum tempo, terminava com o que o menino chamava de um "desastre" e que consistia em derrubar todos os brinquedos. Simbolicamente, isso significava, para a criança, que ela havia sido poderosa o suficiente para destruir seu mundo. Durante diversas sessões, havia normalmente um sobrevivente – ele mesmo –, e a consequência do "desastre" era um sentimento de solidão, ansiedade e um anseio pelo retorno de seu objeto bom.

Outro exemplo provém da análise de um adulto. Um paciente que durante toda a sua vida havia refreado sua ambição e seu desejo de ser superior a outras pessoas, e, portanto, havia sido incapaz de desenvolver seus dons adequadamente, sonhou que estava junto de um mastro de bandeira, rodeado de crianças. Ele próprio era o único adulto. As crianças tentavam, revezando-se, subir ao topo do mastro, mas não conseguiam. No sonho, ele pensou que se tentasse subir e também fracassasse as crianças se divertiriam com isso. No entanto, contra sua vontade, ele realizou a proeza e se viu no topo.

Esse sonho confirmou e fortaleceu seu insight, derivado de material anterior, de que sua ambição e competitividade eram muito maiores e mais destrutivas do que ele se havia permitido saber anteriormente. Ele havia, no sonho, desdenhosamente transformado seus pais, a analista e todos os rivais em potencial em crianças incompetentes e desamparadas. Só ele era adulto. Ao mesmo tempo, tentava evitar ter sucesso, porque seu sucesso significaria ferir e humilhar pessoas que ele também amava e respeitava e que se transformariam em perseguidores invejosos e perigosos – as crianças que se divertiriam com seu fracasso. Contudo, como o sonho mostrou, a tentativa de inibir seus dotes falhou. Ele alcançou o topo e ficou temeroso das consequências.

Na *Oresteia*, Agamenon manifesta *húbris* plenamente. Ele não sente compaixão pelo povo de Troia que destruiu, e parece sentir que tinha o direito de destruí-lo. Somente quando fala a Clitemnestra sobre Cassandra é que se refere ao preceito de que o conquistador devia sentir piedade pelo conquistado. Entretanto, uma vez que Cassandra era obviamente sua amante, não é só compaixão que ele está expressando, mas também o desejo de a preservar para seu próprio prazer. No entanto, torna-se claro que ele está orgulhoso da terrível destruição que infligiu. Mas a prolongada guerra que travou também significou sofrimento para o povo de Argos, porque muitas mulheres enviuvaram e muitas mães choram seus filhos; sua própria família sofreu, sendo desertada por dez anos. Dessa forma, ao fim e ao cabo, parte da destruição da qual ele está tão orgulhoso quando retorna prejudicou as pessoas pelas quais, presume-se, ele tenha sentido algum amor. Sua destrutividade, envolvendo aqueles mais próximos a ele, poderia ser interpretada como dirigida contra seus primeiros objetos amados. A razão ostensiva para cometer todos aqueles crimes era vingar o insulto contra seu irmão, para ajudá-lo a reconquistar Helena. Entretanto, Ésquilo deixou claro que Agamenon foi impulsionado também pela ambição, e ser aclamado "Rei dos Reis" satisfez seu *húbris*.

No entanto, seus sucessos não apenas satisfizeram seu *húbris*; aumentaram-no e levaram a um endurecimento e deterioração de seu caráter. Ficamos sabendo que o Vigia era devotado a ele, que os membros de sua casa e os Anciãos o amavam, que seus súditos ansiavam por seu retorno. Isso indicava que, no passado, ele havia sido mais humano que depois de suas vitórias. Agamenon, relatando seus triunfos e a destruição de Troia, não parece nem passível de ser amado nem capaz de amar. Cito Ésquilo novamente:

O pecado assim se mostra.
Pois claramente o Orgulho engendra seu próprio retorno
Abatendo-se sobre homens orgulhosos, os quais, enquanto
    [suas casas crescem
Com feliz prosperidade, respiram apenas ira e sangue.[8]

Sua destrutividade desenfreada e jactância no poder e crueldade apontam, no meu modo de ver, para uma regressão. A criança pequena de tenra idade – sobretudo o menino – admira não somente a bondade, mas também o poder e a crueldade, e atribui essas qualidades ao pai potente, com quem se identifica, mas que ao mesmo tempo teme. Num adulto, a regressão pode reviver essa atitude infantil e diminuir a compaixão.

Considerando o excessivo *húbris* que Agamenon manifesta, Clitemnestra, em certo sentido, é o instrumento da justiça, *dice*. Numa passagem de grande efeito, em *Agamenon*, ela descreve aos Anciãos, antes de seu marido chegar, sua visão dos sofrimentos do povo de Troia, e assim o faz com compaixão e sem nenhuma expressão de admiração pelas conquistas de Agamenon. Por sua vez, no momento

---

8 Ésquilo, *The Oresteia*, op. cit.: "Sin lies that way./For visibly Pride doth breed its own return/On prideful men, who, when their houses swell/With happy wealth, breathe ever wrath and blood". [N. T.]

em que o assassina, o *húbris* domina seus sentimentos e não há sinais de remorso. Quando fala novamente aos Anciãos, ela está orgulhosa do triunfante assassinato que cometeu. Apoia Egisto na usurpação dos poderes reais de Agamenon.

O *húbris* de Agamenon foi, dessa forma, seguido por *dice* e alternativamente pelo *húbris* de Clitemnestra, que novamente foi punida por *dice*, representado por Orestes.

Eu gostaria de apresentar algumas sugestões sobre a mudança na atitude de Agamenon em relação a seus súditos e sua família como resultado de suas campanhas bem-sucedidas. Como mencionei anteriormente, sua falta de compaixão pelos sofrimentos que sua prolongada guerra infligiu sobre o povo de Troia é impressionante. No entanto, ele teme os deuses e a sentença iminente e, portanto, somente com relutância concorda em entrar em casa, pisando nas belas tapeçarias que as criadas de Clitemnestra estenderam para ele. Quando ele argumenta que deveríamos ser cuidadosos para não atrair a ira dos deuses, expressa somente sua ansiedade persecutória, e não culpa. Talvez a regressão que mencionei anteriormente tenha sido possível porque a bondade e a compaixão nunca foram suficientemente estabelecidas como parte de seu caráter.

Em contraste, Orestes padece de sentimentos de culpa tão logo comete o assassinato de sua mãe. Essa é a razão pela qual acredito que, no fim, Atena é capaz de ajudá-lo. Embora ele não sinta culpa pelo assassinato de Egisto, se vê num grave conflito por ter matado a mãe. Seus motivos para tal conduta são o senso de dever e também o amor pelo pai morto, com quem está identificado. Há muito poucos elementos que indiquem que quisesse triunfar sobre a mãe. Isso indicaria que o *húbris* e seus concomitantes não eram excessivos nele. Sabemos que foi em parte a influência de Electra e o comando de Apolo que o levaram a cometer o assassinato de sua mãe. Imediatamente, após tê-la matado, o remorso e o horror de si mesmo surgem, simbolizados pelas Fúrias que imediatamente o atacam. A líder das escravas, que o encorajou a matar a mãe, e que não pode ver as Fúrias, tenta confortá-lo, afirmando que ele tinha justificativas para o que fez, e que a ordem foi restaurada. O fato de que ninguém além de Orestes pode ver as Fúrias mostra que essa situação persecutória é interna.

Como sabemos, ao matar sua mãe, Orestes segue o comando de Apolo dado em Delfos. Isso também pode ser considerado como parte de sua situação interna. Apolo, sob certo aspecto, representa aqui a crueldade e premência de vingança do próprio Orestes, e dessa forma descobrimos os sentimentos de destrutividade de Orestes. Entretanto, os principais elementos que o *húbris* inclui, tais como a inveja e a necessidade de triunfar, não parecem ser dominantes nele.

É significativo o fato de Orestes sentir profunda compaixão pela negligenciada, infeliz e pesarosa Electra. Pois a própria destrutividade dele fora estimulada por seu ressentimento por ter sido negligenciado por sua mãe. Ela o havia mandado embora, para estranhos; em outras palavras, deu-lhe muito pouco amor. O motivo primário para o ódio de Electra é que aparentemente ela não havia sido suficientemente amada por sua mãe e seu anseio de ser por ela amada havia sido frustrado. O ódio de Electra por sua mãe – embora intensificado pelo assassinato de Agamenon – contém também a rivalidade da filha com a mãe, que se centra no fato de não ter tido seus desejos sexuais gratificados pelo pai. Essas primeiras perturbações na relação da menina com a mãe são importantes fatores no desenvolvimento do complexo de Édipo.[9]

Outro aspecto do complexo de Édipo é revelado pela hostilidade entre Cassandra e Clitemnestra. A rivalidade direta de ambas com respeito a Agamenon ilustra uma característica da relação entre filha e mãe – a rivalidade entre duas mulheres pela gratificação sexual pelo mesmo homem. Devido ao fato de Cassandra ter sido amante de Agamenon, ela também poderia sentir-se como uma filha que de fato havia tido êxito em tirar o pai da mãe e, portanto, espera punição desta. Faz parte da situação edipiana que a mãe reaja – ou seja sentida como reagindo – com ódio aos desejos edípicos da filha.

Se considerarmos a atitude de Apolo, há indicações de que sua completa obediência a Zeus está ligada ao ódio pelas mulheres e a seu complexo de Édipo invertido. As passagens seguintes são características de seu desprezo pela fertilidade das mulheres:

> A mãe da criança que, dizem os homens, pertence à mãe
> Não é quem dá a vida, mas a guardiã
> Da semente viva. É apenas quem semeia
> Que dá a vida [...].
> Nenhuma criança comparável a tal flor de vida como a deusa [Atena]
> Da escuridão do ventre
> Jamais nasceu [...].[10]

---

9 Cf. M. Klein, *A psicanálise de crianças*, op. cit., cap. 11.
10 Ésquilo, *The Oresteia*, op. cit.: "The mother to the child that men call hers/ Is not true life-begetter, but a nurse/Of live seed. 'Tis the sower of the seed/ Alone begetteth [...]./No nursling of the darkness of the womb,/But such a flower of life as goddess ne'er/Hath borne [...]". [N. T.]

Seu ódio pelas mulheres também faz parte do comando para que Orestes mate a mãe e da persistência com que ele persegue Cassandra, qualquer que tenha sido a falha dela com ele. O fato de ele ser promíscuo não está em contradição com seu complexo de Édipo invertido. Em contraste, ele elogia Atena, que quase não tem atributos femininos e está completamente identificada com seu pai. Ao mesmo tempo, sua admiração pela irmã mais velha pode também indicar uma atitude positiva em relação à figura materna. Isso significa que alguns sinais do complexo de Édipo direto não estão de todo ausentes.

A boa e prestativa Atena não tem mãe, já que foi produzida por Zeus. Ela não revela hostilidade pelas mulheres, mas eu diria que essa falta de rivalidade e ódio tem alguma relação com o fato de ela ter se apropriado do pai; ele retribui sua devoção, posto que ela tem uma posição singular entre todos os deuses e é conhecida como a favorita de Zeus. Sua completa submissão e devoção a Zeus pode ser considerada como uma expressão de seu complexo de Édipo. Sua aparente ausência de conflitos pode ser explicada pelo fato de ter dirigido todo o seu amor para um só objeto.

O complexo de Édipo de Orestes pode também ser inferido a partir de várias passagens na trilogia. Ele acusa sua mãe por tê-lo negligenciado e expressa seu ressentimento contra ela. Entretanto, há sinais de que sua relação com a mãe não era inteiramente negativa. As libações que Clitemnestra oferece a Agamenon são obviamente valorizadas por Orestes, porque ele acredita que elas estão revivendo o pai. Quando ela lhe conta que o havia alimentado e amado enquanto bebê, ele titubeia em sua decisão de matá-la e volta-se para seu amigo Pílades para pedir conselhos. Há também indicações de seu ciúme que apontam para uma relação edipiana positiva. A dor de Clitemnestra pela morte de Egisto e seu amor por ele despertam a fúria de Orestes. É uma experiência frequente que o ódio pelo pai na situação edipiana pode ser desviado para outra pessoa; por exemplo, o ódio de Hamlet por seu tio.[11] Orestes idealiza seu pai, e costuma ser mais fácil reprimir a rivalidade e o ódio por um pai morto do que por um vivo. Sua idealização da grandeza de Agamenon – uma idealização que Electra também vivência – leva-o à recusa de que Agamenon tivesse sacrificado Ifigênia e mostrado total impiedade pelos sofrimentos dos troianos. Ao admirar Agamenon, Orestes também se identifica com o pai idealizado, e essa é a forma pela qual muitos filhos superam sua rivalidade com a grandeza do pai e sua inveja dele. Essas atitudes, intensificadas pela negligência

---

11 Cf. Ernest Jones, *Hamlet and Oedipus*. London: Hogarth Press, 1949.

de sua mãe, bem como pelo assassinato de Agamenon, formam parte do complexo de Édipo invertido de Orestes.

Mencionei acima que Orestes era relativamente livre de *húbris* e, a despeito de sua identificação com o pai, mais sujeito a um sentimento de culpa. O sofrimento que se seguiu ao assassinato de Clitemnestra representa, a meu ver, a ansiedade persecutória e os sentimentos de culpa que fazem parte da posição depressiva. A interpretação parece sugerir em si mesma que Orestes estava sofrendo de enfermidade maníaco-depressiva – Gilbert Murray chama-o de louco – por causa de seus sentimentos de culpa excessivos (representados pelas Fúrias). No entanto, podemos presumir que Ésquilo mostra, de forma ampliada, um aspecto do desenvolvimento normal – pois algumas características que formam a base da enfermidade maníaco-depressiva não estão em franca atividade em Orestes. Do meu ponto de vista, ele mostra o estado mental que considero ser característico da transição entre a posição esquizoparanoide e a posição depressiva, etapa em que a culpa é essencialmente vivenciada como perseguição. Quando a posição depressiva é alcançada e elaborada – o que é simbolizado, na trilogia, pela mudança de comportamento de Orestes no Areópago –, a culpa torna-se predominante e a perseguição diminui.

A peça me sugere que Orestes pode superar suas ansiedades persecutórias e elaborar a posição depressiva, porque ele nunca desiste da necessidade premente de purificar-se de seu crime e de retornar a seu povo, o qual presumivelmente deseja governar de um modo benevolente. Essas intenções apontam para o impulso para a reparação, que é característico da superação da posição depressiva. Sua relação com Electra, que mobiliza seu amor e piedade, o fato de que ele nunca deixa de ter esperança, a despeito do sofrimento e de toda a sua atitude em relação aos deuses (em particular sua gratidão para com Atena), tudo isso sugere que sua internalização de um objeto bom era relativamente estável e que uma base para um desenvolvimento normal havia sido assentada. Podemos apenas conjecturar que no estágio mais remoto esses sentimentos entraram, de alguma forma, na relação com sua mãe, porque quando Clitemnestra lembra a ele:

Meu filho, não temes
Golpear este seio? Não dormiste nele,
Drenando o leite que te dei?[12]

---

12 Ésquilo, *The Oresteia*, op. cit.: "My child, dost thou not fear/To strike this breast? Hast thou not slumbered here,/Thy gums draining the milk that I did give?". [N. T.]

Orestes baixa a espada e hesita. O afeto que a ama demonstra por ele sugere amor dado e recebido na infância inicial. A ama poderia ter sido uma mãe substituta; mas, até certo ponto, essa relação amorosa pode ter-se aplicado também à mãe. O sofrimento mental e físico de Orestes, quando impelido de um lugar para outro, é um retrato vívido dos sofrimentos experimentados quando a culpa e a perseguição estão em seu ponto máximo. As Fúrias que o perseguem são a personificação da consciência pesada e não fazem concessão ao fato de ele ter recebido ordem para cometer o assassinato. Mencionei anteriormente que, quando Apolo deu aquela ordem, ele representava a própria crueldade de Orestes e, observando o fato por esse ângulo, compreendemos por que as Fúrias não fazem concessão ao fato de Apolo ter-lhe ordenado praticar assassinato; pois é característico do superego implacável não perdoar a destrutividade.

A natureza inclemente do superego e as ansiedades persecutórias que ele desperta encontram expressão, acredito, no mito helênico de que o poder das Fúrias continua, mesmo depois da morte. Isso é visto como uma forma de punir o pecador e é um elemento comum à maioria das religiões. Em *Eumênides*, Atena diz:

[...] Mãos muito potentes
Têm as grandes Erínias, nas terras
Onde moram os mortos e os imortais.[13]

As Fúrias também proclamam como direito seu:

Ele será meu, vagueando até a morte,
E nunca mais recuperará a liberdade,
Nem morto.[14]

Outro ponto específico às crenças helênicas é a necessidade de serem vingados os mortos se a morte foi violenta. Eu sugeriria que essa necessidade de vingança emana de ansiedades persecutórias arcaicas que são intensificadas por desejos de morte da criança contra os pais e minam sua segurança e satisfação. O inimigo que ataca torna-se,

---

13  Ibid.: "[...] Most potent hands/Hath great Erinyes, in the lands/Where dwell the deathless and the dead". [N. T.]
14  Ibid.: "Mine till death He wandereth,/And freedom never more shall win,/Not when dead". [N. T.]

dessa forma, uma encarnação de todos os males que o bebê espera em retaliação por seus impulsos destrutivos.

Já tratei, em outro trabalho, do medo excessivo da morte em pessoas para as quais a morte é uma perseguição por inimigos internos e externos, bem como uma ameaça de destruição ao objeto bom internalizado.[15] Se esse medo for em particular intenso, ele pode chegar até a terrores que ameaçam na vida após a morte. No Hades, a vingança pelo dano sofrido antes da morte é essencial para a paz após a morte. Orestes e Electra estão ambos convencidos de que seu pai morto os apoia na tarefa de vingança; e Orestes, ao descrever seu conflito ao Areópago, salienta que Apolo previu-lhe castigo se ele não vingasse o pai. O fantasma de Clitemnestra, pressionando as Erínias a reiniciar sua perseguição a Orestes, queixa-se do desprezo a que está exposto no Hades, por seu assassino não ter sido punido. Ele é obviamente movido por um permanente ódio contra Orestes, e poderíamos concluir que o ódio que persiste além da sepultura está subjacente à necessidade de vingança após a morte. Também pode ser que o que se atribui aos mortos – o sentimento de serem desprezados enquanto o assassino permanece sem castigo – origina-se da suspeita de que seus descendentes não se importam o suficiente com eles.

Uma outra razão pela qual os mortos clamam por vingança é apontada na introdução de Gilbert Murray, na qual ele refere-se à crença de que a Mãe Terra está poluída com o sangue que é derramado nela e que ela e o povo ctoniano (os mortos) dentro dela clamam por vingança. Eu interpretaria o povo ctoniano como os bebês não nascidos dentro da mãe, os quais a criança sente ter destruído em seu ciúme e fantasias hostis. Farto material em psicanálise mostra os profundos sentimentos de culpa por um aborto que a mãe teve ou pelo fato de ela não ter tido outro filho depois do nascimento do indivíduo,[16] e o medo de que essa mãe lesada fará represálias.

No entanto, Gilbert Murray também fala da Mãe Terra dando vida e fertilidade ao inocente. Nesse aspecto, ela representa a mãe bondosa, nutriz e amorosa. Por muitos anos, considerei a cisão da mãe em boa e má um dos processos mais arcaicos no que diz respeito a ela.

O conceito helênico de que os mortos não desaparecem, mas continuam uma espécie de existência sombria no Hades e exercem uma influência sobre aqueles que permaneceram vivos, faz lembrar

---

15 Cf. "Sobre a identificação", neste volume.
16 Cf. id., *Narrativa da análise de uma criança* [1961], trad. Claudia S. Bacchi. São Paulo: Ubu Editora / Imago, 2025.

a crença em fantasmas que são levados a perseguir os vivos porque não podem encontrar a paz até serem vingados. Podemos também fazer uma ligação dessa crença de que pessoas mortas influenciam e controlam as vivas com o conceito de que continuam como objetos internalizados que são simultaneamente sentidos como mortos e ativos dentro do self de maneiras boas ou más. A relação com o objeto interno bom – em primeiro lugar, a mãe boa – implica que ele é sentido como ajudando e orientando. É em particular na dor e no processo de luto que o indivíduo luta para preservar a boa relação que existia anteriormente e para sentir força e conforto por meio dessa companhia interna. Quando o trabalho de luto fracassa – e pode haver muitas razões para isso –, é porque essa internalização não pode ser bem-sucedida e as identificações propiciadoras são perturbadas. O apelo de Electra e Orestes ao pai morto e sepultado para que os apoie e fortaleça corresponde ao desejo de estar unido ao objeto bom que foi perdido externamente por meio da morte e tem de ser estabelecido internamente. Esse objeto bom, cujo auxílio é implorado, faz parte do superego em seus aspectos de orientação e de ajuda. Essa boa relação com o objeto internalizado é a base para uma identificação que se revela de grande importância para a estabilidade do indivíduo.

A crença de que a libação pode "abrir os lábios ressequidos" dos mortos origina-se, creio eu, no sentimento fundamental de que o leite dado pela mãe ao bebê é um meio de manter vivo não somente o bebê mas também o objeto interno dele. Uma vez que a mãe internalizada (em primeiro lugar o seio) torna-se parte do ego do bebê e ele sente que sua vida está ligada à vida da mãe, o leite, o amor e o cuidado dados pela mãe externa à criança são, de certo modo, sentidos como beneficiando a mãe interna também. Isso igualmente se aplica a outros objetos internalizados. A libação feita na peça por Clitemnestra é considerada por Electra e Orestes como um sinal de que, alimentando o pai internalizado, ela o revive, apesar de ela ser também uma mãe má.

Encontramos na psicanálise o sentimento de que o objeto interno participa de qualquer prazer que o indivíduo sinta. Este é também um meio de reviver um objeto amado morto. A fantasia de que o objeto morto internalizado, quando amado, mantém uma vida própria – auxiliando, confortando, guiando – está em harmonia com a convicção de Orestes e Electra de que eles serão ajudados pelo pai morto revivido.

Sugeri que os mortos não vingados simbolizam os objetos mortos *internalizados* e tornam-se figuras internalizadas ameaçadoras. Eles queixam-se do dano que o sujeito, com seu ódio, lhes fez. Com pessoas doentes, essas figuras aterrorizantes fazem parte do superego e estão intimamente ligadas à crença no destino que impele ao mal e depois pune o malfeitor.

> Quem [...]
> Esse não vos conhece, ó poderes celestiais!
>
> Vós nos introduzis na vida,
> Deixais o pobre culpado [endividado],
> Depois o abandonais à dor:
> Pois toda culpa [dívida] se vinga na terra.[17]

Essas figuras persecutórias estão também personificadas nas Erínias. Na vida mental arcaica, mesmo em circunstâncias normais, a cisão nunca é totalmente bem-sucedida e, portanto, os objetos internos aterradores permanecem em atividade até certo ponto. Isso quer dizer que a criança vivencia ansiedades psicóticas que variam individualmente em grau. De acordo com o princípio de talião, baseado na projeção, a criança é torturada pelo medo de que está sendo feito a ela o que ela fez, em fantasia, aos pais; e isso pode ser um incentivo para o reforço de impulsos cruéis. Por sentir-se perseguida, interna e externamente, ela é levada a projetar o castigo para fora e, ao assim fazer, testa através da realidade externa suas ansiedades internas e os medos de ser de fato castigada. Quanto mais culpada e perseguida uma criança se sentir – isto é, quanto mais doente ela for –, mais agressiva com frequência se torna. Temos que acreditar que processos similares estão em atividade no delinquente ou criminoso.

Devido ao fato de serem os impulsos destrutivos primariamente dirigidos contra os pais, o pecado que é sentido como o mais fundamental é o assassinato dos pais. Isso é claramente expresso em *Eumênides* quando, após a intervenção de Atena, as Erínias descrevem a situação de caos que surgiria se elas não mais agissem como um agente coibidor contra os pecados do matricídio e parricídio e não os punissem se esses crimes tivessem acontecido.

---

17  Johann Wolfgang von Goethe, "Mignon", in *Wilhelm Meisters Lehrjahre* [1795-96], tradução livre de Modesto Carone. No original: "Wer [...]/Der kennt euch nicht, ihr himmlischen Mächte!//Ihr führt ins Leben uns hinein,/Ihr lasst den Armen schuldig werden,/Dann überlasst ihr ihn der Pein:/Denn alle Schuld rächt sich auf Erden". [N. T.]

> Sim, pois a partir de agora pelos pais há perfídia
> À espera e grande angústia; por uma faca
> Na mão de um filho seu peito será rasgado.[18]

Eu disse anteriormente que os impulsos cruéis e destrutivos do bebê criam o superego primitivo e aterrorizador. Há várias indicações do modo pelo qual as Erínias efetuam seus ataques:

> De cada veia, até a última gota de vida,
> Teu próprio sangue, rico e vermelho,
> Nossas bocas ressequidas sugarão,[19]
> Até que meu coração virtuoso seja alimentado
> Com teu sangue e tua dor amarga;
> Até que eu te faça definhar como os mortos,
> E te atire entre os chacinados [...].[20]

As torturas com as quais as Erínias ameaçam Orestes são da mais primitiva natureza sádico-oral e sádico-anal. Somos informados de que seu hálito é "como um fogo lançado por toda parte" e que de seus corpos emanam vapores venenosos. Alguns dos meios mais arcaicos de destruição que, em sua mente, o bebê usa são ataques por meio de flatos e fezes com os quais ele sente que envenena sua mãe, bem como a queima com sua urina – o fogo. Como consequência, o superego primitivo ameaça-o com a mesma destruição. Quando as Erínias temem que seu poder seja levado por Atena, expressam sua raiva e apreensão com as seguintes palavras: "Não se voltará meu agravo contra este povo e o esmagará? Não choverá o veneno sobre ele, mesmo o veneno desta dor com a qual meu coração verdadeiramente queima?" Isso nos faz lembrar do modo pelo qual o ressentimento da criança pela frustração e a dor por esta causada aumentam seus impulsos destrutivos e levam-na a intensificar suas fantasias agressivas.

---

18 Ésquilo, *The Oresteia*, op. cit.: "Yea, for parents hereafter there is guile/That waiteth and great anguish; by a knife/In a child's hand their bosom shall be torn". [N. T.]
19 Essa descrição de sugar o sangue da vítima lembra a sugestão de Abraham, de que no estágio oral de sucção a crueldade também entra em jogo; ele falou sobre "sugar como um vampiro".
20 Ésquilo, *The Oresteia*, op. cit.: "Living, from every vein,/Thine own blood, rich and red,/For our parched mouths to drain,/Till my righteous heart be fed/With thy blood and thy bitter pain;/Till I waste thee like the dead,/And cast thee among the slain [...]". [N. T.]

As cruéis Erínias, no entanto, também se relacionam com aquele aspecto do superego que tem por base figuras danificadas e queixosas. Somos informados de que escorre sangue de seus olhos e de seus lábios, o que mostra que elas próprias sofrem tortura. Essas figuras internalizadas danificadas são sentidas, pelo bebê, como vingativas e ameaçadoras, e ele tenta excindi-las. Elas são, não obstante, um componente de seus pesadelos e ansiedades arcaicos e desempenham um papel em todas as suas fobias. Devido ao fato de Orestes ter ferido e matado sua mãe, ela tornou-se um daqueles objetos danificados cuja vingança a criança teme. Ele fala das Erínias como os "mastins irados" de sua mãe.

Pareceria que Clitemnestra não é perseguida pelo superego, pois as Erínias não a perseguem. Contudo, depois de seu discurso triunfante e eufórico, após o assassinato de Agamenon, ela mostra sinais de depressão e culpa. Daí suas palavras: "Não vamos nos manchar com sangue". Ela também vivencia ansiedade persecutória, o que aparece claramente em seu sonho com o monstro que ela alimenta ao seio; ele a morde tão violentamente que o sangue e o leite se misturam. Como resultado da ansiedade expressa por esse sonho, ela envia libações à tumba de Agamenon. Portanto, embora ela não seja perseguida pelas Erínias, a ansiedade persecutória e a culpa não estão ausentes.

Outro aspecto das Erínias é que elas se agarram à sua própria mãe – a Noite – como sua única protetora, e repetidamente apelam a ela contra Apolo, o deus-sol, o inimigo da noite, que quer privá-las de seu poder e por quem se sentem perseguidas. Desse ângulo, obtemos um insight sobre o papel que o complexo de Édipo invertido desempenha, mesmo nas Erínias. Eu sugeriria que os impulsos destrutivos delas contra a mãe são, em algum grau, deslocados para o pai – para os homens em geral – e que a idealização da mãe e seu complexo de Édipo invertido só podem ser mantidos por esse deslocamento. Elas estão em particular interessadas em qualquer mal feito a uma mãe, e parecem vingar somente o matricídio. Essa é a razão pela qual não perseguem Clitemnestra, que assassinou o marido. Argumentam que ela não matou um parente consanguíneo e, portanto, seu crime não era importante o suficiente para a perseguirem. Acho que há uma grande dose de recusa nesse argumento. O que é recusado é que qualquer assassinato se origina, em última instância, de sentimentos destrutivos contra os pais e que nenhum assassinato é permissível.

É interessante que é a influência de uma mulher – Atena – que ocasiona a mudança nas Erínias, de ódio implacável para sentimentos mais brandos. De todo modo, elas não tiveram pai – ou melhor:

Zeus, que poderia ter simbolizado um pai, voltou-se contra elas. Elas dizem que por causa do terror que espalharam "e o ódio do mundo que carregamos, Deus baniu-nos de sua Casa". Apolo, cheio de desprezo, diz-lhes que elas nunca foram beijadas por nenhum homem ou deus.

Sugiro que o complexo de Édipo invertido delas foi aumentado pela ausência de um pai, ou pelo ódio ou negligência dele para com elas. Atena promete-lhes que elas serão amadas e honradas pelos atenienses, isto é, tanto por homens como por mulheres. O Areópago, composto de homens, acompanha-as ao lugar que habitarão em Atenas. Minha conjetura seria que Atena, representando aqui a mãe e agora compartilhando com as filhas o amor dos homens, isto é, de figuras paternas, ocasiona uma mudança em seus sentimentos e impulsos e em todo o seu caráter.

Considerando a trilogia como um todo, encontramos o superego representado por diversas figuras. Por exemplo, Agamenon, que é sentido como revivido e apoiando seus filhos, é um aspecto do superego que se baseia em amor e admiração pelo pai. As Erínias são descritas como pertencendo ao período dos velhos deuses, os Titãs que reinavam de modo bárbaro e violento. Em minha opinião, elas se ligam ao mais primitivo e implacável superego e representam as figuras aterrorizadoras que são predominantemente o resultado da projeção das fantasias destrutivas da criança em seus objetos. Entretanto, são contrabalançadas – embora de uma maneira excindida – pela relação com o objeto bom ou com o objeto idealizado. Já sugeri que a relação da mãe com a criança – e, em grande medida, a relação do pai com ela – tem influência no desenvolvimento do superego porque afeta a internalização dos pais. Em Orestes, a internalização do pai, que é baseada na admiração e no amor, revela-se da maior importância para suas ações posteriores; o pai morto é uma parte muito importante do superego de Orestes.

Quando defini pela primeira vez o conceito de posição depressiva, sugeri que os objetos internalizados danificados queixam-se e contribuem, desse modo, para sentimentos de culpa, e assim para o superego. De acordo com pontos de vista que desenvolvi posteriormente, tais sentimentos de culpa – embora sejam fugazes e não formem ainda a posição depressiva – estão em atividade, em certa medida, durante a posição esquizoparanoide. Pode-se observar que há bebês que se abstêm de morder o seio, que até se desmamam por conta própria com a idade de aproximadamente quatro ou cinco meses, sem nenhuma razão externa, ao passo que outros, ferindo o seio, tornam impossível para a mãe alimentá-los. Tal comedimento, penso, indica que há uma percepção inconsciente, no bebê, do desejo de infligir danos à mãe por sua voracidade. Como resultado, o bebê sente que a mãe foi ferida e esvaziada por seu sugar ou morder voraz e, portanto, em sua mente, ele encerra a mãe ou seu seio num estado de dano. Há muitas provas, obtidas retrospectivamente na psicanálise de crianças e mesmo de adultos, de que a mãe é desde muito cedo sentida como um objeto danificado, internalizado e externo.[21] Eu sugeriria que esse objeto danificado queixoso faz parte do superego.

A relação com esse objeto danificado e amado inclui não somente culpa, mas também compaixão, e é a fonte primeira de toda empatia e consideração para com os outros. Na trilogia, esse aspecto do superego é representado pela infeliz Cassandra. Agamenon, que a tratou injustamente e a está entregando ao poder de Clitemnestra, sente compaixão e exorta Clitemnestra a ter piedade dela. (É a única ocasião em que ele mostra compaixão.) O papel de Cassandra como o aspecto danificado do superego liga-se com o fato de que ela é uma renomada profetisa cuja principal tarefa é fazer advertências. O líder dos Anciãos fica comovido com seu destino e tenta confortá-la, ao mesmo tempo que se assombra com suas profecias.

Cassandra, como um superego, prediz o infortúnio que virá e adverte que se seguirá a punição e surgirá a dor. Ela conhece antecipadamente tanto seu próprio destino como o desastre geral que recairá sobre Agamenon e sua casa; mas ninguém faz caso de suas premonições, e essa descrença é atribuída à maldição de Apolo. Os Anciãos, que se mostram muito solidários com Cassandra, em parte acreditam nela; no entanto, apesar de perceberem a validade dos perigos que ela profetiza para Agamenon, para ela própria e para o povo de Argos, recusam suas profecias. Sua recusa em acreditar no que ao mesmo tempo sabem, expressa a tendência universal para a recusa. A recusa é uma defesa potente contra a ansiedade persecutória e a culpa que resultam do fato de nunca serem os impulsos destrutivos completamente controlados. A recusa, que está sempre ligada à ansiedade persecutória, pode abafar sentimentos de amor e culpa, minar a empatia e consideração tanto pelos objetos internos como pelos externos, e perturbar a capacidade de julgamento e o sentido de realidade.

Como sabemos, a recusa é um mecanismo ubíquo e é também muito usado como justificativa da destrutividade. Clitemnestra justifica o assassinato de seu marido pelo fato de ele ter matado a filha de ambos, e afirma não ter outros motivos para matá-lo. Agamenon,

---

21 Cf. M. Klein, *A psicanálise de crianças*, op. cit., cap. 8.

que destruiu até os templos dos deuses em Troia, sente-se justificado em sua crueldade pelo fato de seu irmão ter perdido a esposa. Orestes sente ter toda a razão para matar não somente o usurpador Egisto, mas até mesmo a própria mãe. A justificativa a que me referi faz parte da poderosa recusa da culpa e dos impulsos destrutivos. Pessoas que têm mais insight sobre seus processos internos – e, portanto, empregam muito menos a recusa – são menos sujeitas a ceder a seus impulsos destrutivos; como resultado, são mais tolerantes também com os outros.

Há outro ângulo interessante a partir do qual o papel de Cassandra como superego pode ser considerado. Em *Agamenon*, ela está em estado de sonho e a princípio não consegue recobrar-se. Supera aquele estado e diz claramente o que estivera tentando transmitir anteriormente de um modo confuso. Podemos presumir que a parte inconsciente do superego se tornou consciente, o que é um passo essencial antes de poder ser sentido como consciência.

Outro aspecto do superego é simbolizado por Apolo, que, como sugeri acima, representa os impulsos destrutivos de Orestes projetados no superego. Esse aspecto do superego leva Orestes à violência e ameaça puni-lo se ele não matar a mãe. Uma vez que Agamenon se ressentiria amargamente se não fosse vingado, ambos, Apolo e o pai, representam o superego cruel. Essa exigência de vingança está em concordância com a implacabilidade com que Agamenon destruiu Troia, sem sentir piedade nem pelos sofrimentos de seu próprio povo. Já me referi à ligação entre a crença helênica de que a vingança é um dever imposto aos descendentes, sendo o papel do superego o de levar ao crime. É paradoxal que, ao mesmo tempo, o superego trate a vingança como um crime e, portanto, os descendentes sejam punidos pelo assassinato que cometem, embora isso fosse um dever.

A sequência repetida de crime e castigo, *húbris* e *dice*, é exemplificada pelo demônio da casa, que, como somos informados, sobrevive de geração em geração, até que vem a descansar quando Orestes é perdoado e retorna a Argos. A crença no demônio da casa origina-se de um círculo vicioso que é a consequência do ódio, inveja e ressentimento dirigidos contra o objeto; essas emoções aumentam a ansiedade persecutória, porque o objeto atacado é sentido como sendo retaliativo, e então novos ataques a ele são provocados. Isso significa que a destrutividade é aumentada pela ansiedade persecutória, e os sentimentos de perseguição são aumentados pela destrutividade.

É interessante notar que o demônio, que desde o tempo de Pélope exerce um reinado de terror na casa real de Argos, vem a descansar – assim diz a lenda – quando Orestes é perdoado e, não sofrendo mais, retorna, como podemos presumir, a uma vida útil e normal. Minha interpretação seria que a culpa e a necessidade premente de reparação, a elaboração da posição depressiva, rompem o círculo vicioso, porque os impulsos destrutivos e sua consequente ansiedade persecutória diminuíram e a relação com o objeto amado foi restabelecida.

Apolo, entretanto, que reina em Delfos, representa, na trilogia, mais do que os impulsos destrutivos e o superego cruel de Orestes. Através da sacerdotisa, em Delfos, ele é também, como Gilbert Murray descreve, "o profeta de deus", bem como o deus-sol. Em *Agamenon*, Cassandra refere-se a ele como "Luz dos Caminhos dos Homens" e "Luz de Tudo que Existe". No entanto, não somente sua atitude implacável para com Cassandra mas também as palavras usadas pelos Anciãos sobre ele – "Está escrito, Ele não ama a dor nem dá ouvidos a ela" – apontam para o fato de que ele não é capaz de vivenciar compaixão e empatia pelo sofrimento, apesar de dizer que representa o pensamento de Zeus. Desse ângulo, Apolo, o deus-sol, faz-nos lembrar as pessoas que dão as costas a qualquer tristeza como uma defesa contra sentimentos de compaixão, e fazem uso excessivo da recusa de sentimentos depressivos. É típico dessas pessoas não sentir empatia pelos velhos e desamparados. A líder das Fúrias descreve Apolo com as seguintes palavras:

> Somos mulheres, e velhas; e tu cavalgas
> Por cima de nós, pisoteando-nos em tua juventude e orgulho.[22]

Esses versos também podem ser considerados de outro ponto de vista: se olharmos para sua relação com Apolo, as Erínias aparecem como a mãe velha que é maltratada pelo filho jovem e ingrato. Essa falta de compaixão está ligada ao papel de Apolo como a parte impiedosa e não mitigada do superego que descrevi antes.

Há outro aspecto, muito dominante, do superego representado por Zeus. Ele é o pai (o Pai dos Deuses) que aprendeu, por meio do sofrimento, a ser mais tolerante com seus filhos. Sabemos que Zeus, que pecou contra seu próprio pai e padece de culpa por essa razão, é, por isso, bondoso para com o suplicante. Zeus representa uma parte importante do superego, o pai brando introjetado, e representa um estágio em que a posição depressiva foi elaborada. Ter reconhecido e compreendido nossas tendências destrutivas dirigidas contra os pais amados resulta numa tolerância maior para conosco e para com as

---

[22] Ésquilo, *The Oresteia*, op. cit.: "Women are we, and old; and thou dost ride/ Above us, trampling, in thy youth and pride". [N. T.]

deficiências nos outros, em melhor capacidade de julgamento e, de modo geral, em maior sabedoria. Conforme Ésquilo diz,

> O homem aprenderá pelo sofrimento.
> Assim, seu coração, novamente
> Sofrendo com a dor relembrada,
> Sangra e não dorme, até que
> Chega a sabedoria, contra sua vontade.[23]

Zeus também simboliza a parte ideal e onipotente do self, o ideal de ego, um conceito que Freud formulou antes de ter desenvolvido completamente suas concepções sobre o superego.[24] No meu modo de ver, a parte idealizada do self e do objeto internalizado é excindida da parte má do self e da parte má do objeto, e o indivíduo mantém essa idealização a fim de lidar com suas ansiedades.

Há um outro aspecto da trilogia que desejo discutir, e é a relação entre acontecimentos internos e externos. Descrevi as Fúrias como simbolizando processos internos, e Ésquilo demonstrou isso nos seguintes versos:

> Há épocas em que o Medo é benéfico
> E o Vigia que mora no peito
> Não pode deixar de reinar com soberania.[25]

Na trilogia, entretanto, as Fúrias aparecem como figuras externas.

A personalidade de Clitemnestra como um todo ilustra como Ésquilo – à medida que penetra profundamente na mente humana – também está preocupado com as personagens como figuras externas. Ele nos dá várias indicações de que Clitemnestra era, na verdade, uma mãe má. Orestes acusa-a de falta de amor, e sabemos que ela desterrou seu filho pequeno e maltratou Electra. Clitemnestra é impelida por seus desejos sexuais por Egisto e negligencia seus filhos. Isso não é dito tão explicitamente na trilogia, mas é óbvio que Clitemnestra

---

23 Ibid.: "Man by suffering shall learn./So the heart of him, again/Aching with remembered pain./Bleeds and sleepeth not, until/Wisdom comes against his will". [N. T.]
24 Cf. S. Freud, "Introdução ao narcisismo" [1914], in *Obras completas*, v. 12, op. cit.
25 Ésquilo, *The Oresteia*, op. cit.: "Times there be when Fear is good,/And the Watcher in the breast/Needs must reign in masterhood". [N. T.]

livrou-se de Orestes porque viu nele o vingador de seu pai, por causa de sua relação com Egisto. De fato, quando ela duvida da história de Orestes, chama Egisto para que venha com seus lanceiros. No instante em que fica sabendo que Egisto está morto, ela pede seu machado:

> Corre, meu machado de batalha! Vamos testar
> Quem vence e quem cai, ele ou eu [...].[26]

... e ameaça matar Orestes.

No entanto, há indicações de que Clitemnestra nem sempre foi uma mãe má. Ela alimentou seu filho enquanto bebê, e seu luto pela filha Ifigênia pode ter sido sincero. Mas situações externas alteradas ocasionaram uma mudança em seu caráter. Eu concluiria que o ódio e o ressentimento arcaicos, mobilizados por situações externas, reacenderam os impulsos destrutivos; eles vêm a predominar sobre os amorosos, e isso envolve uma mudança nos estados de fusão entre as pulsões de vida e de morte.

A transformação das Erínias em Eumênides é também, até certo ponto, influenciada por uma situação externa. Elas estão muito preocupadas, receosas de perderem o poder, e são reconfortadas por Atena, que lhes diz que, em seu papel modificado, elas exercerão influência sobre Atenas e ajudarão a preservar a lei e a ordem. Outro exemplo do efeito de situações externas é a mudança no caráter de Agamenon por ter-se tornado "Rei dos Reis", devido a seu sucesso na expedição. O sucesso, em particular se seu maior valor consiste num aumento de prestígio, é – como podemos observar na vida, de um modo geral – com frequência perigoso, porque reforça a ambição e a competitividade e interfere com sentimentos de amor e humildade.

Atena representa, como ela costuma sempre dizer, os pensamentos e sentimentos de Zeus. Ela é o superego sábio e mitigado, em contraste com o superego primitivo, simbolizado pelas Erínias.

Vimos Atena em muitos papéis: ela é porta-voz de Zeus e expressa seus pensamentos e desejos; é um superego mitigado; é também a filha sem mãe, e dessa forma evita o complexo de Édipo. Mas ela também tem uma outra função essencial: conduz à paz e ao equilíbrio. Ela expressa a esperança de que os atenienses evitem lutas internas, simbolicamente representando a evitação da hostilidade dentro da família. Ela obtém uma mudança nas Fúrias em direção ao perdão e

---

26 Ibid.: "No, there, mine axe of battle! Let us try/Who conquereth and who falleth, he or I [...]". [N. T.]

à harmonia. Essa atitude expressa a tendência para a reconciliação e a integração.

Esses traços são característicos do objeto bom internalizado – primariamente a mãe boa – que se torna o portador da pulsão de vida. Desse modo, Atena, como a mãe boa, é comparada a Clitemnestra, que representa o aspecto mau da mãe. Esse papel entra também na relação de Apolo com ela. Ela é a única figura feminina que ele respeita. Ele fala dela com grande admiração e submete-se completamente ao seu julgamento. Embora ela pareça somente representar uma irmã mais velha, em particular favorecida pelo pai, eu diria que também representa para ele o aspecto bom da mãe.

Se o objeto bom estiver suficientemente estabelecido no bebê, o superego torna-se mais brando; o impulso para a integração, que presumo operar desde o início da vida e que leva à mitigação do ódio pelo amor, é fortalecido. Mas mesmo o superego brando exige o controle dos impulsos destrutivos e visa a um equilíbrio entre os sentimentos destrutivos e os amorosos. Portanto, encontramos Atena representando um estágio maduro do superego que visa a reconciliação entre impulsos contrastantes; isso está ligado ao estabelecimento do objeto bom mais seguramente e forma a base para a integração. Atena expressa a necessidade de controlar os impulsos destrutivos nas seguintes palavras:

> E repelir o Medo, mas não de todo;
> Pois estará aquele que não teme livre do pecado?
> Deixa que o Medo, que é tanto Lei como Estatuto,
> Se aloje dentro de ti e ao redor de tua cidade [...].[27]

A atitude de Atena, orientadora mas não dominadora, característica do superego maduro construído em torno do objeto bom, fica evidente no fato de ela não assumir o direito de decidir sobre o destino de Orestes. Ela convoca o Areópago e escolhe os homens mais sábios de Atenas, dá-lhes liberdade total para votar, e reserva para si mesma somente o voto decisivo. Considerando essa parte da trilogia novamente como representando processos internos, eu concluiria que os votos contrários mostram que o self não está facilmente unificado, que os impulsos destrutivos impelem numa direção e o amor e a capacidade de reparação e compaixão noutra. A paz interna não é estabelecida facilmente.

---

27 Ibid.: "And casting away Fear, yet cast not all;/For who that hath no fear is safe from sin?/That Fear which is both Rule and Law within/Be yours, and round your city [...]". [N. T.]

A integração do ego é realizada com as diferentes partes do ego – representadas na trilogia por membros do Areópago – tornando-se capazes de reunir-se, apesar de suas tendências conflitantes. Isso não significa que elas venham algum dia a tornar-se idênticas uma à outra, porque os impulsos destrutivos, por um lado, e o amor e a necessidade de fazer reparação, por outro, são contraditórios. Mas o ego, em sua melhor forma, é capaz de reconhecer esses aspectos diferentes e aproximá-los mais, ao passo que, na infância inicial, eles foram fortemente excindidos. Tampouco é eliminado o poder do superego; pois mesmo em sua forma mais mitigada esse ainda pode produzir sentimentos de culpa. A integração e o equilíbrio são a base de uma vida mais completa e mais rica. Em Ésquilo, esse estado de mente é mostrado pelas canções de regozijo com que a trilogia termina.

Ésquilo apresenta-nos um quadro do desenvolvimento humano, desde suas raízes até seus níveis mais avançados. Uma das formas em que sua compreensão das profundezas da natureza humana é expressa são os vários papéis simbólicos que os deuses em particular desempenham. Essa variedade corresponde aos diversos – e muitas vezes conflitantes – impulsos e fantasias que existem no inconsciente e que em última instância derivam da polaridade das pulsões de vida e de morte em seus estados mutáveis de fusão.

A fim de compreender o papel que o simbolismo desempenha na vida mental, temos que considerar as muitas maneiras pelas quais o ego em crescimento lida com os conflitos e com a frustração. Os meios de expressar sentimentos de ressentimento e satisfação e a gama total de emoções infantis alteram-se gradualmente. Uma vez que as fantasias permeiam a vida mental desde o início, há um poderoso impulso para ligá-las a vários objetos – reais e fantasiados –, que se tornam símbolos e oferecem uma saída para as emoções do bebê. Esses símbolos primeiro representam objetos parciais e, dentro de alguns meses, objetos totais (isto é, pessoas). A criança coloca seu amor e ódio, seus conflitos, suas satisfações e seus anseios na criação desses símbolos, internos e externos, que se tornam parte de seu mundo. O impulso para criar símbolos é assim tão forte porque mesmo as mães mais amorosas não podem satisfazer às poderosas necessidades emocionais do bebê. Na verdade, nenhuma situação da realidade pode satisfazer as necessidades prementes e os desejos, que muitas vezes contradizem a vida de fantasia da criança. Só se a formação de símbolos na infância puder se desenvolver plena e variadamente e não for dificultada por inibições é que o artista poderá futuramente fazer uso das forças emocionais que estão na base do simbolismo.

Num trabalho antigo, discuti a grande importância da formação de símbolos na vida mental infantil e sugeri que, se a formação de símbolos for em particular rica, ela contribui para o desenvolvimento do talento ou mesmo do gênio.[28]

Na análise de adultos, descobrimos que a formação de símbolos ainda está em atividade; o adulto também é rodeado por objetos simbólicos. Ao mesmo tempo, entretanto, ele é mais capaz de diferenciar entre fantasia e realidade e ver as pessoas e as coisas em si mesmas.

O artista criativo utiliza plenamente os símbolos; e quanto mais eles servem para expressar os conflitos entre o amor e o ódio, entre a destrutividade e a reparação, entre as pulsões de vida e de morte, mais atingem um grau de universalidade. Dessa forma, ele condensa a grande variedade de símbolos infantis, ao mesmo tempo em que se utiliza da força plena das emoções e fantasias que neles se expressam. A capacidade do dramaturgo de transpor alguns desses símbolos universais utilizando-os na criação de suas personagens, e de ao mesmo tempo torná-las pessoas reais, constitui um dos aspectos de sua grandeza. A conexão entre símbolos e criação artística vem sendo muito discutida, mas minha principal preocupação é estabelecer o elo entre os processos infantis mais arcaicos e a produção futura do artista.

Em sua trilogia, Ésquilo faz os deuses aparecerem numa variedade de papéis simbólicos, e eu tentei mostrar como isso aumenta a riqueza e o significado de suas peças. Concluirei com a sugestão de que a grandeza das tragédias de Ésquilo – e isso poderia aplicar-se, de um modo geral, a todos os outros grandes poetas – tem origem em sua compreensão intuitiva da profundidade inexaurível do inconsciente e das formas pelas quais essa compreensão influencia as personagens e situações que ele cria.

---

28 Cf. M. Klein, "Análise precoce" [1923], in *Amor, culpa e reparação*, op. cit.

## 1963
## Sobre o sentimento de solidão

> Neste seu último artigo Melanie Klein abre um novo tópico: o sentimento interno de solidão, que ela sugere fazer parte da condição humana. Relacionando-o à sua teoria do desenvolvimento, ela descreve como, no curso normal do desenvolvimento, a insegurança paranoide, bem como os processos de integração, levam a uma inevitável solidão. Também descreve a solidão da esquizofrenia e da doença maníaco-depressiva, ampliando a avaliação que fizera anteriormente, em "Notas sobre alguns mecanismos esquizoides" (1946), dos sofrimentos do psicótico. Além disso, discute os fatores que mitigam a solidão e a necessidade, também, de uma aceitação da solidão. Na atmosfera geral do artigo – embora em nenhum lugar isso esteja especificado – há uma premonição da morte próxima.
> 
> Deve ser lembrado que Melanie Klein não chegou a apresentar este artigo para publicação – a presente versão foi publicada postumamente, após um pequeno trabalho editorial –, presumivelmente porque ainda não o considerasse pronto; de fato, ele poderia beneficiar-se com certo aprimoramento: parece incompleto em alguns lugares, e sua linha de pensamento não está totalmente definida.

No presente artigo, será feita uma tentativa de investigar a fonte do sentimento de solidão. Por sentimento de solidão, não me refiro à situação objetiva de estar privado de companhia externa. Refiro-me ao sentimento de solidão interior – a sensação de estar sozinho independentemente de circunstâncias externas; de se sentir só mesmo quando entre amigos ou recebendo amor. Esse estado de solidão interna, eu sugerirei, é o resultado de uma ânsia onipresente por um estado interno perfeito, inalcançável. Tal solidão que é vivenciada, em alguma medida, por todos, brota de ansiedades paranoides e depressivas que são derivadas das ansiedades psicóticas do bebê. Essas ansiedades existem, em certo grau, em todo indivíduo, mas são excessivamente fortes na doença; portanto, a solidão também faz parte tanto da doença de natureza esquizofrênica como da de natureza depressiva.

Para compreender como surge o sentimento de solidão – da mesma forma que com outras atitudes e emoções –, temos que voltar ao início da infância e pesquisar sua influência sobre os estágios posteriores da vida. Como descrevi muitas vezes, o ego existe e funciona desde o nascimento. No começo, ele é muito desprovido de coesão e é dominado por mecanismos de cisão. O perigo de ser destruído pela pulsão de morte dirigida contra o self contribui para a cisão dos impulsos em bons e maus; devido à projeção desses impulsos sobre o objeto primário, este também é cindido em bom e mau. Como consequência, nos estágios mais iniciais, a parte boa do ego e o objeto bom estão, em certa medida, protegidos, já que a agressividade é desviada deles. Esses são os processos específicos de cisão que descrevi como a base de uma segurança relativa no bebê muito pequeno (na medida em que é possível alcançar segurança nesse estágio), ao passo que outros processos de cisão, tais como os que levam à fragmentação, são prejudiciais ao ego e sua força.

Junto à necessidade de cindir, existe desde o início da vida uma tendência à integração, que aumenta com o crescimento do ego. Esse processo de integração baseia-se na introjeção do objeto bom, primordialmente um objeto parcial – o seio da mãe, embora outros aspectos da mãe também entrem até na mais arcaica relação. Se o objeto interno bom é estabelecido com relativa segurança, ele torna-se o cerne do ego em desenvolvimento.

Uma relação inicial satisfatória com a mãe (não necessariamente baseada na amamentação ao seio, já que a mamadeira também pode, simbolicamente, representá-lo) implica um contato íntimo entre o inconsciente da mãe e o da criança. Esse é o alicerce para a vivência mais completa de ser compreendido e está essencialmente vinculado ao estágio pré-verbal. Por mais gratificante que seja, mais tarde na vida, expressar pensamentos e sentimentos para uma pessoa com que se tenha afinidade, permanece um anseio insatisfeito por uma compreensão sem palavras – em última instância, pela relação mais arcaica com a mãe. Esse anseio contribui para o sentimento de solidão e deriva do sentimento depressivo de uma perda irrecuperável.

Mesmo na melhor das hipóteses, no entanto, a relação feliz com a mãe e seu seio nunca é livre de perturbações, já que a ansiedade persecutória fatalmente surgirá. A ansiedade persecutória está em seu auge durante os três primeiros meses de vida – o período da posição esquizoparanoide. Surge, no início da vida, como resultado do conflito entre as pulsões de vida e de morte, e a experiência do nascimento contribui para isso. Sempre que impulsos destrutivos surgem com muita força, a mãe e seu seio, devido à projeção, são sentidos como persecutórios e, portanto, o bebê – inevitavelmente – sente alguma insegurança. Essa insegurança paranoide é uma das raízes da solidão.

Quando surge a posição depressiva – comumente na metade do primeiro semestre de vida –, o ego já está mais integrado. Isso se expressa por um sentimento mais forte de inteireza, que permite ao bebê ser mais capaz de se relacionar com a mãe, e mais tarde com outras pessoas, como uma pessoa completa. Assim, a ansiedade paranoide, como um fator da solidão, dá lugar cada vez mais à ansiedade depressiva. Mas o próprio processo de integração traz consigo novos problemas, e vou discutir alguns deles e sua relação com a solidão.

Um dos fatores que estimulam a integração é o fato de os processos de cisão, por meio dos quais o ego arcaico tenta se contrapor à insegurança, nunca serem eficientes por mais do que um curto período, e o ego é então levado a tentar compor-se com os impulsos destrutivos. Essa tendência contribui para a necessidade de integração. Isso porque a integração, se puder ser alcançada, tem o efeito de mitigar o ódio por meio do amor e, dessa forma, tornar os impulsos destrutivos menos poderosos. O ego, então, sente-se mais seguro, não apenas em relação à própria sobrevivência mas também em relação à preservação de seu objeto bom. Essa é uma das razões pelas quais a falta de integração é extremamente dolorosa.

No entanto, a integração é difícil de ser aceita. A reunião de impulsos destrutivos e amorosos – e dos aspectos bons e maus do objeto – faz surgir a ansiedade de que os sentimentos destrutivos possam dominar os sentimentos amorosos e colocar em perigo o objeto bom. Por isso, há um conflito entre a busca da integração como uma proteção contra os impulsos destrutivos e o medo de que, com a integração, os impulsos destrutivos coloquem em perigo o objeto bom e as partes boas do self. Já ouvi pacientes expressarem a dor da integração em termos de se sentirem sós e abandonados, por estarem completamente sozinhos com aquilo que, para eles, era uma parte má do self. E o processo torna-se ainda mais doloroso se um superego severo tiver produzido uma repressão muito forte dos impulsos destrutivos e tentar mantê-la.

A integração só pode acontecer passo a passo e a segurança alcançada por ela é passível de ser perturbada sob pressão interna e externa – o que permanece verdadeiro ao longo de toda a vida. Uma integração completa e permanente nunca é possível, pois alguma polaridade entre as pulsões de vida e de morte sempre persiste e permanece como a fonte mais profunda de conflito. Já que a integração plena nunca é alcançada, também não é possível uma compreensão e aceitação completas de nossas próprias emoções, fantasias e ansiedades, o que permanece como um fator importante na solidão. O anseio de compreender a si próprio também está ligado à necessidade de ser compreendido pelo objeto bom internalizado. Uma expressão desse anseio é a fantasia universal de se ter um gêmeo – uma fantasia para a qual Bion chamou a atenção, num artigo não publicado. Essa figura gêmea, como ele sugeriu, representa aquelas partes não compreendidas e excindidas que o indivíduo anseia por recuperar, na esperança de alcançar inteireza e completa compreensão; essas partes são, algumas vezes, sentidas como as partes ideais. Em outras ocasiões, o gêmeo também representa um objeto interno inteiramente confiável – na verdade, um objeto interno idealizado.

Há outra conexão entre a solidão e o problema da integração, que precisa ser considerada agora. Supõe-se, de modo geral, que a solidão pode derivar da convicção de que não há pessoa ou grupo a que o indivíduo pertença. Esse não pertencer pode ser visto como tendo um significado bem mais profundo. Por mais que a integração avance, ela não pode acabar com o sentimento de que certos componentes do self não estão disponíveis porque estão excindidos e não podem ser recuperados. Algumas dessas partes excindidas – como comentarei, mais tarde, mais pormenorizadamente – são projetadas para dentro de outras pessoas, contribuindo para o sentimento de que a pessoa não está em plena posse de seu self, que ela não pertence completamente a si mesma ou, portanto, a nenhuma outra pessoa. As partes perdidas são, também, sentidas como sendo solitárias.

Já sugeri que as ansiedades paranoides e depressivas nunca são inteiramente superadas, mesmo nas pessoas que não são doentes, e estão na base de certo grau de solidão. Existem diferenças individuais consideráveis na maneira pela qual a solidão é vivenciada. Quando a ansiedade paranoide é relativamente forte, embora ainda nos limites da normalidade, a relação com o objeto bom interno é passível de ser perturbada e a confiança na parte boa do self fica prejudicada. Como consequência, há um aumento de projeção dos sentimentos e suspeitas paranoides nos outros, com um resultante sentimento de solidão.

Na esquizofrenia propriamente dita, esses fatores estão necessariamente presentes, mas muito exacerbados; a falta de integração, que até agora eu vinha comentando dentro do âmbito da normalidade, é agora vista em sua forma patológica – na verdade, todas as características da posição esquizoparanoide estão presentes num grau excessivo.

Antes de prosseguir comentando a solidão no esquizofrênico, é importante considerar mais detalhadamente alguns dos processos da posição esquizoparanoide, especialmente a cisão e a identificação projetiva. A identificação projetiva é baseada na cisão do ego e na projeção de partes do self para dentro de outras pessoas – em primeiro lugar, a mãe ou seu seio. Essa projeção deriva dos impulsos orais-anais-uretrais, sendo as partes do self onipotentemente expelidas nas substâncias corporais para dentro da mãe, com o propósito de controlá-la e se apossar dela. Ela não é, então, sentida como um indivíduo separado, e sim como um aspecto do self. Se esses excrementos são expelidos com ódio, a mãe é sentida como perigosa e hostil. Mas não são apenas partes más do self que são cindidas e projetadas; partes boas também o são. Em geral, como já comentei, à medida que o ego se desenvolve, a cisão e a projeção diminuem e o ego torna-se mais integrado. Porém, se o ego é muito fraco, o que eu considero ser uma característica inata, e se houve dificuldades no nascimento e no início da vida, a capacidade de integrar – reunir as partes excindidas do ego – também é fraca; e há, além disso, uma tendência maior para cindir, com o propósito de evitar a ansiedade despertada pelos impulsos destrutivos contra o self e o mundo externo. Essa incapacidade de tolerar a ansiedade é, assim, de grande importância. Ela não apenas aumenta excessivamente a necessidade de cindir o ego e o objeto – o que pode levar a um estado de fragmentação –, como também torna impossível a elaboração das ansiedades arcaicas.

Vemos no esquizofrênico o resultado desses processos não resolvidos. O esquizofrênico sente que está irremediavelmente despedaçado e nunca terá a posse de seu self. O próprio fato de ele estar tão fragmentado resulta em ser incapaz de internalizar suficientemente seu objeto primário (a mãe) como um objeto bom e, portanto, em não ter base para a estabilidade; ele não pode contar com um objeto bom, externo ou interno, nem com seu próprio self. Esse fator está vinculado à solidão, pois aumenta o sentimento do esquizofrênico de que é deixado a sós, por assim dizer, com sua desgraça. O sentimento de estar rodeado por um mundo hostil, que é característico do aspecto paranoide da doença esquizofrênica, não apenas aumenta todas as suas ansiedades como influencia vitalmente seus sentimentos de solidão.

Outro fator que contribui para a solidão do esquizofrênico é a confusão. Ela é o resultado de numerosos fatores, principalmente a fragmentação do ego e o uso excessivo da identificação projetiva, de modo que ele se sente, constantemente, não apenas estando despedaçado como também misturado com outras pessoas. Ele é, então, incapaz de distinguir entre as partes boas e as más do self, entre o objeto bom e o objeto mau e entre a realidade externa e a interna. O esquizofrênico, portanto, não pode se compreender ou confiar em si mesmo. Esses fatores, aliados à sua desconfiança paranoide dos outros, resultam num estado de retraimento que destrói sua habilidade para estabelecer relações de objeto e obter delas o reconforto e o prazer que poderiam contrabalançar a solidão por meio do fortalecimento do ego. Ele anseia por ser capaz de estabelecer relacionamentos com pessoas, mas não consegue.

É importante não subestimar a dor e o sofrimento do esquizofrênico. Eles não são detectados tão facilmente por causa do constante uso defensivo do retraimento e da desordem de suas emoções. Apesar disso, eu e alguns de meus colegas – dos quais mencionarei apenas o dr. Davidson, o dr. Rosenfeld e a dra. Hanna Segal –, que já tratamos ou estamos tratando de esquizofrênicos, conservamos algum otimismo em relação ao resultado. Esse otimismo baseia-se no fato de que há uma ânsia por integração, mesmo em pessoas tão doentes, e há uma relação, mesmo que não desenvolvida, com o objeto bom e o self bom.

Quero agora tratar da solidão característica dos estados em que prevalece a ansiedade depressiva, primeiro dentro do âmbito da normalidade. Várias vezes fiz referência ao fato de que a vida emocional arcaica é caracterizada por experiências recorrentes de perda e recuperação. Sempre que a mãe não está presente, ela pode ser sentida pelo bebê como perdida, seja porque está danificada, seja porque transformou-se num perseguidor. O sentimento de que ela está perdida é equivalente ao medo de sua morte. Devido à introjeção, a morte da mãe externa significa também a perda do objeto bom interno e isso reforça o medo do bebê de sua própria morte. Essas ansiedades e emoções são intensificadas no estágio da posição depressiva, mas o medo da morte desempenha um papel na solidão ao longo de toda a vida.

Já sugeri que a dor que acompanha os processos de integração também contribui para a solidão, pois significa fazer face aos próprios impulsos destrutivos e partes odiadas do self, que, por vezes, parecem ser incontroláveis e que, desse modo, colocam em perigo o objeto bom. Com a integração e um sentido crescente de realidade, a onipotência certamente enfraquecerá, e isso uma vez mais contribui para a dor da integração, pois significa uma capacidade diminuída de ter esperança. Embora haja outras fontes de esperança, que derivam da força do ego e da confiança em si mesmo e nos outros, um elemento de onipotência sempre faz parte dela.

Integração também significa perder um pouco da idealização – tanto do objeto como de uma parte do self – que coloriu, desde o início, a relação com o objeto bom. A constatação de que o objeto bom nunca pode se aproximar da perfeição esperada do objeto ideal promove a desidealização; e mais dolorosa ainda é a constatação de que não existe nenhuma parte do self realmente ideal. Na minha experiência, a necessidade de idealização nunca é completamente abandonada, mesmo que, no desenvolvimento normal, o ato de encarar a realidade interna e externa tenda a diminuí-la. Como uma paciente me disse, embora admitindo o alívio obtido de alguns passos no processo de integração, "o encanto se foi". A análise mostrou que o encanto que havia desaparecido era a idealização do self e do objeto, e a perda disso levou a sentimentos de solidão.

Alguns desses fatores entram, num grau maior, nos processos mentais caraterísticos da enfermidade maníaco-depressiva. O paciente maníaco-depressivo já deu alguns passos em direção à posição depressiva, ou seja, ele vivencia o objeto mais como um todo e seus sentimentos de culpa, embora ainda vinculados a mecanismos paranoides, são mais fortes e menos evanescentes. Portanto, mais do que o esquizofrênico, ele sente a necessidade de ter o objeto bom em segurança, dentro de si, para poder preservar esse objeto e protegê-lo. Mas isso ele se sente incapaz de fazer, já que, ao mesmo tempo, não elaborou suficientemente a posição depressiva, de modo que sua capacidade de fazer reparação, de sintetizar o objeto bom e alcançar integração do ego não progrediu suficientemente. Na medida em que, em sua relação com o objeto bom, há ainda uma grande quantidade de ódio e, portanto, de medo, ele não é suficientemente capaz de repará-lo; dessa forma, sua relação com esse objeto não lhe traz alívio, mas apenas um sentimento de não ser amado, de ser odiado, e repetidamente ele sente o objeto posto em perigo por seus impulsos destrutivos. A ânsia de ser capaz de superar todas essas dificuldades em relação ao objeto bom faz parte do sentimento de solidão. Em casos extremos, isso se expressa na tendência ao suicídio.

Nas relações externas, processos semelhantes estão em atividade. O maníaco-depressivo só consegue obter alívio de uma relação com uma pessoa bem-intencionada por vezes, e bem transitoriamente, já que, como ele rapidamente projeta seu próprio ódio, ressentimento, inveja e medo, ele está, constantemente, cheio de desconfiança. Em outras palavras, suas ansiedades paranoides ainda são muito fortes. Portanto, o sentimento de solidão do maníaco-depressivo centra-se mais em sua incapacidade de manter um companheirismo, interno e externo, com um objeto bom do que em estar fragmentado.

Discutirei algumas outras dificuldades na integração e lidarei especialmente com o conflito entre os elementos masculinos e femininos em ambos os sexos. Sabemos que há um fator biológico na bissexualidade, mas vou me ocupar, aqui, do aspecto psicológico. Nas mulheres, de modo geral, há o desejo de ser homem, que é expresso – talvez da forma mais clara – em termos da inveja do pênis; de maneira semelhante, encontra-se nos homens a posição feminina, o desejo intenso de ter seios e dar à luz crianças. Tais desejos estão ligados a uma identificação com ambos os pais e são acompanhados por sentimentos de competição e inveja, bem como por admiração aos bens cobiçados. Essas identificações variam tanto em força como em qualidade, dependendo do que for prevalente, admiração ou inveja. Parte do desejo de integração, na criança pequena, é a premência por integrar esses aspectos diferentes da personalidade. Além disso, o superego faz a exigência conflitante de identificação com ambos os pais, exigência instigada pela necessidade de fazer reparação por desejos arcaicos de despojar cada um deles e que expressa o desejo de conservá-los vivos internamente. Se o elemento de culpa for predominante, ele dificultará a integração dessas identificações. Se, no entanto, essas identificações forem satisfatoriamente realizadas, elas se tornarão uma fonte de enriquecimento e uma base para o desenvolvimento de uma variedade de dons e capacidades.

Para ilustrar as dificuldades desse aspecto específico da integração e sua relação com a solidão, citarei o sonho de um paciente. Uma menininha estava brincando com uma leoa e segurando um arco para que ela pulasse através dele, mas, do outro lado do arco, havia um precipício. A leoa obedeceu e morreu no processo. Ao mesmo tempo, um menininho estava matando uma cobra. O próprio paciente reconheceu – já que um material semelhante havia aparecido anteriormente – que a menininha representava sua parte feminina, e o menininho, sua parte masculina. A leoa tinha um forte vínculo associativo comigo, na transferência, do qual darei apenas um exemplo. A menininha tinha consigo um gato e isso levou a associações com meu gato, que com frequência era uma representação de minha pessoa. Era muito doloroso, para o paciente, tornar-se consciente de que, estando em competição com minha feminilidade, queria destruir-me e, no passado, destruir sua mãe. Esse reconhecimento, de que uma parte de si mesmo queria matar a leoa-analista amada – o que, portanto, o privaria de seu objeto bom –, levou a um sentimento não só de infelicidade e culpa, mas também de solidão na transferência. Era também muito angustiante, para ele, reconhecer que a competição com seu pai o levou a destruir a potência e o pênis do pai, representado pela cobra.

Esse material levou a um trabalho mais aprofundado e muito doloroso com respeito à integração. O sonho da leoa, que mencionei, foi precedido por um sonho no qual uma mulher cometia suicídio, jogando-se de um edifício muito alto, e o paciente, ao contrário de sua atitude habitual, não sentiu horror algum. A análise – naquela época muito voltada para sua dificuldade com a posição feminina, que estava, então, em seu ápice – mostrou que a mulher representava sua parte feminina e que ele realmente desejava que ela fosse destruída. Ele achava que ela não apenas prejudicaria sua relação com as mulheres, como também danificaria sua masculinidade, com todas as suas tendências construtivas, até mesmo a reparação à mãe, o que se tornou claro em relação a mim. Essa atitude de colocar toda a inveja e competitividade em sua parte feminina demonstrou ser uma forma de cisão e, ao mesmo tempo, parecia obscurecer sua enorme admiração e respeito pela feminilidade. Além disso, tornou-se claro que, enquanto ele sentia que a agressividade masculina era comparativamente aberta – portanto, mais honesta –, atribuía ao lado feminino a inveja e o engodo; e, já que abominava toda insinceridade e desonestidade, isso contribuía para suas dificuldades na integração.

A análise dessas atitudes, voltando aos seus sentimentos mais arcaicos de inveja em relação à mãe, levou a uma integração muito melhor das partes feminina e masculina de sua personalidade e a uma diminuição da inveja, tanto no papel masculino como no feminino. Isso aumentou sua competência em seus relacionamentos, ajudando, assim, a combater um sentimento de solidão.

Darei agora outro exemplo da análise de um paciente – um homem que não estava infeliz nem doente e era bem-sucedido em seu trabalho e em seus relacionamentos. Tinha consciência de ter sempre se sentido solitário quando criança, e de nunca esse sentimento de solidão haver desaparecido completamente. O amor pela natureza havia sido uma característica significativa das sublimações desse paciente. Desde muito cedo, na primeira infância, encontrava conforto e prazer em estar ao ar livre. Numa sessão, descreveu todo o seu deleite ao fazer um passeio por uma região montanhosa, e em seguida a repulsa sentida quando voltara à cidade. Interpretei, como já havia feito anteriormente, que, para ele, a natureza não representava apenas a beleza, como também tudo que é bom – na verdade, o objeto bom que ele havia tomado para dentro de si mesmo. Após uma pausa, replicou que sentia que isso era verdade, mas que a natureza não era apenas boa, porque há sempre muita agressividade nela. Da mesma forma, continuou, sua própria relação com a vida no campo também não era totalmente boa; exemplificou isso contando como, quando menino, costumava saquear ninhos, embora, ao mesmo tempo, sempre quisesse plantar coisas. Ele disse que, ao amar a natureza, havia, de fato, segundo suas palavras, "posto dentro um objeto integrado".

Para compreender como o paciente havia superado, em relação ao campo, sua solidão, embora ainda a vivenciasse em relação à cidade, temos que acompanhar algumas de suas associações referentes tanto à sua infância quanto à natureza. Ele me havia dito que era considerado como tendo sido um bebê feliz, bem alimentado por sua mãe; e muitos materiais – especialmente na situação de transferência – corroboravam essa suposição. Muito cedo, deu-se conta de suas preocupações a respeito da saúde de sua mãe, e também de seu ressentimento em relação à atitude bastante disciplinadora dela. Apesar disso, sua relação com ela era feliz, sob vários aspectos, e continuou gostando dela; mas sentia-se enclausurado em casa e tinha consciência da necessidade premente de estar ao ar livre. Parecia ter desenvolvido uma admiração precoce pelas belezas da natureza; e assim que pôde ter mais liberdade para estar ao ar livre, este passou a ser seu maior prazer. Descreveu como costumava passar seu tempo livre, junto com outros meninos, perambulando pelos bosques e campos. Admitiu certa agressividade em relação à natureza, como pilhar ninhos e danificar cercas vivas. Ao mesmo tempo, estava convencido de que tais danos não seriam muito duradouros, porque a natureza sempre se reparava. Percebia a natureza como rica e invulnerável, num contraste marcante com sua atitude em relação à mãe. A relação com a natureza parecia ser relativamente livre de culpa, enquanto na relação com a mãe – por cuja fragilidade ele se sentia responsável, por motivos inconscientes – havia uma grande dose de culpa.

A partir de seu material, pude concluir que ele havia, até certo ponto, introjetado a mãe como um objeto bom e fora capaz de adquirir certo grau de síntese entre seu amor e seus sentimentos hostis em relação a ela. Também havia alcançado um nível satisfatório de integração, mas isso era perturbado por ansiedades persecutórias e depressivas, em relação a seus pais. A relação com o pai havia sido muito importante para seu desenvolvimento, mas não entra nesse fragmento específico.

Referi-me à necessidade obsessiva desse paciente de estar ao ar livre, e isso estava ligado à sua claustrofobia. A claustrofobia, como já sugeri em outro lugar, deriva de duas fontes principais: identificação projetiva para dentro da mãe, levando a uma ansiedade de aprisionamento dentro dela; e reintrojeção, resultando num sentimento de que, dentro de si mesma, a pessoa está enclausurada por objetos internos ressentidos. No tocante a este paciente, eu concluiria que sua fuga para a natureza seria uma defesa contra ambas as situações de ansiedade. Em certo sentido, seu amor pela natureza estava excindido de sua relação com a mãe; ao desidealizá-la, havia transferido sua idealização para a natureza. Em relação ao lar e à mãe, ele sentia-se muito solitário, e era esse sentimento de solidão que estava na raiz de sua repulsa pela cidade. A liberdade e a satisfação que a natureza lhe dava não eram apenas uma fonte de prazer – derivada de um forte senso de beleza e ligada à apreciação da arte – como também uma forma de contrabalançar a solidão básica, que nunca havia desaparecido por completo.

Em outra sessão, o paciente relatou um sentimento de culpa por ter, numa viagem ao campo, pegado um rato-do-mato e tê-lo colocado numa caixa, no porta-malas de seu carro, como presente para seu filho pequeno, pensando que ele gostaria de tê-lo como animal de estimação. O paciente esqueceu-se do rato, lembrando-se dele somente um dia depois. Suas tentativas de encontrá-lo fracassaram, pois o rato havia roído a caixa, fugido e se escondido no canto mais remoto do porta-malas, fora de alcance. Finalmente, após renovados esforços para conseguir pegá-lo, descobriu que tinha morrido. A culpa do paciente por haver se esquecido do rato – e, portanto, causado sua morte – levou no decorrer das sessões seguintes a associações sobre pessoas mortas, por cujas mortes ele se sentia, de alguma forma, responsável, ainda que não por razões racionais.

Nas sessões seguintes houve uma riqueza de associações com o rato-do-mato, que parecia desempenhar vários papéis; representava uma parte excindida do paciente, solitária e destituída. Por identificação com seu filho, ele também se sentiu privado de um companheiro em potencial. Várias associações mostraram que, ao longo de sua infância, o paciente havia ansiado por um companheiro de sua própria idade – um anseio que ia além da necessidade real de companheiros externos e era o resultado do sentimento de que partes excindidas de seu self não poderiam ser recuperadas. O rato-do-mato também representava seu objeto bom, que ele havia encerrado em seu interior – representado pelo carro – e a respeito do qual se sentia culpado e também temeroso de que se tornasse retaliador. Outra de suas associações, referente à negligência, era a de que o rato-do-mato também representava uma mulher negligenciada. Essa associação surgiu após um feriado e implicava que não apenas ele havia sido abandonado pela analista como também a analista havia sido negligenciada e ficado solitária. O elo com sentimentos semelhantes em relação à sua mãe tornou-se claro, no material, assim como a conclusão de que ele continha um objeto morto ou solitário, que aumentava sua solidão.

O material desse paciente apoia minha asserção de que há uma ligação entre a solidão e a incapacidade de integrar, suficientemente, tanto o objeto bom como partes do self que são sentidas como inacessíveis.

Vou agora examinar mais de perto os fatores que, normalmente, mitigam a solidão. A internalização relativamente segura do seio bom é característica de alguma força inata do ego. Um ego forte é menos propenso à fragmentação e, portanto, mais capaz de adquirir certa integração e uma boa relação inicial com o objeto primário. Além disso, uma internalização bem-sucedida do objeto bom é a raiz de uma identificação com ele, o que fortalece o sentimento de confiança e daquilo que é bom tanto no objeto como no self. Essa identificação com o objeto bom mitiga os impulsos destrutivos, e, desse modo, diminui também a severidade do superego. Um superego mais ameno faz exigências menos rigorosas ao ego; isso leva à tolerância e à habilidade para aguentar deficiências nos objetos amados, sem prejudicar a relação com eles.

Uma diminuição da onipotência, que ocorre com o progresso na integração e leva a alguma perda de esperança, ainda assim torna possível uma distinção entre os impulsos destrutivos e seus efeitos; portanto, a agressividade e o ódio são sentidos como sendo menos perigosos. Essa maior adaptação à realidade leva a uma aceitação de nossas próprias imperfeições e, em consequência, diminui o ressentimento em relação a frustrações passadas. Ela descobre também fontes de satisfação que emanam do mundo externo, sendo assim outro fator que diminui a solidão.

Uma relação feliz com o primeiro objeto e uma internalização bem-sucedida dele significa que o amor pode ser dado e recebido. Como resultado, o bebê pode vivenciar satisfação não apenas nas horas da alimentação mas também como resposta à presença e à afeição da mãe. As lembranças dessas vivências felizes são um recurso à disposição da criança pequena quando ela se sente frustrada, porque ligam-se à esperança de novos tempos felizes. Além do quê, há uma estreita relação entre a satisfação e o sentimento de compreender e ser compreendido.

No momento da satisfação, a ansiedade é mitigada e a proximidade com a mãe e a confiança nela são predominantes. A identificação introjetiva e a identificação projetiva, quando não excessivas, desempenham um papel importante nesse sentimento de proximidade, pois elas são o fundamento da capacidade de compreender e contribuem para a experiência de ser compreendido.

A satisfação está ligada à gratidão; se essa gratidão for profundamente sentida, incluirá o desejo de retribuir as boas coisas recebidas, sendo, portanto, a base da generosidade. Há sempre uma conexão íntima entre ser capaz de aceitar e de dar, e ambos fazem parte da relação com o objeto bom, contrabalançando dessa forma a solidão. Além disso, o sentimento de generosidade está na base da criatividade, o que diz respeito tanto às atividades construtivas mais primitivas do bebê quanto à criatividade do adulto.

A capacidade de fruição é também uma precondição para certo grau de renúncia, que permite ter prazer com aquilo que está disponível sem muita voracidade por gratificações inacessíveis e sem ressentimento excessivo diante da frustração. Tal adaptação já pode ser observada em alguns bebês. A renúncia está ligada à tolerância e ao sentimento de que os impulsos destrutivos não sobrepujarão o amor e que, portanto, as coisas boas e a vida podem ser preservadas.

Uma criança que, apesar de sentir um tanto de inveja e ciúme, é capaz de se identificar com os prazeres e as gratificações de membros de seu círculo familiar poderá fazer o mesmo em relação a outras pessoas no futuro. Na velhice, será então capaz de inverter a situação da infância e de identificar-se com as satisfações dos mais jovens. Isso só será possível se houver gratidão por prazeres passados, sem muito ressentimento pelo fato de não estarem mais acessíveis.

Todos os fatores no desenvolvimento a que me referi nunca chegam a eliminar totalmente o sentimento de solidão, apesar de mitigá-lo; eles podem, por conseguinte, ser usados como defesas. Quando essas defesas são muito poderosas e se ajustam entre si com sucesso, a solidão poderá, com frequência, não ser vivenciada de maneira consciente. Alguns bebês se utilizam de uma extrema dependência à mãe como uma defesa contra a solidão, e a necessidade de dependência permanece como um padrão por toda a vida. No entanto, a fuga para o objeto interno, que na mais tenra infância pode se expressar na gratificação alucinatória, é com frequência usada defensivamente, numa tentativa de contrabalançar a dependência em relação ao objeto externo. Em alguns adultos, essa atitude leva a uma rejeição de qualquer companhia, o que, em casos extremos, é um sintoma de doença.

A ânsia por independência, que faz parte do amadurecimento, pode ser usada defensivamente com o propósito de superar a solidão. Uma diminuição da dependência em relação ao objeto torna o indivíduo menos vulnerável e também contrabalança a necessidade de proximidade excessiva, interna e externa, com as pessoas amadas.

Outra defesa, especialmente na velhice, é a preocupação com o passado, a fim de evitar as frustrações do presente. Alguma idealização do passado certamente entrará nessas lembranças e será posta a serviço da defesa. Nos jovens, a idealização do futuro serve a propósitos semelhantes. Algum grau de idealização de pessoas e causas é uma defesa normal e faz parte da busca por objetos internos idealizados que é projetada no mundo externo.

O apreço dos outros e o sucesso – originalmente, a necessidade infantil de ser apreciado pela mãe – podem ser usados defensivamente contra a solidão. Mas esse método torna-se muito inseguro se for usado excessivamente, pois a confiança da própria pessoa em si mesma não fica suficientemente estabelecida. Outra defesa, ligada à onipotência e que faz parte da defesa maníaca, é um uso particular da capacidade de esperar por aquilo que é desejado; isso pode levar a um otimismo exagerado e a uma falta de energia, e está ligado a um sentido de realidade defeituoso.

A recusa da solidão, que com frequência é usada como uma defesa, provavelmente atrapalhará boas relações de objeto, em contraste com uma atitude na qual a solidão é realmente vivenciada e se torna um estímulo para as relações de objeto.

Finalmente, quero indicar por que é tão difícil avaliar o equilíbrio entre influências internas e externas na causa da solidão. Até agora, neste artigo, tratei principalmente de aspectos internos – mas estes não existem *in vacuo*. Há uma interação constante entre fatores internos e externos na vida mental, baseada nos processos de projeção e introjeção que dão início às relações de objeto.

O primeiro impacto poderoso do mundo externo sobre o bebê é o desconforto de vários tipos que acompanha o nascimento e que é por ele atribuído a forças persecutórias hostis. Essas ansiedades paranoides tornam-se parte de sua situação interna. Fatores internos também funcionam desde o começo; o conflito entre as pulsões de vida e de morte engendra a deflexão da pulsão de morte para fora e isso, de acordo com Freud, inicia a projeção de impulsos destrutivos. Sustento, porém, que, ao mesmo tempo, a premência do impulso de vida de achar um objeto bom no mundo externo leva também a uma projeção de impulsos amorosos. Dessa forma, a imagem do mundo externo –

representado primeiro pela mãe, especialmente por seu seio, e baseado em experiências reais boas e más, em relação a ela – fica colorida por fatores internos. Por meio da introjeção, essa imagem do mundo externo afeta o mundo interno. No entanto, não apenas acontece que os sentimentos do bebê a respeito do mundo externo são coloridos por sua projeção, mas também a relação real da mãe com a criança acaba sendo, de maneiras indiretas e sutis, influenciada pela reação do bebê a ela. Um bebê contente, que suga com satisfação, dissipa a ansiedade da mãe; e a felicidade dela expressa-se na maneira pela qual ela o pega e o alimenta, diminuindo assim a ansiedade persecutória dele e influindo em sua habilidade para internalizar o seio bom. Em contraste, uma criança que tem dificuldades em relação à amamentação pode despertar a ansiedade e culpa da mãe, influenciando assim desfavoravelmente a relação entre ambos. Nessas múltiplas formas, há uma interação constante entre o mundo interno e o mundo externo que persiste ao longo de toda a vida.

A interação de fatores externos e internos tem um peso importante no aumento ou atenuação da solidão. A internalização de um seio bom – que só pode resultar de uma interação favorável entre elementos internos e externos – é um alicerce para a integração, que mencionei como um dos fatores mais importantes na diminuição do sentimento de solidão. Além disso, é bem reconhecido que no desenvolvimento normal, quando sentimentos de solidão são fortemente vivenciados, há uma enorme necessidade de um voltar-se para objetos externos, já que a solidão é parcialmente abrandada por relações externas. As influências externas, especialmente a atitude de pessoas de importância para o indivíduo, podem reduzir a solidão de outras formas. Por exemplo, uma relação basicamente boa com os pais torna a perda da idealização e o enfraquecimento do sentimento de onipotência mais toleráveis. Os pais, por meio da aceitação da existência dos impulsos destrutivos da criança e mostrando que podem se proteger dessa agressividade, podem diminuir a ansiedade da criança em relação aos efeitos de seus desejos hostis. Como resultado, o objeto interno é sentido como sendo menos vulnerável, e o self, como menos destrutivo.

Aqui posso apenas tocar na importância do superego em relação a todos esses processos. Um superego severo nunca é sentido como absolutivo de impulsos destrutivos; de fato, ele exige que esses impulsos nem existam. Embora o superego seja construído substancialmente a partir de uma porção excindida do ego, sobre a qual são projetados impulsos, ele é também, inevitavelmente, influenciado pela introjeção das personalidades dos pais reais e de sua relação com a criança. Quanto mais inclemente for o superego, maior será a solidão, porque suas exigências severas aumentam as ansiedades depressivas e paranoides.

Concluindo, gostaria de reiterar minha hipótese de que, embora a solidão possa ser reduzida ou aumentada por influências externas, nunca poderá ser completamente eliminada, porque a ânsia por integração, assim como a dor vivenciada no processo de integração, brota de fontes internas que permanecem poderosas no decorrer de toda a vida.

# Breves contribuições

Embora estes cinco pequenos trabalhos se encaixem no período de tempo em que Melanie Klein reuniu seus escritos para o livro *Contribuições à psicanálise (1921–45)*, ela não os incluiu nessa obra; não sabemos se ela os esqueceu ou considerou-os inadequados. O primeiro, "A importância das palavras na análise precoce", é uma breve ilustração de um ponto técnico na análise de crianças. O segundo é um comentário sobre "A Dream of Forensic Interest" [Um sonho de interesse forense], de autoria de Douglas Bryan, que apareceu no *International Journal of Psychoanalysis*, v. 9, 1928. Melanie Klein discute os pais combinados no sonho; ela havia primeiramente descrito a figura dos pais combinados em "Estágios iniciais do conflito edipiano" (1928). O terceiro é um sumário de quatro linhas para o *Internationale Zeitschrift für Psychoanalyse*, v. 15, a respeito de suas descobertas sobre "A importância da formação de símbolos no desenvolvimento do ego" (1930). O quarto é a resenha de um livro, *Woman's Periodicity* [Periodicidade da mulher] (1933), de Mary Chadwick. O de maior interesse é o último, "Algumas considerações psicológicas: um comentário", que apareceu na *Science and Ethics*. Esse foi um pequeno volume editado por C. H. Waddington contendo contribuições de diversas figuras bem conhecidas da época. Melanie Klein, num breve relato não técnico, descreve a formação e o desenvolvimento do superego.

## A IMPORTÂNCIA DAS PALAVRAS NA ANÁLISE PRECOCE [1927]

Salientei, em meus trabalhos e palestras, que a criança difere do adulto, em sua forma de expressão, pelo fato de que ela atua e dramatiza seus pensamentos e fantasias. Mas isso não significa que a palavra não seja de grande importância, contanto que a criança a domine. Darei um exemplo. Um menininho de cinco anos com uma repressão muito grande de suas fantasias já estava em análise havia algum tempo. Apresentou farto material, principalmente através do brincar, mas tendia a não se dar conta disso. Certa manhã, pediu-me para brincar de loja com ele, e queria que eu fosse a pessoa que vendia. Usei, então, uma medida técnica que é importante para crianças pequenas, que com frequência não estão preparadas para contar suas associações. Perguntei-lhe quem eu deveria ser, um homem ou uma mulher, uma vez que ele teria que dizer meu nome quando entrasse na loja. Disse-me que eu seria o "sr. Assa-Bolos" [mr. Cookey-Caker], e logo descobrimos que ele queria dizer alguém que assa bolos. Eu tinha que vender motores que representavam para ele o novo pênis. Ele chamou a si próprio de "sr. Chutador" [mr. Kicker], e rapidamente percebeu que chutava alguém. Perguntei-lhe aonde o sr. Assa-Bolos havia ido. Respondeu: "Foi embora para algum lugar". Ele logo compreendeu que o sr. Assa-Bolos havia sido morto por seus pontapés. "Assar bolos" representava, para ele, fazer crianças, de modo oral e anal. Depois dessa interpretação, deu-se conta de sua agressividade contra seu pai, e essa fantasia abriu caminho para outras nas quais a pessoa com quem ele estava lutando era sempre o sr. Assa-Bolos. A palavra "Assa-Bolos" é a ponte para a realidade que a criança evita enquanto apresenta suas fantasias somente no brincar. Sempre significa um progresso quando a criança reconhece a realidade dos objetos com as próprias palavras.

## NOTA SOBRE "A DREAM OF FORENSIC INTEREST" [1928]

A fim de substanciar minhas observações sobre o sonho comunicado pelo dr. Bryan, devo reportar-me a certas proposições teóricas que apresentei em meu trabalho para o último Congresso,[1] e que expliquei em maiores detalhes nas palestras que proferi aqui no último outono. Em um dos estágios iniciais do conflito edipiano, o desejo de ter relação sexual com a mãe e de travar combate com o pai expressa-se em termos de impulsos instintivos sádico-orais e sádico-anais, que são predominantes nessa fase de desenvolvimento. A ideia é que o menino, ao penetrar no útero da mãe, o destrói e desfaz-se do pênis do pai, o

---

1 Cf. M. Klein, "Estágios iniciais do conflito edipiano" [1928], in *Amor, culpa e reparação*, op. cit.

qual, de acordo com uma típica teoria sexual infantil, é pressuposto como estando permanentemente presente no útero (sendo o pênis do pai, nessa fase, a completa encarnação do pai), e o modo pelo qual ele o destrói é devorando-o. Mesclando-se com tal tendência, e no entanto reconhecível como distinta em si mesma, acha-se outra tendência cujo objetivo é o mesmo – a saber, destruir o útero da mãe e devorar o pênis –, mas cuja base é uma identificação sádico-oral e sádico-anal com a mãe. Daí procede o desejo do menino de despojar o corpo da mãe de fezes, crianças e do pênis do pai. A ansiedade que se segue, nesse nível, é extraordinariamente aguda, pois tem relação com a união do pai e da mãe, representada pelo útero e pelo pênis do pai; salientei que essa ansiedade é a base essencial de graves doenças mentais.

A partir das análises de crianças pequenas, aprendi que o medo da mulher com o pênis (que tem uma influência tão marcante nas perturbações da potência no homem) é, na verdade, medo da mãe, cujo corpo sempre se presume conter o pênis do pai. O medo do pai (ou de seu pênis), que está assim situado dentro da mãe, é aqui deslocado para o medo da própria mãe. Por meio desse deslocamento, a ansiedade que realmente diz respeito a ela e que procede das tendências destrutivas dirigidas contra o corpo dela recebe um reforço esmagador.

No caso extremamente interessante relatado pelo dr. Bryan, essa ansiedade expressa-se claramente. A mãe, que no sonho subjuga o paciente, exige de volta o dinheiro que ele roubara dela, e o fato de que ele tirava dinheiro somente de mulheres mostra claramente a compulsão para roubar os conteúdos do útero. De especial significação é também o uso que ele faz do dinheiro roubado. Parece evidente que o paciente pegou o dinheiro com o propósito de jogá-lo no vaso sanitário, e a natureza obsessiva desse comportamento deve ser explicada por sua ansiedade em fazer reparação, para restituir à mãe (ou ao útero), representado pelo vaso sanitário, o que ele havia roubado.

Uma de minhas pacientes, cuja grave neurose revelou-se ser devida às suas ansiedades por temer que seu próprio corpo fosse destruído por sua mãe, teve o seguinte sonho. "Ela estava num banheiro e, ao ouvir passos, jogou rapidamente o conteúdo de uma cesta (representando, conforme descobrimos, fezes, crianças e o pênis) no vaso sanitário. Ela conseguiu dar descarga antes de sua mãe entrar. Sua mãe havia machucado o ânus, e a paciente estava ajudando-a a tratar a ferida." Nesse caso, os impulsos destrutivos contra a mãe haviam-se expressado principalmente em fantasia, na forma de um ferimento feito no ânus.

Não somente eram, então, os furtos do dinheiro uma repetição dos desejos sádico-anais arcaicos de assaltar a mãe, como também eram ocasionados pela compulsão, motivada pela ansiedade, de reparar os furtos primitivos e devolver o que havia sido roubado. Esse último desejo é expresso jogando fora o dinheiro no vaso sanitário.

O papel desempenhado pelo pai na ansiedade do paciente é menos óbvio de imediato, mas pode, de qualquer forma, ser demonstrado. Como eu havia dito, o medo que parece ter relação somente com a mãe implica também medo do pai (pênis). Além do mais, os roubos seguiram-se a uma conversa genérica com o patrão do paciente sobre desfalques, em que o chefe expressava sua reprovação muito particular a más condutas assim. Isso demonstra claramente quanto a própria necessidade de punição pelo pai contribuiu em grande medida para que o paciente cometesse esses delitos. Além disso, o que o levou a fazer reparação, no último momento, foi o fato de ter sido defrontado com a descoberta do crime por outro homem, um novo funcionário. Esse homem representava o pai, e o que impedia o paciente de violentamente ocasionar uma luta com o pai (ser punido), luta essa à qual sua intolerável ansiedade o estava impelindo, era precisamente o medo dele.

Gostaria de acrescentar a essas observações, que fiz numa reunião em que o sonho foi relatado, algumas outras que vim a conhecer desde então, relacionadas com a história do paciente. O medo infantil que o menino sentia da bruxa em sua vassoura, que ele pensava que iria ferir seu corpo com algum instrumento e deixá-lo cego, surdo e mudo, representa seu medo da mãe com o pênis. Em sua fuga, ele viajou para a Escócia, para a bruxa, ostensivamente porque sua ansiedade agora insuportável impelia-o a uma tentativa de acertar as coisas com ela. No entanto, o quanto essa tentativa de reconciliação realmente tinha relação com o pai dentro da mãe tornou-se claro a partir do fato de que, antes da viagem, ele fantasiara defender uma menina contra o ataque sexual de um homem. O objetivo real dessa viagem era, na verdade, chegar ao "chapéu" da bruxa (o pênis). Mas mais tarde, por ocasião dos roubos, no último momento ele foi contido por seu medo do outro homem, de modo que na viagem ele não atingiu seu principal objetivo: uma disputa com o pênis do pai. Ao chegar a Edimburgo, adoeceu. Suas associações revelaram que essa cidade representava os genitais da bruxa: o significado era, então, que ele não poderia penetrar mais além. Essa ansiedade está condizente também com a impotência do paciente.

Conforme o dr. Bryan assinalou, o sonho de ansiedade que se seguiu à visita ao dentista fundamentou-se numa identificação com a mãe. Aqui o medo de alguma destruição terrível, de uma explosão, devia-se à natureza sádico-anal da identificação. Uma vez que o paciente presumia que a incapacidade de ele próprio ter um filho envolvia a destruição e o saque ao útero de sua mãe, antecipava uma destruição similar para seu próprio corpo. A castração pelo pai, que está ligada a essa identificação com a mãe, é representada pelo comportamento do dentista. Revela-se também na lembrança que surgiu quando o paciente relatou seu sonho. O lugar onde ele se viu parado era certo ponto num parque contra o qual sua mãe o havia em particular alertado. Ela lhe havia dito que homens maus poderiam atacá-lo e, ele próprio concluiu, poderiam roubar seu relógio.

A dúvida do paciente sobre se e como ele poderia ou deveria deixar o parque está relacionada, conforme o dr. Bryan observa em sua conclusão, à sua ansiedade por temor de ser atacado pelo pai durante a relação sexual com a mãe – isto é, atacado tanto dentro como fora do corpo da mãe.

## DEDUÇÕES TEÓRICAS A PARTIR DE UMA ANÁLISE DE *DEMENTIA PRAECOX* NA MAIS TENRA INFÂNCIA [1929]

O caso de um menino de quatro anos que era demente é a base de minha investigação que demonstrou que a defesa prematura e excessiva do ego contra o sadismo impede, sob certas condições, o desenvolvimento do ego e o estabelecimento de relações com a realidade.

## RESENHA DO LIVRO *WOMAN'S PERIODICITY*, DE MARY CHADWICK [1933]

Para começar, a autora remete o leitor a épocas pré-históricas e mostra o papel desempenhado pela menstruação, para homens e mulheres, para os membros mais próximos e mais distantes da família, para as comunidades pequenas e também para as maiores. A menstruação sempre foi considerada pelo homem como um acontecimento perigoso contra o qual ele reagia com medo, ansiedade e desdém. Prevalecia a crença de que o contato com uma mulher menstruada é perigoso e, portanto, eram impostas severas restrições a fim de separar a mulher "impura" da comunidade por diversos dias. A forma pela qual a mulher era excluída variava de acordo com o caráter das tribos. O exílio da mulher menstruada é uma pequena repetição da exclusão de meninas adolescentes da comunidade, em conexão com ritos da puberdade que podem durar de vários meses até anos, e isso ainda é encontrado hoje em dia entre os povos primitivos.

Chadwick mostrou, muito convincentemente, que o medo que o homem primitivo tinha da mulher menstruada é o medo da vingança de certos demônios, que é em última instância idêntico à ansiedade de castração. Além disso, ela mostrou como outros fenômenos grupais em períodos posteriores têm raízes similares, como o medo de bruxas, que levava as pessoas até a queimá-las. Mesmo nos dias de hoje, certas exigências e proibições religiosas têm a mesma motivação. Essa ansiedade também se expressa em certas superstições, tais como a ideia comumente sustentada de que as flores tocadas por uma mulher menstruada fenecerão.

Depois da introdução, a autora volta-se para a atual geração e para indivíduos isolados e novamente mostra que todos têm que lidar com ansiedades semelhantes, que se baseiam no reconhecimento da diferença entre os sexos e nos sinais "ameaçadores" do ciclo feminino de hemorragias regulares. Mais cedo ou mais tarde, toda criança descobre que os sexos diferem e que as mulheres menstruam. Consciente ou inconscientemente, esse conhecimento opera na criança e provoca ideias ansiosas sobre a integridade de seus próprios genitais. Todos reagem a esse conhecimento de acordo com sua própria constituição, estado de desenvolvimento e possível neurose.

Chadwick descreve detalhadamente o que ocorre com mulheres, homens, crianças e empregados – de forma manifesta ou latente – em ciclos regulares, antes, durante ou depois do período menstrual da mulher. Ela dá ênfase a brigas entre os vários membros da família, causadas pela tendência à depressão e pela tensão nervosa geral da mulher menstruada. O livro descreve de maneira dramática como as atitudes comuns e neuróticas do homem e da mulher diante da menstruação são transmitidas às crianças e, por sua vez, como elas mostram novamente o mesmo tipo de perturbação quando se tornam adultas – os mecanismos de identificação desempenham o papel principal nesse fenômeno –, e como, outra vez, transmitem os mesmos problemas à nova geração: dessa forma, a neurose é transmitida de geração a geração. Esse livro pode fornecer aos pais e educadores informações muito interessantes e pode ajudá-los a compreender melhor o problema e a mudar suas atitudes, o que pode evitar prejuízos maiores à geração vindoura.

## ALGUMAS CONSIDERAÇÕES PSICOLÓGICAS:
## UM COMENTÁRIO [1942]

A dra. Karin Stephen lucidamente estabeleceu alguns aspectos da posição psicanalítica. Há, no entanto, facetas desse problema que ela não abordou, e que me parecem pertinentes, tanto para a compreensão da origem do superego como para a tese do dr. Waddington.

Aqui estão brevemente alguns dos fatos que se tornaram claros em meu trabalho psicanalítico com crianças pequenas e que desejo trazer à sua atenção. O sentimento do "bom", na mente do bebê, surge primeiramente da experiência de sensações *prazerosas*, ou pelo menos de se estar livre de estímulos dolorosos internos e externos. (O alimento, portanto, é especialmente bom, produzindo, como de costume, gratificação e alívio do desconforto.) O mal é aquilo que causa ao bebê dor e tensão, e deixa de satisfazer suas necessidades e desejos. Uma vez que a diferenciação entre "eu" e "não eu" quase não existe no começo, a bondade dentro e a bondade fora, a maldade dentro e a maldade fora são quase idênticas para a criança. Entretanto, a concepção (embora esta palavra abstrata não seja adequada a esses processos, em grande medida inconscientes e muito emocionais) de "bem" e "mal" é prontamente estendida às pessoas reais que a cercam. Os pais também se tornam imbuídos de bondade e maldade, segundo os sentimentos da criança em relação a eles, e são então novamente levados para dentro do ego, e, dentro da mente, sua influência determina a concepção individual de bem e mal. Esse movimento de ida e volta entre a projeção e a introjeção é um processo contínuo pelo qual, nos primeiros anos da infância, as relações com as pessoas reais são estabelecidas e os vários aspectos do superego são, ao mesmo tempo, construídos dentro da mente.

A capacidade mental da criança de estabelecer pessoas, em primeiro lugar seus pais, dentro da própria mente, como se fossem parte de si mesmas, é determinada por dois fatos: por um lado, estímulos de fora e de dentro, de início quase indiferenciados, tornam-se intercambiáveis; e, por outro lado, a voracidade do bebê, seu desejo de tomar para dentro o bom de fora, intensifica o processo de introjeção de tal modo que certas experiências do mundo externo tornam-se quase simultaneamente parte de seu mundo interno.

Os sentimentos inerentes ao bebê de amor bem como de ódio focalizam-se, em primeiro lugar, na mãe. O amor desenvolve-se em resposta ao amor e cuidado da mãe; o ódio e a agressividade são estimulados pela frustração e desconforto. Ao mesmo tempo, a mãe torna-se o objeto sobre o qual ele projeta *suas próprias* emoções. Ao atribuir a seus pais suas próprias tendências sádicas, ele desenvolve o aspecto cruel de seu superego (conforme a dra. Stephen já salientou); mas também projeta nas pessoas ao seu redor seus sentimentos de amor e, dessa forma, desenvolve a imagem de pais bons, que ajudam. A partir do primeiro dia de vida, esses processos são influenciados pelas atitudes reais das pessoas que cuidam dele, e experiências do mundo externo real e experiências internas interagem constantemente. À medida que dota seus pais com seus sentimentos de amor e assim vai construindo o futuro ideal de ego, a criança é impulsionada por necessidades físicas e mentais imperativas; ela pereceria sem o alimento e o cuidado que recebe da mãe, e seu bem-estar mental e desenvolvimento como um todo dependem de estabelecer com segurança a existência de figuras gentis e protetoras em sua mente.

Os vários aspectos do superego originam-se da forma pela qual, ao longo de sucessivos estágios de desenvolvimento, a criança concebe seus pais. Outro elemento poderoso na formação do superego são os sentimentos de repulsa da criança por suas próprias tendências agressivas – uma repulsa que ela vivencia inconscientemente, já nos primeiros meses de vida. Como explicar essa oposição tão cedo na vida de uma parte da mente contra a outra – essa tendência inerente à autocondenação, que é a raiz da consciência? Uma razão imperativa pode ser encontrada no medo inconsciente da criança – em cuja mente os desejos e sentimentos são onipotentes – de que, se seus impulsos violentos prevalecessem, ocasionariam a destruição tanto de seus pais como de si própria, uma vez que os pais em sua mente se tornaram uma parte integral de seu self (superego).

O medo avassalador da criança de perder as pessoas que ama e de quem mais necessita dá início, em sua mente, não somente ao impulso para restringir sua agressividade, mas também a um impulso para preservar os próprios objetos que ataca em fantasia, além de consertá-los, fazer reparações pelos danos que lhes pode ter infligido. Esse impulso para fazer reparação acrescenta mais força e direção ao impulso criador e a todas as atividades construtivas. Algo mais é agora acrescido à concepção inicial de bem e de mal: o "Bem" torna--se a preservação, reparação ou recriação daqueles objetos que estão ameaçados por seu ódio ou foram danificados por ele; o "Mal" torna-se seu próprio ódio perigoso.

As atividades construtivas e criadoras, os sentimentos sociais e cooperativos são então sentidos como moralmente bons, e são, portanto, o meio mais importante de manter a distância ou superar o sentimento de culpa. Quando os vários aspectos do superego se tornam unificados (que é o que acontece com pessoas maduras e equilibradas), o sentimento de culpa não desaparece, mas integra-se na personalidade, juntamente ao meio de contrabalançá-lo. Se a culpa é muito forte e não permite que se lide com ela adequadamente, pode levar a ações que criam mais culpa ainda (como no criminoso) e torna-se a causa de desenvolvimentos anormais de todos os tipos.

Quando os imperativos "Não matarás" (primariamente o objeto amado) e "Salvarás da destruição" (novamente os objetos amados, e antes de tudo da própria agressividade do bebê) enraízam-se na mente, estabelece-se um padrão ético que é universal e que é rudimento de todos os sistemas éticos, não obstante o fato de ser capaz de múltiplas variações e distorções, e mesmo de completa reversão. O objeto originalmente amado pode ser substituído por qualquer coisa no vasto campo de interesses humanos: um princípio abstrato, ou mesmo uma só questão, pode vir a simbolizá-lo, e esse interesse pode parecer distante de sentimentos éticos. (Um colecionador, um inventor ou um cientista poderiam mesmo se sentir capazes de cometer assassinato a fim de levar adiante seu propósito.) No entanto, esse determinado problema ou interesse representa, na mente inconsciente, a pessoa amada original, e deve, portanto, ser salvo ou recriado; qualquer coisa que se interpuser em seu caminho é então sentida como "do mal".

Um exemplo de distorção, ou melhor, de reversão, do padrão primário que imediatamente me vem à mente é a atitude nazista. Aqui o agressor e a agressividade tornaram-se objetos amados e admirados, e os objetos atacados passaram a ser "do mal" e devem, portanto, ser exterminados. A explicação de tal reversão pode ser encontrada na relação inconsciente arcaica com as primeiras pessoas atacadas ou danificadas em fantasia. O objeto transforma-se então num perseguidor potencial, porque é temida a retaliação pelo mesmo meio pelo qual ele foi prejudicado. A pessoa danificada é, no entanto, também idêntica à pessoa amada, que deveria ser protegida e reconstituída. Temores arcaicos excessivos tendem a aumentar a concepção do objeto danificado como um inimigo, e, se for esse o resultado, o ódio prevalecerá em sua luta contra o amor; além disso, o amor remanescente pode ser distribuído em formas tais que levem à perversão do superego.

Há mais um passo na evolução do bem e do mal na mente do indivíduo que deveria ser mencionado. A maturidade e a saúde mental são "do bem", conforme a dra. Stephen salientou. (Embora a maturidade harmoniosa seja um grande "bem" em si mesma, não é de forma alguma a única condição para o sentimento de "bondade" adulta, pois há vários tipos e condições do que é bom, mesmo entre pessoas cujo equilíbrio é às vezes gravemente perturbado.) A harmonia e o equilíbrio mental – e além disso, a felicidade e satisfação – significam que o superego foi integrado pelo ego; o que, por sua vez, significa que os conflitos entre o superego e o ego diminuíram bastante, e que estamos em paz com o superego. Isso equivale a termos alcançado uma harmonia com as pessoas a quem primeiro amamos ou odiamos, e das quais o superego se origina. Percorremos um longo caminho desde nossos conflitos e emoções arcaicos, e os objetos de nosso interesse e nossos objetivos mudaram muitas vezes, tornando-se, no processo, mais e mais elaborados e transformados. Por mais distanciados que nos sintamos de nossas dependências originais, por mais satisfação que tenhamos com a realização de nossas exigências éticas adultas, no fundo de nossa mente persistem nossos primeiros anseios de preservar e salvar nossos pais amados e de nos reconciliarmos com eles. Há muitas maneiras de obter satisfação ética; mas quer isso se dê por meio de sentimentos e atividades sociais e cooperativas, quer por meio de interesses que são mais distanciados do mundo externo – sempre que tivermos o sentimento de bem-estar moral, esse anseio primário por reconciliação com os objetivos originais de nosso amor e ódio é satisfeito em nossa mente inconsciente.

# Índice remissivo

ABRAHAM, Karl 28, 49, 54, 61, 70, 74, 103, 105, 112–14, 129–30, 169, 182, 190, 231–32, 242, 258, 291, 297, 316, 365
adaptação 28, 38, 74, 82, 111–12, 122–23, 152, 234, 242, 262, 323, 339, 341, 344–45, 387–88
adolescência 211, 341, 344, 396; *puberdade* 396
admiração 36, 129, 153, 206, 211–15, 226, 257, 270, 277, 283, 323, 327, 331, 347, 350, 356, 359, 367, 373, 383–85, 400
afeto 52, 147, 157, 171, 202–03, 211, 216–17, 225, 338, 351, 361, 387
agressividade 15, 26–27, 30–31, 36–38, 44, 53–55, 60, 69, 70–74, 80–81, 85, 91, 95–96, 101–12, 118, 124–26, 129–32, 138, 158, 164–66, 173–77, 183, 253–54, 268, 303, 311, 315–16, 319, 343, 351, 364, 377, 384–87, 390, 393, 398–400
alimentação 39, 59, 80–82, 96–98, 105, 108, 117–22, 134–43, 148–52, 157, 161–64, 186, 207, 210–11, 234, 241–45, 264–66, 282, 304, 315–16, 320–22, 343–44, 354, 387, 398–99
alucinação 29, 99–100, 106, 207, 318, 388
amamentação 59, 97, 103, 126, 134–51, 157, 161–62, 191, 234, 239, 241–44, 248, 263–65, 274, 292, 377, 390; *desmame* 72–74, 105, 108, 117, 148–52, 162–64, 313, 323; *na mamadeira* 91, 108, 139–43, 148–52, 156–63, 234, 241, 304, 315, 377; *no seio* 139–42, 151, 161–62, 377
ambição 257, 262, 274–76, 286, 329, 354–56, 372
ambiente 39–40, 48, 63, 134–36, 255, 308, 313, 317, 325, 328–30, 344, 352
ambivalência 43, 53, 86, 100, 103, 108, 111–12, 126, 170, 176–77, 180, 186, 214, 264
amor 15, 21–23, 26–28, 33, 48–49, 52–53, 61–68, 73, 76–77, 80–88, 97–15, 119–20, 127, 130–32, 135–36, 139–42, 145–47, 152, 158, 166, 175, 191–94, 200–02, 211–17, 221, 225–31, 235–41, 244–50, 254–62, 269, 274, 277–84, 287, 295, 298–99, 308, 314–23, 326–28, 340, 343–46, 349–63, 367–78, 384–88, 398–401; *e ódio* 76, 81, 84, 97, 106–08, 175, 214, 235, 255, 308, 316, 343, 374, 401; *perda do* 52, 61, 67, 166
anal 24, 30, 61–62, 87, 103, 107, 115, 118–22, 125, 131, 181–82, 192, 231, 236, 253, 281–82, 290–91, 350, 380, 393; *ânus* 394; *erotismo* 291, 297; *sádico-anal* ver *sadismo*
análise precoce 15, 55, 84, 112, 126, 178, 182, 188, 232, 349, 354
analista 15–16, 35, 42–44, 65–66, 77, 86–89, 167, 173–75, 178–79, 184, 218, 232–35, 239–40, 243, 252, 256, 264–76, 279–97, 323, 337, 355, 384, 387
animais 57, 170–72, 215, 314–15, 386
aniquilamento 26, 35, 43–44, 47–49, 56–62, 73, 79, 91, 95, 99–100, 128, 235, 247, 291, 301
ansiedade 13–14, 20–29, 32–35, 38, 43–46, 49–84, 87–112, 116–59, 162–66, 169–80, 183–93, 209, 213–14, 218–19, 226–27, 234–35, 239–43, 246–52, 259, 263, 268, 272, 276–325, 330–37, 340, 343–45, 350–57, 360, 366–70, 378–81, 386–90, 394–97; *depressiva* 21, 38, 42–44, 51, 62–66, 73–75, 81, 92, 100–01, 104–09, 116–21, 142–51, 154–58, 162–63, 187, 190, 193, 209, 214, 227, 242, 251, 272, 291, 294, 323, 336–37, 344, 351–52, 378, 381, 391; *persecutória* 29, 35, 58–66, 69, 72–81, 89, 92, 95–100, 103–13, 116–26, 129–41, 145–47, 150–52, 155–66, 174–75, 180, 187, 190–93, 209, 213–14, 227–28, 234–35, 239, 242–43, 246–52, 272, 276, 279, 282–87, 291, 295–98, 304–09, 315, 318–25, 330, 333–35, 345, 351–54, 357, 360–61, 366–70, 378, 385, 390

apatia 39, 146–48, 165, 267
apetite 142, 149–51, 157, 163, 196
aprendizagem 172, 282, 330, 338, 371
arcaico 10–15, 19–29, 32, 38–39, 48,
  53–56, 62–63, 66–79, 85–89, 92–93,
  97–106, 109–13, 117–21, 124, 129, 134,
  139, 144–45, 149, 156, 159–60, 179–80,
  183–85, 191, 204–10, 215–16, 225,
  229–36, 240, 244–49, 253, 258–60,
  263, 271–72, 276–77, 283–87, 290–300,
  305–15, 320, 323–26, 330, 333–34,
  347, 350–53, 361–66, 372, 375–84,
  394, 400–01
arte 228, 312, 318, 327, 374–75, 386
associação livre 37, 40, 73, 169, 176,
  233, 240, 264, 267–75, 290, 383–87,
  393–95
atuação [acting out] 88, 220, 280
autoerotismo 49, 78, 82–84, 144

bissexualidade 383
boca 144, 156, 161, 181, 198, 261, 322,
  365
borderline 184
brincar 29, 99, 118, 122, 136, 137, 146,
  147, 153, 154–56, 165–79, 185, 187,
  188, 195, 314, 318, 333, 339, 354, 365,
  393; boneca 170–71, 176–180, 185;
  brinquedo 145, 154–58, 169–78, 186,
  355; desenho 168, 171–73; técnica do
  306, 314
bruxa 20, 395, 397
BRYAN, Douglas 392–96

caráter 134–36, 175, 198, 205–06, 210,
  216, 227, 230, 241, 246–47, 262, 274,
  292–93, 297, 321–22, 327–31, 339–42,
  346, 356–57, 367, 372
castração 58, 74–75, 183, 396; ansiedade de 397; complexo de 257; medo da
  56–58, 75, 118, 183, 221, 303
cena primária 208, 211
CHADWICK, Mary 392, 397
CHAUCER, Geoffrey 246, 261
cisão 9–15, 19–24, 27–37, 42–49, 62–65,
  77, 80, 88, 91, 94, 97–103, 106, 109–12,
  122–24, 129, 145, 158, 164, 187–89,

192–94, 204, 215, 218–19, 224, 230,
  246–49, 270, 275–77, 280–81, 285–97,
  300, 304–12, 316, 320–22, 334–38,
  343–45, 349–51, 362–64, 377–80, 384;
  excisão 10, 19–21, 30–32, 36–37, 43–46,
  49, 99–100, 103, 108, 111, 189–92, 195,
  218–19, 240–42, 250, 254, 259, 266–70,
  273–74, 280, 285–88, 295–300, 305–
  07, 312, 334, 337–38, 341, 346, 350–52,
  367, 371, 374, 379–80, 386, 390
ciúme 80, 87, 115–16, 119, 175–77,
  208–09, 214, 220, 236–38, 254–56,
  259–60, 265, 268, 271, 275, 283, 294,
  319, 359, 362, 388
complexo de Édipo 23, 53–54, 61, 70,
  74, 80–81, 87, 93, 114–19, 124–25, 130,
  150–53, 160–61, 182–83, 208, 211–16,
  220–22, 230–32, 252–60, 283, 305, 311,
  314, 319, 327, 354, 358–60, 366–67,
  372, 393; invertido 216, 221, 366;
  pré-edipiano 150–51
compulsão 36, 82, 88, 116, 259, 274,
  394–95; à repetição 82, 88
conflito 15, 26, 43, 47, 53, 70–73, 79, 87,
  92–93, 108, 112, 116–19, 132, 160–63,
  179, 204–05, 208, 212–14, 217, 220–21,
  235, 242, 248, 257–58, 273, 282–85,
  302, 305–07, 314, 336, 340–46, 350,
  357–59, 362, 374–75, 378–79, 383,
  389, 393, 401
confusão 15, 33, 230, 240–41, 250, 253,
  256, 267, 277, 281–82, 338, 347, 369,
  381
consciente 40–41, 46, 61, 79, 95, 101,
  107, 123–26, 178, 181–84, 196–200,
  203–05, 211, 218, 221, 226, 232, 235,
  266–70, 275–76, 285–89, 294, 306–11,
  337, 340, 351, 361, 369, 383–85, 388,
  399; pré-consciente 46
consideração 14, 102, 134–35, 166–67,
  196, 321–24, 328, 341, 368
criatividade 230, 235–37, 242, 260–62,
  271, 274, 277, 296, 350, 354, 388
criminalidade 198–99, 286, 290, 356,
  360, 364–66, 369, 395, 400
crueldade 58, 220–22, 356–57, 361,
  364–66, 369–70, 399

culpa 14, 22–24, 36–38, 43–44, 51–55, 61–66, 70–73, 76, 81–82, 85, 88–89, 92–94, 100, 104–05, 108–13, 118–20, 123, 128, 132, 147, 158, 166, 174–75, 180–81, 185, 193, 205, 208–13, 216, 219, 222, 240, 246–47, 251–56, 259, 268–90, 293, 298, 302, 308, 313, 319, 322–27, 334–38, 344–45, 350–57, 360–70, 374, 382–86, 390, 400

delinquência 272–73, 290, 364
dependência 31, 68, 151, 284, 303, 314, 320, 350, 388–89; *independência* 32, 155, 222, 280, 389
desejo 24, 28–30, 40, 44, 48, 54, 59, 63, 73, 81–82, 87, 99–100, 102, 105–10, 114–25, 135–38, 143, 147, 151, 161, 171, 173, 175, 182–85, 195, 197, 202, 205, 207–16, 220–26, 234–42, 245, 252–57, 260, 264, 266, 271, 273–74, 280–81, 287, 289–90, 294, 306, 319, 321–22, 326–29, 339, 343–44, 353–55, 358, 368, 371–74, 383, 388, 390, 394–95, 398–99; *agressivo* 81, 118, 212; *anal* 81, 125; *arcaico* 271, 326, 383; *de estragar* 236, 274, 294, 329; *de morte* 179, 213, 255, 361; *de reparar* 63, 175, 222, 344; *edípico* 116, 125, 209, 214, 357–58, 393–94; *frustrado* 87, 207; *genital* 82, 114–15, 118–19, 253, 256–57; *homossexual* 216, 221, 273; *libidinal* 59, 105, 118–19, 122, 138, 147, 234, 281; *oral* 30, 82, 87, 107, 114–15, 118, 125, 211, 253, 256–57; *pulsional* 29, 48, 106–08, 124, 161, 235; *realização alucinatória de* 99–100, 106, 207; *sádico* 73, 183; *sádico-anal* 266, 394; *sádico-oral* 28, 54, 73, 102, 266; *sádico-uretral* 266; *uretral* 118, 125; *voraz* 99, 205, 210, 213, 290
desespero 42, 66, 199, 209, 239, 338
deslocamento 366, 394
despersonalização 19, 33
desprezo 40, 204, 213–14, 223, 267–68, 358, 362, 367
destrutividade 23, 26–29, 36–37, 43–44, 48–49, 55–59, 62–66, 70–71, 74, 79–81, 96–10, 115, 118–19, 122, 125–26, 131– 32, 138, 141, 145–47, 151, 158–59, 166, 174, 177, 181–83, 186, 191–94, 205, 210, 220–21, 224, 231, 235–44, 248–51, 257–61, 266–71, 274–75, 280–99, 304–12, 315, 320–24, 328–30, 338–40, 343–45, 349–58, 361–82, 387–90, 394
DEUS 47–48, 192, 208–09, 214, 220, 227, 260, 353, 367; *divindade* 353, 357–60, 366–70, 374–75
dinheiro 195–197, 200, 289, 394–95
DISCUSSÕES CONTROVERSAS 15, 50, 94, 133
dissociação 19, 33
dor 14, 29–30, 76, 95, 132, 166, 201, 235, 242, 252–55, 260–63, 276, 284, 289, 294–95, 312, 315, 338, 342, 346–48, 353, 359, 363–65, 368–71, 378, 381, 391, 398
dormir 28, 122, 142–49, 154–56, 164, 204–06, 292, 344

educação 123, 151, 170, 187–88, 195, 217, 324, 344
ego 13, 19–39, 43–49, 52–65, 69, 73–76, 81–83, 86–93, 97–113, 117, 120–26, 129–32, 136, 141, 150, 156, 159, 163–66, 180, 183, 187–94, 205, 218–21, 224, 233–35, 242–51, 255, 270, 276, 282, 285–87, 291–312, 316–22, 333–46, 351–52, 363, 374, 377–82, 387, 390, 396–98, 401; *desenvolvimento do* 13, 23–26, 30–33, 50, 75, 91–93, 105, 109, 122–23, 187, 194, 304–05, 396; *defesas do* 10–14, 20–24, 27–29, 38, 42, 46, 55, 60, 64–66, 69–70, 74–76, 79–91, 95, 99, 106–11, 118, 122–23, 132, 141, 150, 153, 156, 159–60, 163, 168, 175, 179–80, 183, 188, 192–93, 204, 216, 230, 240–41, 248–56, 268, 272, 276–86, 291, 294, 308–10, 316, 322, 332–34, 338, 345–46, 351, 368–70, 386–89, 395–96; *estrutura do* 25–28, 218; *funções do* 32–34, 90, 107, 301; *empobrecimento do* 13, 20, 31, 34, 324, 346; *integração/desintegração do* ver *integração*; *tendência do* 100–01, 320

elaboração 20–24, 38–39, 51, 72, 76, 109–10, 116, 119, 122–23, 129, 132, 152, 162–65, 228, 241, 251–56, 272, 276–77, 282, 294, 298, 308, 323, 339, 352, 360, 370, 380

empatia 134, 192, 320, 325, 368–70

ereção 253, 275

escola 171–73, 195, 217, 222, 289, 329

esperança 111, 116, 120, 206, 235, 239, 251, 254, 257, 262, 265, 289–90, 296–30, 352, 360, 372, 379, 382, 387

espontaneidade 37

ÉSQUILO 353, 356–60, 365, 370–71, 374–75

esquizofrenia ver psicose

esquizoide/esquizoparanoide ver posição esquizoparanoide

estágios do desenvolvimento 15, 22, 27, 30–34, 38–41, 53–54, 61–66, 70, 75–76, 79–84, 87, 92–18, 121–25, 129, 131–37, 141, 145–53, 156–65, 175, 180, 183, 187–92, 208, 231–36, 240–41, 244–59, 268, 274–78, 281, 288, 293–95, 301, 307–17, 321–23, 327, 335–36, 339–40, 343–45, 350–52, 360, 365, 370, 373, 377, 381, 393, 399; *latência* 45, 74, 94, 117, 125, 168, 308; *pós-natal* 26, 73, 79–82, 95, 106, 128, 131, 137, 159–61, 190, 247, 276, 281, 291, 314–16, 336; *pré-natal* 95–96, 99, 134–35, 159, 233–34, 250

euforia 206–07, 227, 267–68, 366

excisão ver cisão

FAIRBAIRN, Ronald 24–26, 95, 138, 187

fantasia [*phantasy*] 10, 13, 20, 23, 28–30, 34–35, 43, 47–50, 54–55, 60, 64, 69–70, 76–88, 91–92, 97–98, 103–04, 107, 110, 117–25, 131, 139, 145, 148–50, 154, 159–61, 169–76, 179–94, 205, 214–22, 227, 235–36, 239, 253–56, 266, 270, 274, 282, 286, 294–97, 303–14, 317–21, 330–33, 339–41, 344, 350, 354, 362–67, 374–75, 379, 393–94, 399–400

felicidade 40, 80, 94, 102, 116, 139, 146–47, 156, 160, 175, 196, 200–02, 206, 228, 234–36, 243–45, 250, 255, 262–66, 274, 296, 313–14, 319, 322, 327, 341–44, 356, 378, 385–87, 390, 401

feminino 35, 114, 150, 153, 180, 221, 257, 260, 373, 383–84, 397; *posição feminina* 119, 183, 221, 239, 383–84

FERENCZI, Sándor 27, 61

fezes 13, 24, 30–31, 57, 98, 103, 114–15, 121–23, 150, 180–81, 191–92, 237–39, 243, 309, 365, 380, 394

figuras auxiliadoras 70, 102, 232, 306

fixação 14, 23–24, 39, 49, 118, 126, 129–30, 151, 165, 188, 335

fobia 35, 52, 118, 121, 144–47, 170, 323, 351, 366; *claustrofobia* 35, 183, 219, 386

fome 44, 96–99, 130, 142, 147, 206–07, 260, 265, 318, 321, 329

formação reativa 72, 123, 180

fragmentação 14, 27–28, 46, 205, 292, 296, 334–38, 350, 377, 380–83, 387

FREUD, Anna 15, 84, 194

FREUD, Sigmund 9–10, 13–15, 26–29, 47–58, 61, 67–70, 73–74, 78–79, 82–86, 90–97, 102, 112–13, 123–24, 128–30, 144–45, 150, 153–55, 160–62, 165–66, 169, 180, 183–85, 190, 194–95, 205–07, 215, 225–26, 231–32, 241, 244, 247–48, 257–59, 270, 291–94, 297–06, 310–16, 322–24, 328, 340, 343, 351, 354, 371, 389

frustração 27–29, 32, 37, 43, 53, 56, 59, 79, 87, 96–99, 102, 109–11, 114–15, 136, 139, 141–43, 146–48, 152, 155, 161, 164, 175–76, 207–11, 216, 234, 242, 247, 257, 264–65, 291, 304, 313–16, 321, 325, 343, 350, 358, 365, 374, 387–88, 398

fusão 55, 70–71, 93, 96–97, 101–03, 126, 130, 159, 291, 299, 301–09, 336, 339, 346, 372–74; *defusão* 48, 93, 103, 302, 307

generosidade 29, 231, 235, 246, 322, 327–28, 342, 388

genital 15, 58, 62, 74, 82, 87, 107, 114–15, 118–19, 123, 177, 211, 252–53,

256-59, 281-82, 285, 319, 395-97; *genitalização* 253
GLOVER, Edward 15, 26
GOETHE, Johann Wolfgang von 262, 364
gratidão 15, 42, 51, 94, 209, 214, 229-32, 236, 240, 243-47, 262, 265-66, 274-84, 287, 293, 298, 306, 321-22, 327, 342-44, 360, 388
gratificação 23, 28-29, 33, 58, 80-82, 87, 97-99, 102, 105-06, 115, 118, 126, 134-37, 140-41, 147, 160-61, 190, 194, 210, 229, 234-36, 239, 242-45, 252-53, 256, 259-60, 264, 304, 314-16, 321, 340, 358, 377, 388, 398
GREEN, Julien 189, 195, 213

HEIMANN, Paula 22, 32, 50, 70, 97, 167, 218
heterossexualidade 75, 217
higiene 118, 121-23
hipocondria 98, 121, 309
histeria 25, 78, 121, 143; *conversão histérica* 121
homossexualidade 35, 214-17, 221, 258-59, 273-74, 319
HUGO, Victor 290

id 26, 52, 86, 90-93, 222, 293, 301, 306, 310-12, 316
ideal 29-32, 36, 77, 83, 99, 105-06, 161, 194, 204, 211, 214, 225-27, 284-85, 371, 379, 382, 399; *de ego* 31, 36, 83, 225-26, 371, 399; *idealização* 19, 24, 29, 76-77, 80-81, 86, 99-100, 106, 109, 187, 192-94, 212-15, 222, 227, 230, 234, 249-51, 258, 268, 277-78, 285, 297, 345-46, 350-51, 359, 366, 371, 382, 386, 389-90; *mãe* 211, 215, 346, 350; *objeto* 29, 32-34, 80-81, 249-50, 278-79, 367, 382; *pai* 214-15, 359; *seio* 29, 99, 105, 250
identificação 13-14, 19-21, 30-36, 46, 63, 83, 103-09, 183, 190-95, 202-05, 212-26, 236-37, 244, 249-51, 256, 260-64, 274, 277, 282-83, 287-88, 293, 296, 305, 318-19, 327-28, 333-37, 340, 360, 363, 380-83, 386-88, 394-97; *introjetiva* 388; *projetiva* 13-14, 19-21, 33-35, 103-04, 189, 192, 195, 202-04, 210, 218-23, 236-37, 250, 283, 333-34, 337, 347, 380-81, 386, 388
impiedade 224, 349, 359, 370
impotência 35, 75, 183, 395
impulso 23-38, 43-45, 48, 52-71, 74-84, 90-92, 96-118, 123-25, 131-32, 135-38, 141, 145-47, 150-51, 158-61, 166, 174, 179-83, 186, 190-92, 201, 204-12, 216, 220-22, 227, 231-44, 248-53, 257, 266, 269-70, 275, 280-94, 297-98, 302-12, 315-24, 330, 338-46, 349-54, 360-74, 377-82, 387-90, 393-94, 399
inconsciente 13, 21, 29-30, 35-36, 41-43, 46, 56-57, 78-79, 87-88, 93, 101, 123-26, 133-34, 139, 159-61, 167-69, 174, 177-79, 185-87, 196, 201-02, 211, 217, 230-32, 235-36, 240, 243, 247, 254, 257, 269, 284, 287, 294, 299, 301-11, 314-18, 330, 334, 343, 346, 350, 368-69, 374-77, 385, 398-401
inibição 54, 59, 96, 105-09, 121, 124, 135-40, 145-46, 151, 170-78, 186, 280-82, 285, 296, 322, 341, 354-55, 374
insight 13, 38, 41, 74-76, 84, 87, 101, 159, 167, 178, 182-84, 202, 231-33, 254, 266, 271-72, 275, 284-88, 295, 301, 330, 341-42, 346, 352, 355, 366, 369
integração 13-14, 21, 26-28, 31, 34, 38, 44-45, 51, 63-65, 73, 77, 81-82, 88-92, 97, 100-09, 112-16, 119, 122-26, 129-32, 148-50, 159, 162-64, 187, 192-94, 224-28, 233, 240, 248-51, 269-72, 276, 280-90, 293-98, 306-12, 322, 336-39, 343, 346, 351, 373-87, 390-91, 401; *do ego* 14, 26, 34, 38, 63, 77, 82, 97, 102, 105, 108, 119, 129, 249, 276, 374, 382; *desintegração* 19-21, 26-27, 32-35, 39, 45-47, 101, 106, 124, 193, 246-47, 252, 311, 334; *desintegração do ego* 19, 35, 47, 224
intelectual 24, 33, 88, 107, 118, 140, 168, 171, 178-79, 221, 266, 269, 312

interpretação 40–46, 78, 128, 165–79, 184–87, 202, 206, 211, 215, 222–23, 237–40, 243, 256, 263–75, 278, 288–90, 295–96, 331, 360–62, 370, 384, 393

introjeção 12, 21–40, 44, 47–50, 54–64, 70, 73–74, 77, 80–83, 86, 90–93, 97–98, 102–08, 112–16, 120–22, 125, 129, 140, 145, 180–83, 186, 190–95, 202–08, 212–13, 217–24, 230, 233–37, 245–48, 257, 260, 270, 279–82, 293, 297, 303–06, 309–12, 316–20, 323, 334–37, 340, 345, 349–51, 360–63, 366–73, 377–81, 385–91, 398; *identificação introjetiva* ver *identificação*

inveja 15, 21, 43, 51, 87, 94, 115–16, 133, 182, 195–96, 204–05, 208, 213–16, 221, 225–31, 236–98, 315, 321–22, 327–30, 334, 340, 343, 350, 353–54, 358–59, 369, 383–84, 388; *do pênis* 15, 229, 257–58, 383; *primária* 94, 115, 133, 238–39, 256, 274, 283–84, 294

investimento [*cathexis*] 10, 47–49, 52, 83, 91, 126, 191, 194, 207, 234, 245, 304

irmãos 26, 47, 150–53, 174–77, 186, 199, 209, 222, 225, 255–56, 266, 269–72, 278, 290, 323, 326, 329–31, 342, 353–56, 359, 369, 373

ISAACS, Susan 13, 50, 91, 149, 154, 187, 317

JONES, Ernest 8, 62, 297

leite 59, 142, 146, 149, 157, 207, 234–35, 239–41, 283, 318, 321, 360, 363, 366

libido 27–30, 33, 44, 48, 51–54, 58–60, 69–71, 77, 80–84, 91, 96–97, 101–40, 147–48, 159, 191–94, 226, 234, 245, 253, 281, 301–05, 311, 343

luto 24, 38, 74–76, 110–14, 130, 155, 164–66, 255, 339, 363, 372

mãe *boa* 140–47, 158, 166, 214, 217, 283, 306, 318–20, 331, 343, 363, 373; *corpo da* 13, 30–31, 35, 103–06, 115, 120, 150, 158, 180–83, 192, 209–10, 236, 239, 266, 394–96; *esvaziar o corpo da* 30, 103, 210, 219, 236, 321; *imago da* 20; *má* 143, 158, 164, 212, 350, 363, 371–72; *útero da* 234, 393–96

mania 21, 24, 40–42, 46, 51, 62, 69, 76, 109, 113–14, 130, 151, 165, 182, 231, 242, 291, 309, 316, 335–37, 360, 382–83; *defesas maníacas* 12, 64, 69, 76, 109, 111, 204, 254, 268, 284, 389; *depressão maníaca* 21, 24, 40–42, 46, 51, 109, 113–14, 130, 165, 182, 231, 242, 291, 308–09, 334–37, 360, 376, 382–83

masculino 35, 177, 183, 253, 257, 270, 383–84; *posição masculina* 119

masturbação 211, 253

medo 21–39, 43–46, 51–52, 55–62, 67–69, 73–75, 79, 91, 95, 98–101, 104–06, 111, 114–18, 121–22, 128, 140–53, 158, 170–74, 179–84, 191–93, 197–200, 204–07, 214–15, 218–22, 227, 237–38, 243, 255, 260, 274, 277, 280–84, 289, 295, 301–04, 309, 317, 323, 343–45, 348, 350, 353–54, 362–64, 378, 381–83, 394–400

MIDDLEMORE, Merrell P. 136–38

MILTON, John 204, 260

MONEY-KYRLE, R. E. 66, 167

moralidade 56, 62, 175, 203–04, 216, 302, 329, 352, 401

mundo *externo* 31, 34, 37–38, 47–49, 59, 69, 74, 82, 90–95, 99, 104, 107–14, 120–23, 139, 145, 155, 186, 190–93, 206, 218, 225, 234, 242, 246, 255, 282, 305–08, 315–17, 320–25, 330, 341–42, 346, 364, 380–81, 387–90, 398–401; *interno* 24, 29, 34, 37–38, 64, 69, 74, 81, 92, 108–10, 113–14, 119, 125, 139–40, 161, 190–91, 217–18, 226, 251–53, 272, 282, 295, 303–05, 308, 317–20, 324, 332, 352, 382, 390, 398

MURRAY, Gilbert 347, 352–53, 360–62, 370

narcisismo 14, 20, 36, 42, 48, 54, 78, 82–84, 105, 144, 194, 230 nascimento 27, 58, 73, 78–82, 94–98, 106, 134, 159, 186, 190, 229, 234, 248, 253, 276, 292, 301–05, 312–20, 336, 350, 362, 377–80, 389; *trauma do* 27, 304

neurose 24, 36–38, 52, 67–69, 74, 109, 116–18, 121–23, 126, 148, 156, 168–71, 176, 180, 184–86, 269–70, 285, 296, 308–09, 333, 352, 394, 397; *infantil* 38, 74, 116–18, 121, 126, 156, 184–85, 308, 333; *obsessiva* 36, 123, 170, 180

normalidade 15, 20–21, 25, 32–33, 37, 40, 46, 55, 68–70, 75, 101, 111–13, 117, 122, 126, 130, 142, 147, 153, 163–64, 178, 182, 185–86, 190, 193, 229–30, 248, 251–53, 269–72, 277–82, 293–94, 297–300, 308, 316, 319, 322–23, 326, 332–35, 342–46, 352, 360, 364, 370, 376, 379–82, 389–90; *anormalidade* 21, 32, 40, 48, 55, 113, 182, 230, 239, 300, 332, 400

---

objeto *amado* 32, 36–38, 55, 60–65, 73–75, 81, 84, 100, 105, 108–16, 120, 132, 135, 149–52, 194–95, 234, 237, 245, 249–51, 281, 287, 295, 307–08, 320–22, 350–51, 356–57, 363, 370, 400; *anseio pelo* 148, 161–62, 200–01, 221, 234, 250, 355, 401; *bom* 15, 19–20, 28–29, 32–34, 39–40, 44, 60–62, 74, 77, 80–82, 92, 97–98, 102–06, 112–15, 119, 129, 133, 140–41, 145, 149, 152, 163, 193, 203–05, 209, 224–27, 235–36, 240–56, 259–65, 277–87, 292–93, 296–98, 304–11, 317–20, 331, 335–38, 345, 351, 354–55, 360–63, 367, 373, 377–89; *escolha de* 189, 223; *de amor* 214, 256, 259; *mau* 13–15, 20, 25, 29–33, 59, 62, 92, 97, 106, 115, 122, 129, 145, 204–05, 241, 248–49, 304, 308, 336–37, 345, 381; *parcial* 12–15, 51, 60, 63, 91, 96–100, 114–15, 165, 281, 309, 335, 374, 377; *perda do* 81, 114, 141, 149, 151–52, 166, 278, 381–82; *primário* 59, 71, 76, 88, 109, 120, 143, 152, 162, 179, 190–91, 233–35, 244–46, 250–52, 255–60, 267–70, 277–78, 282, 285–86, 291–96, 311, 319, 336, 349, 377, 380, 387, 400; *relação de* 15, 29–30, 62, 80, 82–84, 91, 96, 105, 136, 138, 141–42, 161, 233; *total* 51, 63, 91, 252, 351, 374

obsessão 12, 36, 121–23, 170, 253, 282, 386, 394; *neurose obsessiva* ver *neurose*

ódio 21–26, 29–31, 36–38, 43, 62–65, 73–74, 77, 80–81, 84–88, 97–98, 101, 105, 108, 111, 115–16, 119–20, 126, 129–32, 139, 143, 158, 166, 182, 187, 191–95, 204–16, 220, 225–27, 230, 235, 239–44, 247–49, 253–59, 263–64, 268, 273, 276–88, 291, 295–99, 304–07, 315–20, 328–31, 340, 343–46, 349–54, 358–59, 362–69, 372–75, 378–82, 387, 398–400

onipotência 29–30, 80, 99, 106, 109–11, 122, 193, 210, 222–24, 242, 247, 252, 266, 277, 286–87, 291, 295, 320, 345, 354, 371, 381–82, 387–90, 399; *controle onipotente do objeto* 99–100, 192

oral 23, 27–30, 82, 87, 96, 98, 103, 107, 112–15, 118–22, 125, 129–31, 135, 181–83, 191, 211, 216, 220, 229–33, 236, 252–53, 256–59, 281–82, 285, 290–91, 350, 365, 380, 393; *canibalesco* 28, 54, 103–05, 112–13, 131, 208; *chupar/sugar* 30, 102–04, 134, 144, 149, 163, 213, 236, 271, 365, 368; *morder* 30, 103, 138, 208, 238, 367–68; *sádico-oral* ver *sadismo*

---

pai *bom* 203, 217, 226, 318; *mau* 203, 214; *pênis do* 57, 60, 114–15, 180, 236, 239, 255–59, 384, 393–95

pais combinados 87, 115–16, 255, 282, 392

paranoia 24, 35, 47–49, 150–51, 165, 184, 191, 321; *paranoide* ver *posição esquizoparanoide*

pênis 12–13, 35, 57–60, 80–82, 114–18, 177, 180, 183, 239, 255–59, 275, 384, 393–95; *do pai* ver *pai*; *inveja do* ver *inveja*

perigo 27–39, 43–45, 53–60, 67–69, 80–81, 86, 92, 105, 108–09, 121–22, 127–29, 138–40, 150–51, 158, 166–68,

174, 181, 184, 190, 205–06, 210, 221–
23, 236, 251–54, 269–72, 279, 284–89,
295, 301–04, 307–08, 317, 320–22, 330,
340, 345, 348, 352–55, 372, 377–82,
387, 396, 399
perseguição 12–14, 20, 23–39, 46–47,
55–66, 73–81, 86–88, 92, 96–101, 104–
06, 111–12, 118, 121, 125–26, 129–31,
135–39, 143–46, 149–52, 157, 166,
174–75, 180–84, 187, 190–92, 204–05,
213–17, 222, 227, 242, 247, 250–52,
261–62, 272–86, 290–93, 297, 301–09,
314–15, 323–25, 334, 341–46, 349–57,
360–69, 378, 381, 389, 400
perturbação 31, 34, 37, 48, 102, 120,
138–52, 164, 186, 217, 234, 240,
249–50, 256, 259–61, 277, 293, 397
posição depressiva 12–15, 19–24, 38–40,
46, 50–51, 62–65, 73–74, 76, 81, 94,
100, 105, 107–22, 125, 128–32, 146–48,
152–56, 162–66, 187, 193, 216, 228,
230, 248–55, 277–85, 294, 297–300,
305, 307–12, 322–23, 333–38, 343,
351–52, 360, 367, 370, 378, 381–82;
*depressão* 14, 22, 26, 37–46, 51, 62–66,
69, 72–77, 81, 89, 101, 105, 108–26,
129–32, 139, 146–52, 155–65, 170, 175,
180–84, 193, 201, 204–08, 213, 216–17,
227–28, 231, 242, 251, 254, 266–81,
285–91, 296, 299, 309, 316, 322–24,
332–38, 341–48, 351–52, 360, 366,
370, 377–79, 382, 385, 397; *melancolia*
42, 113, 129–130, 190
posição esquizoparanoide 12–15, 19–24,
37–42, 46, 49–51, 62, 72–73, 80,
94–95, 105, 109, 112, 115, 122–24, 131,
141, 145, 164–65, 187, 192–93, 204,
216, 228–30, 248–52, 294, 299–300,
307, 321, 333–37, 349, 352, 360, 367,
378–80; *esquizoide* 13–14, 19, 22–25,
30, 33, 36–47, 62, 94–95, 101–03, 112,
124, 141, 145, 159, 189, 192–95, 204,
218, 223, 230, 239–40, 248–49, 253–
55, 266, 270, 280–81, 285, 293–98,
333–36, 349, 376; *paranoide* 12–14,
19, 22–24, 35, 51, 60, 95, 132, 139–41,
182–84, 187, 239–40, 248–49, 252–55,

260, 270, 280–81, 285, 292–97, 323,
335–37, 376–83, 389, 391
possuir 13, 30, 35, 99, 103–04, 113–15,
147, 160, 189, 197, 205, 208, 220, 224,
237, 243–45, 250, 255–57, 260–62, 271,
279–80, 321, 328, 353–54, 379–80
potência 31, 35, 75, 259, 275–76, 350,
384, 394
prazer 97, 111, 128, 136–46, 149–57, 165,
175, 211, 217, 231, 234, 240–41, 245,
262, 272, 301, 318, 321–22, 326–27,
339–44, 353–55, 363, 381, 384–88,
398; *fruição* 237, 243, 247–48, 262,
274, 280, 296–98, 322, 388
premência [*urge*] 59, 64–65, 73, 79,
84, 89–91, 110, 115, 118–20, 175, 200,
204–06, 210–12, 216, 219–20, 227,
234–36, 239–43, 247, 252, 257, 281,
286–88, 308, 317, 321–22, 326, 329,
338, 345–46, 352, 357, 360, 370, 374,
377, 381–85, 389–91
privação 96, 115, 141–42, 150–51,
161–62, 173, 208–10, 214, 229, 236,
239, 243, 257, 264, 271, 316–18, 321,
343, 346, 350, 354, 376, 386
projeção 12–13, 19–20, 23, 27, 29–37,
46–50, 53–54, 57, 59–60, 70, 80–81,
86, 90–93, 97–98, 103–07, 110, 112,
120, 125, 131, 148, 151, 179, 182,
186–87, 190–96, 202–06, 210, 214,
217–26, 237, 245, 250–52, 254, 261,
264, 270, 274, 279, 282, 286–87, 290,
293, 296, 303–05, 312, 316–17, 319–20,
325, 337, 345, 349–51, 353, 364, 367,
369, 377–80, 389–90, 398; *identificação projetiva* ver *identificação*
psicose 13–14, 23–24, 31, 33, 35, 48–49,
98, 116–18, 123, 174, 182–88, 227–28,
277, 286, 295–96, 298, 308–09,
332–34, 364, 376–77; *delírio* 47, 217;
*esquizofrenia* 13, 19–21, 24–25, 30–34,
39–42, 46, 49–51, 56, 109, 182–86,
191–93, 249, 253, 281–82, 293, 296,
300, 309, 321, 332–38, 376–77,
380–82; *infantil* 332; *surto* 286
pulsão 9, 15, 25–29, 48, 53–60, 63–70,
73, 79, 82–86, 90–96, 100–08, 124–28,

131–32, 159–61, 194, 226, 231–32, 235, 247–50, 260, 285, 291, 299, 301–12, 316–17, 333, 350–51, 372–79, 389; *de morte* 15, 26–27, 29, 48, 55–60, 65, 68, 70–71, 73, 79, 86, 90–91, 93, 95–96, 100–04, 125–26, 128, 159, 191, 194, 231, 235, 247–48, 276, 285, 291, 299, 301–12, 336, 350, 372–79, 389; *de vida/Eros* 15, 48, 53–58, 60, 63, 65, 70–71, 86, 90–91, 93, 96, 100, 102–03, 110, 126, 128, 131, 159, 191, 226, 231, 235, 248, 250, 260, 291, 299, 303–12, 336, 350–51, 372–75, 378–79, 389; *moção pulsional* 91–93, 292; *parcial* 82
punição 180, 200, 220, 293, 348–54, 357–58, 361–62, 364, 368–69, 395

RADÓ, Sandor 130
realidade *sentido de* 31, 76, 111, 242, 339, 343, 349, 368, 389; *teste de* 74–76, 155
reconfortar 63, 69, 102, 106, 110, 154, 203, 287, 345, 381
recusa 24, 29, 30, 69, 80, 99, 100, 106, 109, 141–43, 148, 192, 196, 204, 227, 252, 268, 275, 277, 286, 291, 318, 342, 345–46, 350, 354, 359, 366, 368, 369, 370, 389
regressão 14, 24, 33, 39, 45–46, 50, 109, 112, 118–121, 126, 165, 193, 246, 254, 276, 334, 352, 356–57
relação sexual 115–16, 176–77, 209, 211, 393, 396
reparação 36, 38, 62–66, 71, 73, 75, 81, 92, 100, 105, 109–12, 118–23, 175, 180, 209, 210–11, 216, 222, 245, 251–52, 257, 266, 268, 272, 274, 281, 293, 295–96, 308, 313, 322–23, 326, 338, 344, 352, 360, 370, 373–75, 382–84, 394–95, 399; *restauração* 20, 36, 66, 114, 276, 357
repetição 89, 114, 122, 130, 154, 175–77, 213, 233, 258, 328, 338, 394–96; *compulsão à* ver *compulsão*
repressão 20, 30, 44, 52, 94, 101, 123–25, 148, 178, 214, 216–17, 221, 285, 287, 289, 294, 297, 308, 310–12, 316, 324, 333–34, 341, 344, 351, 359, 378, 393

resistência 41–42, 171, 179, 205, 283, 285, 288, 294, 310
responsabilidade 36, 284, 287, 290, 298, 325
ressentimento 43, 120, 141–43, 152, 155, 161, 171, 173, 195–96, 200, 214, 216, 225–27, 239, 241–44, 253, 255, 258, 262–67, 274–75, 298, 315–18, 322, 325, 339, 350–51, 353, 358–59, 365, 369, 372, 374, 382, 385–88
retraimento 21, 36, 42, 164–65, 171, 349, 381
RIBBLE, Margaret 126, 128
rivalidade 80, 116, 119, 200, 208–09, 213, 216, 220, 236–37, 254–60, 265–66, 269, 271, 274, 279, 319, 327–29, 354–55, 358–59
RIVIERE, Joan 35, 50, 238, 241, 303
ROSENFELD, Herbert 33–35, 280, 309, 381
roubar 31, 180, 199, 210–14, 220, 246, 271, 284, 290, 321, 329, 394–96

sadismo 20, 23–24, 27–28, 54–57, 61–62, 68–70, 73, 75, 95, 98, 102–04, 116, 121, 131–32, 173, 181–83, 191–92, 208, 210–11, 220, 222, 231, 236–40, 243, 266, 269, 275, 291, 309, 311, 332–34, 350, 354, 365, 393–96, 399; *anal* 54, 61–62, 98, 181, 191, 208, 231, 236–37, 266, 269, 275, 291, 365, 393–96; *oral* 23, 27–28, 102–04, 116, 149, 181–83, 192, 208, 231, 236, 266, 269, 291, 334, 365, 393–94; *uretral* 98, 181, 236–37, 266, 269
SANTO AGOSTINHO 261
SCOTT, Clifford 28, 31
sedução 196, 204, 213, 222, 274
SEGAL, Hanna 337, 381
segurança 52, 68–69, 74, 80, 92, 98, 102, 106, 111–14, 119, 125, 137, 139–40, 142, 144–47, 152, 155, 160, 163, 216, 233–34, 245, 249–51, 254–55, 263, 289, 293, 296, 324, 331, 343, 361, 377–79, 382, 387, 399
seio *bom* 23, 25, 28–29, 40, 44, 58, 60, 63, 81, 97–102, 105, 120, 135, 140,

143-44, 151, 161, 187, 191-94, 217, 233-39, 245, 249-50, 264, 281, 305, 307, 387, 390; *da mãe* 23, 27-28, 30, 32, 57, 59, 62, 73, 80-83, 91, 96-97, 100, 103-06, 114-15, 120, 133, 136, 139, 142-43, 151, 158-62, 182, 186, 191, 208-10, 214, 233, 235, 239-241, 244, 254-55, 258-59, 270, 286, 291, 297, 304, 321, 354, 359, 377; *mau* 23, 28-29, 59, 60, 63, 81, 97-99, 105, 118, 143, 150, 183, 187, 194, 234-35, 249-50, 281, 296, 305, 307; *mamilo* 28, 103, 137-38, 144, 161, 194, 296; *nutriz* 15, 115, 229, 230, 238, 244, 246, 252, 263, 292, 304
self 13, 20, 28-37, 44-47, 56-57, 58, 82, 86, 91, 93, 101-04, 109-11, 124, 189, 191-98, 204, 213-14, 217-27, 235, 237, 240, 245, 250, 254, 266, 270-71, 276, 279-96, 301, 303, 307, 311-12, 316-19, 328, 335, 338, 345, 346, 353, 363, 371-73, 377-82, 386-87, 390, 399
sessão de análise 41-45, 66, 86, 170-72, 177-79, 243, 263-65, 276, 278, 288, 338, 355, 384, 386; *situação analítica* 265, 273, 287-88
SHAKESPEARE, William 238
simbolismo 91, 120, 151, 178, 185-86, 234, 331, 347, 374-75; *formação de símbolos* 82, 120, 146, 158, 185, 350, 374-75
sintoma 24, 56, 83, 108, 121-23, 149, 165, 181, 294, 323, 388
SOCIEDADE BRITÂNICA DE PSICANÁLISE 15, 22, 31, 35, 50, 70
solidão 14, 37, 203-04, 217, 225, 335, 355, 376-91
sonho 40-41, 44, 185, 200, 264-76, 288-90, 348, 355, 366, 369, 383-84, 392-96; *devaneio* 318; *pesadelo* 322, 351, 366
SPENSER, Edmund 261
STEPHEN, Karin 398-400
sublimação 32, 111, 120, 262
substituição 39, 79, 116, 120, 141, 143, 151-52, 161-62, 165, 194, 234, 246-47, 259, 277, 286, 339-40, 361

suicídio 40, 290, 382-84
superego 20-23, 26, 53, 55-66, 70, 74, 77, 81, 86, 92-93, 97, 102, 106-10, 123-30, 180-83, 190, 203-04, 221-26, 254, 261, 285, 293, 299-312, 316, 322, 328, 334, 349, 351-54, 361, 363-74, 378, 383, 387, 390-92, 398-401; *primitivo* 11, 55, 58, 102, 108, 182, 299, 300, 333, 365, 372
supressão 53, 348

tensão 52, 68, 96, 97, 102, 127, 254, 276, 291, 303, 334, 397-98
transferência 14, 35, 45, 77-79, 82, 84-89, 129, 169-79, 184-85, 233, 235, 239-41, 254, 265-66, 278, 283-85, 287-88, 294-95, 298, 314, 350, 383-85; *contratransferência* 287
tristeza 38, 44, 65, 74, 76, 112, 113, 148, 154-55, 158, 208, 212, 242, 313, 317, 340, 342, 370

uretral 30, 98, 107, 118-22, 125, 131, 181, 191-92, 236-37, 266-69, 281, 350, 380; *sádico-uretral* ver *sadismo*
urina 13, 98, 181, 243, 365

veneno 261, 268, 353, 365; *envenenamento* 24, 74, 150, 206-09, 243, 309; *venenoso* 98, 150-51, 268, 293, 365
voracidade 39, 74, 81, 96, 98-99, 102-05, 108, 115, 125-26, 135-42, 146, 149, 151, 157, 159, 204-06, 210-17, 222-29, 236-39, 243-45, 248, 250-51, 261, 264, 279, 283-84, 289-91, 298, 316, 321-22, 328-30, 343, 353, 368, 388, 398

WADDINGTON, C. H. 392, 398
WINNICOTT, Donald W. 26-28, 154, 245

## Sobre a autora

MELANIE KLEIN nasceu em 30 de março de 1882, em Viena, Áustria. Em 1899, casou-se com o engenheiro químico Arthur Klein, com quem teve três filhos, Melitta, Hans e Erich, e de quem se divorciou em 1924. Em 1909, mudou-se com a família para Budapeste, Hungria. Após anos de grave depressão, começou sua análise pessoal com Sándor Ferenczi em 1914. No mesmo ano, travou contato com a teoria psicanalítica através da leitura de *Sobre os sonhos*, um livreto recém-publicado por Freud baseado em sua obra *A interpretação dos sonhos* (1900). Em 1919, Klein apresentou seu primeiro trabalho para a Sociedade Húngara de Psicanálise, sendo admitida como membro. Em 1921, diante do aumento das tensões antissemitas na Hungria, mudou-se para Berlim, na Alemanha, então o epicentro da psicanálise, onde publicou "O desenvolvimento de uma criança", uma versão expandida do artigo apresentado em 1919. No ano seguinte, foi admitida como membro da Sociedade Psicanalítica de Berlim. Em 1923, iniciou sua atuação como psicanalista e, em 1924, iniciou a análise com Karl Abraham. Após a morte súbita de Abraham, e a convite de Ernest Jones, mudou-se para Londres, na Inglaterra, em 1926, tornando-se membro da Sociedade Britânica de Psicanálise no ano seguinte. No Reino Unido, aprofundou sua prática clínica e de supervisão e teve uma produção intelectual profícua, a qual foi recebida calorosamente por parte dos psicanalistas britânicos e rechaçada por outra. Entre 1942 e 1944, protagonizou duas séries de discussões teóricas organizadas pela Sociedade Britânica de Psicanálise, as Reuniões Extraordinárias e as Discussões Controversas, as quais opuseram os partidários de Melanie Klein aos de Anna Freud e ajudaram a consolidar a linha kleiniana como um campo relevante dentro da psicanálise. Participou de vários Congressos Internacionais de Psicanálise desde 1918 e teve um grande impacto sobre a cena psicanalítica global, sobretudo britânica, influenciando figuras como Donald Winnicott, Wilfred Bion, Hanna Segal, Herbert Rosenfeld, Paula Heimann, Joan Riviere, Susan Isaacs, Betty Joseph, Roger Money-Kyrle e John Bowlby. Fundou o Melanie Klein Trust em 1955 e faleceu anos depois, em 22 de setembro de 1960.

### Obras publicadas

*A psicanálise de crianças* [1932], trad. Liana Pinto Chaves. São Paulo: Ubu Editora / Imago, 2025.

(com Joan Riviere) *Amor, ódio e reparação* [1937], trad. Marie Helena Senise. Rio de Janeiro: Imago, 1975.

*Narrativa da análise de uma criança* [1961], trad. Claudia S. Bacchi. São Paulo: Ubu Editora / Imago, 2025.

*Amor, culpa e reparação e outros ensaios (1921–45)* [1975], trad. André Cardoso. São Paulo: Ubu Editora/Imago, 2023.

*Inveja e gratidão e outros ensaios (1946–63)* [1975], trad. Liana Pinto Chaves et al. São Paulo: Ubu Editora/Imago, 2023.

*Melanie Klein: autobiografia comentada* [2016], org. Alexandre Socha. São Paulo: Blucher, 2019.

*Lectures on Technique by Melanie Klein*, org. John Steiner. London: Routledge, 2017.

COMO ORGANIZADORA

(com Paula Heimann, Susan Isaacs e Joan Riviere) *Os progressos da psicanálise* [1952], trad. Álvaro Cabral. Rio de Janeiro: Guanabara Koogan, 1982.

(com Paula Heimann e R. E. Money-Kyrle) *Novas tendências na psicanálise* [1955], trad. Álvaro Cabral. Rio de Janeiro: Zahar, 1969.

### Obras completas de Melanie Klein

Traduções revisadas com estabelecimento terminológico, conforme os padrões definidos pela comissão editorial da Ubu em diálogo com Elias M. da Rocha Barros, representante do Melanie Klein Trust no Brasil. Uma coedição da Ubu Editora e da Imago.

*Amor, culpa e reparação e outros ensaios (1921–45)*
*A psicanálise de crianças*
*Inveja e gratidão e outros ensaios (1946–63)*
*Narrativa da análise de uma criança*

Título original: *Envy and Gratitude and Other Works 1946–1963*

© The Melanie Klein Trust, 1975
First published as Envy and Gratitude and Other Works 1946-1963 by Chatto & Windus, an imprint of Vintage. Vintage is part of the Penguin Random House group of companies.
Introdução © Hanna Segal, 1988
Tradução © Imago, 1991
© Ubu Editora, 2023

PREPARAÇÃO DE ARQUIVO Júlio Haddad
EDIÇÃO Gabriela Naigeborin
REVISÃO Carolina Hidalgo, Cássio Yamamura
TRATAMENTO DE IMAGEM Carlos Mesquita
PRODUÇÃO GRÁFICA Marina Ambrasas

CAPA ilustração desenvolvida por Elaine Ramos e Nikolas Suguiyama a partir dos desenhos de Lou Loeber (Holanda, 1894–1983)

EQUIPE UBU
DIREÇÃO Florencia Ferrari
DIREÇÃO DE ARTE Elaine Ramos; Julia Paccola e Ana Lancman (assistentes)
COORDENAÇÃO Isabela Sanches
COORDENAÇÃO DE PRODUÇÃO Livia Campos
EDITORIAL Gabriela Ripper Naigeborin e Maria Fernanda Galdini Chaves
COMERCIAL Luciana Mazolini e Anna Fournier
COMUNICAÇÃO/CIRCUITO UBU Maria Chiaretti, Walmir Lacerda e Seham Furlan
DESIGN DE COMUNICAÇÃO Marco Christini
GESTÃO CIRCUITO UBU/SITE Cinthya Moreira, Vic Freitas e Vivian T.

*1ª reimpressão, 2025.*

IMAGO
Rua Santos Rodrigues, 201-A
20250 430 Rio de Janeiro RJ
imagoeditora.com.br
imago@imagoeditora.com.br

UBU EDITORA
Largo do Arouche 161 sobreloja 2
01219 011 São Paulo SP
ubueditora.com.br
professor@ubueditora.com.br
/ubueditora

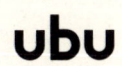

IMAGO    ubu

Dados Internacionais de Catalogação na Publicação (CIP)
Elaborado por Vagner Rodolfo da Silva — CRB-8/9410

K64i   Klein, Melanie (1882–1960)
Inveja e gratidão e outros ensaios (1946–63)/Melanie Klein; Título original: *Envy and Gratitude and Other Works (1946–1963)*. Tradução: Belinda Mandelbaum, Maria Elena Salles de Brito, Octávio de Barros Salles, Maria Tereza Godoy, Claudia Starzynski Lima, Wellington Marcos de Melo Dantas/Coordenação de tradução: Liana Pinto Chaves/Coordenação editorial: Elias M. da Rocha Barros.
São Paulo: Ubu Editora/Imago, 2023. 416 pp.

ISBN 978-85-7126-134-1

1. Psicanálise. 2. Psicanálise infantil. 3. Psicologia. 4. Terapia.
5. Saúde mental. 6. Desenvolvimento emocional.
I. Chaves, Liana Pinto. II. Mandelbaum, Belinda.
III. Brito, Maria Elena Salles de. IV. Salles, Octávio de Barros. V. Godoy, Maria Tereza. VI. Lima, Claudia Starzynski
VII. Dantas, Wellington Marcos de Melo. VIII. Título.

2023-2826                                        CDD 150.195    CDU 159.964.2

Índice para catálogo sistemático:
1. Psicanálise 150.195
2. Psicanálise 159.964.2

FONTES Swift e Cy
PAPEL Avena 70 g/m²
IMPRESSÃO E ACABAMENTO Ipsis